REGINE LUTZ

Schauspieler –
der schönste Beruf

*Einblicke
in die Theaterarbeit*

LANGEN MÜLLER

© 1993 by Langen Müller
in der F. A. Herbig Verlagsbuchhandlung GmbH, München
Alle Rechte vorbehalten
Schutzumschlag: Christel Aumann, München
unter Verwendung des Motivs »Dramatische Pose«
von Honoré Daumier
Satz: Filmsatz Schröter GmbH, München
Gesetzt aus 10/12 Janson auf Linotronic 300
Druck und Binden: Graphischer Großbetrieb Pößneck GmbH
– ein Mohndruck-Betrieb –
Printed in Germany
ISBN: 3-7844-2439-2

*Dieses Buch widme ich
meinem Lehrmeister Bertolt Brecht
in zögernder Verehrung*

Inhalt

Sie wollen Schauspieler werden? Warum?
Antwort: Weil ich nicht anders kann – weil ich *muß*!
Begabung? Ja. Natürlich, denn das ist Voraussetzung.
Nun, dann machen Sie sich auf den Weg!
Der Weg – wie heißt es so schön – ist das Ziel.

Hier ist der Weg! Regine Lutz zeigt ihn, voll Akribie, voll Leidenschaft und immer wieder Liebe – Liebe zu unserem Beruf, zum Theater.
Aber es gibt nicht nur *einen* Weg – sie weiß es – wir wissen es.
Es gibt auch Irrwege, Umwege, Sackgassen, schwer begehbare und leicht, allzu leicht begehbare Wege. Ja, die gibt es auch.
Bleiben Sie standhaft – verzagen Sie nicht!
Denn das Ziel ist nicht die Zufriedenheit – nein, die gibt es nie. Nein – manchmal – am Ziel das höchste und zugleich tiefste Lebensgefühl:

Glückseligkeit.

München, im Januar 1993

Prolog

Der Wunsch, Schauspieler zu werden, spukt in vielen Köpfen und in vielen Herzen. Wenn ich darüber nachdenke, wie viele Menschen mir im Laufe meines Lebens während eines Gesprächs nach anfänglichem Zögern gestanden haben, daß sie ursprünglich auch zur Bühne gehen wollten, wundere ich mich immer wieder, wie wenige es letzten Endes getan haben.

Ob Arzt, Friseuse, Masseur, Berufsberaterin, Reiseleiter oder Seelsorger, sie alle haben einmal die Berufung zum Theaterspielen in sich gespürt. Wahrscheinlich entsteht diese Idee, Schauspieler werden zu wollen, bei den meisten Menschen in erster Linie aus der Sehnsucht, einmal ein anderer zu sein, als man im normalen Leben ist. Das Alltagsleben erscheint oft so langweilig und in seinem regelmäßigen Trott so farblos, daß die Vorstellung, sich berufsmäßig in einen anderen verwandeln zu dürfen, geradezu an das Drehen der Aladinschen Wunderlampe erinnern muß. Aber dieser Beruf hat wenig Märchenhaftes an sich, und das Theater ist auch kein Kostümfest, zu dem jeder Mensch so erscheinen darf, wie er sich im Grund selber sieht und gesehen werden möchte.

Damit Sie nun etwas vom Handwerk dieses oft mißverstandenen Berufes erfahren, will ich ihn hier so schildern, wie er sich mir in seinem Alltag präsentiert hat. Das Buch erhebt freilich keinen Anspruch auf Allgemeingültigkeit. Guten Gewissens kann ich schließlich nur jene Erfahrungen weitergeben, die ich selber gemacht habe. Ich habe deshalb gar nicht erst versucht, Sie über den Ursprung des Schauspielerberufes und seine geschichtliche Entwicklung aufzuklären, denn die historischen Fakten sind längst in unzähligen theatergeschichtlichen Werken erfaßt, erläutert und verewigt worden. Sie stehen Ihnen in jeder Bibliothek zum Studium zur Verfügung.

Nein, dieses Buch soll nichts mehr und nichts weniger sein, als eine Soufflierhilfe für Schauspieler, die bei ihrer Probenarbeit ins Stottern geraten. Wenn Anfänger oder auch ratlose Fortgeschrittene aus meinen Lehrjahren diese oder jene Anregung für ihre Arbeit aufnehmen könnten; wenn ihnen der eine oder andere Kniff bei unbegreiflichen Schwierigkeiten über die Runden hülfe; ja selbst wenn mancher

durch eine völlige Ablehnung meiner Vorschläge, aus Trotz, den für
ihn richtigen Weg fände – kurz, wenn es mir gelänge, nützliche
Denkanstöße zu geben, dann hätte die Idee dieses Buches ihren
Zweck erfüllt.

Vielleicht gelingt es meiner Sachkunde, sogar ein Interesse bei den
Menschen zu wecken, die das Theater schätzen und lieben und nur
allzugern einmal einen Blick hinter die Kulissen werfen möchten.
Diese unsere beliebtesten Zuschauer könnten beim Durchstöbern
meiner Kapitel endlich auch eine Antwort auf die ewige Frage finden,
was wir denn eigentlich tagsüber so treiben . . .

Sollten gestandene Schauspieler – die sogenannten Profis – in diesem
Buche blättern, werden sie wahrscheinlich feststellen, daß alle Ratschläge, die ich niedergeschrieben habe, genau besehen nur uralte
Hüte sind. Wahrscheinlich fallen meinen Kollegen auch unzählige
Regeln und Ratschläge ein, die ich vergessen oder nicht beachtet
habe, aber ein theoretisches Buch in diesem praktischen Beruf kann –
bei allem Bemühen – keinen Anspruch auf Vollkommenheit erheben.

So muß ich gleich ein kurzes Wort der generellen Entschuldigung an
meine Kolleginnen richten. Vor der Schwierigkeit stehend, meistens
Schauspieler und Schauspielerinnen gemeinsam anzusprechen, habe
ich mir – der Einfachheit halber – erlaubt, für beide Geschlechter die
Benennung »Schauspieler« zu benützen. Ich konnte beim besten Willen nicht jedesmal beim Wort »Schauspieler« auch noch die weibliche
Form dazu schreiben. Ich hoffe, Sie nehmen mir diese Unterlassung
nicht übel. Sollten Sie, liebe Kolleginnen, sich dennoch dadurch
zurückgesetzt fühlen, möchte ich Ihnen entgegenhalten, daß Sie in
einem der ganz wenigen Berufe tätig sein dürfen, in dem die Frage des
Konkurrenzkampfes zwischen Mann und Frau, was die Arbeit an-
geht, überhaupt nie zur Debatte steht. Wenn man von einigen
absonderlichen Besetzungseinfällen absieht, sind die Aufgaben,
sprich Rollen, von den Autoren klar in männliche und weibliche
aufgeteilt. Und noch hat der Kampf von Schauspielern um Frauenrol-
len und von Schauspielerinnen um Männerrollen nicht begonnen . . .

Wenn mich nun junge Menschen fragen, woran man erkennen könne,
ob sie schauspielerisches Talent besäßen, und was sie bräuchten, um
diesen Beruf ausüben zu können, nenne ich ihnen immer als erstes die

einzige Bedingung, die ich für absolut unverzichtbar halte: Sie müssen in ihrem Herzen ein Kind geblieben sein! Ein den Kinderschuhen völlig entwachsener, kritisch denkender und überlegen handelnder Mensch wird diesen Beruf nicht verstehen können.

Als nächstes nenne ich ihnen dann noch ein paar Voraussetzungen, die mir für diesen Beruf wichtig erscheinen.

1. Sie müssen Phantasie besitzen

Phantasie ist ein absolutes Muß für den Schauspielerberuf! Es gibt die produktive und die reproduktive Phantasie. Die produktive, also schöpferische Phantasie ist Dichtern, Malern und Komponisten vorbehalten. Aber dieses kreative Talent müssen Sie nicht besitzen, denn die Schauspielkunst braucht die rein reproduktive Phantasie. Ihre Phantasie wird immer durch etwas Vorgegebenes angeregt, an dem sie sich entzünden kann. So muß Ihnen bei der Lektüre eines Stückes alles mögliche zur Realisierung der Handlung einfallen, und die Ideen zur Verwirklichung Ihrer Rolle müssen förmlich aus Ihnen heraussprudeln. Da darf Ihre Phantasie Sie nicht rasten und ruhen lassen, auch auf die Gefahr hin, daß Ihre Einfälle Sie bis in den Schlaf verfolgen. Wenn Sie das so quälend erleben, haben Sie schon einen ersten Schritt in den Beruf getan. So wie ein Kind in einem Stuhl, je nach dessen Stellung ein Zelt, einen Traktor oder einen Dampfer sehen kann, genauso müssen Ihnen beim Lesen Ihrer Rollenfigur unzählige Ideen kommen, wie und wodurch die noch blutleere Gestalt zum Leben erweckt werden kann. Ein Schauspieler kann niemals zu viel Phantasie haben. Beschneiden und kappen lassen sich Auswüchse und wilde Wucherungen am treibenden Baum leicht, aber aufpfropfen, nein, aufpfropfen kann man Phantasie nicht.

2. Sie sollten über Beobachtungsgabe, Einfühlungsvermögen und Nachahmungstrieb verfügen

Diese drei Voraussetzungen erfüllt ein Kind in Vollendung. Es beobachtet die Erwachsenen bei all ihren Verrichtungen genau und ist spielend fähig, sich in deren Lage hineinzuversetzen, um sie dann mit großer Lust ernsthaft nachzuahmen – das A und O des Schauspielerberufs!

Ihr Interesse an den Mitmenschen und am alltäglichen Leben darf deshalb nie erlahmen, Ihre Neugier auf andere nie nachlassen. Beobachten Sie nur, wie Menschen in genau denselben Situationen oft völlig verschieden reagieren. Ihr Gedächtnis muß wie ein vollgespeicherter Computer sein, dessen Programme Sie jederzeit abrufen können, wenn Sie für eine Situation in Ihrer Rolle eine bestimmte, einmal beobachtete Verhaltensweise brauchen. Ihr Anschauungsmaterial ist das tägliche Leben.

Es gibt Schauspieler, die täglich im Auto ins Theater rasen, in der Kantine frühstücken, nach Durchruf auf die Probe stürzen, zwischendurch mit den anderen Kaffee trinken, nach der Probe entweder zum Funk oder zum Synchron hasten, dort mit den Kollegen Mittag essen, danach zu Hause noch schnell ruhen und Text lernen, dann zur Vorstellung eilen, anschließend mit allen Kollegen noch klönen und schließlich daheim die Spätsendungen auf der Mattscheibe begutachten – diese Kollegen können vom Alltag und den »normal« lebenden Menschen nichts mehr wissen. Sie sehen und beobachten nichts mehr. Dabei sind sie keine schlechten Schauspieler. Sie sind nur müde geworden und am Alltagstreiben desinteressiert. Sie kennen das alles, ein alter Hut, der ihnen nichts mehr bietet. Aber als Schauspieler braucht man das täglich sich wandelnde Leben dringend, denn wenn die Außenwelt – die für uns abzubildende »Urwelt« – für den Darsteller nicht mehr existiert, weil er sie nicht mehr kennt, dann fällt es ihm schwer, sie auf der Bühne glaubhaft zu verkörpern. Er schöpft dann unentwegt aus seiner Erinnerung und beutet seine früheren Erfahrungen oft mit Erfolg wieder und wieder aus. Aber diese Quelle erschöpft sich.

Für junge Schauspieler ist die Versuchung, dem Theater als Welt an sich zu verfallen, ungeheuer groß und nur zu verständlich. Diese stets erregte und erregende Atmosphäre im Theater ist so spannend und herrlich wie ein angenehmer Rauschzustand. Aber, wenn Sie diesem unmerklichen Sog erliegen und der Theaterumgebung völlig anheimfallen, befinden Sie sich unweigerlich eines Tages in einer Situation, in der Sie nur noch Theaterleute als Studienobjekte um sich haben und nur noch Situationen erleben, die allein in der Theaterwelt vorkommen können.

Dieser »Zauberberg-Situation« müssen Sie sich so bald wie möglich bewußt werden und sich zwingen, ihr zu entgehen, denn das Theater ist eine eigene, in sich geschlossene Welt, genauso wie ein Krankenhaus, ein Internat oder ein Raumschiff. Für Schauspieler aber ist es die absolut ungeeignetste Schule zur Beobachtung des normalen Lebens. Um den Alltag im Beruf darstellen zu können, müssen Sie sich diesem Alltag stellen. Erst wenn Sie wissen, wie Menschen auf dem Straßenpflaster gehen, können Sie sie auf den Bühnenbrettern richtig laufen lassen. Ob Sie nun Omnibus, Fahrrad, Straßenbahn oder U-Bahn fahren, ob Sie statt in der Kantine in der Eckkneipe essen, ob Sie auf dem Markt oder im Tante-Emma-Laden einkaufen, völlig egal – Hauptsache, Sie sehen und hören fremde, unbekannte Menschen, keine Schauspieler.

Auch vor dem Kino als Lehranstalt möchte ich Sie warnen. Film ist eine Kunstform und zeigt dargestelltes Leben. Sie können dort sehen, wie Schauspieler bravourös Trauer, Freude oder Haß audrücken. Keinesfalls aber lernen Sie daraus, wie solche Gefühle im Alltag entstehen. Denn so wirklichkeitsnah die Darsteller auch agieren mögen – es sind Kollegen. Hüten Sie sich davor, sie nachzuahmen. Sie laufen sonst Gefahr, Ihre Originalität und Ihre persönlichen Ausdrucksmöglichkeiten zu verlieren. Wenn Sie im Kino die *Zuschauer* betrachteten, dann natürlich hätten Sie etwas für Ihren Beruf gelernt. Im Zuschauerraum, da spielt sich jenes Leben ab, das Sie für die Darstellung auf der Bühne brauchen.

3. Sie sollten körperliche Ausdrucksfähigkeit besitzen

Auch diese Voraussetzung erfüllt jedes normale Kind. Es bewegt sich noch völlig natürlich aus seiner Mitte heraus, die Bewegungen sind unverkrampft und selbstverständlich. Seine Haltung drückt die innere Verfassung direkt aus, und der Verstand zwingt den kleinen Körper noch nicht, den seelischen Zustand zu verbergen. Ein Kind wirft sich im Trotz zu Boden, schlägt vor Wut um sich, springt vor Freude in die Luft und läßt seinen Körper so reagieren, wie ihm zumute ist. Dabei ist sich das Kind seiner Körperharmonie überhaupt nicht bewußt.

Als Schauspieler hingegen müssen Sie über Ihren Körper und dessen Ausdrucksmöglichkeiten genau Bescheid wissen. Die besten Beobachtungen im täglichen Leben nützen Ihnen nichts, sofern Sie nicht fähig sind, die gesehenen Situationen auch durch Ihre Körpersprache auszudrücken. Rede und Körper müssen stets sichtbar eine Einheit bilden. Wenn körperliche Stellung und gesprochener Text nicht zusammenpassen, läuft eine Szene in die Irre.

Es gab einmal eine Zeit, in der man jungen Schauspielern riet, zu

Hause vor dem Spiegel zu probieren, um ihre Bewegungen kontrollieren zu können. Ich bin strikt dagegen: Der Spiegel verlockt immer zur Unnatur, auch da ist uns ein Kind Vorbild. Stellen Sie das natürlichste Kind der Welt vor einen Spiegel – augenblicklich fängt es an, Faxen zu machen und sich gestelzt zu bewegen. Es schlägt Rad wie ein Pfau und veranstaltet ein »Theater«, vor dem einem zufälligen Beobachter graust. Beachtet man seine Vorstellung nicht, dann beginnt es merkwürdigerweise bald, sein Spiegelbild uninteressant zu finden, streckt sich die Zunge heraus und verzerrt sein Gesicht zu den häßlichsten Grimassen. Danach fängt es an, sich zu langweilen, und bald kehrt es dem Spiegel den Rücken. Ein Blick in den Spiegel verführt zur Pose, auch wenn Sie sich fest vornehmen, sich ganz natürlich davor zu bewegen. Schnell haben Sie das Gefühl, daß Ihre normale Mimik und Gestik »nichts hermachen«. Und schon setzt Ihre ehrgeizige Eitelkeit ein – Sie fangen lustvoll an zu gestalten, Sie gefallen sich, verfallen sich und merken gar nicht, wie unwürdig und lächerlich Sie sich aufführen. Der Spiegel ist sicher für den Ballettsaal unentbehrlich, da der Tänzer sich wahrscheinlich an seinem Spiegelbild orientieren muß, um sich korrigieren zu können. Aber dem Schauspieler sollte sein intaktes Körperbewußtsein den Spiegel ersetzen. Nehmen wir ein Beispiel:
In einer Straßenszene kommt ein Passant einem Gestürzten zu Hilfe. Ob die nach Hilfe ausgestreckte Hand des Liegenden um zehn Zentimeter höher oder tiefer gehalten wird, ist für den Ausdruck der Situation unwichtig; gebraucht wird allein der sichtbare Impetus, der Trieb – in diesem Fall der Wunsch wiederaufgerichtet zu werden – der hinter der Geste steckt. Und diese Absicht hat sich in der ganzen Stellung auszudrücken, also in Fingern, Hand, Arm, Kopf, Brust, Leib und Beinen. Der ganze Körper muß automatisch mitspielen. Das muß ein Schauspieler fühlen und ausdrücken können. Was soll also der Spiegel? Da der Blick der hilfesuchenden Hand zu folgen hat, kann man sich dabei sowieso nicht im Spiegel kontrollieren. Tut man es trotzdem, dann muß man den Kopf drehen, und schon stimmt die ganze Haltung nicht mehr. Spielt man die Szene aber zum Spiegel hin, sieht man nur das, was der Partner sieht: einen um Hilfe flehenden Menschen von vorne. Wie man es auch dreht und wendet, der Spiegel ist keine Hilfe.
Hier noch ein Wort an diejenigen jungen Schauspieler, die Schwie-

rigkeiten haben, mit ihrem Körper unbefangen umzugehen und sich deshalb bisweilen ungeschickt oder linkisch anstellen. Es gibt derer recht viele, aber trösten Sie sich, dieses Handicap hat nichts mit mangelndem Talent zu tun. Man kann sogar auf Grund dieses körperlichen Unfreiseins allergrößte Erfolge erzielen, besonders als Debütant. Da die Zuschauer Sie nicht kennen, können sie nicht wissen, daß Ihre wirkungsvolle Ungelenkigkeit gar nicht gestaltet, sondern Ihre Eigenart ist. Man kann nun aber nicht sein Leben lang den Arnold in Gerhart Hauptmanns *Michael Kramer* oder die Laura in Tennessee Williams' *Glasmenagerie* spielen. Diese Art Rollen sind leider dünn gesät. Also müssen Sie etwas gegen Ihre zwei linken Füße tun. Packen Sie sich eben mal am Schopf und versuchen Sie es mit Sport. Aber treiben Sie keinen Einzelsport, sondern zwingen Sie sich in einer Gruppe mitzumachen: Judo, Karate, Fechten, Tanzen, Handball, Wasserball, Tennis, Rudern, kurzum – Sie dürfen jeden Sport ergreifen, der nicht mit dem Walkman im Ohr ausgeübt werden kann. Sie müssen einfach wieder lernen, daß Sie normal funktionierende Arme und Beine haben – und das lernen Sie nur unter Mitmenschen. Das preiswerteste und einfachste Mittel, sich körperlich wieder auf Vordermann zu bringen, wäre allerdings die Beschäftigung mit Kindern. Versuchen Sie es doch mal. Sie werden sehen: Das Spiel mit Kindern lehrt Sie ganz unverkrampft, wie man springt, rennt und sich balgt.

4. Nicht voraussetzbar, aber wünschenswert: eine stabile Gesundheit
Ein Schauspieler darf einfach nicht krank sein; ein Schauspieler will auch nie krank sein. Ich kann mich nicht entsinnen, jemals einen krankgeschriebenen Kollegen erlebt zu haben, es sei denn, er wäre – gewiß unter Protest – ins Krankenhaus gebracht worden. Schauspieler stehen oft mit hohem Fieber auf der Bühne, und sie verstehen es meisterhaft, einen Hexenschuß, einen Ischiasanfall oder eine Gallenkolik zu verbergen und zu überspielen. Es wird nach Zahnextraktionen mit geschwollener Wange gespielt, nach einem Rippenbruch mit Bandagen, nach einem Sehnenanriß in Gips. Es muß eben gespielt werden; es ist, als ob das Leben davon abhinge. Das Schlimmste, was einem Schauspieler passieren kann, ist eine Erkrankung der Stimme. Die Furcht vor Heiserkeit kann zu einer regelrechten Hysterie ausarten. Beim kleinsten Anzeichen eines Räusperns probiert man nachts

schon ununterbrochen aus, ob die Stimme noch Klang hat. Man beginnt zu gurgeln und schluckt alle nur erdenklichen Haustränklein, doppelt und dreifach dosiert. Man macht Halswickel, mal naß, mal trocken, bis man es vor lauter Nervosität tatsächlich fertiggebracht hat, am Morgen danach nur noch krächzen zu können. Und statt dann wenigstens jetzt zu schweigen, versucht man unermüdlich und immer verzweifelter seine bewährten Stimmübungen. Bringt es keiner der »rettenden« Ärzte fertig, die Stimme bis zum Abend wieder völlig hinzukriegen, wird selbstverständlich trotzdem gespielt. Es wird lediglich – eventuell – vor der Vorstellung eine kleine Ansage gemacht und das Publikum wegen der stimmlichen Unpäßlichkeit des Schauspielers um Verzeihung gebeten. Aber alle anderen Krankheiten werden vertuscht – und junge Schauspieler haben über eine Ansage schon gar nicht nachzudenken – die haben froh zu sein, daß sie überhaupt spielen dürfen, lebend oder tot.

Es ist ja auch so, daß eine Krankheit mit all ihren Auswirkungen auf der Bühne total vergessen wird. Während des Spielens denkt ein Schauspieler nicht mehr an seinen Schmerz. Er fühlt sich gesund, also ist er gesund. Dieser Zustand hält genau bis nach dem Applaus an. Ich sage Ihnen das alles nicht, um Ihnen den Beruf zu vermiesen; ich sage es Ihnen nur, um Ihnen begreiflich zu machen, daß Sie sich nie mit einem anderen Angestellten im öffentlichen Dienst vergleichen dürfen. In jedem anderen Beruf ist eine Krankheit ein Hinderungsgrund, zur Arbeit zu gehen. Im Schauspielerberuf nicht. Auf der Bühne müssen Sie gesund wirken, ob Sie sich nun päßlich fühlen oder nicht.

Den schier unglaublichsten Fall habe ich während einer Premiere am Schiller-Theater in Berlin erlebt: Ein Hauptdarsteller reiferen Alters drehte sich im Tanzschritt auf der Bühne, wobei er über die Rampe stolperte und in den offenen Orchestergraben stürzte. Er wurde auf die Bühne zurückgetragen und tanzte dort nicht nur bis zur Pause weiter, sondern hielt auch noch die ganze Vorstellung spielend durch. Erst danach wurde er ins Krankenhaus gefahren, wo man die Verletzung eines Wirbelkörpers feststellte. So etwas mit bravouröser Selbstverständlichkeit durchzustehen ist ein Phänomen, das nur von einem Schauspieler zustande gebracht werden kann. Theaterspielen ist Leidenschaft und Lebensnotwendigkeit zugleich, da haben Krankheiten einfach keinen Platz. Auch Sie werden sich diesem ungeschriebenen Theatergesetz beugen müssen.

Zur Gesundheit gehören natürlich auch die Nerven. Reden wir also vom Lampenfieber, das jungen Schauspielern zum Glück meist unbekannt ist. Versuchen Sie, sich Ihr intaktes Nervenkostüm so lange wie möglich zu bewahren. Eine Premiere darf für den Anfänger noch ein Abenteuer sein, und er hat das Recht, seine vor Angst schlotternden Kollegen verständnislos zu betrachten. *Wann* das Lampenfieber über Sie hereinbrechen wird, kann ich Ihnen nicht voraussagen. Ich weiß nur, daß es Sie plötzlich und unweigerlich überfallen wird. Es ist ein seltsames Gefühl – eine leichte Perversion, die Lust und Grauen vereint. Der Mund ist staubtrocken, der Magen hebt sich wie bei hohem Seegang, die Hände sind eiskalt, und auch die tiefsten und ruhigsten Durchatmungsversuche helfen nichts. Es ist noch kein Kraut dagegen gewachsen. Heute greifen viele Schauspieler zu Tranquilizern, doch »die kleinen Helfer« haben neben der Suchtgefahr die unangenehme Eigenschaft, den Mund völlig auszutrocknen. Ein Gefühl, das genauso widerlich ist wie zuviel Spucke zu haben. Und gegen das Flattern der Hände nützen Tabletten auch nichts. Nein, mit dem Lampenfieber muß jeder, so oder so, allein fertig werden.

5. Mehr Übungssache als Voraussetzung – ein gutes Gedächtnis
Ein schlechtes Gedächtnis ist auch im menschlichen Alltagsleben lästig. Auf der Bühne kann es ein echtes Hindernis sein. Ich weiß nicht, ob es ein »angeborenes« schlechtes Gedächtnis gibt. Bei Schulkindern funktioniert es im allgemeinen noch tadellos. Erst wenn der Übungszwang der Schulzeit wegfällt, siegt bei vielen Menschen die Faulheit. Das Gedächtnis wird träge und speichert bald nur noch das absolut Notwendigste. Der Schauspieler hingegen hat durch das berufliche Training des Auswendiglernens die Möglichkeit, sich sein Gedächtnis ein Leben lang zu erhalten. Bei den meisten Kollegen funktioniert das bewundernswert. Diese Leistung wird ja auch von allen Mitmenschen immer wieder besonders bestaunt. Das Erspielen einer Rolle erscheint den Zuschauern weit weniger problematisch als das Auswendiglernen und Behalten des ganzen Textes. Dabei hat das ja gar nichts mit Kunst zu tun. Auswendiglernen ist eine rein technische Angelegenheit, mit schauspielerischem Talent hat das

nichts zu tun. Es gibt berühmte Schauspieler, die mühsam vor ihren Rollenbüchern sitzen und Satz für Satz in sich hineinpauken müssen. Wie man als Schauspieler das Auswendiglernen am ehesten schafft, muß jeder selber herausfinden. Es gibt da kein Rezept für besondere Schnelligkeit. Einige lernen im stillen Kämmerlein, liegend oder sitzend, andere laufen in der Wohnung hin und her oder lernen sogar in der Theatergarderobe, weil sie die Atmosphäre brauchen. In meiner Anfängerzeit beobachtete ich noch alte Kollegen, die ihre Rollentexte Wort für Wort in ein Heft übertrugen, zusammen mit den dazu gehörenden Stichworten. Sie hatten die Erfahrung gemacht, daß sie die Texte durch handschriftliches Niederschreiben leichter erlernen konnten. Stellen Sie sich die wahnsinnige Arbeit vor, eine ganze Rolle von Hand aus dem Textbuch abzuschreiben! Diese Kollegen erinnerten mich immer an mittelalterliche Klosterbrüder, die in ihren Zellen die Bibel sorgfältig Seite um Seite kopieren mußten. Wenn mir einzelne Sätze sehr schwer in den Kopf wollen, übernehme ich diese Arbeitsmethode auch, denn sie wirkt tatsächlich. Heute hat sich durch die Entwicklung der Technik auch die Sitte eingebürgert, das Tonbandgerät als Lernpartner zu benützen, wobei man sich die Stichworte auf Band spricht. Manche sprechen auch die ganze Rolle auf Band und lassen den Recorder bis in den Schlaf hinein laufen. Es gibt daneben auch noch die geduldigen Ehehälften, die einen abhören. Ja, sogar Anfänger werden gegen ein kleines Entgelt angeheuert, und hie und da wird sogar die Souffleuse des Stückes um Hilfe gebeten. Ein nobles Vorrecht, das natürlich nur von den allerersten Kräften beansprucht werden darf.

Aber wie und wo auch immer Sie Ihren Text lernen, es ist und bleibt eine saure Pflicht. Wenn dann der Text niet- und nagelfest in Ihrem Kopfe sitzt und das Gedächtnis mühelos auf Abruf jeden Satz ausspuckt, dann dürfen Sie schon einen verdienten Seufzer der Erleichterung ausstoßen.

6. Unerläßlich: die Disziplin

Im Theaterleben funktioniert ohne Disziplin nichts. Ob Pünktlichkeit, Zuverlässigkeit oder Präzision – Proben und Vorstellungen leben davon.

Ein Anfänger, der durch Disziplinlosigkeit auffällt – sei es, daß er abends zu spät in der Garderobe ist oder auf einer Probe unentschul-

digt fehlt; sei es, daß er eine Umbesetzungsprobe vergißt, eine
Verabredung versäumt oder sein Rollenbuch verliert –, wird sehr
bald in den Ruf der Unzuverlässigkeit kommen. Ein miserabler Ruf
am Theater. Vergessen Sie nie, daß auch der begabteste Anfänger
ersetzbar ist. Das Angebot in diesem Beruf ist immer größer als die
Nachfrage. Und wenn Sie schon ein solcher Glückspilz sind, ein
Engagement zu haben, dann nützen Sie diese Chance und verspielen
Sie sie nicht durch Nachlässigkeit. Sollten Sie sich also einen originellen Schlendrian angewöhnt haben, dann vergessen Sie den schleu-
nigst. Da Disziplin die wirklich einzige Voraussetzung ist, die man
sich für diesen Beruf aneignen kann, wäre es einfach grotesk, wenn
Sie deswegen als Schauspieler scheiterten. Vielleicht zucken Sie jetzt
ungläubig die Schultern, aber ich gebe Ihnen Brief und Siegel – Sie
werden auch in diesem Beruf ohne Disziplin Schiffbruch erleiden.
Wenn mir junge Menschen, die mich nach den Qualifikationen für
diesen Beruf gefragt haben, nun glaubhaft versichern, über die von
mir empfohlenen Fähigkeiten und Eigenschaften zu verfügen, stelle
ich ihnen immer noch eine völlig unvermutete Frage. Ich frage sie
ganz einfach, ob sie in ihrem privaten Leben eines tiefen, echten und
großen Gefühles fähig seien. Die Wirkung dieser Frage ist stets
dieselbe. Die jungen Menschen reagieren mit fassungsloser Verlegenheit, so, als hätte ich die Uhr um vierzig Jahre zurückgestellt und
etwas entsetzlich Unanständiges gefragt. Dabei stelle ich diese Frage
nur, weil dieser Beruf ihre rückhaltlose Bejahung erfordert. Die
Bühne verlangt das Wissen um echte Gefühle, und nur wenn Sie fähig
sind, in Ihrem privaten Leben bitterlich zu weinen und herzlich zu
lachen, werden Sie es in Ihren Rollen auf der Bühne schaffen, Ihre
Zuschauer zum Lachen und zum Weinen zu bringen.
Und damit sind wir wieder bei meiner Bedingung angelangt, daß Sie
dazu in Ihrem Herzen ein Kind geblieben sein müssen. Ein Kind
kennt zwei große Gefahren der Erwachsenenwelt nicht: es kennt die
Ironie nicht und es kennt das kritische Denken nicht. Und darum ist
das Kind dieser echten Gefühle fähig, die Sie für die Bühne brauchen.
Sie müssen als Mensch die große Skala der persönlichen Gefühle von
der tränenlosen Trauer bis zur leidenschaftlichsten Glückseligkeit
durchleben und durchstehen können. Sie dürfen sich vor Gefühlen
niemals drücken. Und Sie dürfen dabei nicht schummeln. Daß Sie
außerdem einen großen Willen brauchen, Temperament, Kraft, Vita-

lität, Stehvermögen, Lust und Laune und auch – komischerweise fällt sie mir zuletzt ein – Intelligenz, das brauche ich Ihnen wohl nicht zu sagen. Das sind alles Eigenschaften, die für den Schauspielerberuf so selbstverständlich sind, daß man als junger Mensch gar nicht auf die Idee kommen kann, sich für diesen Beruf zu interessieren, wenn man sie nicht besitzt.

Die Frage, warum Sie sich diesem Beruf zuwenden wollen, stelle ich ungern, weil ich die Erfahrung gemacht habe, daß die Gründe oft sehr vage und nur schwer in Worte zu fassen sind. Ob Sie den Wunsch haben, die vielen Gegensätze, die Sie in sich tragen, in Rollen auszudrücken und vorzuführen, oder ob Sie durch die Verkörperung von Rollen den Zuschauern zeigen wollen, wie widersprüchlich Menschen in sich sein können, beide Motive sind verständlich und annehmbar.

Wenn Sie eine Theateraufführung so nachhaltig beeindruckt hat, daß Sie sich mit der Rolle des Zuschauers um keinen Preis mehr zufriedengeben wollen, wenn Sie einfach auf der Bühne stehen und mitwirken müssen – auch das ist ein guter Grund, den Beruf zu ergreifen.

Ich habe sogar Verständnis, wenn Sie in ihm ein Mittel zur Selbstfindung vermuten. Denn wenn es einen zunächst auch überrascht, daß man meist ganz andere Rollen zugeteilt bekommt, als man sich erwünscht und erträumt hatte, weil einen der Regisseur verblüffenderweise so ganz anders sieht, fängt man doch an, über die Ausstrahlung der eigenen Person auf andere nachzudenken. Bis man sich allerdings über die eigene Persönlichkeit und ihre Wirkung im Beruf klargeworden ist und beides annimmt – ist es ein weiter Weg.

Der Grund, weswegen ich selber zum Theater gehen wollte, und den ich als Kind arglos und stolz bekannt gab, war bei Gott anfechtbar genug: Ich wollte um jeden Preis berühmt werden.

Sie sehen, auch höchst unedle Absichten, können – mit etwas Humor – akzeptiert werden.

Wichtig allein ist, daß man – aus welchem Trieb heraus auch immer – spielen will und spielen muß; daß man lebt, um spielen zu dürfen.

Auf dem Weg –
Theoretische Hilfen

Annäherungen an die Rolle

Beginnen wir beim allerersten Anfang einer Rollenarbeit. WIE Sie dieses Ziel erreicht haben, WIE Sie es geschafft haben, an ein Theater engagiert und in einem Stück besetzt worden zu sein, diesen ganzen Vorgang kann ich hier nur streifen. Jede Berufsberatung wird Ihnen Auskunft darüber erteilen, wie und wo man den Beruf des Schauspielers im Prinzip erlernen sollte. Früher lautete die Regel: Schauspielunterricht, Bühnenreifeprüfung, Vorsprechen. Man konnte sich nach der bestandenen Prüfung auch an einen Agenten wenden, der um die Vakanzen an allen Bühnen Bescheid wußte und einem gegen Provision ein Engagement vermittelte. Heute sind die Privatagenturen rettungslos überlaufen und die staatlichen Vermittlungsstellen sind Sammelbecken unzähliger junger Schauspieler, die Engagements suchen. Natürlich kann man sich nach der Prüfung auch auf eigene Faust an allen Theatern bewerben und um Vorsprechtermine bitten, wobei es passieren kann, daß man einen freien Platz erwischt. Zufall und Glück spielen da eine riesige, völlig unberechenbare Rolle. Durch den Film und das Fernsehen gelten alle alten Regeln sowieso nicht mehr. Da kommt es vor, daß Sie ohne Unterricht und ohne Prüfung über Verwandte oder Bekannte, die in dem Beruf arbeiten, hineinrutschen können. Sie können zufällig im Synchronstudio auf jemanden warten, dort fürs Fernsehen entdeckt werden, einen Riesenerfolg haben, daraufhin in eine Tourneetruppe aufgenommen werden und plötzlich in einem festen Engagement landen. Wenn Sie erst einmal »drin« sind, wird kaum mehr nach Ihrem Werdegang oder Ihrer Reifeprüfung gefragt. Es gibt heute leider keinen festgelegten Weg mehr, den Sie für diesen Beruf hinter sich bringen müssen.

Lassen Sie mich also mit dem Augenblick beginnen, in dem Sie Ihr erstes Rollenbuch in der Hand halten, auf dessen Einband Ihr eigener Name steht und die Rolle, mit der Sie besetzt sind.

So ein Buch vor sich zu haben ist immer wieder ein erregender Moment. Man wird immer wieder von der würgenden Neugier gepackt, ob es diesmal die große Aufgabe ist, ob man diesmal jenen Stern in die Hand bekommt, dessen Leuchten einen ganz nach oben bringt. In einem noch nicht gelesenen Rollenbuch stecken so viele

Hoffnungen, daß ich es für menschlich verständlich und künstlerisch legitim halte, wenn Sie zuerst nur die Sätze im Stück lesen, die zu Ihrer Rolle gehören.

Es mag Kollegen geben, die solche Gepflogenheiten weit von sich weisen. Ich traue ihrer Abgeklärtheit nicht und bin auf seiten derer, die erst mal wissen wollen, wie oft sie auf der Bühne stehen und wieviel sie zu sagen haben. Also überfliegt man das eben erhaltene Rollenbuch fieberhaft, meist schon in irgendeiner verborgenen Nische im Theater.

Natürlich fällt dieser erste Hürdengalopp vernichtend aus. Da Ihnen jeglicher Zusammenhang fehlt, verstehen Sie natürlich überhaupt nichts. Nur eines wird Ihnen sofort klar – daß Ihre Rolle zu klein ist und Sie viel zuwenig auf der Bühne stehen. Sie stürzen in tiefste Depression und kochen vor Wut.

Merkwürdigerweise regt sich dann doch bald ein Hoffnungsschimmer. Vielleicht haben Sie verschiedenes in der Hast übersehen und überblättert – schließlich muß es doch einen triftigen künstlerischen Grund geben, warum ausgerechnet Sie für diese Rolle ausgesucht worden sind. Wahrscheinlich haben Sie ja auch mehr auf die Zeilenmenge geachtet als auf den Inhalt der Sätze. Also nehmen Sie sich das Textbuch mutig wieder vor und zwingen sich dazu, nun auch die Texte zu lesen, die um die Ihrigen herumstehen. Und da Sie sich jetzt in durchaus wohlwollender Absicht der Sache nähern, werden Sie ganz sicher da und dort etwas entdecken, das Ihnen angenehm auffällt. Irgend etwas, das wert ist, darüber nachzusinnen. Die erste Verzweiflung legt sich, Sie sehen klarer und fühlen sich nun zuversichtlich genug, das ganze Stück von Beginn an langsam durchzulesen.

So ergeht es der Mehrzahl der in einem Stück beschäftigten Darsteller, denn ein Schauspiel besteht nun einmal in der Hauptsache aus Rollen mittleren und kleineren Umfangs. Die absolut tragenden Hauptrollen sind immer dünn gesät. Aber Rollen sollten sowieso nie nach ihrem Umfang beurteilt werden. Es gibt keine kleineren oder mittleren – es gibt nur gute oder schlechte Rollen. Und die Qualität einer Aufführung wird an der Leistung und dem Niveau *der* Rollen gemessen, die man völlig zu Unrecht als »Nebenrollen« oder »Chargen« bezeichnet.

Im Sachwörterbuch der Literatur (Gero von Wilpert) fand ich folgende Erläuterung des Begriffs »Charge«.

»Charge (französisch): karikierende Übertreibung; denn nur knapp gezeichnete und kurz in Erscheinung tretende Neben-(Episoden-) Rolle, die daher zu größerer Eindringlichkeit vom Schauspieler überscharf ausgeprägt, grell charakterisiert (chargiert) werden muß und dann oft komisch wirkt. Heute heißt Charge oft auch die neutrale Nebenrolle überhaupt.«

Eine Aufführung, d. h. eine Ensembleleistung ist wie eine Kette – sie ist nur so stark wie ihr schwächstes Glied. Reagieren Sie also nicht sauer, weil Sie nur eine »kleine« Rolle haben, sondern seien Sie sich Ihrer Verantwortung im ganzen Gefüge bewußt. Jede Nebenrolle muß wie eine Hauptrolle angegangen werden.

Wenn Sie im Stück auch erst im 3. Akt drankommen, nachdem tosende Schlachten und bestürzende Liebesszenen schon ohne Sie stattgefunden haben, hat für Sie dennoch nur der Augenblick zu zählen, in dem Sie die Szene betreten. Von Ihrem vollen Einsatz und Ihrer Präsenz hängt die Wirkung Ihrer Szene ab. Jeder am Theater weiß, wie ungeheuer schwer es ist, eine kleine Rolle zu spielen und aus dem Stand in einem Auftritt alles geben zu müssen. In einer großen Rolle kann man sich immer wieder auffangen, wenn einem irgendwo etwas »verrutscht« sein sollte – in einer einzigen Szene hat man diese Chance nicht. Für Ihre Ambitionen ist es sicher nur ein schwacher Trost – aber für einen Intendanten ist es oft leichter, einen Hauptdarsteller zu finden als einen erstklassigen Chargenspieler. Kehren wir also zu Ihrem Textbuch und der Ihnen sicher viel zu kleinen Rolle zurück.

Je früher Sie Ihr Textbuch erhalten, desto besser ist das natürlich für Sie. Dann ist alles, was nun folgt, viel leichter nachzuvollziehen und zu verdauen. Sollten Sie aber Ihr Buch erst am Tag Ihrer ersten Probe zu Gesicht bekommen – aus welchen Gründen auch immer –, müßten Sie in den ersten Probentagen versuchen, ein bißchen nachzuholen.

Alle Vorschläge, die ich Ihnen jetzt für Ihre Arbeit machen werde, entstammen meiner Erfahrung und sind nirgends festgelegt. Betrachten Sie meine Theorien daher nie als Dogmen, sondern nur als Denkanstöße.

Jede Rolle stellt uns immer wieder vor neue Probleme. Jede Rolle fordert uns neu und anders heraus, und was für die eine Rolle anwendbar ist, mag für eine andere kaum taugen. Die Arbeit in unserem Beruf läßt sich in kein Schema pressen. Dies ist auch der

Grund, warum es keine Lehrbücher für unseren Beruf geben kann. So viele Lehrer, so viele Methoden. So viele Schauspieler, so viele Richtungen. Ich kann Ihnen daher mit meinen Erfahrungen, Vorschlägen und Hilfsbrücken nur Anregungen geben. Jeder muß letzten Endes seinen eigenen Weg zur Rollenerarbeitung allein finden. Meine ersten Vorschläge betreffen nur Aufgaben, die Sie ganz allein – also ohne Regisseur – zum Vertrautwerden mit Ihrer Rolle lösen können. Lesen Sie das Stück erst einmal Wort für Wort, Zeile für Zeile und in aller Ruhe durch. Wenn Sie damit fertig sind, können Sie sich einen Satz aus dem Stück, der Ihnen – weshalb auch immer – besonders aufgefallen ist, niederschreiben. Er braucht nichts mit *Ihrer* Rolle zu tun zu haben. Schreiben Sie ihn wörtlich auf, aber kommentieren Sie ihn nicht. – Dann lesen Sie das Stück noch einmal durch. Sollte Ihnen dabei noch ein Satz haftenbleiben, notieren Sie auch diesen. Wenn aber kein Satz ein Interesse in Ihnen weckt, dann suchen Sie nicht weiter danach, sonst fallen Ihnen zu viele Textstellen auf, und Sie geraten in Verwirrung. Wie oft Sie es verkraften, ein Stück hintereinander zu lesen, ohne die Konzentration oder die Laune zu verlieren, liegt bei Ihnen. Je öfter Sie es schaffen, desto besser ist es. Sie ahnen nicht, wie mangelhaft oft die Stücke von den dafür Verantwortlichen gelesen werden. Sie können da mit gezielten Fragen auf den ersten Proben die tollsten Überraschungen erleben. Wenn Sie das Stück also zum wiederholten Male lesen, dann zwingen Sie sich, es jedes Mal neu in Angriff zu nehmen. Sie werden bald merken, daß Ihnen jedes Mal etwas anderes ins Auge springt, daß Sie über etwas anderes ins Nachdenken geraten, Ihnen plötzlich etwas wichtig erscheint, das Sie vorher gar nicht beachtet haben. So kommen Sie ganz von selber hinter seinen Aufbau, verstehen seine Dramaturgie und lernen, Ihre Rolle als Rad in einem Getriebe zu sehen. Oft geschieht es, daß andere Figuren in Szenen, in denen Sie gar nicht dabei sind, von Ihnen sprechen und dabei Charakterzüge Ihrer Figur beiläufig erwähnen. Nichts ist wichtiger für die Gestaltung Ihrer Rolle, als solche Puzzlestückchen zu finden, die das Bild Ihrer Figur vervollständigen können. Achten Sie beim wiederholten Durchlesen akribisch auf solche »Kleinigkeiten«. Sitzt dann das ganze Stück in seinem Ablauf in Ihrem Kopf, haben Sie schon ein enormes Stück Vorarbeit geleistet. Durch das oftmalige

Lesen sind Ihnen – ein ganz großer Vorteil – alle Personen vertraut. Sie kennen deren Stellung im Stück, ihre Beziehungen untereinander, Sie können sich in etwa ein Bild ihrer Charaktere machen und sich deren Handlungsweise dadurch erklären. Wenn nun der ganze Inhalt so vor Ihrem geistigen Auge ausgebreitet liegt, stellen Sie sich bitte die simple Frage: Was ist der Inhalt dieses Stücks und was erzählt es?

Bemühen Sie sich, die Antwort darauf so knapp wie möglich zu formulieren und niederzuschreiben. Lassen Sie alle schmückenden Details weg, konzentrieren Sie sich auf das dürre Skelett der Haupthandlung, aber achten Sie trotzdem genau darauf, daß Sie keinen wichtigen Punkt auslassen. Stellen Sie sich einfach vor, Sie müßten jemandem den Stückinhalt telegrafisch mitteilen. Es wird Ihnen Spaß machen, herauszufinden, wie viel oder wie wenig Sätze einem Autor genügt haben, ein Drei-Stunden-Stück daraus zu walzen.

Ich will Ihnen drei Beispiele dafür geben. Es ist gut möglich, daß Sie auch mich bei Überflüssigem oder bei einem Gedankensprung ertappen. Nichts würde mir mehr Spaß machen, als wenn Sie es besser fertigbrächten. Solche Zeitrafferschilderungen müssen keine stilistischen Meisterleistungen sein. Fassen Sie die Sätze kurz, denn in Schachtelsätzen verheddert man sich leicht. Und erschrecken Sie nicht, oft ist eine ungewollte Komik nicht zu umgehen. Telegrammstil ist nun mal keine Dichtung und außer Ihnen liest ja niemand diese Stückfassungen.

Ich habe als Stückbeispiele drei Stücke aus verschiedenen Zeitepochen gewählt.

Faust I von Goethe,
Hedda Gabler von Ibsen (in der Übersetzung von Egon Gerlach) und
Die große Wut des Philipp Hotz von Max Frisch.

Zum Inhalt von *Faust I*

Faust, ein alternder deutscher Gelehrter des Mittelalters, will den Kern allen Seins erforschen. Aus Verzweiflung über sein mangelndes Wissen und Können greift er zum Gifttrunk, wird aber durch den Klang österlicher Kirchenglocken vom Selbstmord zurückgehalten. In der Gestalt eines Pudels, der ihm beim Spaziergang nachgelaufen ist, verschafft sich ein Teufel, Mephistopheles, bei ihm Einlaß. Dieser Teufel hat von Gott die Erlaubnis erhalten, auszuprobieren, ob er Faust verführen und ihn vom rechten Wege abbringen kann. So verspricht Mephisto dem lebensüberdrüssigen Faust, ihm – um den Preis seiner Seele – alle Höhen und Tiefen des hiesigen Daseins zu zeigen. Faust willigt ein, unter der Bedingung, einen einzigen Augenblick erleben zu dürfen, der seine rastlose, ewig unerfüllte Sehnsucht endgültig stillen würde. So reisen die beiden fort, zuerst nach Leipzig, wo die blanke Lustigkeit eines Studentenkellers Faust aber nur anwidert. Darauf bringt ihn Mephisto in die Hexenküche, um ihn durch einen Hexentrank zu verjüngen. Der jung gewordene Faust verliebt sich leidenschaftlich in ein Mädchen, Margarethe, und gewinnt ihre Liebe, bleibt aber trotzdem rast- und ruhelos. Er ersticht im Duell ihren Bruder und muß fliehen, kehrt aber zu der Geliebten zurück. Margarethe hat aus Verzweiflung über ihre hoffnungslose Lage den Verstand verloren, hat ihr Kind umgebracht und wartet nun im Kerker auf ihre Hinrichtung. Faust will sie befreien, doch Margarethe weigert sich, ihm zu folgen. So flieht Faust mit Mephisto und überläßt Margarethe ihrem Schicksal.

Beim ersten Lesen des Stücks notierte ich spontan den folgenden Satz: »Zu neuen Ufern lockt ein neuer Tag.« (Selbstmordmonolog)
Beim zweiten Lesen diesen:
»Erhabner Geist, du gabst mir, gabst mir alles, worum ich bat.« (Wald und Höhle)

Bei der Inhaltsangabe von *Hedda Gabler* beschränke ich mich auf den ersten Akt, da dessen Kurzfassung beinahe umfangreicher ausfällt, als der ganze *Faust I*.
Hedda und ihr Ehemann, Jörgen Tesman, sind von ihrer sechsmonatigen Hochzeitsreise in ihr neues Heim zurückgekehrt. Tesman ist Kunsthistoriker und hat mit großen Schulden das Haus gekauft, um seiner Frau, Tochter eines Generals, das gewohnte großzügige Leben zu bieten. Eine Schulkameradin von Hedda, Frau Elvsted, kommt zu Besuch und gesteht, sie habe ihren Ehemann verlassen, um einem gewissen Ejlert Lövborg, der bei ihren Stiefkindern Hauslehrer war, in die Stadt zu folgen. Dieser Ejlert Lövborg ist beiden Tesmans bekannt. Er war ein Studienkollege von Tesman und hatte einen äußerst zweifelhaften Ruf. Heddas Reaktionen zeigen, daß sie ein großes Interesse an diesem Lövborg hat. Frau Elvsted fürchtet, Lövborg, der unter ihrem Einfluß solide geworden war, könnte den

Versuchungen der Stadt erneut erliegen. So veranlaßt Hedda ihren Mann, Lövborg für den Abend in ihr Haus zu bitten. Frau Elvsted erzählt Hedda, daß Lövborg mit ihrer Hilfe das Manuskript eines neuen Buches geschrieben hätte. Sie verläßt Hedda mit dem Versprechen, am Abend wiederzukommen. Ein Freund Tesmans, Assessor Brack, erscheint und teilt ihm mit, daß ebendieser Lövborg für die Professur kandidiere, mit der Tesman bereits fest gerechnet hatte. Tesman ist bestürzt – erhält er diese Stelle nicht, kann er Hedda den versprochenen gehobenen Lebensstil nicht bieten.

Das erste, was mir von dem Stück spontan im Gedächtnis blieb, war der Titel. *Hedda Gabler* – warum nicht *Hedda Tesman*? Dann der Satz: »Ein einziges Mal in meinem Leben möchte ich Macht haben über ein Menschenschicksal.« (Hedda zu Frau Elvsted, 2. Akt)

Zum Inhalt von *Die große Wut des Philipp Hotz*
Da seine Frau Dorli die Ehescheidung verweigert hat, beginnt Philipp Hotz in unbändiger Wut seine Wohnungseinrichtung zu zertrümmern und will danach in die Fremdenlegion gehen. Obwohl er sich krampfhaft bemüht, seine Wut am Kochen zu halten und seiner Frau Dorli, seinem Freund Wilfried und sich selber ununterbrochen einredet, diesmal ein Exempel seiner Unbeugsamkeit statuieren zu können und zu müssen, gelingt es ihm nicht. Er gibt klein bei und versöhnt sich mit seiner Frau.

Der Satz, der mir beim Lesen dieses Einakters spontan einfiel, steht nicht in *diesem* Stück. Er steht im 4. Bild von Brechts *Mutter Courage und ihre Kinder* und lautet sinngemäß:
»Ihre Wut ist schon verraucht, es ist nur eine kurze gewesen, Sie bräuchten eine lange, aber woher nehmen?«

Vielleicht werden Sie mich angesichts der unzähligen Stücke, die es in der Theaterliteratur gibt, jetzt fragen, warum ich ausgerechnet diese drei als Arbeitsbeispiele für Sie ausgesucht habe. Ich muß Ihnen gestehen, daß dies eine intuitive und spontan getroffene Wahl war, und ich kann Ihnen, auch beim gründlichsten Nachdenken, keinen bestimmten Grund dafür angeben. Aber diese Dreierauswahl hat sich im Laufe des Schreibens als sehr brauchbare Arbeitsvorlage für Sie herausgestellt.

Wenn Sie sich nun Ihr Stück und Ihre Rolle klar und knapp eingeprägt haben, dann nehmen Sie sich Ihre Figur noch einmal heraus und isolieren Sie sie völlig. Versuchen Sie, sich zu erinnern, ob einer Ihrer Sätze Sie beim Lesen spontan angerührt hat, ob irgendein ausgesprochener Gedanke Ihrer Figur Ihnen im Hinterkopf haftengeblieben ist, ohne daß Sie konkret sagen könnten, weshalb.

Wenn Sie jetzt über Ihrem Textbuch innehalten und angstvoll den Kopf schütteln, da Ihnen beim besten Willen kein solcher Satz einfällt, brauchen Sie weder deprimiert noch außer sich zu sein. Suchen und wühlen Sie jetzt nicht in Ihrem Buch herum und versuchen Sie ja nicht, Ihren Text zu »sezieren« – im Gegenteil! Legen Sie das Buch weg, gehen Sie spazieren, schicken Sie Seele und Gedanken einfach in den Urlaub; ja, in diesem Fall dürfen Sie sich auch im Kino ablenken lassen. Vergessen Sie Stück, Rolle, Text und sämtliche Fragen darüber. Erst vor dem Einschlafen – als allerletzte Beschäftigung – lesen Sie die Zeilen Ihrer Rolle noch einmal ganz langsam durch. Anschließend schieben Sie dann das Textbuch unter Ihr Kopfkissen. Glauben Sie mir, der Satz wird Ihnen über Nacht einfallen.

Das was in Ihrem Unterbewußtsein ein Nachklingen geweckt hat, ist der Schlüsselsatz für Ihre Rolle. Dieser Satz mag eine scheinbar ganz beiläufige Bemerkung sein, die Ihre Figur äußert; vielleicht ein sich Erinnern an etwas; ein Urteil, das einen flüchtigen Einblick in ihre Denkweise gestattet; ein geäußerter Wunsch oder ein resigniertes Zögern – auf jeden Fall muß der Satz etwas mit dem innersten Wesen Ihrer Rolle zu tun haben, sonst hätte er sich nicht so nachhaltig in Ihnen verhakt. In jeder Rolle schlummert ein solcher Satz. Fehlt er, stimmt etwas mit der Rolle nicht. Entweder ist sie papieren, also nicht nach menschlichem Vorbild geschaffen, oder sie ist tatsächlich zu klein. Obwohl, auch in fünf Sätzen kann ein Schlüsselsatz stecken! Das Erkennen eines solchen Satzes ist jedes Mal eine kleine Erleuchtung, denn es ist zugleich der erste Schritt zum Erkennen der Figur, zu deren endgültiger Darstellung allerdings noch ein mühseliger Weg vor Ihnen liegt.

Es gibt leider keine Muster solcher Schlüsselsätze. Für ein und dieselbe Rolle würden Ihnen zehn Schauspieler zehn verschiedene Schlüsselsätze nennen; jeder einen, der nur für ihn Richtigkeit und Gültigkeit hätte, und mit dem Sie persönlich vielleicht gar nichts anfangen könnten. Unsere Arbeit läßt sich niemals über einen Leisten schlagen. Jeder Schauspieler interpretiert seine Rollen aus seinem eigenen Blickwinkel heraus. Um Ihnen aber das Prinzip der Schlüsselsätze zu veranschaulichen, nenne ich Ihnen an Hand der Rollen in unseren drei Stücken meine Schlüsselsätze. Auswahl und Begründung haben, wie gesagt, nur für mich Gültigkeit.

Meine Schlüsselsätze zu *Faust I*:

Wagner: »Wie schwer sind nicht die Mittel zu erwerben,
Durch die man zu den Quellen steigt!
Und eh man nur den halben Weg erreicht,
Muß wohl ein armer Teufel sterben.«

Man darf sich bei dieser Rolle durch die Regieanweisung Goethes »Auftritt im Schlafrocke und der Nachtmütze, eine Lampe in der Hand« nicht täuschen lassen. Wagner ist weder beschränkt noch vergreist. Er bewundert das Genie Faust ohne Neid und weiß, daß er solche Höhen nie erreichen wird. Die große Tragik der Mittelmäßigkeit.

Schüler: »Und möchte gern, was auf der Erden
Und in dem Himmel ist, erfassen,
Die Wissenschaft und die Natur.«

Im *Faust II* sagt Mephisto zum Schüler (dort Baccalaureus): »Ich schätzt Euch damals nicht gering.«

An dem Schlüsselsatz läßt sich erkennen, daß der Schüler trotz seiner Naivität Intelligenz besitzt. Er hat sich ein ganz bestimmtes Ziel vorgenommen und ist fähig, sein Anliegen klug und knapp vorzubringen.

Lieschen: »So ists ihr endlich recht ergangen.«

In diesem Satz steckt der ganze Grundcharakterzug der Rolle – Schadenfreude aus Neid.

Valentin: »Ich gehe durch den Todesschlaf
Zu Gott ein als Soldat und brav.«

Dieser Ausspruch zeigt die ganze Sturheit des eitlen, von seiner Wichtigkeit überzeugten Soldaten. Er hat seine Schwester öffentlich an den Pranger gestellt, ihr Schicksal besiegelt und dadurch seine gekränkte Ehre, seiner Ansicht nach »Gott gefällig« wiederhergestellt. Vor einigen Jahrzehnten wurde das noch als die »gute Moral« des Soldatenstandes empfunden – Valentin war im Recht und der gleichen Meinung waren auch die Zuschauer im Theater. Heute dreht sich einem bei diesem falschen Ehrgefühl Valentins der Magen um. Daran können Sie sehen, wie Auslegung und Wirkung eines Schlüsselsatzes sich oft mit der Zeit ändern können.

Margarethe: »Ach, daß die Menschen so unglücklich sind!«

In diesem so allgemeingültigen Satz liegt Margarethes ganzes Gefühl, all ihre Güte, ihr Mit-Leiden-Können, ihr bedingungsloses Verständnis und ihre Unschuld.

Faust: »Zwei Seelen wohnen, ach! in meiner Brust,
Die eine will sich von der andern trennen;
Die eine hält in derber Liebeslust
Sich an die Welt mit klammernden Organen;
Die andre hebt gewaltsam sich vom Dust
Zu den Gefilden hoher Ahnen.«

Es ist dies die knappste Zusammenfassung des Faustschen Kernthemas: die Zerrissenheit des Faustschen Charakters, Himmel und Hölle eines Menschenlebens.

Mephisto: »Bedenkt: der Teufel, der ist alt;
So werdet alt, ihn zu verstehen!«

Dieses Zitat aus *Faust II* ist für den Darsteller, wie auch für die Zuschauer unergründbar und voll unerschöpflicher Möglichkeiten.

Wenn Sie nun in Ihrer Rolle Ihren Schlüsselsatz gefunden haben, würde ich Ihnen vorschlagen, daß Sie alles, was Ihnen an Gedanken zu Ihrer Rolle durch den Kopf schießt, im Telegrammstil aufschreiben.

Es können Charakterzüge sein, die Ihnen besonders bemerkenswert erscheinen, oder Eigenschaften, die Sie befremden. Es können kritische Überlegungen sein, eigene Ideen über Dinge, die Ihnen an Hand der Rolle einfallen. Legen Sie keine Reihenfolge fest, machen Sie sich einfach ein paar Gedanken über die Figur. Damit Sie begreifen, wie ich das meine, schreibe ich für Sie ein paar meiner Gedanken auf, die mir bei einigen Rollen im *Faust I* in den Sinn kamen.

Zu Wagner:

Ein Genie (Faust) braucht immer eifrige Zuhörer, die Fragen stellen oder Einwände machen, an denen sich sein genialer Geist entzünden kann. Ein Genie kann keine anderen Genies um sich dulden. Es wächst durch die Mittelmäßigkeit der anderen. Wagner beweist, daß Fleiß zu großen Erfolgen führen kann. Im *Faust II* erschafft er den Homunculus. Also ist der Vater des künstlich erzeugten Menschen eigentlich ein mittelmäßiger Streber.

Zu Schüler:

Diese Figur erinnert an die Märchengestalten (»Tumber Hans«), die ehrlich und treuherzig dem hinter der Maske des Guten verborgenen Bösen gegenüber stehen. Die Zuschauer sind klüger als der Schüler. Sie wissen, wer sich als Faust verkleidet hat, und da Schadenfreude immer die reinste Freude ist, hat die Szene eine große Wirkung. Am meisten würde mich interessieren, wie aus dem Schüler im ersten Teil der Baccalaureus des zweiten Teils werden konnte. Die Zustände an den Universitäten damals konnten doch kaum mit denen unserer Tage vergleichbar sein – Goethe hatte wirklich einen prophetischen Blick. Die Biographie dieses Schülers wäre heute ein eigenes Buch wert.

Zu Valentin:

Die Rolle des Valentin erweckt Unbehagen. Er tritt wie aus dem Boden gestampft auf und hat einen Monolog aus dem Stand zu halten. Merkwürdigerweise wird er oft angetrunken dargestellt, zumindest drückt man ihm einen Trinkbecher in die Hand. Dabei ist in seinem Monolog keinerlei Anspielung darauf gegeben. Er hat nur über seine durchzechten Nächte zu sprechen. Valentin muß einen Bezugspunkt für seinen Monolog haben. Goethe schreibt »Straße vor Gretchens Tür«. So könnte er das – vielleicht erleuchtete – Fenster der Schwester anspielen, davor die Blumen, von Gretchen mit Tränen begossen. Wenn natürlich die Szene vor den Vorhang verlegt wird, weil dahinter der Dom und womöglich auch schon die Walpurgisnacht aufgebaut werden, ist jeder gute Rat teuer. Nun ist Valentin schon ein unsympathischer Geselle, aber die Szene ist gut. Man muß ihm die räumliche Möglichkeit geben, die Szene auszuspielen.

Zu Margarethe:

Sie stellt wohl das männliche Wunschbild einer Frau dar, da sie ohne jegliche Bedingung und ohne Forderung liebt. Sie gibt nur, ohne etwas zu verlangen. An einer solchen Liebe muß eine Frau offenbar zu Grunde gehen. Auch der allergeringste emanzipatorische Gedanke ist ihr fremd. Dabei ist sie nicht dumm und hat Mut. Aber der christliche Glaube, mit den von der Kirche angedrohten grausamen Strafen, ist tief in ihr verwurzelt. Merkwürdigerweise spielt der Vater in diesem Mädchenleben überhaupt keine Rolle. Er wird in einem einzigen Satz erwähnt: »Mein Vater hinterließ ein hübsch Vermögen, ein Häuschen und ein Gärtchen vor der Stadt.« Da Margarethe Faust erst nach seiner Verjüngung begegnet, kann man aus ihrer Hingezogenheit zu ihm auch keinen Freudschen Vaterkomplex ableiten. Auch die Mutter tritt nie auf. Sie wird nur geschildert. Margarethe ist völlig normal und gesund. Während sie bei Marthe den Schmuck anprobiert, reagiert sie entzückt wie jedes Mädchen und im Gartengespräch kritisiert sie ihre Mutter genauso, wie das jede Tochter tut, wenn sie endlich mit ihrem Freund allein ist: »Meine Mutter ist in allen Stücken so akkurat.« Es gelingt ihr trefflich, sich in ein gutes Licht zu rücken und sich auf Kosten der Mutter bei Faust lieb Kind zu machen. Eine uralte List, auf die er auch prompt hereinfällt. Je gesünder Margarethe wirkt, desto tragischer erscheint die letzte Szene.

Oft ziehen sich die Margarethen in der Szene vom »König in Thule« aus. Dabei finde ich es dort gar nicht nötig. Natürlich steht im Text: »Sie fängt an zu singen, indem sie sich auszieht«, aber »ausziehen« ist ein dehnbarer Begriff. Beim abendlichen Zubettgehen Margarethes ist nicht das Ausziehen wichtig, sondern der Text und die Stimmung. Die Empfindungen der Unsicherheit, der Bangigkeit, der Ahnung, kurz, das erwachende große Gefühl und die herzklopfende Angstfreude davor. Dieses Hauptanliegen der Szene ist perdu, wenn die Schauspielerin sich auszieht. Kein einziger Zuschauer im ganzen Theater hört noch zu. Alle sind nur noch damit beschäftigt, den Busen und den Hintern der Schauspielerin zu beurteilen. Diese Reaktion des Zuschauers ist völlig normal. Dramaturgisch aber, von der charakterlichen Entwicklung der Rolle her, gibt das Ausziehen in der Szene der Schauspielerin nichts. Es nimmt ihr nur alles. Wo ein Entblößen von der charakterlichen Entwicklung her möglich wäre und dem Zustand der Rolle durchaus entspräche? In der Kerkerszene. Bei Texten wie: »Küsse mich, sonst küß ich Dich«, oder: »Wo ist Dein Lieben geblieben? Wer brachte mich drum?« könnte ich mir ein Aufreißen des Hemdes, ein sich körperlich Anbieten durchaus vorstellen. Denn diese Texte sind von einer verzweifelten Schamlosigkeit; es sind die Worte einer verlassenen Frau, die nichts, aber auch gar nichts besessen hat, außer der Liebe zu einem Mann, der sie im Stich gelassen hat. Angesichts dieser grenzenlosen Zurschaustellung einer Verzweiflung, die nichts mehr zu verlieren hat, da sie sich alles vergeben hat, könnte ich schwören, daß kein Zuschauer mehr einen sexuellen Reiz verspürte – im Gegenteil, eine tiefe Welle der Erschütterung über solche menschlichen Abgründe würde das Publikum erfassen. Aber merkwürdig, gerade diese Szene, mit ihrer wahrhaft antiken Größe, wird meist mit einer schamhaften Distanz und einer rezitativen Kälte dargestellt. Angst vor Gefühl? Angst vor Liebe? Angst vor der Konsequenz von beiden? Ich glaube, in jeder Frauenrolle steckt irgendwo ein Quentchen von Margarethe.

Zu Faust:

Die Rolle des Faust umspannt – im Gegensatz zu Margarethe – ein ganzes Erdenleben. Bleibt für mich die bittere Frage, ob eine Frau mit der Erfahrung einer großen Liebe genug erlebt hat und – wie auch immer – abtreten kann, da ihr Leben damit erfüllt ist. Faust altert. Aber nicht im normalen Ablauf von Akt zu Akt. Er beginnt an der Schwelle des Greisenalters und wird durch den Trick des Zaubertrunks im Zeitsprung rückwärts verjüngt. Faust ist nicht gerade ein Sympathieträger. Faust ist urmännlich und durch und durch egozentrisch. Er ist maßlos im Wollen und schreckt vor keiner Grenze zurück; ist aber, wenn das Gewollte erreicht ist, nicht gewillt, die Verantwortung dafür zu übernehmen. Sobald eine Entscheidung gefordert wird, tritt er innerlich oder äußerlich die Flucht an. Seine Bequemlichkeit und seine Unabhängigkeit gehen ihm über alles. »Nach mir die Sintflut«, lautet seine menschlich-männliche Devise. Mephisto verkörpert für Faust den von jedem Mann herbeigesehnten Spießgesellen, wenn es darum geht, Steine aus dem Weg zu räumen oder Kastanien aus dem Feuer zu holen. So weise seine Ansichten im Anfangsmonolog auch tönen, sie entschuldigen nicht das Imstichlassen der Geliebten, die ihre Schuldigkeit getan hat und deshalb gehen muß. Womit bewiesen wäre, daß auch der gebildetste, genialste Mensch sich als Mann äußerst primitiv benehmen kann.

Zu Mephisto:

Mephisto ist in jedem Falle fein raus. Diese Rolle ist schier unerschöpflich. Der Teufel ist weder Mann noch Frau, kann mal in diese, mal in jene Rolle schlüpfen und darf ebenso menschlich wie unmenschlich sein. Da Goethe Mephisto als fahrenden Scholastikus auftreten läßt, wird die Rolle meist mit einem Mann besetzt. Der Versuch, ihn mit einer Schauspielerin zu besetzen, scheint durchaus legitim, da der Teufel kein erwiesenes Geschlecht hat. Ein weiblicher Mephisto scheitert nur in einer einzigen Situation unweigerlich, nämlich in seiner Beziehung zu Marthe Schwerdtlein. So fabelhaft ein Mann in der Darstellung einer Frau sein kann, so unfreiwillig komisch wirkt eine Frau in einer wirklich ernsten Hosenrolle. Weibliche Hosenrollen müssen einen komischen Hintergrund haben: eine Verwechslung, ein Schabernack oder eine gespielte Irreführung. Darin können Schauspielerinnen Triumphe feiern. Aber eine echte, ernstzunehmende Darstellung eines wahren Mannsbildes – noch dazu als Liebesobjekt einer Partnerin – ist, so hart es klingt, einer Schauspielerin einfach nicht gegeben. Das Werben der Marthe Schwerdtlein um einen alters- und geschlechtslosen Teufel (wovon ihr natürlich nichts schwant) beinhaltet eine echte Komik, wird aber bei einem weiblichen Mephisto als Partner in eine groteske Irrealität getrieben, die einen nicht zu verhindernden lesbischen Einschlag erhält. Im Film könnte man es riskieren, dem Darsteller des Mephisto eine weibliche Stimme zu unterlegen, um durch diesen Trick beiden Geschlechtern den Ursprung des Bösen zu gleichen Teilen anzulasten.

Nun zum zweiten Stück *Hedda Gabler* und seinen Schlüsselsätzen.
Für die Figur der Hedda habe ich gleich zwei Schlüssel gefunden:
Der eine ist der Titel des Stückes, der andere ihr Selbstmord.
Der Titel verrät, daß Hedda – trotz ihrer Heirat – immer noch die Tochter ihres Vaters ist und es auch bleiben will. Indem Hedda sich schließlich mit der Pistole ihres Vaters umbringt, weil sie den Tod einer Erpressung vorzieht, offenbart sie ihren wirklich großen, mutigen und leidenschaftlichen Charakter.
Tesman:
»Es wird – es muß gelingen! Ich setze mein Leben daran!«
Tesman entschließt sich, das durch Heddas Schuld verlorengegangene Manuskript Lövborgs zu rekonstruieren. Jetzt wird klar, daß er, der ewig Redliche und Solide, echte Größe hat.
Frau Elvsted:
»Du brauchst mich nicht mehr! Was soll ich denn dann mit meinem Leben anfangen?«
Sie gehört zu den unterwürfigen Charakteren, die dienen wollen und müssen. So läßt sich auch erklären, wie sie fast mühelos von ihrer Zusammenarbeit mit Lövborg zur Zusammenarbeit mit Tesman gelangen kann.
Ejlert Lövborg:

»Er kann eben einfach kein Maß halten«, sagt Tesman über ihn. Damit ist Lövborgs Genie, sein ständiges Pendeln zwischen maßloser Ausschweifung und völliger Zurückhaltung, Selbstüberschätzung und Selbstzerstörung, genau charakterisiert.

Assessor Brack:
»Nun, zum Glück besteht ja keinerlei Gefahr, solange ich schweige.«
So unverbindlich er sich vorher oft gibt – in diesem Kernsatz, der erst ganz zum Schluß fällt, zeigt sich sein durch und durch berechnender Charakter.

Tante Juliane:
»Ich brauche ja doch auch so notwendig jemanden, für den ich leben kann.«
Durch diesen Ausspruch wird die Rolle nicht zur komischen, altjüngferlichen Schreckschraube, sondern zu einer einfühlsamen, mütterlichen Gestalt.

Berta:
»Ich bin so richtig bange, daß ich es der jungen Frau nicht recht machen kann.«
Trefflicher läßt sich diese Figur kaum skizzieren.

Was mir bei den Figuren dieses Stücks kurz in den Sinn kam:

Zu Hedda:
Der einzige Mann, den sie gefürchtet, aber auch geachtet und geliebt hat, muß ihr Vater gewesen sein. Heddas Problem existiert auch heute noch. Eine Verlegenheitsehe bringt auch einer Frau von heute den inneren Frieden nicht. »Ihre grau-blauen Augen blicken kühl und unbeteiligt.« Aber Hedda ist weder kühl noch unbeteiligt. Hedda spielt die Kühle und Unbeteiligte. Heute könnte sie »sich selbst verwirklichen«, aber eine Frau, auf der Suche nach dem Abbild ihres Übervaters, bleibt immer friedlos und unbefriedigt. Eine unausgelebte Leidenschaft wie die zu Lövborg wird dabei stets verklärt – meist zu Unrecht. Hedda ekelt sich vor der grauenvollen Kleinkariertheit ihrer Umgebung und vor sich selber. Trotzdem, was für ein wahnsinniger Mut gehört dazu, sich zu erschießen! Sie schießt sich frei. Freitod. Eine durch und durch männliche Tat. Immer dieser Widerspruch, Frau zu sein und soviel Männliches in sich zu haben. Auf ihrem Grabstein steht sicher: »General Gablers Tochter, RIP«.

Zu Tesman:

Wenn in diesem Stück gelacht wird, dann über Tesman. Tesman ist ein grundguter, grundehrlicher Mensch. Er überschlägt sich, es allen und jedem recht zu machen und opfert sogar am Schluß seine ganze Karriere, um das Manuskript des liederlichen Lövborg wieder zusammenzustoppeln. Warum sind Güte und Offenheit Eigenschaften, die zum Lachen reizen? Man sieht in Tesman immer nur den Menschen, nie den Mann. »Weibliche« Güte statt »männlicher« Härte – die Figur wirkt dadurch beinahe geschlechtslos. So muß Tesman wohl ein weltfremdes Etwas sein, und so ein Sonderling reizt leicht zum Lachen. Tesman spricht als Sympathieträger hauptsächlich die mütterliche Seite der Frauen an. Solche Männer heiraten meist die falschen Frauen, siehe Hedda. Aber glücklicherweise haben sie davon keine Ahnung.

Zu Frau Elvsted:

Obwohl sie in ihrer verzweifelten Art die Hilflosere zu sein scheint, hat sie doch etwas gewagt, was Hedda nie täte. Sie hat ihren Mann verlassen, um Lövborg nachzufolgen. Eine mütterliche Natur, aber eigennützig, denn ihre Stiefkinder läßt sie im Stich. Sie ist das Urbild von »vor Rehen wird gewarnt«. Hinter ihrer Hilfsbereitschaft steckt Egozentrik. Sie will an allem teilhaben, wenn auch schüchtern und angstvoll. Sie weiß genau was sie will – Hedda stirbt ihr äußerst gelegen, und sie nimmt ihren Platz mit atemberaubender Selbstverständlichkeit ein.

Zu Ejlert Lövborg:

Genie, Begabung und Können nützen ohne Disziplin nichts. Lövborg hat etwas Theatralisches, im pathetischen Sinne. Das ständige Wechseln zwischen Euphorie und tiefster Depression muß für Normalbürger befremdlich sein. Hedda sieht ihn völlig richtig »mit Weinlaub im Haar«. Durch seine unberechenbaren Reaktionen ist er für einen Partner nicht zu ertragen. Eine absolute Traumrolle für einen Schauspieler, denn mit seinem berufsbedingten Naturell müßte er der Figur sehr nahe kommen.

Zu Assessor Brack:

Unverheiratet und niemandem Rechenschaft schuldig, nutzt er alle Vorteile dieser Situation aus. Nach außen ein Biedermann, aber der einzig Miese von den drei Männern. Weiß bestimmt von allen alles und hält alle Trumpfkarten zurück, mauert. Je liebenswürdiger er als

Gesellschaftslöwe und Kavalier gespielt wird, desto brutaler schockt den Zuschauer die Erpressung am Schluß. Wer ist Heddas Mörder? Er.

Nun zum dritten Stück, *Philipp Hotz*. Ausnahmsweise beginne ich hier mit den Randfiguren. Sie sind ein Musterbeispiel für die Art »Chargen«, die »grell charakterisiert werden müssen«, und eine Fundgrube für schauspielerische Einfälle aller Art. Wenn Ihnen eine solche Chargenrolle zugeteilt worden ist, dürfen Sie sich ruhig aufgrund der gegebenen Textmöglichkeiten etwas ausdenken und Ihre Phantasie spielen lassen. Wenn Ihre Vorschläge dann nicht die volle Zustimmung des Regisseurs finden, da sie ihm zu ausschweifend erscheinen, müssen Sie ihm natürlich entgegenkommen – aber als Darsteller einer Charge müßte es Ihr vergnügliches Recht sein, diesen Gestalten ein paar Farbtupfer verleihen zu dürfen. Ich übertreibe bei meinen folgenden Vorschlägen ganz bewußt, denn zurücknehmen läßt sich alles leicht. Hauptsache, es fällt einem erst einmal beim Lesen der Rolle etwas ein.

Nehmen wir zum Beispiel Freund Wilfrid. Wir wissen von ihm, daß er irrsinnig reich ist und eben aus Argentinien kommt. Der Autor läßt ihn sich die Hände reiben, vielleicht, um die in der pfingstlichen Schweizer Kälte erstarrten Finger warm zu kriegen. Er könnte ruhig sonnenverbrannt und im schreiend farbigen Sommerdreß auftreten. Auch wenn es ein Klischee ist, könnte man ihn ohne weiteres mit Brillantring, klotziger goldener Armbanduhr und dicker Sonnenbrille ausstaffieren. Auch einen Goldzahn könnte er aufblitzen lassen. Da er für Dorli eine Inka-Vase mitbringt (wo er die in Argentinien aufgegabelt haben mag, wissen nur die Götter und der Autor), könnte er auch einen etwas aufdringlichen Sombrero als Mitbringsel für Philipp unterm Arm tragen. Sicher ist Wilfrid einer der immer zu laut sprechenden Menschen und könnte zu ausladenden, selbstgefälligen Gesten neigen. Er raucht – laut Stück – Zigarren, ein ungeheuer dankbares Requisit, da ebenso umständlich wie ausgiebig. Was man damit alles treiben kann, ist uferlos und gibt diesem Wilfrid Farbe, Persönlichkeit und Gewicht: beschnuppern, zwischen den Fingern rollen, abschneiden oder abbeißen, anzünden, ziehen, paffen, Ringe auspusten, husten, Tränenvergießen, Deckblatt wieder mit Spucke ankleben etc. etc.

Auch in der Rolle der Clarissa läßt sich in dieser kurzen Szene vieles anbieten. Der Autor läßt sie – ihre Handschuhe von den Fingern strupfend – auftreten. Eine gesegnete Vorlage! Denn Clarissa könnte überlange Fingernägel haben, deren einer beim Handschuhabstreifen todsicher abbricht. Nehmen wir an, es handle sich um den kleinen Fingernagel der rechten Hand. Was wird Clarissa tun? Als erstes sucht sie eine Feile in ihrem Reise-Beautycase – was der Suche nach einer Stecknadel im Heuhaufen gleichkommt. Und welche Mühe es einen Rechtshänder kostet, mit der linken Hand die Feile zu führen und ausgerechnet den am ungeschicktesten plazierten Fingernagel zu feilen, brauche ich wohl nicht länger zu erläutern. Solche Geschehnisse sind abendfüllend und die Szene dafür bestimmt zu kurz.

Da Dorli währenddessen zeigen soll, wie eine Schweizer Frau – nach des Dichters Worten – einen großen Apfel frißt, ist die Erfolgsmöglichkeit, was die Requisitenspiele beider Schwestern betrifft, auf der Waage der Wirkung gerecht verteilt. Versuchen Sie einmal, wie lange man sich mit einem sauren, einem angefaulten, einem spritzend saftigen, mehligen oder wurmstichigen Apfel beschäftigen und die Zuschauer unterhalten kann.

Auch die beiden Möbelträger sind in dieser Richtung äußerst dankbare Objekte. Ob Sie den Alten singend und pfeifend und den Jungen stöhnend und keuchend darstellen wollen, schwerhörig oder kurzsichtig; oder aber den einen als arbeitslosen Akademiker und den andern als erfolgreichen Bodybuilder – das bleibt erst mal Ihnen überlassen. In solchen Chargen dürfen Sie nach Absprache mit Regie und Mitsprache der Kollegen in den Proben alles anbieten. Ob Sie riesige rote Taschentücher, krachende oder ausgeleierte Hosenträger oder über die Augen fallende Schirmmützen benützen, ob Sie pfriemen, schnupfen oder Kaugummi kauen wollen – wenn es dem Text und der Situation nicht widerspricht, dürfen Sie erst einmal werkeln. Auf den Proben werden Sie sich dann mit der Regie und den Kollegen schon einigen.

Bei der Rolle der »Jumpfer« glaube ich allerdings, daß diese Figur höchstens noch mit einer umständlichen Krücke oder mit einem großen Hörrohr zum Leben erweckt werden kann. Wie soll sonst eine vom Autor wahrlich nur zum Stichwortgeben verdammte Schauspielerin ihre drei Minuten auf der Bühne überstehen? Wenn ich als Jumpfer auf der Bühne stünde, versuchte ich mich schamlos mit einem Unding von Staubsauger durch die Hotzsche Wohnungstür zu zwängen . . .

Glauben Sie nun aber bitte trotz allem nicht, daß ich Sie zu schamlosen Übertreibungen, zum Kreieren sogenannter »Knall-Chargen« animieren will. Alles zu seiner Zeit und an seinem Platz. Diese Art Chargen, die karikierten Typen, gehören nur in ganz bestimmte Stücke. *Philipp Hotz* ist ein solches Stück, weil es sehr viel kabarettistische Elemente in sich trägt (denken Sie nur an die Conférencen des Hauptdarstellers), und weil die kleineren Rollen – vom Text her gesehen für eine menschliche Darstellung herzlich wenig »greifbares Fleisch« aufweisen. Ich habe deswegen auch trotz eifrigsten Suchens keine Schlüsselsätze für sie finden können. Dafür habe ich an dieser Stelle einige Anregungen für den Umgang mit Chargenrollen für Sie einfügen können.

Nun zu den beiden Hauptfiguren des Stücks, Philipp und Dorli, zu deren Gestaltung mir auch nicht ein einziger Schlüsselsatz in den Sinn kam. Es nützte auch nichts, das Stück über Nacht unter mein Kopfkissen zu legen. Ich erwog für Philipp Hotz seine Äußerungen:

»Man nimmt mich ja nicht ernst, weil ich ein gebildeter Mensch bin«, oder: »Ich bin ein Mann (wenn auch ein Intellektueller)«, oder: »Ich habe keinen Humor.«

Aber wie ich die Sätze auch drehte und wendete, meiner Phantasie gelang es nicht, daraus einen lebendigen Menschen zu machen. Er erschien mir immer wie eine Kunstfigur. Wohl führt uns Philipp pausenlos redend seinen gegenwärtigen Zustand, den seiner Wut nämlich, vor, und erläutert, daß er sich einerseits selber schuldhaft in diese Lage hineingebracht hat, andererseits aber auch schuldlos von den anderen hineinmanövriert worden ist. Aber wir vernehmen nur immer, was alles geschehen ist, und niemals warum. Wir erfahren nichts von seiner charakterlichen Entwicklung.

Auch bei Dorli Hotz fiel mir nichts ein, was ein Schlüssel zu ihrer Persönlichkeit hätte sein können. Sowohl ihre Gedanken als auch ihre Handlungen hüpfen auf und ab und hin und her, sie lassen sich einfach nicht ordnen. Mit Freund Wilfrid spricht sie pausenlos über ihren Mann – erbittert anklagend und verteidigend –, über sich selbst aber spricht sie kaum. Weder ihr trotziger Ausruf: »Ich laß mir keinen

Eindruck machen!«, noch ihr Geständnis unter Tränen: »Dabei bin ich so glücklich in unserer Ehe«, eignen sich als Aufhänger für die Rolle, so daß ich mit dieser Figur genauso ratlos war.

Wie kommt man aus so einer Zwickmühle heraus? Wenn einem auch nicht der allermagerste Satz ins Auge springt, liegt einem einfach auf Anhieb die Rolle nicht. Um eine Rolle aber wirklich spielen zu können, muß man sie begreifen, annehmen und lieben können. Wenn Sie das Gefühl haben, einer Kunstfigur gegenüberzustehen, oder wenn Ihnen sämtliche Charakterzüge einer Rolle vollständig fremd und unverständlich vorkommen, wird es außergewöhnlich schwierig für Sie, daraus »etwas zu machen«. Für diese ziemlich verzweifelte Lage gibt es eine Hilfe.

Als ich vor Jahren wieder einmal mit meinem Berufslatein am Ende war und glaubte, die Schauspielerei endgültig aufgeben zu müssen, besuchte ich einen sogenannten »Workshop«, einen zweiwöchigen Kurs, in welchem Susan Batson, eine Mitarbeiterin von Lee Strasberg, dem Gründer des »Actors Studio« in New York, mich mit einigen Methoden der amerikanischen Schauspielerausbildung bekannt machte. Unter anderem wurde ich mit der mir völlig unbekannten Idee vertraut gemacht, als Vorarbeit zu einer Rollengestaltung eine Biographie für ebendiese Rollenperson zu erfinden. Da ich Stanislawskij nur vom Hörensagen kenne, bin ich nicht sicher, ob diese Methode ursprünglich aus seiner Schule stammt. Aber das will ich hier auch gar nicht weiter untersuchen. Interessant daran soll für uns nur sein, ob diese Anregung – russisch oder amerikanisch – funktioniert. Und ich kann Ihnen nur raten, es mit diesem Einfall zu versuchen – die Rechnung geht tatsächlich auf.

Wenn Sie brütend über einer Rolle hocken, und Ihnen nichts, aber auch gar nichts dazu einfällt, dann nehmen Sie sich ein leeres Oktavheft vor und fangen Sie an zu schreiben. Denken Sie ja nicht, daß Sie so einen erfundenen Lebenslauf nicht zustande brächten. Das Niederschreiben einer solchen Rollenbiographie hat nichts mit schriftstellerischer Begabung zu tun. Dieses Schreiben funktioniert konzeptionslos und automatisch – von dem Moment an, wo Sie den Stift angesetzt haben. Notieren Sie keinerlei Stichworte und machen Sie sich keine allzu konkreten Gedanken, bevor Sie beginnen. Da Sie Ihre Rolle jetzt wirklich im Kopf haben, wissen Sie, welche Personen und welche Gegenstände in dem Stück einen direkten Bezug zu ihr haben. Diese Vorlagen sind Ihre Anhaltspunkte. In allem anderen sind Sie frei.

Setzen Sie mit Ihrer Schilderung irgendwo an einem Punkt im Dasein Ihrer Rolle ein. Beginnen Sie, einfach plan- und ziellos mit einer Situation, die Ihnen gerade in den Sinn kommt. Wenn Sie bei der Geburt dieses Menschen anfangen, werden Sie erleben, daß Sie ganz von selber Eltern, Geschwister, Haus, Garten, Dienstboten und Haustiere dazu erfinden und schildern. Oder denken Sie sich für den ersten Satz einen bestimmten Schultag aus, »Kaisers Geburtstag« meinetwegen, oder ein unerwartetes Geschehen, wie zum Beispiel der Tod eines Mitschülers – da wird Ihnen soviel einfallen – angefangen vom Klassenzimmer über die Freunde, Lehrer, Klausuren, Wochenenden, bis hin zu den Interessen und Abneigungen Ihrer Figur. Sie können sich auch in die Vergangenheit der Familie hineindenken, einen ganzen Stammbaum erfinden und heraustüfteln, von welchen Ahnen dieser oder jener Ihnen so unverständliche Charakterzug Ihrer Rolle stammen könnte.

Oder aber Sie gehen mit Ihrer Rolle in die Zukunft: stellen Sie sich vor, sie sei am Lebensende angelangt und halte Rückschau. Kurz, wo und wann und wie Sie auch beginnen, es wird Ihnen tatsächlich gelingen, sich in Ihre Figur hineinzuversetzen. Vergessen Sie auch allen Ehrgeiz, schreiben Sie einfach drauflos. *Es* schreibt aus Ihnen. Ich habe dieses Phänomen bei sämtlichen Mitwirkenden dieses Workshops erlebt. Dort haben junge, noch unerfahrene Schauspieler Biographien hingelegt, die mich ob ihrer absolut genialen Erfindungsgabe sprachlos machten. Ich selber, als älteste Teilnehmerin, habe dort nur Stümperhaftes abgeliefert. Erfaßt und selber angewandt habe ich dieses »Schreibenlassen« erst viel später. Vielleicht werden Sie jetzt fragen, wie umfangreich denn so eine Biographie sein müsse, aber die Länge eines solchen Lebenslaufes ist völlig unwichtig. Genauso jäh, wie Sie dieses fremde Leben irgendwo aufgerissen haben, genauso unvermutet können Sie es irgendwann abbrechen. An irgendeinem Punkt, es kann mitten im Flusse einer Schilderung sein, werden Sie ganz von selber merken, daß es nun genug ist. In diesem Augenblick wird Ihnen klar, daß Sie mit der Figur eins geworden sind und Sie wissen, wer diese Person ist und weshalb sie so denkt und handelt, wie es der Autor vorgegeben hat.

Um Ihnen die Hemmungen vor einem eigenen »schriftstellerischen

Erzeugnis« zu nehmen, habe ich als Beispiel für Sie zwei Biographien über Philipp und Dorli Hotz aus dem Handgelenk geschrieben.

Sie werden an diesen Lebensläufen sehen, daß ich einfach versucht habe, mich auf die Denk- und Ausdrucksweise dieser zwei Figuren einzustellen. Einige Dinge und Eigenschaften, die in der Vorlage vorkommen, habe ich verwandt, andere vergessen. Natürlich habe ich ein paar völlig voneinander unabhängige Tatsachen und Ereignisse, die ich irgendwo, irgendwann erzählt bekommen oder selber erlebt habe, in diese beiden Schicksale eingewoben. Aber die Reihenfolge war mir zu Beginn völlig unklar. Ich ließ einfach einen Gedanken aus dem anderen entstehen, bis ich in die Figur hineingerutscht war und gar nicht mehr begreifen konnte, warum ich ursprünglich solche Schwierigkeiten mit diesen Rollen gehabt hatte.

Da ich ziemlich viel Zeit brauchte, um diesen Punkt zu erreichen (Philipps Geschichte benötigte über fünf, Dorlis über vier Stunden), gerieten die Biographien so umfangreich, daß sie sich beinahe verselbständigten. Wenn Sie also den roten Faden des theoretischen Teils nicht unterbrechen wollen, können Sie ja dieses »Buch im Buch« erst einmal überspringen und gleich mit dem dritten Kapitel fortfahren.

Rollenbiographien

Philipp Hotz

Was hat mir der Dichter für Anhaltspunkte gegeben, die ich in der Biographie verwenden kann?

Philipp ist Schriftsteller, verheiratet, Raucher, Schweizer, Dr. phil., kurzsichtig, sein Lieblingsfrühstück ist Café au lait und Brioche. Er sitzt manchmal im Café Marokko, an Gegenständen besitzt er eine alte italienische Geige mit Zubehör, einen Bechstein-Flügel, eine Armbanduhr, eine alte Standuhr und ein Handköfferchen. Ich nehme an, er sei Jahrgang 1921 und bei Stückbeginn dreißig Jahre alt.

Sonntag für Sonntag fuhren wir mit der blau-weißen Trambahn Nr. 16 zum Gottesacker. Mir wurde schon bei der Hinfahrt übel. Das Tram roch immer nach Eisen – und woran ich mich auch mit meiner kleinen Hand festhielt, immer klebte dieser Eisengeschmack an meinen Fingern. Es würgte mich. Manchmal saß ich am Fenster neben meiner Mutter – der Vater stand irgendwo beim Einstieg –, und wenn

die Bahn voll war, nahm mich die Mutter auf ihren Schoß, um einer
Dame, die im Gang stand, einen Sitzplatz frei zu machen. Der Wagen
schaukelte in den Kurven, nur langsam krochen wir die Bergseite der
Stadt entlang. Oft quietschten die Bremsen wie Griffel auf der Tafel
und die Räder kratzten in den Schienen. Da wir immer nach dem
Mittagessen loszuckelten, waren die Straßen leer, weil alle Leute
ihren Nachmittagsschlaf hielten. Nur wir mußten zum Friedhof.
Warum denn nur? Ach, war mir immer schlecht. Ich muß vielleicht
fünf gewesen sein, denn ich konnte schon ganz ordentlich lesen.
Besonders all die Inschriften auf den Grabsteinen, die meist in großen
Druckbuchstaben eingemeißelt waren. Auch den Weg zum Friedhof
kannte ich schon ganz gut.

An der Endhaltestelle der Linie 16 überquerte man die Schienen und
ging an großen Kastanienbäumen vorbei auf ein hohes, schmiede-
eisernes Tor zu. Es war immer nur ein Torflügel offen, am anderen
hing ein Schild, auf dem zu lesen stand, zu welchen Uhrzeiten der
Friedhof in den wechselnden Jahreszeiten geöffnet war. Gleich vor
dem ersten Kreuzweg war ein Eisenständer, an dem grüne Gießkan-
nen hingen. Mutter nahm eine davon, wir gingen geradeaus und dann
einen der vielen, vielen Querwege nach rechts. Dort kannte ich die
Gräber schon. Eines liebte ich besonders. Es hatte als Schmuck eine
schräg abgebrochene Säule, an der sich Efeu hinaufrankte. Ein paar
Gräber weiter lag eine Steinplatte am Boden mit einem daraufstehen-
den Mädchenkopf mit zwei Zöpfen. »ELLA« stand dabei. Ella gefiel
mir ganz gut, wenn auch die Zöpfe so brav waren und der Hals aus
dem Kragen so nackt.

Dann kam das Grab, vor dem wir haltmachten. Es war eine schrägge-
stellte grüne Steinplatte, in die der Name »Philipp Hotz« eingraviert
war. Dieser Anblick war für mich immer und immer wieder ein
Alptraum, Sonntag für Sonntag. Obwohl meine Mutter mir oft und
oft erzählt hatte, daß das mein älterer Bruder war, der gestorben war,
bevor ich zur Welt kam, beschlich mich – und ich führte dieses Gefühl
auch absichtlich herbei – immer ein würgendes Angstgefühl, daß ich
es selber sei, der da unter der grünen Platte lag. Ich sah mich im Sarg
liegen mit geschlossenen Augen. Die Mutter hatte mir das Foto des
aufgebahrten Bruders im Album gezeigt, und ich hielt schon freiwillig den Atem an, um dieses Gefühl des Totseins zu spüren. Gräßlich
war das und ich stand wie gelähmt vor meines Bruders Grab,

während Vater sich die Beine vertrat, und Mutter ein paar hinge-
wehte Blätter von der dunklen Erde entfernte oder ein Unkraut
auszupfte. Es war kein großes Grab – kleine, niedrig geschnittene
Strauchpflänzchen umrahmten es im Viereck, und vor der schrägge-
stellten Platte mit der Inschrift stand ein schlichter Granitstein, auf
den man ein Blumengebinde legen konnte. Ich wußte die Blumen der
vier Jahreszeiten schon gut auswendig, Mutter hatte mir die Namen
beigebracht. Zuerst kamen die Primeln, die gelb, rot, weiß oder blau
in einer Schale gebüschelt waren. Sie rochen nicht, aber ich liebte sie
sehr und verglich ihre Farben mit denen der anderen Blüten auf den
fremden Gräbern.

Nach den Primeln kamen die Hyazinthen mit ihren manchmal so
schweren Blütenzapfen, daß ihre dünnen Stengel umknickten. Da
schimpfte Vater dann auf den Gärtner, bei dem Mutter die Blumen
geholt hatte. Dieser hieß Herr Breitenstein und arbeitete auch auf
dem Friedhof.

Herr Breitenstein rettete mich einmal aus einer Todesangst. Ich trug
ein rotes Höschen samt rotem Kittelchen darüber, ein Hochsommer-
tag auf dem Friedhof. Die Hyazinthen-Zeit war schon vorbei und
Mutter pflanzte kleine, rosa Begonien in die rote Tonschale. Der
Vater war nicht bei uns, so schickte sie eben mich mit der grünen
Gießkanne zum Wasserhahn, der links vom Hauptweg beim nächsten
Quergang aus dem Boden ragte. Daneben stand ein Gitterkorb, in
den man welke Blumen, vermoderte Kränze oder Papier zu werfen
hatte. Der Weg war im Grunde ganz einfach. Ich sehe mich noch mit
der grünen Kanne um die Ecke biegen. Ganz stolz ließ ich das schöne,
kühle Wasser in die Kanne prasseln. Dann stellte ich den Hahn
sorgfältig ab und drehte mich zum Zurückgehen. Und plötzlich war
ich unsicher. War es nun dieser Querweg oder jener? Ich überlegte,
aber die Mutter wartete und zum Rufen war es zu weit und zum
Fragen stand niemand herum. Auch hätte ich mich geniert. So bog
ich zögernd in einen Weg ein und merkte bald, daß es nicht der
richtige sein konnte. Schließlich hätte ich Mutter sonst schon gebückt
am Grab sehen müssen. Ich bog schnell in einen anderen Weg ein,
aber der führte nicht zurück, sondern ging weiter und weiter, schier
endlos. Jetzt fing ich an zu laufen und zu springen, voller Angst vor
diesem Irrgarten. Nirgends kam die Ecke mit der abgebrochenen
Säule, nirgends sah ich die vertraute Gestalt der Mutter. Ich fing an

zu weinen, lief wie um mein Leben, aber kein Ende nahte, keine Mauer, kein Törchen, nichts; gar nichts außer den Reihen von stummen Kreuzen, Grabsteinen, Engeln, Urnen und verwelkenden Blumen in eingespießten Vasen. Das Wasser in meiner grünen Gießkanne platschte und schwappte, meine Sandalen wurden naß und der hochspritzende Sand klebte kratzend an meinen Füßen. Ich traute mich nicht, mich niederzusetzen. Auch die Kanne wollte ich weder leeren noch abstellen. Sie war doch meine Aufgabe und ich hatte meinen Auftrag nicht erfüllt.

Als ich schon dachte, es würde nie wieder gut, kam Herr Breitenstein auf seinem großen Velo, sprang ab und nahm mich hoch. Nie hatte mein Vater mich so lieb hochgehoben. Herr Breitenstein lachte und wischte mir mit einem großen, ganz groben Taschentuch alle Tränen weg und ließ mich schneuzen, bis mein Näschen ganz wund war. Oh, das tat gut, denn jetzt wußte ich – alles, alles würde wieder ins Lot kommen. Er setzte mich vor sich auf die Querstange des Velos, trat in die Pedale, und ganz bald sahen wir auch schon meine Mutter auf uns zulaufen. Sie schimpfte nicht und war nicht böse. Sie beugte sich zu mir, preßte mich an sich, und ich drückte mich ganz fest an sie. Ich weinte, sie weinte, und Herr Breitenstein weinte und bekam einen Franken für ein Bier. So gingen wir dann heim und sagten dem Vater gar nichts. Und der andere Philipp war an diesem Tag ganz vergessen.

Aber sonst war er sehr gegenwärtig. Vater hatte ihn über alles lieb gehabt. Er war mit sieben Jahren an irgend etwas, was ich damals nicht begriff – es hing mit einer Entzündung im Kopf zusammen –, ganz plötzlich gestorben. Und als ich dann zur Welt kam, dachten die Eltern, sie könnten besser mit diesem Schicksal fertig werden, indem sie eben wieder einen »Philipp« hatten. Doch so einfach war das eben nicht. Ich war nicht so mutig wie mein Bruder es war, auch nicht so tapfer und trotzig. Ich hatte viel Angst, besonders vor meinem Vater. Vater war Direktor in einer Spinnfabrik und besaß ein Reitpferd namens »Glorious Dream«. Mit dem ritt er jeden Samstag aus. Wochentags besuchte er den schwarzen Hengst im Stall. Karl Maria Meyer hieß der Stallbursche, wurde aber nur »Zwergl« genannt, da er aus Österreich kam und sehr klein war. Zwergl und Glorious Dream waren ein Paar. Ich glaube, Zwergl wich Tag und Nacht nicht von des Hengstes Seite, und wann immer Vater mit dem Pferd ausritt, sah das Tier aus, als wäre es für eine Parade geschniegelt. Ich hatte immer eine Abneigung gegen den Stallgeruch und es widerstrebte mir, meinem Vater einen Gute-Nacht-Kuß zu geben, wenn er vom Reiten nach Hause kam. Auch Mutter nahm er nie mit in den Stall. Das waren »Männerangelegenheiten«.

Ich muß schon zur Schule gegangen sein, da setzte mich Vater einmal auf ein Pferd, das als lammfromm und gutartig bekannt war. Ich fürchtete mich zu Tode, weil der Boden unter mir so endlos weit weg schien. Ich wurde ganz schwindlig beim Hinabsehen, ein Angstschrei blieb mir beim Anblick meines Vaters im Halse stecken. Ich krallte mich voller Entsetzen in die Mähne und riß wohl heftig daran. Das verschreckte Tier bäumte sich auf, ich brüllte vor Grauen, und Zwergl konnte gerade noch in die Zügel greifen und meinen Arm festhalten, bevor ich herunterfiel. Zwergl war kaum größer als ich, aber er hatte Kraft für drei. Damit war meine Chance, meinem Vater einmal eine Freude zu machen, vertan und er sagte, aus mir würde nie etwas Rechtes und ein Mann schon gar nicht. Ach, wenn das doch mit Philipp nicht passiert wäre. Mehr hörte ich schon gar nicht mehr. Ich hatte den Stall verlassen und kam mir vor wie der allerletzte und allereinsamste Bub auf der Welt. Ich wartete auf der Holzbank vor dem großen Stalltor und hörte auf die fröhlichen Rufe der Burschen, auf die knappen herrischen Befehle der Reitlehrer und die wichtigtuerischen Reden der Pferdebesitzer. Alle bildeten sie in meinen Augen eine Einheit – zusammengeschmolzen in ihrer Pferdebegeisterung und sich schulterklopfend einig, daß das Glück der Erde allein auf dem Rücken ihrer Pferde läge. Nur ich war eben der Außenseiter im Rennen, der Versager, der Verlierer, der Unfähige, der – und das war das schlimmste –, der »Komische«, nicht im Sinne von »lustig«, sondern von »abartig«.

Ich preßte meine Fäuste zusammen und stellte mir dabei vor wie es wäre, wenn ich nun hoch zu Roß, wenn möglich als toller Offizier in Uniform, auf diesen Hof galoppierte, daß die Funken auf den Pflastersteinen nur so sprühten. Was würden die feinen Herren, diese armseligen Zivilisten da schauen und staunen!

»Hotz! Donnerwetter, der tolle Hecht, das ist doch dein Philipp!« bekäme mein Vater dann von seinen Freunden zu hören. Was hätte ich um diesen Moment gegeben – aber er würde ja nie kommen.

Solche Träume begleiteten mich Tag und Nacht, denn Tag und Nacht war mir bewußt, daß ich Vaters große Enttäuschung war. Die Mutter war gut zu mir, aber es war nicht Schweizer Sitte, Gefühle zu zeigen, so sehr einen danach hungerte. Ich hatte ja alles. Sogar ein eigenes Zimmer mit Aussicht über den See bis hin zu den Bergen. Merkwürdigerweise wohnten wir in einer großen Sechs-Zimmer-Wohnung, nicht wie die anderen Familien in einem Haus mit Garten. Mein Vater wollte kein Haus haben. Wir gaben auch keine großen Einladungen und lebten sehr zurückgezogen. Meine Mutter war eine Pfarrerstochter aus der Ostschweiz, hatte alle ihre Freundinnen dort gelassen und kaum neue Bekannte in der neuen Stadt kennengelernt. Ihr Lebensinhalt bestand darin, alles für den Vater zu tun, der morgens nach dem Frühstück die Wohnung verließ und spätnachmittags nach Hause zurückkam. Ich habe ihn niemals lachen hören. Er schlug mich nie, auch hielt er mir keine langen Strafpredigten. Ich spürte nur unverwandt seine Enttäuschung über mich, den zweiten Philipp. Manchmal wünschte ich mir bis zur Weißglut, er möge mich prügeln – nur damit etwas geschähe, damit endlich – wie durch ein Gewitter – sich ein väterlicher Blitz entlüde, der ihm Erlösung und mir eine Lösung gebracht hätte. Irgendeine, und sollte es das endgültige Aus für uns alle sein. Aber es geschah eben nicht, niemals.

Ich war kein schlechter Schüler, ich hätte sogar einer der besten sein können, aber das Wissen, daß welches Zeugnis, welche Noten auch immer ich dem Vater vorwies, er doch nur stumm mit einem Seufzer seine Unterschrift daruntersetzen würde, dieses Wissen um die Unerreichbarkeit einer Anerkennung lähmte all meinen irgendwo doch vorhandenen Ehrgeiz. Ich träumte viel vor mich hin. Die griechischen Sagen, der Kampf um Rom, Robinson und Sigismund Rüstig waren meine Helden und geliebten Vorbilder. Karl May mit seinem sentimentalen Edelmut fand ich blöd, obwohl mein Vater, auf dem Dachboden versteckt, über 60 Bände von ihm stehen hatte. Er mußte wohl seine große Jugendliebe gewesen sein. Henri Dunant, den großen Nationalhelden, verehrte ich hingegen sehr, und manchmal ertappte ich mich bei dem ketzerischen Gedanken, ob es nicht mutiger sei, sich um die Mittelmäßigen, die Schwächeren zu kümmern, als ein ewig kämpfendes Vorbild zu sein.

In der Schule fand ich nur schwer Freunde. Ich wurde wegen meines

Namens gehänselt und aus dem »Zappelphilipp« wurde bald der
»Zappli«. Ich biß lange die Zähne zusammen, schwieg – und
schluckte und schluckte. Aber eines Tages passierte das, was mir
keiner zugetraut hätte: Ich sah rot und schlug den »Schnitzli« zusammen. Es war entsetzlich. Ich prügelte mit beiden Fäusten auf ihn
los und trat mit meinen Schuhen nach ihm, auf dem Schulhof mit
seinem Zementboden. Um uns stand die ganze Klasse schweigend,
weil keiner gedacht hätte, ich würde mal aus der Haut fahren. Der
Zappli war doch so ein gutmütiges Schaf. Aber siehe da, es war eine
Schlägerei, derer ich mich heute noch schäme, denn der Schnitzli
war kleiner als ich und schwächer. Aber er hatte mich mit seinen
Sticheleien ununterbrochen geärgert und konnte es einfach nicht
lassen, über meine Feigheit zu spötteln. Ich weiß gar nicht mehr,
was genau der Anlaß war. Ob es der von meiner Mutter so schön
bunt gestrickte Pullover war, oder meine neue Brille, die ich wegen
meiner Kurzsichtigkeit tragen mußte – irgendein Tropfen muß es ja
gewesen sein, der dieses Faß der unaufhörlichen Kränkungen und
Hinterfotzigkeiten zum Überlaufen gebracht hatte.

Hinkend, zerkratzt, zerbissen und blutend kamen wir beide dann
heim. Meine Mutter war entsetzt, denn der Brosi Schnitz war der
Sohn einer Witwe, deren Mann als Polizist in Erfüllung seiner
Pflicht erschossen worden war. Etwas in der Schweiz ganz Seltenes
und ein Fall, den alle kannten und an den sich alle erinnerten. Diese
Witwe genoß die allerhöchste Achtung, und ausgerechnet ihren
Schnitzli hatte ich nun verprügelt. Ob ich denn um Gottes willen
nicht an das Heldentum von Schnitzlis Vater gedacht hätte? So
eines Vaters Sohn könne man doch nicht verprügeln! Ich schwieg –
Mutter hätte ja doch nichts begriffen. Der Sohn konnte dreimal
einen Heldenvater haben und trotzdem ein Schwein sein. Aber ich
schluckte alles runter. Nun hatte ich gehandelt, hatte mir endlich
Luft gemacht, war leergeprügelt und konnte wieder von neuem
anfangen mit dem Schlucken. Jedoch hänselte mich der Schnitzli nie
mehr und nannte mich ab da Philipp. Ich nannte ihn Brosi und das
Schuljahr ging auch weiter.

Meine Mutter steckte mich zu den »Wölfli«, einer Vorstufe der
Pfadfinder. Aber nach ein paar Probemonaten durfte ich dieser
Schar wieder den Rücken kehren. Die samstäglichen Programme
mit ihren Wanderungen, Bastelstunden, Rätselspielen und Schnit-

zeljagden langweilten mich, da alles immer in der Gruppe stattfand. Ich ersann, erfand und entdeckte meine Rätsel und Fragespiele viel lieber allein.

Große Freude hatte ich an der Musik. Meine Mutter spielte Klavier und als sie merkte, daß mein Gehör sauber und mein Nachsingen durchaus rein war, bat sie den Vater, mir eine Geige zu kaufen. Mein Vater war erst sprachlos, aber da einer seiner Reitclubkameraden einen Cellisten zum Schwiegersohn hatte, »der trotzdem ein anständiger Kerl war«, gab er seine Zustimmung. Die Geige wurde gekauft und ich durfte einmal in der Woche in die Musikschule zum Unterricht gehen. Diesen langgestreckten, etwas schnörkeligen Jahrhundertwendebau betrat ich jedesmal mit Ehrfurcht und einer Ahnung von etwas, was ich bis dahin nicht gekannt hatte. Wenn ich ganz leise durch die hohen, kühlen Steingänge ging und dem Summen und Tönen aus den Musikzimmern lauschte, schlug mein Herz voller Glück. Manchmal blieb ich vor einer der grau gestrichenen Türen stehen, um dem sanften Strich eines Geigers zu lauschen. Es stimmte mich wehmütig, und doch war mir so wohl und heiter wie selten.

Musik erweckte eine unnennbare Sehnsucht in mir und ohne es zu wollen, mußte ich mich der Tränen erwehren. Merkwürdigerweise übten Klavierklänge mit ihren satten, rauschenden Läufen, dicken Akkorden oder perlenden Leitern nicht denselben Zauber auf mich aus. Das unendlich süße Streichen des Bogens über die Saiten einer Geige war meinem Ohr und meinem Herzen vertrauter. Die vielen Holperer und Unreinheiten der Schüler zerrten an meinen Nerven und doch verstand ich sie. Denn auch ich war ja noch so ungeübt im Greifen der Saiten; die linke Hand wollte noch lange nicht so, wie ich es im Ohr hatte, und die Rechte führte den Bogen noch stümperhafter. Trotzdem übte ich zu Hause täglich und von Herzen gern. Da das Haus recht hellhörig war, durfte ich nur stundenweise und zu bestimmten Zeiten üben.

Keiner in meiner Klasse spielte ein Instrument. Die meisten vergnügten sich im Freien, wenn die Aufgaben für die Schule erledigt waren. Im Sommer versammelten sie sich am See und schwammen oder tauchten um die Wette. Im Winter zogen sie vom ersten Schnee an mit dem Schlitten los, oder jagten mit Schlittschuhen an den Stiefeln übers Eis.

Natürlich beschäftigte ich mich zuviel mit meiner Geige. Die Schulnoten wurden schlechter, die Versetzung fraglich. Vater machte da kurzen Prozeß: Die Geige wurde eingeschlossen, das Unterrichtsgeld gestrichen. Ich tobte nicht, ich weinte nicht, ich biß mir die Lippen nicht blutig. Statt dessen nahm ich ein Quartheft und schrieb. Ich schrieb und schrieb die halbe Nacht durch. Vorsichtshalber legte ich eine Decke unten an die Tür, um den verräterischen Lichtspalt abzudunkeln. Auch das Schlüsselloch hängte ich zu.

In dieser Nacht begann ich zu begreifen, daß Schreiben eine Erlösung bedeuten konnte, daß man mit Schreiben seine Qual aus sich herausschreien konnte, ohne dabei laut zu sein. Daß man seinen Haß austoben konnte, ohne jemanden zu verprügeln. Alle Not, alles Elend, alles was einen zum schieren Wahnsinn treibt, kann man still und stetig zu Papier bringen, ohne daß eine Sterbensseele davon etwas erfährt oder auch nur die allergeringste Ahnung davon hat. Wie der Dieb in der Nacht darf man arbeiten – alles darf man schreiben, was man nie sagen könnte, alles kann man sich getrauen, was keiner je einem zutrauen würde. Ich war befreit! Befreit von mir, der ich mich so entsetzlich bedrückt und belastet hatte, befreit von dem Menschen, den ich fürchtete, verabscheute und haßte, den ich am liebsten umgebracht hätte. Ich durfte, ich konnte ihn umbringen auf dem Papier: Meinen Bruder Philipp, gestorben und unter dem grünen Stein liegend, der in mir weiterleben sollte, diesen Philipp durfte ich nun zum zweiten Mal begraben. Ja, so konnte ich weiterleben. So würde ich auch mit meinem Vater auskommen können, so würde ich ein normales Leben führen können. Das andere, das wundervolle, das übermenschliche Leben würde ich einfach schreibend leben. Vielleicht würde ich sogar noch berühmt werden.

Diese Nacht war meine Wiedergeburt. Der Gedanke, daß ich vielleicht gar nicht schreiben könnte, daß man zum Schriftsteller geboren sein müßte, dieser Gedanke kam mir gar nicht. Der Sinn meines Lebens war, ab jetzt nicht zu leben, sondern zu schreiben. Das Leben leben kann jeder, das Leben schreiben, das können nur wenige. Und die, die nur so leben können, müssen schreiben. Von da an war ich umgänglich, schwamm mit dem Strom und blieb unauffällig. Plötzlich hatte ich Freunde, besuchte einen Tanzkurs, und da ich trotz meiner Kurzsichtigkeit nicht übel aussah, interessierten sich auch einige junge Damen für mich. Ich lernte ganz geschickt Tango und englischen Walzer tanzen und wurde bei der Damenwahl immer als

einer der ersten aus der Reihe aufgefordert. Die alte Tanzlehrerin,
eine nach der Revolution in die Schweiz geflohene Russin, Madame
de Gunsbourg, achtete streng auf anständiges Benehmen, aber wir
männlichen Teilnehmer waren sowieso alle so gehemmt und steif,
daß kein Tadel nötig gewesen wäre.
Wir Jünglinge saßen in einer langen Stuhlreihe an der einen Wand,
die jungen Mädchen uns gegenüber. Mein Klassenkamerad Wilfrid,
der auch in der Schule neben mir saß, war an meiner Seite. Trotzdem
hätten wir nie gewagt, uns irgendwelche anzüglichen Bemerkungen
über die Kleider oder die Frisuren der gegenübersitzenden Mädchen-
schar zuzuflüstern. Wilfrid hatte sich gleich in der allerersten Tanzstunde für das jüngste Mädchen entschieden. Sie war nicht die
Hübscheste, aber etwas war geradezu sensationell an ihr – ihre
Lippen waren geschminkt! Madame de Gunsbourg war kurzsichtig,
deshalb war ihrem Lorgnon diese skandalöse Tatsache wohl entgangen. Die junge Clarissa Hauschild war also geschminkt. Ihre Schwester Simone, genannt Dorli, saß mit hochrotem Kopf neben ihr. Sie
schämte sich zu Tode wegen ihrer jüngeren Schwester, war aber
deren Dickkopf gegenüber machtlos.
Die Eltern der Geschwister Hauschild lebten getrennt. Der Vater
war im Ausland und es wurde gemunkelt, daß er dort wohl mit einer
ganz anderen Frau zusammenwohnte. Eine Scheidung lag womöglich
in der Luft. Genaues wußte niemand. Und Mutter Hauschilds
Gesichtsausdruck war immer gleichbleibend guter Dinge, wenn man
ihr auf dem Wochenmarkt begegnete. Immer ging es ihr gut, ja, es
könnte gar nicht besser gehen, versicherte sie stets mit tapferer
Fröhlichkeit. Durch ihre positive Ausstrahlung hatte sie es auch
fertiggebracht, ihre beiden Töchter zu diesem renommierten Tanzkurs anzumelden. Und entzückend sahen die beiden Schwestern
nebeneinander ja aus, Dorli mit schulterlangem, naturgelocktem
Blondhaar, Clarissa mit kastanienbraunem Bubikopf. Die Hausschneiderin, die alle zwei Monate bei Frau Hauschild an der Nähma-
schine saß, hatte beiden Mädchen halblange, rosaweiß und türkisweiß
gestreifte Kleider genäht, aus einem leichten Wollstoff, der bestimmt
nicht billig gewesen war. Die Hausschneiderin war es auch, die
Clarissa heimlich den Lippenstift zugesteckt hatte. Und dieser Lippenstift besiegelte Wilfrids Schicksal. Clarissa wurde seine Tanzstun-
dendame. Ich beneidete Wilfrid, denn ich konnte mich nicht ent-

scheiden. Eigentlich gefielen mir alle Mädchen ganz gut, äußerlich sahen sie alle aus wie frisch von der Weide; alle sauber, appetitlich und strahlend darauf bedacht, einen gefälligen Eindruck zu machen. Und das wollte ich ja auch. So standen wir uns schließlich mit derselben Absicht gegenüber.

Wenn ich nachts in mein Heft schrieb, war ich mutiger. Da getraute ich mich schon eher, eine ganz handfeste Eroberung zu machen. Ganz besonders hatte es mir Therese, genannt Thesi, angetan. Sie war ein großes, schlankes, dunkles Mädchen mit einem rundgeschnittenen Lockenkopf, dunklen Augen und einer kurzen, ganz entzückenden Nase. Ein ganz klein wenig erinnerte sie mich an meine Mutter. Warum das so war, konnte ich nicht genau feststellen. Es lag wohl irgendwie an ihrer Art. Als ich Thesi wieder einmal bei einem langgezogenen Tango recht fest im Arm halten mußte, traute ich mich, ihr ein bißchen länger in die Augen zu sehen. Plötzlich wurde mir klar, daß das Weiß ihrer Augen einen leichten Stich ins Bläuliche hatte – genau wie bei meiner Mutter. Ihrer beider Augen waren so dunkel, daß das Weiß daneben blau schimmerte. Eines Frühlingsmorgens, als das Licht so ganz neu und grell auf uns durchs Fenster schien, während ich mit meiner Geige neben ihrem Klavierhocker stand, drehte Mutter ihr Gesicht zu mir, und der morgendliche Lichtstrahl traf mitten in ihre Augen. Ich nahm den Bogen von den Saiten der Geige und sah sie überrascht an – noch nie hatte ich solche Augen, ihre Augen, gesehen.

»Mutter, deine Augen sind ja in Blau getaucht«, rief ich voll Verwunderung. Mutter schwieg und plötzlich schwamm alles in Tränen. Sie legte meine Geige auf den Bechstein-Fügel, nahm mir den Bogen aus der Hand und zog mich an sich. Ich schämte mich entsetzlich.

»Das hat dein Vater mir gesagt. Und dann hat er mich gefragt, ob ich seine Frau werden wolle.«

Es war auf einmal ganz still um uns. Und Mutters Augen flossen ganz leise über. Zwei runde Perlen liefen über ihre Wangen und tropften auf ihre Bluse. Dann waren die Augen wieder trocken und sie zwinkerte mit den Lidern. Ich wagte nicht zu schlucken. Kein Wort, kein Ton, nicht das leiseste Geräusch. Es war, als befänden wir uns außer Raum und Zeit. Mutter drehte sich herum, gab mir Geige und Bogen zurück und schlug einen Akkord der Etüde an. War was? – Was war?

Daran erinnerte ich mich, als ich Thesi in die Augen sah, aber gesagt hätte ich ihr nichts. Obwohl sie ihre Lippen zu einer Frage geöffnet und erwartungsvoll eingeatmet hatte. Nachts schrieb ich lange: Wiederholt sich alles immer wieder im Leben? Muß man immer wieder dem Alten begegnen, um neu und anders darauf zu reagieren? Oder bleibt ein Leben lang alles gleich und man selber auch? Wiederholt man alles nur immer und ewig? Ist Schreiben der einzige Ausweg des Widerstands im ewigen Kreis der Wiederholungen?

Ich wollte Thesi nun meiden, denn ich fürchtete, sonst immerwährend Sohn zu bleiben; ein Jüngling, der nie erwachsen wird. Ich war doch jetzt ein Schriftsteller und suchte Neuland! Ich wollte um jeden Preis anders sein oder wenigstens anders scheinen.

»Mehr sein als scheinen!« war in den Sprungdeckel der Uhr meines Großvaters eingraviert. Vater trug die Uhr in der Westentasche und ich sollte sie einmal erben.

»Aber dann nicht irgendwo vergessen und verlieren!« sagte er, wenn darüber geredet wurde. Es gab viele solcher Sprüche, die mir bei Gelegenheit durchs Hirn schossen und die mir unaufhörlich die Allgegenwart des Vaters bewußt machten. »Rückgrat haben!«, war einer davon – aber wehe, wenn man dies ihm gegenüber bewies. »Ein Bub weint nicht!« – dabei brach er bei jeder seiner Weihnachtsreden in der Spinnerei in Tränen aus. O nein, diese Verlogenheiten: »Bücken schadet nichts!« – dabei war es doch immer Mutter, die sich bückte, und: »Eigenlob stinkt!« – dabei sprach er oft und gern von sich und seiner Vergangenheit. Oh, dieser Vater! Nie wollte ich so werden wie er. Alles, nur das nicht!

Und dann – ganz plötzlich – war es vorbei. Als ich aus der Schule kam, es war vor unserem Abschlußball in der Tanzschule, hatte man Vater ins Spital gefahren. Der Schlag hatte ihn während seiner Arbeit getroffen. Man hatte die Mutter angerufen, und sie fuhr noch in aller Eile mit einem kleinen Köfferchen, bepackt mit dem Notwendigsten, zu ihm ins Krankenhaus. Er lag bereits im Sterben. Sie setzte sich still neben ihn und sah ihn an. Er rang nach Luft und hie und da stockte er, dann öffnete Mutter ihre Augen weiter, weil sie dachte, es wäre zu Ende. Aber dann röchelte der Atem wieder und Mutter entspannte sich. So lag er lange, und sie blickte ihn dabei unverwandt an, gedankenlos und gedankenleer. Plötzlich öffnete er zuckend die Augen und sah sie an. Langsam und wie aus der Ferne kommend, wurde sein Blick klarer, er nahm sie wahr und seine Lippen bewegten sich. Mutter beugte sich etwas vor und hörte ihn sagen: »Du, es tut mir leid.« Dann war es vorbei.

Lange nach dem Begräbnis erzählte mir Mutter dieses Ende. Es wurde für mich zu einem ganz tiefgehenden, aufwühlenden Erlebnis. Ich schwor mir, nie und nimmer einer Frau dies Eingeständnis *zu spät* machen zu müssen. Ich nahm mir vor, eher alles zu dulden, zu allem ja und amen zu sagen, immer die Schuld auf mich zu nehmen, lieber Dinge zuzugeben, die ich gar nicht begangen hatte, als in meiner letzten Sekunde erst meine Schuld zu gestehen. Was für ein fürchterliches Ende mußte das sein! Mir preßte dieser Gedanke das Herz zusammen, der Atem stockte mir, lähmendes Entsetzen war meine einzige Empfindung, als Mutter mir die letzten Worte meines Vaters, ihres Ehegatten, anvertraute. O nein, so gelebt zu haben, so sterben zu müssen, nicht einmal mehr hören zu können, ob der Ehepartner die Bitte um Verzeihung annimmt, ob er versteht, ob er versöhnt ist – o Gott, welch entsetzliche Verdammnis unerlöst zu bleiben. Mir graute.

Es wurde mir klar, wieviel größer es ist, von vornherein alles anzunehmen, nichts zu erwarten, dankbar für alles und jedes zu sein. Es kostete ja nichts. Ich hatte ja meine Feder, meine Bleistifte, mein Schreibpapier – dort konnte und durfte ich mich ausleben. Als ich von der letzten Minute meines Vaters erfuhr, empfand ich mich als ein Auserwählter, ein Beschenkter. Ich war sogar voller Mitleid mit Vater, noch mehr jedoch mit Mutter. Was hatten die beiden sich quälen müssen.

Ich hatte seitdem eine solche Angst vor der Ehe gehabt. Ich hielt mich für unfähig, diese Verantwortung auf mich zu nehmen und eine Frau, die mich liebt, zu ernähren und zu kleiden. Aber nun ging alles ganz leicht. Ich fragte Dorli, Wilfrids Schwägerin, ob sie mich liebe und meine Frau werden wolle. Wir waren uns bei Wilfrids Hochzeit nähergekommen, weil wir beide als Trauzeugen aufgeboten waren. Alles ergab sich ganz von selber. In den Besprechungen für die Trauung, wo wir zu viert die Tischordnung, das Menü, kurz, das ganze Programm zusammenstellten, erwies sich Dorli als außerordentlich praktisch und wirtschaftlich. Sie lachte so vergnügt über alles, was ich sagte, obwohl ich nie als humorig galt, so daß ich ihr gegenüber alle anfängliche Schüchternheit vergaß.

Sie war mir im Tanzkurs damals nur einmal und da aus außerordentlich peinlichem Anlaß aufgefallen. Es war Damenwahl und sie rannte
quer durch den Saal auf mich zu – so rasch, daß sie auf dem
gespiegelten Parkett umknickte und mir direkt vor die Füße rutschte.
Ich schämte mich bodenlos. Aber Wilfrid sprang schnell herbei, half
ihr beim Aufstehen und stellte sie mit einem verständnisvollen »aber,
aber« vor mich hin. Und da blieb mir ja nichts anderes übrig, als
ebenfalls aufzustehen und sie zum Tanzen aufzufordern. Sie hielt den
Tanz auch tapfer durch, obwohl ihr der Fuß erbärmlich weh tun
mußte und ihr beim Lächeln die Tränen in den Augen standen. Mir
war dieser Vorgang so unsäglich unangenehm, daß ich sie nie mehr
zum Tanz aufforderte. Aber diese Geschichte lag nun schon einige
Zeit zurück und hatte ja auch etwas Rührendes gehabt.

So gingen Dorli und ich kurz nach Wilfrid und Clarissa auch zum
Juwelier und suchten uns schmale, goldene Trauringe aus. Mutter
schenkte mir die große Standuhr aus dem Eßzimmer, die noch von
ihren Eltern stammte und in großen Ehren gehalten wurde. Die
Taschenuhr meines Vaters wollte ich nicht. Die Armbanduhr eines
entfernten Patenonkels war mir lieber. Ich wollte in mein neues
Leben so wenig wie möglich aus meinem Elternhaus mitnehmen. Wir
richteten uns – mein Vater hinterließ ja ein beträchtliches Erbe –
modern und ganz neu ein. Nur den Bechstein-Flügel schenkte Mutter
meiner Frau Dorli zur Hochzeit. Dorli hatte ihr erzählt, daß sie ein
wenig spielen könne. Weihnachten hatte sie ihrer Mama mit Clarissa
vierhändig »Ihr Kinderlein kommet« vorgespielt. Mutter und Dorli
verstanden sich vom allerersten Augenblick an. Beide waren sich
einig über mich in ihrer Liebe, Fürsorge, Umsichtigkeit und vollster
Bereitwilligkeit, mich glauben zu machen, ich sei der Herr im Haus.
Ich war es zufrieden.

Ich hatte mein Germanistikstudium hinter mich gebracht und da ich
finanziell keinerlei Sorgen zu haben brauchte, stand meiner freien,
schriftstellerischen Tätigkeit nichts im Wege. In einem Anfall von
Übermut hatte ich sogar eine alte italienische Geige erstanden, mit
der Absicht, wieder Unterricht zu nehmen, zu üben und mit Dorli
zusammen zu musizieren. Aber sie ging dann lieber in einen Töpfer-
kurs. So ließen wir das gemeinsame Üben und ich war auch zufrieden. Mutter zog in ein hübsches Altenheim. Beim Auflösen der
Wohnung nahm Dorli ein kleines Köfferchen mit, daß sie größenmä-

ßig besonders praktisch fand. Es war das Köfferchen, in dem Mutter damals die Wasch- und Schlafsachen für Vater ins Spital gebracht hatte, die dann gar nicht mehr gebraucht wurden.

So ging die Zeit ins Land, und mein Verleger, den ich über einen Studienkollegen kennengelernt hatte, war an meinem Erstling interessiert. Er war zwar noch nicht geschrieben, aber die ungefähre Konzeption war entworfen. An Anfang und Ende knobelte ich noch, nur die Mitte, die stand fest . . .

Sie sehen, diese amerikanische Methode funktioniert tatsächlich aus dem Stegreif. Und was das Wichtigste dabei ist: Wo auch immer Sie die Biographie abschließen, Sie haben dann die Figur »in sich«, sie lebt und Sie können sie lebendig spielen.

Dorli Hotz

Welche Anhaltspunkte des Autors gibt es von dieser Person?
Dorli ist Schweizerin, hat eine Schwester Clarissa und hat ihren Mann mit Clarissas Ehemann Wilfrid betrogen. Sie raucht, sieht entzückend aus, kann töpfern, hat einen Dünndruck-Goethe in die Ehe gebracht, kann Klavierspielen und war vor einem Jahr mit ihrem Mann an Pfingsten in Rom.
Ich nehme an, daß sie Jahrgang 1923 ist, und daß ihre Heirat 1944 stattgefunden hat.

Rom, 25. Mai 1950, Donnerstag vor Pfingsten.
Ich wußte ja schon beim Coiffeur, daß alles schiefgehen würde. Warum um alles in der Welt mußte ich mich von Jean Wagner beschwatzen lassen, mir Simpelfransen schneiden zu lassen? Seit Jahren trage ich nun meine hübschen blonden Locken in einer leichten Innenwelle fast schulterlang.
Nein, als ich Dienstag noch bei ihm war und ihm sagte, daß ich mit Philipp und einer kleinen Reisegruppe der »Akademischen Reisen« nach Rom fahren würde über Pfingsten, meinte er, der Schnitt sei jetzt Mode, und ich solle doch endlich einmal wagen, mir eine neue Frisur zuzulegen. Er kam gerade braungebrannt von einem Coiffeur-Kurs aus Ascona und sah toll aus. Sein Salon »Chez Jean« war nicht sehr besetzt, da ja Dienstag war, und wer geht denn Dienstag zum Coiffeur, da geht man doch samstags, frühestens freitags, sonst ist am

Sonntag alles hin; und ich ging ja auch nur am Dienstag, weil wir doch am Mittwoch mit dem Nachtzug nach Rom reisten. Hätte ich mich doch bloß nicht überreden lassen. Nun sind die Haare vorne ab, und obwohl Philipp gar nichts gesagt hat, merke ich doch ganz genau, daß ihm die Frisur nicht gefällt. Dabei fand ich sie anfänglich doch selbst so gut.

Jean und Fräulein Ursula haben beide gemeint, die Frau Doktor sähe so entzückend aus, viel jünger – dabei bin ich gerade erst 27 – das ist doch noch nicht alt. Und vielleicht wäre es doch viel besser gewesen, mit dem »Jüngermachen« noch zu warten. Das Mami, das ich noch schnell aufsuchte, war auch ganz entsetzt über mein Aussehen: »So ordinär, ganz wie ein Filmstar.« Meine hohe Stirn wäre doch so hübsch gewesen, und da wußte ich auch schon nicht mehr, ob ich es nun gut oder schlecht finden sollte, daß die Haare vorne abgeschnitten waren. Aber zum Glück blieb ich nicht lange bei Mami, denn sie wollte zu ihrer Freundin Denise und ich mußte ja auch heim, um die Sachen für Rom zu packen. So kamen wir denn auch gar nicht mehr dazu, über das neue Kochrezept zu reden, das mir die Verkäuferin im Strumpfgeschäft mitgeteilt hatte: Spinat und Rührei im Backofen gratiniert, mit einer wunderbaren, raffinierten Sauce darüber.

Aber die Strümpfe wollte Mami unbedingt sehen. Ich hatte mir nämlich für Rom ganz entsetzlich teure Nylon-Strümpfe geleistet, für fast 50 Franken. Wirklich ganz toll. Mami fand es übertrieben und untersagte mir strengstens, sie tagsüber zu tragen, weil wir doch bestimmt soviel laufen würden. Und dann habe ich vor der Abreise ja noch das Allerdümmste gemacht – ich habe mir ein paar neue Schuhe gekauft. Schließlich wollte ich doch in der Gruppe nett aussehen – bei all den Akademikern mit ihren fein herausgeputzten Frauen. Die wollen doch immer allen gefallen, und das will ich auch.

Nun ist eben alles ganz schrecklich, weil die Schuhe so furchtbar drücken und ich ganz verzweifelt bin, weil ich sie nun, nach dem heutigen Tag, an dem wir sechs Stunden gelaufen und sicher ebensolang gestanden sind, beim besten Willen nicht mehr tragen kann und auch nicht mehr will. Der Phili sagt ja, ich solle mich doch nicht so plagen – das sei doch ganz Wurscht, wenn ich die älteren Halbschuhe anhabe. Aber das sagt er sicher nur so. Und im stillen denkt er ganz anders. Es ist so schwer, immer zu wissen, daß er anders denkt als er sagt und anders sagt als er schreibt. Und er schreibt anders als er ist. Lieber Gott, sind denn alle Männer so kompliziert? Dabei ist er ja im Grunde ein so lieber und so hübscher Mann. Ich finde ihn ja viel viel hübscher als alle Männer. Damals im Tanzkurs, bei der blöden Gunzi-Kuh, hat er mir sofort gefallen. Ich hatte ja eine solche wahnsinnige Angst, daß ihm die Clarissa gefallen würde. Aber zum ersten Mal hat mir Clarissa etwas nicht vor der Nase weggeschnappt. Das aber nur, weil der reiche Maschinendirektorssohn Wilfrid sich sofort in sie verknallt hatte. Da war sie es zufrieden und ließ mir meinen Phili. Am Anfang sah er mich ja damals noch nicht mal an. Er hatte nur Augen für die blöde Thesi, die doch Augen wie eine Kuh hatte und überhaupt eine blöde Kuh war. Die ist schließlich sitzengeblieben. Geschieht ihr ganz recht.

Ich konnte zum Phili damals rüberschauen, wann ich wollte – er blickte nie zurück. Ich bin fast verzweifelt. In dieser Lage war dann Clarissa manchmal recht nett – wenn sie sehr glücklich war, wegen »Willi«, wie sie den Wilfrid bald nannte. Da hörte sie sich dann nach der Tanzstunde meine Jammerei an, denn gejammert habe ich viel. Ich wollte unbedingt den Phili haben, aber ich wußte einfach nicht, wie ich es anstellen sollte. Clarissa hat ja gesagt, ich solle ihn einfach einmal bei einer Damenwahl auffordern, dann würde er schon sehen, was er an mir hätte. Tagelang habe ich mich auf diesen Plan vorbereitet und eigentlich an nichts anderes mehr gedacht. Ich hatte doch solche Angst, daß die Thesi mir zuvorkäme! Dann war es endlich soweit und Madame de Gunsbourg sagte: »Alors, Mesdemoiselles«, und da raste ich eben los, und meine Lackpumps waren so glatt, der Boden so spiegelblank, daß ich hinfiel und direkt vor den Phili plumpste. Es war ganz entsetzlich. Wilfrid hat mich aufgehoben und wahrscheinlich hatte ihm Clarissa alles verraten, denn er lächelte so hinterlistig, als er mich dann dem Phili präsentierte. Mit Wilfrid konnte ich ja nicht tanzen, denn er wartete geduldig, bis seine Clarissa herantrippelte.

Mein Fuß tat so gemein weh, aber ich war in Philis Arm und das war so wunderschön, daß ich am liebsten geheult hätte, obwohl sich so etwas nicht schickte. Ich war noch nie so glücklich in meinem Leben gewesen. Und dann, später, war ja alles wie im Märchen. Clarissa fädelte alles ganz fein ein – Phili war ja kein Mann, der sich so mir nichts, dir nichts einfangen ließ. Er hatte einen starken Willen und wußte genau, was er wollte. Nicht umsonst studierte er Germanistik, und war so prima an der Uni.

Clarissa und Willi haben dann – als wäre es das Selbstverständlichste von der Welt – beschlossen, uns als Trauzeugen zu nehmen. So trafen wir uns beide endlich wieder, und Phili hatte das von der Tanzstunde wohl vergessen, daß ich einmal mit ihm getanzt hatte und dabei so unendlich glücklich gewesen war. Männer sind doch merkwürdig – man kann doch so einen Tanz nie vergessen. Es war der englische Walzer »Ich tanze mit dir in den Himmel hinein«, das Lied hörte man so oft, und immer mußte ich bei der Melodie an Phili denken.

Er trug eine Brille, und ich hatte vergessen, ob seine Augen mehr ins Blaugrau oder ins Hellblau tendierten. Aber heute weiß ich es ja, daß er ganz entzückend gesprenkelte grün-blau-graue Augen hat. Wenn er morgens ohne Brille aufwacht und dabei blinzelt, dann ist er ganz besonders entzückend. Ich sag ihm das auch immer, und das haßt er, greift gleich nach der Brille auf dem Nachttisch und dann, wenn er sie aufgesetzt hat, sieht er auch wieder erwachsen aus, gar nicht mehr so niedlich. Aber das macht ja nichts, ich weiß es trotzdem.

Ja, nun blamiere ich ihn mit den alten Schuhen, aber nicht nur damit. Es fing schon damit an, daß ich mit einer anderen Frau Doktor phil. aus der Gruppe redete – man kann sich die Namen gar nicht alle merken, aber zum Glück sind alle Doktoren –, und da fragte sie mich doch glatt, wann ich denn die Matura gemacht hätte. Ich bin ganz nervös geworden vor Angst, weil ich doch die Matura nicht habe und kein Latinum. Jetzt wissen es sicher schon alle, denn diese Frau Doktor, die sieht ganz so aus, als würde sie es brühwarm ihrem Mann erzählen und allen andern auch. Ihr Mann, der würde es glaube ich nicht weitererzählen, der sah mich so nett an, daß ich dachte, dem ist es sicher ganz egal, daß ich keine Matura habe. Und dann war er auch noch so freundlich, mir die Abteiltür aufzuschieben, als ich mal hinaus mußte. Ich kann doch wahrhaftig nichts dafür, daß ich in der Schule nicht so gut war. Dafür war ich aber in der Wirtschaftslehre die Beste und in der Haushaltsschule war ich auch unheimlich beliebt.

Das Mami war auch froh, daß ich nicht in den »Affenkasten« wollte. Sie sagte immer, das Studieren bringe nichts – nur Ärger und keinen Mann. Und wenn man studierte und dann doch einen Mann bekäme, gäbe es erst recht Ärger, weil jeder der Klügere sein wolle. Mami sagte mir auch, daß wir Frauen ja immer die Klügeren in der Ehe wären – wenn wir auch kein Stimmrecht hätten in der Politik. Aber das sei schon in Ordnung, denn das bräuchten wir gar nicht. Wir würden ja den Männern sowieso beibringen, für wen sie zu stimmen hätten. Nur merkten sie es eben nicht, und um das so hinzukriegen, da bräuchte man viel mehr Klugheit, als man auf der ganzen Uni lernen könne. Dem armen Mami hat das zwar nicht viel genützt, denn der Papi ist ja nun schon eine ganze Weile weg. Aber das ist ein Thema, über das sie nicht reden will. Denn sie sagt, sie hätte ihn weggeschickt. Ganz einfach, weil er im Ausland es geschäftlich viel weiter bringen konnte. Sie hat das Opfer unseretwegen gebracht und ist hier geblieben, damit wir in der Heimat bleiben konnten. Denn in England, wo der Papi ist, sind die Zustände nach dem Krieg noch schlecht. Uns geht es in der Schweiz viel besser. Zudem spricht Mami nicht englisch und sie liebt ihr Zürich sehr, ist ja so zufrieden hier und immer glücklich, da muß einfach alles in Ordnung sein. Daß die Männer immer was mit dem Ausland haben, gehört wohl in der Schweiz dazu.

Phili droht mir ja auch immer wieder, er reiße jetzt dann aus, er schmeiße alles hin, er könne meine Gardinenwäscherei und das Fensterputzen nicht länger sehen, riechen und schmecken. Dabei hat er doch so ein wundervolles Buch geplant: Irgend etwas über einen Mann mit zwei Freundinnen oder eine Frau mit zwei Freunden, irgend sowas Verrücktes eben. Wenn er doch nur ein bißchen so wäre wie er schreibt, das wäre bedeutend spannender. Aber ein Mann ist ja wie der andere. Au, das hätte ich lieber nicht schreiben sollen, hier in meinem Tagebuch in Rom, im Hotelzimmer. Aber Phili ist gottlob viel zu anständig – er würde da nie darin schnüffeln. Er ist ja so wahnsinnig lieb und gut.

Wie sagte Fräulein Ursula voller Verehrung: »Der Herr Doktor ist ja so gediegen.« Ja, ja, gediegen ist er, aber es stinkt ihm dann auch, gediegen zu sein, und dann sagt er: »Du stinkst mir auch, überhaupt alles stinkt mir, und wenn das so weitergeht, haue ich ab in die Fremdenlegion!«

Was zum Kuckuck er nur immer mit dieser Legion hat. Ich habe es dem Mami mal erzählt, und da hat sie gesagt, im blauen Heftli habe sie beim Arzt gelesen, dort gingen alle die ehemaligen Nazis hin, um sich zu verstecken. Also da wäre ja der Phili ganz fehl am Platze. Denn

er ist ein besonders aufrechter Schweizer, und wenn wir am National-
feiertag, dem 1. August, im Engadin in den Ferien sind und die
Höhenfeuer zählen, da bin ich gar nie sicher, ob er nicht ein Tränli an
der Wimper hängen hat. Wenn er erst beim »Sechseläuten« die
Zünfte aufmarschieren sieht – also da ist er ja ein Zürcher und ein
Schweizer Bub wie der Svizzero oder der Geißenpeter in »Heidi«.
Aber das darf ich ihm nicht sagen, denn er kritisiert unsere Regie-
rung in Bern andauernd und schimpft, es sei eben alles Mist, was
die machten; nur auf den General Guisan läßt er nichts kommen. Da
hat er auch irgendwo noch eine Fotografie aus seiner Dienstzeit, im
rot eingebundenen Album, das ein Schweizer Kreuz auf dem Deckel
hat.
Er war auch heute früh ganz weltmännisch, als wir völlig gerädert
endlich am Bahnhof in Rom ankamen. So ein riesiger Bahnhof und so
viele Menschen. Er merkte gar nicht, daß ich immer vor ihm herging,
nur damit er den Anschluß an unsere kleine Gruppe nicht verpaßte.
Aber ich mache ihn auf solche Sachen nie aufmerksam – das ist
schließlich meine Aufgabe als seine Ehefrau, und die »Seekühe«, die
dauernd sagen, was sie tun, die haben bald das Nachsehen. Das muß
alles so eingefädelt werden, daß die »Buben« es nicht merken.
Philis Mutter mag mich auch so gerne. Es ist doch komisch, daß
überall von den »schlimmen Schwiegermüttern« gequatscht wird,
wobei das gar nicht stimmt. Philis Mutter ist ein Schatz und ihr
Röstirezept ist einfach besser, als das von Fräulein Hunziker in der
Kochschule. Da kann Clarissa sagen was sie will, denn ihr Willi mag
Rösti seit Kinderzeiten sowieso nicht. Er hat die wohl irgendwo in
einem »Pfadilager« schlecht vertragen und seitdem eine Aversion
dagegen. Ich bin jedoch ganz sicher, daß er einfach eine Aversion
gegen Fräulein Hunzikers Rezept hat. Wenn Clarissa auf mich hörte –
aber das tut sie ja nie –, würde sie mal das Rezept von Philis Mutter
ausprobieren, da sähe die Sache anders aus.
Zwar hat auch der Phili den Röstiteller einmal weggeschoben, aber
das war nicht wegen der Rösti, sondern weil ich irgendeine falsche
Antwort auf etwas ganz Gescheites von ihm gegeben hatte. Ich
glaube, er hat irgendwie von der Goethe-Ausgabe, die ich ihm einmal
von zu Hause mitgebracht und geschenkt hatte, geredet – und da habe
ich nur gelacht und gesagt, so ein dünnes Papierchenzeug könne ja
wohl nichts Besonderes sein. Es sieht ja auch aus wie Durchschlagpa-

pier aus dem Migros. Er hat wohl die Hände vors Gesicht geschlagen und irgend etwas von »heiliger Einfalt« oder was weiß ich gesagt. Kurz, es gab einen Krach, und statt daß wir dann miteinander ins Bett gegangen und uns versöhnt hätten, ist er ins Café Marokko gelaufen und ich konnte am Radio herumdrehen. Natürlich habe ich in meiner Not mit Clarissa telefoniert, denn damals lebten sie noch in Zürich. Das war vor Willis Berufung in die große Tochtergesellschaftsfabrik in Rio, nein am Rio. Clarissa hat mir auch nur gesagt, das beste Mittel zur Versöhnung sei das Bett. Aber sie hatte gut reden – das wußte ich schließlich auch. Nur der Phili schien das nicht so recht zu wissen. Clarissa sagte, er sei sicher ein Spätzünder, ich würde schon sehen – je später der Knopf aufgehe, desto besser sei dann das Resultat.

Und nun hatte ich mich so auf die Romfahrt gefreut, samt neuer Frisur und neuen Schuhen, und heute war wirklich ein ganz gräßlicher Tag. Ich weiß gar nicht mehr recht, wo alles anfing. Denn zu Beginn war heute vormittag doch noch alles in bester Ordnung. Wir sind gut im Hotel Oriente gelandet, mit drei Taxen. Es war sehr eng, aber wir wollten nicht – oder vielmehr der Herr Dr. Sennhauser, der die Gruppe führt, wollte nicht –, daß wir vier Taxis nehmen. Wir könnten uns das sparen, meinte er, und die Damen seien doch so schlank, was wir alle dankbar quittierten. Es war ja auch sehr schmeichelhaft von ihm, denn die eine Frau Doktor, die zwar sehr nett zu sein scheint, ist immerhin ganz hübsch rund. Aber so quetschten wir uns alle, unter lustigem Gelächter trotz der strapaziösen Bahnfahrt in die Autos und fuhren durch diesen wahnsinnigen Verkehr, der sich ja mit Zürich gar nicht vergleichen läßt. Das Hotelzimmer ist auch ganz nett. Natürlich nicht so recht sauber. Die Tapeten lösen sich schon ein bißchen, die Vorhänge sind arg staubig und die Bettdecke scheint mir auch nicht gewaschen zu sein. Aber die Leintücher sind frisch, wenn auch von dünner Qualität und hie und da schon durchgewetzt. Aber wir sind halt nicht in der Schweiz – und Phili hat gleich gesagt, die Sauberkeit und Ordentlichkeit in der Schweiz wären sowieso nur äußerlicher Schein, innerlich sei alles marode und faul.

Ich finde das ja nun gar nicht. Wenn ich an unseren schönen See denke, wo wir noch letzten Sommer mit Tante Alice von der Badeanstalt aus im Boot rausgerudert und dann kopfüber in den blauen See gesprungen sind – das war doch so herrlich, von wegen faul und marode. Aber dann, nachher, versammelten wir uns unten in der Hotelhalle, wo ich recht vergnügt war, weil einige der Herren meine Simpelfransen sehr wohlwollend betrachteten und mich wohl überhaupt ganz entzückend fanden. Das tat mir gut. Obwohl ich weiß, daß der Phili das nicht mag, wenn er auch immer so tut, als wäre es ihm egal. Aber das ist es eben nicht, und darum weiß ich ja, daß er mich liebt oder wenigstens lieb hat. Er könnte es zwar auch einmal sagen, denn in seinem Buch sagen es die Menschen doch genauso zueinander, nur mir sagt er es nie. Doch ich weiß es ja und das ist schon viel. Es ist natürlich nicht alles, aber alles hat sowieso niemand, das sieht man ja überall.

Und ich will auch schön aufpassen, daß ich mich nicht »verschnepfe« und vor den anderen »Phili« sage. Das hat er nicht gern. Er haßt es geradezu. Er will immer nur »Philipp« genannt werden und das tue ich auch, obgleich mich auch bis heute alle »Dorli« nennen, trotzdem ich nun schon sechs Jahre verheiratet und erwachsen bin. Natürlich klänge »Dora« plötzlich komisch, und ich weiß gar nicht, ob ich dann merkte, daß man mich meint. Aber irgendwie muß man doch auch älter werden. Daß ich jetzt Frau Doktor sein kann, darüber bin ich schon froh, denn der Name Hauschild war ja nicht sehr schön. Clarissa und ich haben uns oft geniert, wenn wir uns vorstellten oder vorgestellt wurden, wie damals im Tanzkurs oder auf Urlaub im Welschland, im Pensionat »La rosérie«. Im Welschland war der Name obendrein schwer auszusprechen, wegen des »Hau«, wo dann alle »o« sagten.

Aber lustig war es dort schon! Wir hatten viel Spaß mit dem hübschen Tennislehrer, Monsieur Remo. Der kam zwar aus Lugano, aber er war nun im Pensionat angestellt, war immer vergnügt und sah in den weiten, weißen Hosen toll schick aus. Da fällt mir ein: Heute morgen trug doch tatsächlich einer der Herren Doktoren auch eine weiße Hose. Das fand ich affig und habe es dem Phili gleich zugeflüstert. Aber er sagte nur, ich solle doch ein bißchen tolerant sein, wir seien schließlich im Ausland und nicht in der Bahnhofstraße, außerdem sähe es ja keiner. Also war ich schön still, denn wenn der Phili dieses Pferd reitet, da läßt man ihn am besten in Ruhe. Zu Hause kann ich mich ja dann mit Mami darüber auslassen, denn diese weißen Hosen waren einfach lächerlich.

Wenn mir Clarissa schreibt, sie trage nur noch Weiß und Rosa, dann ist das ja klar, denn sie leben schließlich in Buenos Aires, und dort ist das ganz etwas anderes. Hier in Rom reden sie immerhin wie bei uns im Tessin, und ich konnte mir beim Morgenessen auf italienisch die Butter bestellen, die allerdings komisch ranzig schmeckte.

Wir haben dann zuerst den Petersplatz und den Petersdom besichtigt – das war ja ganz gewaltig. Auch viel größer, als ich es mir nach den Fotos im Kunstatlas vorgestellt hatte. Und auf dem Petersplatz sagte dann Herr Doktor Sennhauser zu mir, ich solle jetzt die Augen fest, fest zumachen. Ich tat das ja nicht gern, denn man weiß nie so recht, was dann kommt. Er nahm mich am Ellbogen und führte mich ein paar Schritte. Ich ging ganz vorsichtig, denn es hätte ja sein können, daß er irgend etwas vorhatte. Aber er stockte nur plötzlich und drehte mich ein wenig. Alles äußerst unangenehm, so mit geschlossenen Augen. Ich habe nie gern Blindekuh gespielt. Ich haßte das bei jeder Kindereinladung.

Nun sagte Herr Doktor Sennhauser, ich dürfe die Augen wieder aufmachen und ihm sagen, was ich sähe. Ich machte die Augen auf und sah genau das, was ich vorher schon gesehen hatte. Die Peterskirche, die Säulen davor und den Platz. Was um Gottes willen sollte ich da schon sehen? Ich überlegte so krampfhaft, wie es überhaupt nur ging, und ich mußte ja schnell überlegen, weil alle warteten. Es war wie in der Schule beim Kopfrechnen. Mir ging alles genau wie dort kunterbunt durch den Kopf: die weißen Hosen und der Zürichsee mit den weißen Segelbooten; die Sandwiches, die wir noch nicht alle aufgegessen hatten, weil ich doch lieber Streichkäse genommen hätte, als den streng riechenden Tilsiter.

Mir brach der Schweiß aus, wie im Rechnen, wo ich dann die Anfangszahl nicht mehr genau wußte. Herr Dr. Möbius war auch so streng und wiederholte nie etwas. Rückwärts zählen konnte ich ja nicht mehr, denn es ging ja immer vorwärts und die Tafel war noch voller Spuren von der Geographiestunde. Wo waren wir denn da gerade? Ich hatte den Atlas auch vergessen und jetzt stand ich da und alle warteten. Ich schluckte, bekam einen trockenen Hals, und es war sowieso alles aus. Hätte sich doch nur dieses entsetzliche Pflaster unter mir geöffnet. Es gibt doch manchmal Erdbeben, eins war erst kürzlich hier ganz in der Nähe passiert. Ach nein, das war ja der Vesuv gewesen.

Sollte ich jetzt einfach sagen, ich sähe nichts, oder was? Sahen die

anderen denn etwas? Ich hatte das Gefühl, die andern sähen auch
nichts. Also faßte ich mein Herz ganz fest in meine Hände – und wenn
der Phili mich nun nicht mehr lieb hatte, konnte ich es auch nicht
ändern. Ich würde ihn immer liebhaben, nie verlassen und nie
zulassen, daß er mich verließe.

Also habe ich halt gesagt: »Herr Dr. Sennhauser, sehen es alle
anderen auch?«

Daraufhin lachte er ganz charmant und meinte, daß außer mir gar
keiner es sähe. Aber er sah dann, daß ich nicht wußte, um was es sich
handelte. Da war er ganz furchtbar stolz, daß er nur ganz allein es
wußte, was keiner wußte und er sagte, ich solle die Säulenreihe des
Halbrunds betrachten und gab auch gleich die Erklärung. Er war
ganz rot vor Stolz, daß er so furchtbar gut Bescheid wußte: Von
diesem Platz, diesem kleinen Quaderstein, auf den er mich geführt
hatte, sähe man die Säulen so verschoben, daß man nur eine einzige
Reihe sehen könne. Und die hinteren Reihen nicht. Nun wollten alle
auf meinen Stein und ich ließ sie gern, denn begreifen tat ich es erst,
als ich woanders stand und plötzlich viel, viel mehr Säulen sah. Es
war wie ein Spiegelkabinett, ganz toll. Aber das Tollste war, daß alles
in Ordnung war, ich alles ganz prima gemacht hatte, und keiner es
komisch fand, daß ich es nicht gesehen hatte.

Ab da fingen die Schuhe an, weh zu tun. Vielleicht hatten sie vorher
schon gedrückt, doch ich hatte es in der ganzen Aufregung nicht so
gemerkt. Aber nun ging es weiter und wir gingen in den Dom hinein.
Jetzt wußte man gleich, wer katholisch war, denn die mußten sich ja
am Weihwasserbecken bekreuzigen. Es waren aber nur drei von den
zwölf. Also hatte der eine Herr Doktor eine katholische Frau geheiratet. Wahrscheinlich aus der Innerschweiz. Dann müssen auch die
Kinder katholisch erzogen werden – das würde ich nie wollen. Ich
hätte ja auch nie einen Katholiken geheiratet, obwohl wir gar keine
Kinder haben. Bis jetzt hat man mich noch nicht danach gefragt, aber
die Frage kommt bestimmt bald, denn wenn wir im Engadin sind, in
dem kleinen Hotel in Pontresina, da fragen sie mich auch immer.
Zu blöde, jetzt habe ich wieder an alles andere gedacht, und dabei hat
Herr Dr. Sennhauser gerade etwas erklärt, wegen Michelangelo. Ich
muß wirklich aufpassen, immer denke ich an andere Sachen, anstatt
so wie alle hinzuhören und stillzustehen. Aber denen tun auch die
Schuhe nicht weh, die können gut stillstehen. Am liebsten würde ich

mich ja ein wenig hinsetzen und die Schuhe ausziehen, aber der
Boden ist sicher dreckig und dann sehe ich aus, als käme ich von der
Gymnastikstunde – dabei ist der Fußboden dort bei Fräulein Kutterer
schön sauber.

Jetzt habe ich schon wieder etwas versäumt, über Barock, aber es ist
im Grunde gleich, weil ich den Phili fragen kann, und dann wird er
mir alles genau schildern und erklären. Er hat ja den Baedeker von
seiner Mutter mit. Da steht überhaupt alles drin und bestimmt viel
besser. Er hat ihn aber hier im Hotelzimmer gelassen, weil er meinte,
es wäre Herrn Dr. Sennhauser gegenüber taktlos, mit dem Baedeker
in der Hand dazustehen. Wo der doch dafür bezahlt wird, alles zu
wissen. Aber da hatte glatt ein anderer Doktor den roten Baedeker in
der Hand und blätterte darin, obwohl Dr. Sennhauser redete und
alles auswendig wußte.

In unserem Programm stand aufgeschrieben, welche Kirchen wir
dann anschließend noch besuchten. Ich fand alles furchtbar überla-
den und übertrieben, aber ich habe natürlich nichts gesagt. Unser
Großmünster ist viel, viel schöner. Da kann man so schön vor sich
hinträumen und wird nicht durch tausend Sachen abgelenkt. Hier ist
das ja wie im »Globus«, wo man zwar weiß, was man kaufen wollte,
aber dann sieht man so viele hunderttausend Dinge, bleibt an allem
möglichen hängen, und schlußendlich hat man ganz vergessen, was
man eigentlich haben wollte. Dafür kommt man heim mit lauter
Sachen, die man ursprünglich gar nicht wollte. Doch da ist der Phili
immer ganz furchtbar lieb. Er schimpft nie und macht auch keine
Geschichten von wegen Geld ausgeben oder so.

Ich war schon froh, als Herr Dr. Sennhauser sagte, wir könnten jetzt
etwas essen gehen. Und das Essen wurde ein voller Erfolg, weil die
Herren Chianti bestellten und richtig lustig wurden. Wir Frauen
haben natürlich nur »Eptinger« getrunken – es heißt hier bloß anders.
Ja, eben so ein »acqua minerale«. Aber dafür haben wir Glacé zum
Dessert bekommen. Und die hat ganz toll geschmeckt – tatsächlich
besser als bei uns. Darüber wurde dann lange diskutiert, weil doch
der Mövenpick vor drei oder vier Jahren sich beim Paradeplatz
aufgetan hat, eine ganz neue Idee von einem Restaurant. Bei dem
Thema kamen die Herren in Fahrt und sagten, daß das die »amerikanische Masche« sei und ganz toll. Ich hab ja der einen Frau Doktor
gesagt, daß ich immer noch lieber zum Sprüngli gehe, und sie war

meiner Ansicht. Aber vom Sprüngli wollten die vom Fortschritt begeisterten Herren nichts wissen. Sie lachten nur und sagten, Sprüngli sei etwas für vermögende Witwen. Das wollten wir ja bei Gott nicht sein, also sagten wir nichts mehr vom Sprüngli. Plötzlich sagte jemand, daß der »Konsum« auch Vorteile habe.

Ich habe ja den Konsum am liebsten gehabt als Kind, wegen der Rabattmarken. Clarissa und ich haben unheimlich gern über den Markenbüchlein gesessen und eingeklebt. Das Mami hat immer ganz lang gesammelt. Wenn es dann einmal geregnet hat und wir anfingen, miteinander zu streiten, da machte das Mami einfach die Markenschublade im Sekretär auf, die kleine links oben, und schon quollen die farbigen Streifen heraus. Aus einer anderen Schublade holte sie die schon etwas welligen Sammelbüchlein – und augenblicklich wurden wir friedlich. Wir setzten uns an den Tisch, bekamen die volle Schublade vor uns ausgekippt und nun wurde aussortiert: die großen Marken für zehn Franken, dann die für fünf, die für einen, schließlich die für 25 Rappen und für zehn. Wenn die Häuflein aufgeschichtet waren, konnten wir anfangen mit Abschlecken und Einkleben. Eine herrliche Arbeit! Zwar wurde einem nachher vom Abschlecken ganz schlecht, aber der Leim war etwas süß und schmeckte gar nicht so übel, im Grunde wie ein Bonbon. Das war eine schöne Beschäftigung, und meistens hatte danach auch der Regen aufgehört, so daß wir wieder ins Freie konnten. An den Grund, wieso wir eigentlich gestritten hatten, dachten wir sowieso nicht mehr. Also unsere Mami war schon eine Schlaue. Ich würde es mit meinen Kindern auch so machen und deswegen würde ich auch im Konsum einkaufen, weil es da Rabattmarken gibt und im Migros nicht.

Die Männer haben dann noch darüber geredet, wie lange der Migros wohl sein Prinzip, keinen Alkohol zu verkaufen, aufrechthalten könne. Das gehe doch auf die Dauer bestimmt nicht, schon wegen der Welschen, die ihren teuren Wein loswerden wollen. Daraufhin bestellten sie noch eine Flasche Chianti, weil der Kurs so günstig sei und alles so billig. Und wir Damen fingen an zu überlegen, was man vielleicht billig einkaufen könnte. Aber man müßte sich mit dem Einkaufsbummel beeilen, hieß es, denn morgen sei ja schon Freitag. Und am Samstag vor Pfingsten würde sicher ein solches Gewühle sein wie bei uns auch. Dann kann man nicht mehr in Ruhe aussu-

chen und macht diese blöden Verlegenheitskäufe, die einen nur
ärgern und Krach bringen.

Obwohl, Phili und ich haben eigentlich schon lange keinen Krach
mehr gehabt. Wenn ich mir so überlege, habe ich es immer recht gut
hingekriegt, um einen Krach herumzusegeln. Ich lasse ja, wenn so
etwas in der Luft liegt, den Phili einfach losreden und ihn dann mit
seinem Zorn ins Leere laufen. Wenn er in Fahrt gekommen ist, und
seine Vorträge anfangen in politische Debatten auszuarten, frage ich
ganz unschuldig, ob ihm ein Fondue zum Nachtessen recht wäre, ein
besonders feines. Da ist er dann so verdutzt über die Idee mit dem
Fondue, daß er all die Gegensätzlichkeiten von Mann und Frau, die
Politik und seine ewigen Verlegergeschichten ganz vergißt, weil er
plötzlich merkt, daß er den Faden verloren hat. Darüber ist er dann so
wütend, daß er einfach geht und die Tür zuhaut. In diesem Fall, das
weiß ich schon, geht er ins Café Marokko. Das ist mir sehr recht, denn
er trinkt ja keinen Alkohol, nur Café au lait. Er raucht dabei und
träumt und meint, er sei im Ausland. Währenddessen kann ich mich
mit der Mimi schön hinsetzen und einen herrlichen Tee machen, mit
Patisserie, die ich schon am Vormittag geholt habe.

Ach Gott, ich darf nicht vergessen, der Mimi etwas von hier mitzu-
bringen. Sie ist doch katholisch und war ganz Feuer und Flamme, wie
sie hörte, daß wir hierher nach Rom führen und dazu noch über
Pfingsten. Aber das heutige Mittagessen endete so feuchtfröhlich,
daß alle in Taxis gestiegen sind und ins Hotel fuhren. Jetzt liegt der
Phili im Bett hinter mir, schläft ganz tief, und ich will ihn um Gottes
willen nicht wecken. Heute ist sowieso kein Programm mehr angesetzt, denn nach dem Essen ging es nur noch um das Bezahlen und
darum, wer den Wein bezahlt. Alle wollten plötzlich alles bezahlen
und überboten sich in Generosität. Es war uns Frauen geradezu
unheimlich, aber besser so als anders. Ich glaube, sie haben sogar dem
Kellner, der nicht halb so nett war wie unsere Serviertöchter in
Zürich, viel zuviel Trinkgeld gegeben. Ich kann ja diese grausigen
Geldscheine, die aussehen, als kämen sie aus dem Lumpensack,
sowieso kaum auseinanderhalten. Die Zahlen darauf sind so verfettet
und zerrumpfelt, daß man kaum die 5000 von 50000 unterscheiden
kann. Wahnsinnig zu denken, daß diese unsinnigen Zahlen am Ende
gar nichts wert sind.

Wenn ich jetzt nicht in diesem Hotelzimmer sitzen müßte, fände ich es ja toll, mit einer der anderen Damen auf eigene Faust loszuziehen. Aber das ist natürlich gar nicht möglich. Da würde gleich alles alarmiert, weil die Männer dächten, wir würden uns verlaufen. So sitze ich halt hier und schreib' ein bißchen ins Tagebuch, denk' ein wenig an die Mimi, die nun in alle Kirchen rennen dürfte, weil sie dazugehört und auch beichten könnte. Das mit dem Beichten, das wäre für uns auch ganz gut, denn manchmal denke ich doch darüber nach, ob ich die Sache mit dem Wilfrid dem Phili nicht doch einmal »beichten« sollte. Es ist ja nun schon über zwei Jahre her und war nur eine ganz kurze Bettgeschichte. Ich glaube zwei- oder vielleicht viermal. Öfter ganz sicher nicht, denn sie flogen ja danach gleich nach Südamerika, und Clarissa war nur für kurze Zeit bei ihrer Schwiegermutter, um bei deren Umzug zu helfen. Wilfrid konnte nicht mit, und ich mußte ihm was bringen. Es war alles ganz harmlos. Clarissa war eben weg und Wilfrid allein, an so einem hübschen Frühlingsabend im Jahr '48, ich glaube, es war noch März oder doch schon April. Im Juli sind sie ja dann geflogen. Wir haben sie noch nach Kloten gebracht. Ich saß wie auf Kohlen, aber es hatte wirklich niemand etwas gemerkt. Wie alles kam, weiß ich gar nicht mehr. Ich war ja damals schon vier Jahre verheiratet – irgendwie war ich so schrecklich deprimiert und wußte auch nicht recht warum. Es herrschte ein solcher Föhn, daß man dachte, man könnte die Hand über den See strecken und hätte schon die Bergketten im Griff.

Wilfrid und Clarissa wohnten beim Bahnhof Enge und zwar so, daß sie einen schönen Blick hatten, oberhalb der Kirche, die aussieht wie Sacré Cœur. Wir standen am Fenster und ich dachte noch, Clarissa hätte auch die Vorhänge waschen müssen, aber natürlich ist sie dazu jetzt zu faul, weil sie ja bald wegfliegen. Und dann standen wir einfach so da, nachdem ich ihm noch die Gesichtsmilch und die Tagescreme aus dem Migros für Clarissa gegeben hatte, weil es das ja in Südamerika nicht gibt. Die Farben schienen draußen so etwas von klar gewaschen und sauber – mir tat richtig das Herz weh. Aber das geht vielen bei Föhn so. Und da nahm doch der Wilfrid mich so um die Schulter, wie es der Phili schon unheimlich lang nicht mehr gemacht hatte. Ich bekam die Augen voller Tränen, was gar nicht günstig war, denn dabei bekomme ich stets eine rote Nase und sehe ganz schauderhaft aus. Um das zu verbergen, lehnte ich meinen Kopf

– ach damals hatte ich diese blöden Simpelfransen noch nicht – an Wilfrids Achsel und so ergab eins das andere. Eigentlich war es ja gar nichts Aufregendes und etwas Neues schon gar nicht. Das schöne war eben nur, daß mich jemand wieder einmal in den Arm nahm, ohne dabei zu fragen, ob das Essen nicht etwa anbrenne. Das war ja schon alles. War das wirklich so schlimm?

Trotzdem denke ich manchmal, es sei schlimm. Wenn Phili wirklich, wie er sagt, nicht eifersüchtig wäre, dann könnte ich es ihm ja ruhig eingestehen; ich würde ihm den Kaffee einschenken und wenn ich zum Milchkrug griffe, würde ich einfach so zwischen Kaffee und Milch sagen, daß ich übrigens mit dem Wilfrid und so weiter . . . Aber es stimmt eben nicht, daß der Phili nicht eifersüchtig ist. Ich glaube, da wäre dann nichts mehr mit Kaffee und Milch. Es gäbe einen ganz entsetzlichen Krach und ich glaube, er könnte sich dann auch scheiden lassen. Und das wäre ja ganz schrecklich; gar nicht auszudenken, denn ich kann ja ohne den Phili überhaupt nicht sein. Also ist es doch vielleicht besser, alles für mich zu behalten. Ich hab' auch heute morgen in einer der Kirchen mit den vielen Beichtstühlen gedacht, vielleicht könnte ich hier beichten und bekäme dann alles los vom Herzen. Alles wäre wieder wie früher, weil ja alles amtlich vergeben wäre. Aber wahrscheinlich verstünde mich der Pfarrer hier gar nicht und alles wäre umsonst.

Es ist schon zum Verzweifeln, daß der Phili jetzt so tief schläft, denn vielleicht hätte ich es ihm hier sagen können, wo wir so weit weg von Zürich sind. Ganz woanders und unter wildfremden Menschen. Da hätte er es vielleicht gar nicht so tragisch genommen. Und wer weiß, vielleicht hätte er dann sogar gesehen, wie lieb ich ihn habe – weil es mich so bedrückt hat und mir schrecklich leid tut. Aber natürlich, wenn er dann ganz sauer reagiert und vielleicht einen fürchterlichen Krach schlägt, obwohl es gar nicht schlimm war und nur darum ging, daß es halt so fein war, umarmt und gedrückt zu werden, dann wäre ich natürlich auch stocksauer. Wo kämen wir hin, wenn ich alles ernst nähme, was er so schreibt und redet?

Dabei ist er bloß ein Maulheld. Die Ehe ist doch nicht dazu da, daß man immer nur über alles redet und schreibt – und dann im Bett irgend etwas liest. »Mann ohne Eigenschaften«, oder wie der Schinken heißt. In der »Annabelle« steht auch immer, daß die Frau ihren Ehemann freundlich, aber bestimmt auf gewisse Pflichten hinweisen müsse. Aber wenn man das nun alles machen wollte, was in der Annabelle steht, wäre ja der Tag viel zu kurz. Das mit den Gurkenscheiben auf dem Gesicht, um die Haut zu straffen, das ist auch viel zu unbequem. Außerdem gibt es doch nicht immer Gurken, und wenn das Telefon klingelt oder die Wohnungsglocke läutet, und der Briefträger davorsteht . . .

Probenbeginn

Ich könnte mir jetzt gut vorstellen, daß Sie als junger Schauspieler sich nach dem ganzen Wust von Stückinhalt, Stückaussagen und Rollenpsychologien ratlos fragen, ob denn das alles wirklich nötig sei für die Arbeit an einer Rolle. Ich würde sagen – nicht unbedingt nötig, aber in jedem Falle ungeheuer nützlich, hilfreich und zeitsparend. In einer Theaterepoche wie der unseren, in der ich selber erlebt habe, wie ein Regisseur – und beileibe nicht der schlechteste – vor Leseprobenbeginn ins künstlerische Betriebsbüro stürmte um zu fragen, ob wohl noch ein Exemplar des von ihm zu inszenierenden Stückes vorhanden sei, denn er habe seines vergessen – ist das selbständige Denken und die Vorarbeit des einzelnen Schauspielers von unschätzbarem Wert. Zudem macht es ungeheuren Spaß, ein Stück auseinanderzunehmen und seine eigene Rolle auszuloten. Sie können dabei alles, wovon in der Einführung die Rede war – speziell Ihre Beobachtungsgabe, Ihr Einfühlungsvermögen oder Ihren Nachahmungstrieb –, nutzbringend beisteuern und anwenden.

Aber ich vermute, daß Sie etwas ganz anderes für das Wichtigste einer Probenvorarbeit halten – und genau das ist das einzige, wovon ich Ihnen abraten möchte: Es handelt sich um das Text-Auswendiglernen. Ich würde Sie immer davor warnen, im Übereifer Ihre Rolle schon vor Probenbeginn hieb- und stichfest auswendig zu können, es sei denn, Sie hätten eine Probenzeit von knapp vier Wochen vor sich. In einer derartigen Zeitnotsituation bleibt Ihnen natürlich gar nichts anderes übrig, als Ihren Text auf der ersten Probe bereits flüssig zu beherrschen. Aber bei einem normalen Probenverlauf von etwa sechs Wochen, ist das nicht nötig.

Sie können Ihren Text anlernen so daß Sie ihn in etwa anbieten können; er müßte Ihnen ja durch das viele Lesen von Stück und Rolle sowieso schon vertraut und geläufig sein – und das genügt für den Arbeitsanfang auf der Bühne – also am »Probenpunkt Null« – vollständig. Ein vorheriges, monotones Einhämmern Ihrer Texte ohne Ihre Partner birgt eine ganz große Gefahr: Ich habe es immer und immer wieder erlebt, daß Kollegen, die mit perfekt gelerntem Text auf die erste Probe kamen, bereits schon so fixiert waren, was die Diktion, den Tonfall, und – was das Wichtigste ist – die Betonung anbelangt, daß sie durch die unweigerlich eintretenden Korrekturen pausenlos ins Stolpern gerieten. Zudem werden Sie sowieso auf den ersten Stückproben die herzstockende Erfahrung machen, daß Ihr ganzer, »so gut gelernter« Text beim plötzlich freien Spiel-Versuch wie weggeblasen sein wird.

Der Schock, plötzlich sprechende Mitglieder um sich zu haben, läßt jedes Gedächtnis zunächst einmal automatisch versagen. Außerdem haben Sie sich durch das stereotype Wiederholen von Sätzen ohne Gegenspieler wie mit einem Lärmschutz versehen – dabei ist das Zuhörenkönnen eine Grundvoraussetzung unseres Berufes. Das Gegenstück dazu lautet: auf das Gehörte reagieren zu können. Und genau deswegen bin ich gegen ein perfektes Vorauslernen. Da haben Sie nämlich alle Ihre Sätze – ob Fragen oder Antworten – schon fertig in petto und können sie aus dem Stegreif herunterrasseln, aber ob Sie innerlich dann noch wirklich fähig sind, die Fragen oder Antworten des Partners abzuwarten und zu überdenken, ist ungewiß. Die Versuchung – Stichwort hin, Stichwort her –, Ihren Satz auf Teufel komm raus »abzuschießen«, ist groß; viel, viel größer, als Sie sich vorstellen können. Beobachten Sie die anderen! Nach Text suchende Partner, die in der Rolle bleiben und passende Texte erfinden, sind weit bessere Mitspieler als Schauspieler, die auf noch nicht gestellte Fragen voreilig antworten.

Wenn Sie sich nun zur ersten Probe mit allen Kollegen im Theater treffen, nehmen Sie außer Ihrem Rollenbuch vor allem einen Bleistift mit, besser zwei, denn irgendein Kollege hat todsicher keinen. Er nimmt Ihren Ersatzbleistift gern, und so ein freundlicher Akt der Nächstenliebe beschwichtigt Ihre eigene Angst vor dem Ganzen ein bißchen – und das ist so ein Bleistift allemal wert. Und kommen Sie um Himmels willen nicht mit einem Kugelschreiber – Sie entlarven sich dadurch als blutigster Laie. Ins Rollenbuch wird prinzipiell nur mit Bleistift geschrieben, weil nichts Notiertes für alle Zeiten stehenbleiben wird (den Radiergummi borgt Ihnen die Souffleuse immer). Ein Schauspieler, der mit Kugelschreiber ins Rollenbuch schreibt, kann – bei welchem Regisseur auch immer – sein Buch sehr bald wegwerfen. Ein Rollenbuch ist ein Arbeitsbuch, in das ununterbrochen geschrieben und gekritzelt wird. Da wird gekrakelt, gestrichen, radiert, korrigiert, und dies alles in einer Runenschrift, die nur für den Schreiber selber lesbar ist. Das Rollenbuch ist ein strenggehüteter Alleinbesitz, es darf um nichts auf der Welt verlorengehen, es wird nie verliehen, nicht hergezeigt und wie ein gutes Kartenblatt leicht gebogen vorm Nachbarn verborgen. Am Ende einer Probenzeit fällt es schier auseinander; aber so zerfleddert, bekleckst oder eselsohrig es auch ist, jeder behält es ängstlich bei sich – meist im Schminkkoffer oder in der Garderobenschublade. Man gibt es nicht heraus, bis die letzte Vorstellung dieses Stückes über die Bühne gegangen ist. Offiziell wäre man verpflichtet – am Schwarzen Brett steht es irgendwo auf einem vergilbten Schrieb einer früheren Intendanz –, das Buch der Dramaturgie zurückzugeben, aber das bringt kaum ein Schauspieler fertig. Das Buch verschwindet nach der letzten Vorstellung eben.

Aber noch ist Ihr Rollenbuch ja neu, nur Ihre Textzeilen sind farbig unterstrichen. Die Arbeit kann beginnen.

Der erste Probentag ist immer ein einziges Fragezeichen. Man weiß nichts – ob der Regisseur seine Regiekonzeption erläutert, ob ein Dramaturg eine Einführung gibt, ob zum Stückthema Videofilme vorgeführt werden, ob eine allgemeine Leseprobe stattfindet, ob man ein Bühnenbildmodell sieht und Kostümskizzen vorliegen, über die man reden kann –, alle Fragen sind noch offen. Ist das Ensemble eines Stückes zum ersten Mal versammelt, forschen alle zunächst verstohlen in den Gesichtern, und die Gedanken in den Schauspielerköpfen sind immer und überall ähnlich:

Was denkt der Regisseur von mir? Wieso hat er mich überhaupt besetzt, und warum mit dieser und nicht mit jener Rolle? Wie soll ich mich wohl jetzt am besten verhalten? Soll ich naiv und ahnungslos auftreten oder soll ich sofort alles nur Verfügbare auf den Tisch legen? Soll ich mißtrauisch sein und erst einmal abwarten, oder soll ich genialisch drauflos fuhrwerken? Wie sieht der Regisseur mich überhaupt und was erwartet er von mir?

Man ist immer wieder unsicher, und der Gedanke, daß Regisseure auch bloß Sterbliche sind und Ängste kennen, ist nur ein schwacher Trost. Nein, eine erste Probe ist niemals ein Honigschlecken, und Sie werden mit säuerlichem Geschmack im Munde an meine paar Vorschläge zwecks Vorbereitung zu dieser Probe denken. Aber glauben Sie mir, Sie haben damit keinerlei Zeit vertan, wie immer diese erste Probe auch ausfallen mag.

Das Ende einer ersten Probe verläuft immer so, daß man im Grunde wünscht, es möge auch gleich das Ende der ganzen Produktion gewesen sein. Alles ist unschlüssig, alles bleibt offen und scheint von Übel. Jeder Schauspieler steht mehr oder weniger unsicher herum und wartet darauf, daß der Regisseur ihm ganz persönlich noch etwas sagt – am liebsten, wie fabelhaft und vielversprechend er sich über seine Rolle schon geäußert habe. Weil das natürlich ausbleibt und keiner ein aufmunterndes Halali bläst, lösen sich die Grüppchen nach und nach unbefriedigt auf.

Nun brauchen Sie, da jeder ersehnte Halt neben Ihnen wegbröselt, auch noch den Mut, erst mal allein sein zu können. So ein erstes Zusammentreffen mit dem Regisseur ist etwas ungeheuer Verwirrendes. Meist ist man danach gar nicht mehr fähig, einen klaren Gedanken zu fassen, man hat weder eine Übersicht noch eine Meinung, kann kein Urteil fällen und alles fließt bestürzend durcheinander. Die Eindrücke dieser paar Stunden sind so vielfältig und stark, Sympathien und Antipathien prallen so überraschend schnell aufeinander, und Hoffnungen und Ängste machen sich so breit, daß die Nerven all dieser übersensiblen Menschenkinder bis zum Zerreißen gespannt sind. Jetzt müssen Sie Geduld mit sich haben und versuchen, in sich zur Ruhe zu kommen.

Lassen Sie sich weder von einer tollkühnen, jähen Zuversicht (»Wie sehr liegt mir das alles!«) in die Höhe jagen, noch von einer urplötzlichen, lähmenden Panik (»Das schaffe ich ja nie!«) in den Abgrund stürzen. Atmen Sie erst einmal tief durch und glauben Sie mir: Es geht allen anderen genauso. Und diejenigen, die am unbeteiligtsten scheinen, sind am betroffensten. Alle betrachten ihr Rollenbuch giftig mit scheelem Blick, wünschen sich und das Buch dorthin, wo der Pfeffer wächst; verfluchen den Beruf im allgemeinen und sich und die Stunde, in der sie den Entschluß gefaßt haben, ihn zu ergreifen, im besonderen.

Diese Gefühle nach einer ersten Probe werden sich immer und ewig wiederholen – bei jedem neuen Stück. Denn die Hoffnungslosigkeit eines Probenanfangs wird nach jeder Premiere glatt vergessen. Also schalten Sie jetzt am besten mal völlig ab. Schieben Sie alles zur Seite, was Sie sich so an vorbereitenden Überlegungen zur Rolle angehäufelt haben. (Und sollten Sie Ihr Rollenbuch tatsächlich erst jetzt in die Finger bekommen haben, fangen Sie damit bloß gar nicht erst an.) Knallen Sie Ihre Wohnungstür zu, gehen Sie raus an die frische Luft und schauen Sie sich in den Jahreszeiten um. Ihr ewiger Wechsel, ihr jährlich wiederholtes Kommen und Gehen, wirkt sehr beruhigend – besonders, wenn Sie sich dabei klarwerden, daß all das weitergehen wird, völlig unabhängig davon, ob Ihre Rollenarbeit sehr gut, gut oder nicht ganz so gut gelingen wird. Ihr inneres Gleichgewicht wird sich zurechtschaukeln, und ganz allmählich werden Sie zur friedlichen Einsicht kommen, daß alles im Grunde genommen halb so schlimm ist.

Die urgesunde Neugier Ihres schauspielerischen Talentes wird – viel schneller als Sie ahnen – ein Stehaufmännchen aus Ihnen machen; und wahrscheinlich werden Sie noch am selben Abend das irgendwo in eine Ecke gefeuerte Buch gutmütig wieder vorholen.

Wenn Sie nun so in aller Ruhe Ihren Gedanken freien Lauf lassen und sich locker an die Probe erinnern, werden Sie ganz bestimmt ein paar Anhaltspunkte entdecken, die Sie mit Ihren Vorarbeiten verknüpfen können. Neu ist nur, daß Sie jetzt Mitarbeiter um sich und einen Regisseur vor sich haben.

Was für Regisseuren können Sie gegenüberstehen? Lassen Sie mich die Regisseure – so wie ich sie erlebt habe – grob in drei Gruppen einteilen:

Erste Gruppe: Die sauber arbeitenden, guten Regisseure, die das vorgegebene Stück begreifbar und handwerklich tadellos inszenieren. Da schaden Ihnen Ihre Vorarbeiten ganz sicher nicht, weil Sie ja weder gegen das Stück noch gegen Ihre Rolle gearbeitet haben. Vielleicht werden Sie entgegnen, daß Sie, wenn Sie unter einem sehr guten Regisseur arbeiten, doch gar keine Vorarbeiten zu leisten bräuchten. Aber wiegen Sie sich besser nicht in trügerischer Sicherheit – vorgekaut wird nichts, ein sehr guter Regisseur setzt beim Schauspieler genausoviel voraus, wie er sich selber abverlangt. Er setzt sich und Ihnen die höchsten Maßstäbe, da können Sie gar nicht genug Eigenarbeit einbringen. Mit einem solchen Regisseur zu arbeiten, ist das Schönste, was Ihnen passieren kann. Solche Sternstunden sind relativ selten, also tun Sie alles, um sie auszukosten.

Zweite Gruppe: Die unsicheren, aber kommunikativen Regisseure, die bei Probenbeginn wohl eine Vorstellung der Aussage ihrer Inszenierung haben, aber noch nicht so genau wissen, wie sie die Schauspieler zur Verwirklichung ihrer Regiekonzeption bringen können. In diesem Falle ist Ihre Vorarbeit von unschätzbarem Wert, denn solche Regisseure sind unheimlich dankbar für eigenständige Ideen von Schauspielern. Sie sind froh, wenn man ihnen Denkanstöße gibt, und sehr oft werden ihnen aufgrund der Schauspielervorschläge die Ursachen ihrer eigenen Unsicherheiten bewußt. So kann – wenn die Schauspieler von Beginn an in Stück und Rolle sattelfest sind – in der Zusammenarbeit mit dem Regisseur eine sehr zufriedenstellende Arbeit erwachsen.

Dritte Gruppe: Jene »genialischen« Regisseure, die die Klaviatur ihres Handwerks tadellos beherrschen, entweder glänzende Inszenierungen abliefern, oder aber ebenso glänzend total danebenhauen. Die ein Stück so sehen, wie Sie es beim Lesen nie gesehen haben, die Ihre Rolle so gespielt haben wollen, wie Sie es sich nie vorgestellt haben. Hier befinden Sie sich in einer Zwickmühle. Diese Situationen sind schier unerträgliche Zerreißproben, da sie nicht nur einen künstlerischen, sondern auch einen menschlich-existentiellen Konflikt in sich tragen. Der Schauspieler will den Regisseur nicht verärgern und will spielen, fürchtet aber, durch seine innerliche Ablehnung zu versagen. In so einer Lage müssen Sie sich trauen, mit dem Regisseur zu reden – nicht mit den Kollegen, die stecken alle in eigenen Unsicherheiten fest. Nein, fassen Sie sich ein Herz und sprechen Sie den Regisseur auf Ihren Zwiespalt an; ich bin überzeugt, er hört Ihnen zu und geht auf Sie ein. Und wenn er Sie davon überzeugen kann, daß sehr wohl ein Sinn in seiner Auslegung liegt, wenn seine Auffassung Ihrer Rolle Ihnen plötzlich einleuchtet und er Sie damit entflammen und begeistern kann, dann schmeißen Sie all Ihre früheren Vorstellungen bedenkenlos und ohne Reue weg. Springen Sie frisch, neu, unbelastet und mit beiden Füßen auf dieses Schiff, vergessen Sie Ihre – in diesem Falle nur hinderlichen – Vorbereitungen total; vertrauen Sie voll der Richtigkeit dieses Kurses und segeln Sie kritiklos mit – kann sein, in einen jubelnden Presseerfolg; kann sein, in einen totalen Publikumsreinfall. Egal – den Mut zu diesem Risiko müssen Sie haben, reifen werden Sie an diesem Prozeß in jedem Fall.

Reifen und Selbständigwerden brauchen ihre Zeit, und – so widersinnig es klingt und so hart es im Durchstehen ist – bei den nicht geglückten Arbeiten hat man im nachhinein am meisten gelernt. Der Versuch, etwas Mißlungenes ein anderes Mal besser hinzukriegen, ist immer möglich – aber wer möchte etwas perfekt Geglücktes noch verbessern?

Auf welche Art und Weise Ihre jeweiligen Regisseure die Proben ablaufen lassen, kann ich Ihnen beim besten Willen nicht voraussagen. Jeder Regisseur hat seine eigene Arbeitsweise und selbst diese ist nicht für immer gültig. Auch ein Regisseur hat das menschliche und künstlerische Recht, im Laufe seines Lebens und seiner Entwicklung seine Methoden zu verändern. In einer Zeit wie der heutigen, wo oft ein Regisseur dem anderen die Klinke in die Hand gibt, muß sich ja auch die Probenarbeit von Mal zu Mal ändern – und Sie sind gezwungen, sich von Stück zu Stück, von Regisseur zu Regisseur umzustellen. Das ist eine ungeheuerliche Anforderung, der Sie verständlicherweise nicht immer gerecht werden können. Trotz dieser scheinbar babylonischen Regiekonzeptionsmöglichkeiten gibt es einige allgemein anwendbare Grundregeln für Ihre Arbeit, ein paar Wegweiser durch die vielen Probenlabyrinthe.

Es gibt heute einen gemeinsamen Nenner – wenn davon manchmal auch nur noch ein Schatten zu spüren ist –, auf den alle Inszenierungen gebracht werden können. Oder doch zumindest gebracht werden möchten. Auch die Senioren und Nestore unter den Regisseuren konnten sich diesem Trend nicht entziehen. Selbst wenn sie nur als nihilistisch spöttelnde Kritiker dabei sind.

Dieser gemeinsame Nenner, dieser Übervater der heutigen Regie, ist Bertolt Brecht. Er hat das Theatermachen verändert.

Um diesen Umbruch in seiner ganzen Tragweite verstehen zu können, will ich Ihnen kurz die Vor-Brechtsche-Theater-Ära schildern.

Rückblick

Ich erlebte diese Zeit als Anfängerin am Schauspielhaus in Zürich. Dort waren damals die finanziellen Mittel äußerst begrenzt. Eine mißglückte Aufführung mit spärlichen Besucherzahlen konnte das Haus schnell in eine prekäre Situation bringen. Man stand deshalb immer unter Erfolgszwang und ständigem Zeitdruck. Mehr als drei Wochen Probenzeit hätte damals einen ruinösen Luxus bedeutet. Eine normale Aufführung mußte in gut zwei Wochen herausgebracht werden. Wenn Sie daraufhin an der Qualität jener Aufführungen zweifeln, befinden Sie sich gewaltig im Irrtum: Es wurde damals hervorragend, ja, beispielhaft gearbeitet – nur die Bedingungen waren ganz andere.

Der Regisseur war zu Probenbeginn bis ins letzte vorbereitet. Den Luxus einer Leseprobe konnte man sich nicht leisten, das wäre ein vertaner Probentag gewesen.

Die erste Probe hieß Stell- oder Arrangierprobe, und alle im ersten Akt, erste Szene, beschäftigten Schauspieler standen auf der Bühne; ihr bereits fertig eingestrichenes Buch in der einen, den Bleistift in der anderen Hand. Dabei schauten sie wie die Zinnsoldaten zum Regisseur hin. Der stand auch auf der Bühne, dicht an der Rampe, mit dem Rücken zum Zuschauerraum, und hielt auf dem linken Arm sein Regiebuch, das doppelt so dick war wie die Rollenbücher der Schauspieler.

Dieses Regiebuch, das wichtigste Utensil der Probenarbeit, war so umfangreich, weil zwischen jeder bedruckten Seite ein leeres weißes Blatt eingezogen war. Man nannte das faszinierenderweise ein »durchschossenes Buch«. Der einsame, einzelne Regieassistent, der wie ein Sperber in leicht vorgebeugt-horchender Stellung dastand, hütete dieses dicke Buch zusammen mit seinem Meister wie einen Schatz. Die weißen Seiten waren nämlich nicht leer, sondern mit der Schrift des Regisseurs beinahe enger bekritzelt als die bedruckten Textseiten.

Vor Beginn der Proben hatte der Regisseur in einem maßstabgetreu gebastelten kleinen Modell des Original-Bühnenbildes mit kleinen – in Originalkostüme gekleideten – Püppchen das ganze Stück bereits durchgestellt, wobei er alle Szenen bis ins letzte Detail durchgespielt und auf den weißen Seiten notiert hatte. Diese Seiten sahen unenträtselbar aus, erinnerten an Schlachtpläne oder an Schatzgräberanweisungen. Wem es einmal gelang, einen schüchternen Blick auf diese mikrokosmischen Landkarten zu werfen, dem eröffnete sich wahrlich ein magisches Buch. Daraus diktierte nun dessen Alchimist und Meister der lauschenden Schauspielerschar ihre Stellungen, er dirigierte ihre Auftritte, winkte sie zu ihren jeweiligen Sitzgelegenheiten, die sie während ihrer Szene einnehmen sollten, und wies ihnen dann die Kulisse zu, hinter der sie wieder zu verschwinden hatten.

Das ganze Grüppchen auf der Bühne war umgeben von abenteuerlichen Dekorationsstücken, die aus allen möglichen früheren Vorstellungen zusammengewürfelt waren. Heute würde man denken, man wohne einem Stil-Quiz bei – denn alle Kunstepochen waren vorhanden. Man trat durch eine Rokoko-Tür auf, setzte sich auf einen geborstenen Säulenstumpf oder einen umgestülpten Melkeimer und entschwand durch eine gotische Wandtüre, auf der groß »Fenster« stand. Aber so bunt die Kunstgeschichte auch war, in der man sich tummelte – niemand wurde dadurch aus der Fassung gebracht oder gar zum Lachen gereizt. Man kannte es nicht anders; die Zeit, sich über solche Bagatellen aufzuregen, hatte man nicht. Und die Maße der aufgebauten Wände sowie die Standorte der hingestellten Möbel stimmten ja haargenau.

Die Schauspieler lasen nun den Text laut und deutlich aus ihrem Buch vor und schrieben mit Bleistift die ihnen vom Regisseur zugewiesenen Stellungen ein. Buch und Bleistift haltend, spielten sie die Szenen mit ihren Partnern an. Dabei wurden Regieanweisungen wie »zum runden Tisch gehen«, »stehenbleiben«, »auf Fauteuil setzen«, »aufstehen« etc. penibel beachtet und eingetragen. Wenn sie manchmal zögerten und fragend zum Regisseur blickten, forderte dieser sie nur ungeduldig mit dem Zuruf »Später, alles später!« auf, ihm widerspruchslos zu gehorchen.

Diese Arrangierproben waren für die Regisseure eine vergnügliche Zurschaustellung ihrer Machtposition. In den meisten Fällen waren sie selbst noch aktive Schauspieler, und wenn sie den Beruf nicht mehr ausübten, hatten sie meist eine kurze, erfolglose und daher totgeschwiegene Schauspielerlaufbahn hinter sich. Aber das Temperament war ihnen geblieben. Sie feuerten die kleine Schar der Darsteller oft so vehement an, daß wir Anfänger nur angstvoll darauf warteten, daß sie über kurz oder lang mit bravourös hochfahrender Gestik samt Buch und Brille rückwärts in den Zuschauerraum hinabstürzen und sich krachend das gelockte Genick brechen würden. Aber das konnte damals nie passieren, denn diese Regisseure waren sich des Genius loci völlig bewußt. Sie spielten »Regieführen« und lebten ihre lustvolle Rolle so saft- und kraftvoll aus, daß man ihrer mitreißenden Faszination immer wieder erliegen mußte.

Wenn alle Schauspieleraugen voller Erwartung am Regisseur hingen, sich keiner zu räuspern wagte, die Hände heiß oder kalt wurden, wenn der Meister – das Licht vor sich, die Finsternis im Rücken – die rechte Hand richtungweisend durch die Luft hieb, dann war das großes Theater auf dem Theater: eruptives Theater, Theater total.

Nach so einer ersten Probe war man nie ratlos, nie verunsichert oder gar kritikgeladen. Die erste Probe, in der meistens das ganze Stück von neun Uhr dreißig bis vierzehn Uhr durchgestellt wurde, gab einem einen solchen Schwung, daß man in tollkühner Zuversicht glaubte, alles wagen, alles schaffen zu können. Man eilte selbstsicher wie auf Flügeln von der Probe weg. Zweifel, Ängste, Kritik? – nein, die Lorbeerkränze wurden sicher schon gewunden . . .

Der zweite Probentag, »erste Stückprobe« genannt, erschien dann schon wesentlich ernüchternder, grauer und bürgerlicher. Der am Vortag so bacchantisch anmutende Regisseur saß nun in irgendeinem zerschlissenen, gepolsterten Armsessel eines abgespielten Klassikers, bequem zurückgelehnt auf der Bühne, und der Regieassistent kauerte auf einem wackeligen Schemel daneben, das Regiebuch auf dem Schoß balancierend.

Man begann wieder mit dem ersten Akt, und die Schauspieler probierten bereits ohne Buch in der Hand. Da alle Darsteller ihre Auftritte, Stellungen und Gänge während der ersten Probe exakt aufgeschrieben und zu Hause mitsamt ihrem Text genau durchgearbeitet hatten, konnten sie die vom Regisseur ausgedachten Szenenfolgen bereits verwirklichen – und ihm somit ganz flott seine bekritzelten weißen Seiten leibhaftig vorführen. Der Regisseur – das Künstlerprofil in die Hand gestützt – nahm erst einmal alles sinnend zur Kenntnis und unterbrach kaum. Nur die Souffleuse, diskret an ein weißes Tischchen mit Lampe in eine Bühnenecke verbannt, durfte den Hauptdarstellern flüsternd helfen, wenn diese allzusehr im Text herumschwappten und gestisch schon kurz vor dem Ertrinken waren.

Fiel aber einmal ein Gang oder eine Stellung aus dem Regiemuster heraus, dann schlug die große Stunde des Regieassistenten. Er tippte zaghaft den Regisseur an und deutete mit dem Finger auf die betreffende, divergierende Stelle im Regiebuch. Der Regisseur griff zur Brille und warf einen fragenden Blick in das Buch. Da sich das alles oben auf der Bühnenebene abspielte, erschielte es der betreffende Protagonist sofort und brach wegen der »unzumutbaren Störung« nervös ab. Der Assistent wurde tadelnd mit einer verweisenden Geste verwarnt – er hatte ja in jedem Falle unrecht –, und der Regisseur erkundigte sich Teilnahme heuchelnd, ob der von ihm gewünschte Gang etwa nicht »gefüllt« oder gar, nicht »gefühlt« werden könne? Ein kurzes Hin und Her – der Schauspieler bequemte sich nachzugeben, der zurechtgewiesene Assistent schrieb das eben voreilig Ausradierte wieder ein, und die Probe konnte reibungslos weiterlaufen.

Ein kurzes Zwischenwort zu dem anspruchsvollen Begriff »Regieassistent«. Selbstverständlich war das damals keine Berufsbezeichnung, und schon gar nicht eine bezahlte Stelle. Meistens wurde dafür ein Schauspieler abkommandiert, der sowieso in dem betreffenden Stück eine kleine Rolle spielte. Oder man nahm ein Ensemblemitglied, das gerade probenfrei war, und für sein festes Gehalt nicht bloß spazierengehen sollte. Ein Regieassistent war damals »Mädchen für alles«. Ein bitteres Los. Er mußte über alles Bescheid wissen und hatte an allen Orten gleichzeitig zu sein. Alles Undankbare wurde ihm zugeschoben, und er hatte für alles, was schiefging, den Kopf hinzuhalten. Seine Arbeitszeit kannte keine Stunden, und alle durften die Nerven verlieren, nur er nicht. Und das, was ihm sicherlich auf der Seele brannte, nämlich einen Regievorschlag zu machen oder eine Idee zu äußern, das hätte nur eine allgemeine, geradezu minutenlange Sprachlosigkeit hervorgerufen. Dazu war ein Regieassistent nun tatsächlich zuallerletzt da.

In der damaligen Theaterzeit wurden viele Schauspieler eines Ensembles nach »Rollenfächern« engagiert: für jedes Fach eine, manchmal auch zwei Besetzungen, und bei der Personenverteilung eines Stückes wurde genau auf diese Einteilung geachtet: Da gab es den »jugendlichen« und den »schweren Helden«, den »Väterspieler«, den »Bonvivant«, den »Charakterdarsteller«, den »Komiker«, den »jugendlichen Liebhaber«, die »Naive«, die »Sentimentale«, die

»Salondame«, die »Heroine«, die »komische Alte« und so weiter und so fort. Dementsprechend wurde dann auch jeweils der Spielplan zusammengestellt.

Fast alle Darsteller waren durch ihren Schauspielunterricht auf ein umfangreiches Fach hieb- und stichfest vorbereitet worden. Das bedeutete bei der heute gar nicht mehr vorstellbaren Kürze der Probenzeit eine unschätzbare Hilfe. Die Hauptdarsteller wußten, was von ihnen in ihren Rollen verlangt und gefordert wurde, und der Regisseur wußte, was er von ihnen verlangen und fordern konnte. Die Protagonisten standen alle auf demselben hohen Niveau, hatten manchmal die Rollen in einem anderen Engagement bereits gespielt, waren sich meist untereinander schon aus früheren Aufführungen vertraut und konnten sich somit mühelos aufeinander abstimmen.

Denken Sie aber nicht, daß alles so glatt funktionierte, weil ein Schauspieler – wie es vielleicht den Anschein erwecken könnte – seine Rollen früher einfach über einen, nämlich seinen Leisten schlug. Ganz im Gegenteil – jede Rolle wurde absolut individuell und ihrer jeweiligen Eigenart entsprechend neu erarbeitet. Die Schauspieler jener Zeit hatten eine erstklassige handwerkliche Ausbildung bei damaligen Meistern hinter sich. Sie hatten das große Einmaleins des großen Theaterstils von den damaligen Regiegrößen bravourös gelernt; ihre stimmlichen Mittel waren unbegrenzt, und im gestischen Ausdruck wußten sie die Grenzen zumutbarer theatralischer Ausdrucksmöglichkeiten wohl zu wahren.

Damals wurden die Stücke so gespielt, wie sie sich lasen, das heißt, die Schauspieler erweckten die Rollen so zum Leben, wie sie vom Dichter vorgegeben schienen. Es wurde nichts anderes gefordert oder erwartet, als das, was man schwarz auf weiß nach Hause tragen konnte.

Die Schauspieler zerbrachen sich nicht den Kopf über eine Figur, und warum diese nun so und nicht gegenteilig handelte. Das Stück war vorgegeben, sie waren darin besetzt. Sie lebten als diese Figur und hatten damit keine Probleme. So war es an der Tagesordnung, daß die Probenarbeit von A bis Z widerstands- und reibungslos wie ein geöltes Uhrwerk vonstatten ging. Ich kann mich nicht erinnern, daß ein Schauspieler auf der Probe plötzlich Kritik am Benehmen seiner Figur geäußert hätte. Es gab keinerlei Grundsatzdiskussionen. Zu solchen Debatten hätte sowieso jegliche Zeit gefehlt. Der Regisseur zog mit dem Schauspieler an einem Strang – es ging nur darum, eine gute Theateraufführung auf die Beine zu stellen, die den Leuten gefallen sollte. Und die Zuschauer, die wollten im Theater in erster Linie die Schauspieler sehen. Sicher war das Stück wichtig, und man war neugierig auf das Bühnenbild, die Kostüme, und wie das ganze Geschehen ablaufen würde, aber das allerwichtigste waren immer die Schauspieler. Sie waren damals die Götter der Theaterwelt, und der Name des Regisseurs wurde meist gar nicht beachtet.

Ich habe mich damals während der Proben hie und da zwischen die Stuhlreihen im ersten Rang geduckt hingehockt, um den großen Kollegen beim Probieren zuzusehen. Dieses Zusehen war natürlich strengstens verboten. Niemand durfte das Wunder des Entstehens einer Aufführung durch respektlose Neugier entweihen. Das kleinste artfremde Geräusch im Zuschauerraum wäre sofort registriert worden und hätte ohrenbetäubende Folgen hervorgerufen, denn die Schauspieler wollten um alles in der Welt nicht, daß ihre Gehversuche in der Rollenarbeit beobachtet würden. Sie hüteten ihren Schaffensprozeß wie ein Gralsgeheimnis. Dabei erinnere ich mich gut, daß sie ihren Part – wie mir schien – fast ohne Müh und Not erarbeiteten. Heute ist mir klar, daß die großen Schauspieler damals ihre meiste Arbeit zu Hause leisteten, und die Proben nur noch für leichte Korrekturen brauchten. Vom Moment an, wo sie sich in ihren Gängen und Stellungen sicher fühlten, beherrschten sie ihre Szenen bald souverän. Außerdem hätte niemand jemals Rücksicht auf seine Stimme genommen oder sich kräftemäßig geschont. Alle warfen sich wieder und wieder in das Gefecht der Probe und sparten nicht mit tobenden Ausbrüchen, keuchendem Winseln oder zwerchfellerschütterndem Gelächter. Und so weit sie auch von mir entfernt waren, es entging meinem Ohr nicht eine Silbe. Obwohl mir in meiner gebeugten Haltung im Probenversteck alles weh tat, erlag ich der Faszination der damaligen großen Kollegen immer wieder.

Mit ihnen auf einer Bühne stehen zu dürfen, war für uns Anfänger eine hohe Auszeichnung und große Ehre, wenn auch begleitet von Qualen der Angst und Not. Unsere spärliche Erfahrung, unsere Schüchternheit und die Beobachtung der unerreichbaren Koryphäen neben uns, ließen uns schon bang genug zur ersten Probe antreten. Mit uns sollte ja eingehend probiert werden, das heißt, der Regisseur spielte unseren Auftritt und unsere anschließende Szene vor, und dann sollten wir ihm »frisch von der Leber weg« nachspielen. War der Regisseur ein guter Schauspieler, lähmte uns sein unerreichbares Vorspielen völlig; war er unbeholfen, ahmten wir ihn eben, samt all seinen Unvollkommenheiten, krampfhaft und mit ungutem Gefühl nach.

Da wir so oder so die Probe aufhielten und das vorgegebene Zeittempo bremsten, hielt die Geduld des Regisseurs nie lange an. Entweder wurde er sarkastisch und geißelte uns mit beißendem Hohn und Spott, oder wir wurden erbarmungslos zusammengeschrien. Oft reichte schon eine vernichtende Geste, um uns völlig zum Verstummen zu bringen. Wie auch immer, jedesmal gerann uns das Blut in den Adern, und noch heute kann ich dieses Gefühl bis in die Haarwurzeln spüren. Dabei waren wir bis zur Selbstaufgabe bereit, »alles recht zu machen«.

Wie die Sperber warteten wir auf unseren Auftritt, sausten aufs Stichwort los, rasselten unseren Text herunter – und schon ging das bellende Geschrei los. Obwohl man fieberhaft überzeugt war, zu Hause alles richtig gelernt und wiederholt gehabt zu haben, konnte man den Ansprüchen der »Allmächtigen« kaum genügen.

Aber das war ja auch nicht möglich, denn im Zeitraffertempo der ersten Probe konnten wir nichts begreifen. Und um nachzufragen, waren wir viel zu schüchtern.

Eines muß ich hier leider sagen: Obwohl all die so sehr verehrten Hauptdarsteller sahen, wie wir uns abmühten, schweißnaß am Verzweifeln waren, und merken mußten, daß das ewige Anschreien nur eines bewirkte, daß wir vor Todesangst nur noch schlechter spielten – ja, obwohl all die großen Koryphäen Zeugen unserer Not wurden, hätte sich niemals auch nur ein einziger für uns eingesetzt und sich für uns gewehrt. Psychologie war damals auf den Proben noch ein Fremdwort. So schlichen wir oft schamgeduckt nach Hause. Manchmal übten wir dann nachmittags privat miteinander, machten uns gegenseitig Mut und traten dann etwas gefaßter auf der nächsten Probe wieder an. Man versuchte sich nach allem und jedem auszurichten und fand auch aus Selbsterhaltungstrieb eine Möglichkeit des Überlebens.

Irgendwann war der Hurrican dann vorbeigezogen, und man wurde in dem klangvollen Ensemblechor als mehr oder weniger mißtönende

Stimme geduldet. Wenn dann erst die Hauptprobe nahte, die Dekoration überraschend emporwuchs und uns alle mit Licht und Farben verzauberte, und wenn alle, wir auch!, in die Kostüme schlüpfen und uns dick Schminke ins Gesicht schmieren durften, dann herrschte ein solches Durcheinander, daß man fast unbemerkt durch das ganze Chaos schlupfen konnte.

Die Haupt- und Generalproben jener Zeit waren gigantische Tage. Was es da zu hören und zu sehen gab, hielt mühelos den Vergleich mit dem ganzen – auf vier Stunden zusammengedrängten – *Ring des Nibelungen* aus.

In den Briefen an meine Eltern pflegte ich damals ununterbrochen die Konsonanten und Vokale der schmückenden Beiwörter zu verdrei- oder zu vervierfachen. Es sei »irrrrsinnnnig« gewesen, geradezu »waaaahnwitzig«, der Regisseur habe »getoooobt und getoooost«, die Verwandlung sei »tollll«, aber das »Allllertollllste« sei die angestrahlte Versenkung ... Alltägliche Worte reichten einfach bei weitem nicht aus, diese letzten chaotischen Schöpfungstage vor einer Premiere faßbar zu schildern.

Noch heute, nach über vierzig Jahren, empfinde ich den Wonneschauer, den ich einmal erlebte, als bei einer der zahllosen Unterbrechungen auf einer Generalprobe die Hauptdarstellerin – ihren blondgelockten Kopf verzweifelt in der Hand bergend – sich erschöpft auf die hölzerne Armlehne ihres Sessels stützte, woraufhin diese zusammenbrach. In die folgende Totenstille hörte ich nur, wie sie unheilvoll leise sagte: »Jetzt werde ich gleich wahnsinnig.« Grausen und Horror überfielen mich, aber auch Lust, denn ich wußte ja – vor einer Premiere wurde man nie und nimmer wahnsinnig. Alles war eben Theater, und zwar Theater in Anführungszeichen, aber damals war das eine Auszeichnung, keine Kränkung.

Theater hatte etwas anderes zu sein als das tägliche Leben. Es hatte mehr Saft zu haben, mehr Blut, mehr Temperament, mehr Mut zum Einsatz. Die Kraft mußte stärker, die Inbrunst glühender, der Schmerz aufreißender, die Liebe gefühlvoller sein. Die Menschen hatten schöner, verzeihender, glücklicher oder mieser, giftiger und kränkelnder zu sein als die Nachbarn von nebenan. Es war eine andere Welt, und es sollte eine andere Welt sein. Die Zuschauer strömten herbei, um diese unbekannte Welt zu bestaunen, zu beklatschen und befriedigt festzustellen, daß sie selbst ja – Gott sei Dank –

nicht so seien, und daß es im Leben letztes Endes zum Glück doch anders zugehe.

Ich gestehe Ihnen freimütig, daß mein ganzes Herz dieser Art »Theater« gehörte, und ich mir nichts anderes ersehnte und erträumte, als ebenbürtig in die Reihen dieser großen Schauspieler aufgenommen zu werden.

Als mich Brecht nach unserer Arbeit in seinem Stück *Herr Puntila und sein Knecht Matti* 1948 in Zürich fragte, ob ich zu ihm nach Berlin käme, wo er 1949 das »Berliner Ensemble« gründete, hatte ich nicht die geringste Ahnung, daß ich mit meiner Zusage meiner so überaus geliebten Theaterwelt Lebewohl sagte. Ich hatte keinen blassen Schimmer, auf was ich mich da einließ, und daß ausgerechnet ich – als ein winziges Rädchen – daran Anteil haben würde, mein geliebtes »Theater« zu verändern. Es hat Jahre gedauert, bis es mir überhaupt bewußt wurde.

Dabei hätte ich es damals einmal erahnen können. Ich erinnere mich noch genau, wie ich im März 1949 – nach einer Hauptprobe von Goethes *Tasso* – auf Brecht traf und ihm begeistert davon berichtete. Er fragte mich, was mich denn an diesem Stück so fasziniert habe. Ich schwärmte von den Schauspielern, aber er unterbrach mich kurz: Er wolle nichts über die Aufführung wissen, sondern über das Stück. Ich schwieg betreten. Was um Gottes willen sollte ich nun dazu sagen? Ich hatte einen leicht hysterischen Mann zwischen zwei schönen Frauen hin und her jagen und einen begütigenden Fürsten dazwischentreten sehen, nachher erschien ein unsympathischer Herr, dem der Hauptdarsteller überraschenderweise an die Brust sank, dann war Schluß. Und alles war einfach wunderbar gewesen. Aber das war ja keine brauchbare Antwort.

Plötzlich hatte ich eine Erleuchtung: »Das, was Tasso über den Schauspielerberuf gesagt hat, das fand ich wundervoll«, sagte ich.

Brecht schaute mich neugierig und nicht unlistig an. Ich zitierte: ». . . gab mir ein Gott zu sagen, was ich leide.«

Erst Jahre später ging mir auf, warum Brecht daraufhin trocken meinte: »Ja, daran kann ich sehen, wie Sie Stück und Aufführung begriffen haben«, und warum er dabei so sehr lachte.

In jenem Moment hätte mir bewußt werden können, was sich am Theater verändern würde, was Brecht mit »seinem Theater« vor-

hatte: Nicht alles staunend bewundern, sondern den Text mitdenken und begreifen.
Aber damals war ich nur tief gekränkt und verstand gar nichts.

Erster Schritt: Auf-Punkt-Sprechen

Über Brechts Anliegen, daß das Theater die Zuschauer nicht zum Staunen bringen, sondern zum genauen Mitdenken zwingen – und sie so zu einer kritischen Stellungnahme des Gesehenen veranlassen sollte –, über solche Brechtsche Forderungen an das Theater sind bereits zahllose Schriften erschienen. Sie stehen Ihnen in allen Bibliotheken zur Verfügung, und Sie können diesen ganzen Wust jederzeit durchackern.
Ich selber habe es nie getan, das muß ich ehrlich gestehen. Selbst Brechts eigenes »Organon« habe ich nie gelesen. Brecht wußte das und billigte es. Also werde ich mich hüten, Ihnen Brechts Theaterideen erläutern zu wollen. Das einzige, was ich hier versuchen möchte, ist, Ihnen aus meinen damaligen Lehrjahren bei Brecht ein paar Erfahrungen weiterzugeben. Erfahrungen, die sich mir persönlich durch all die Jahre als brauchbare Hilfen erwiesen haben. Hilfen, die eine solche standfeste Allgemeingültigkeit zu haben scheinen, daß Sie sie auch heute noch – lange nach der Brechtschen-Theaterzeit – für Ihre selbständige Arbeit während der Proben verwenden können.
Kehren wir also wieder zu Ihrer eben begonnenen Rollenarbeit zurück und beschäftigen wir uns weiter mit Ihren Hausaufgaben.
Was mir dazu als erstes in den Sinn kommt, ist auch das erste, was mir einfällt, wenn ich an den Beginn meiner Arbeit mit Brecht denke. Es war Brechts Forderung, auf den geschriebenen Punkt am Ende eines Satzes zu achten und diese Interpunktion genauestens zu befolgen. Er nannte das »einen Satz auf Punkt sprechen«. Eine Forderung, die mir so lächerlich erschien, daß ich sie zuerst gar nicht recht ernst nahm.
Rückblickend ist das für mich der entscheidende Paukenschlag einer neuen Zeit gewesen. Denn ohne eigentliche Absicht ließen viele Schauspieler damals tatsächlich sehr oft das Ende eines Textsatzes, kaum merklich, in der Luft hängen. Es war kein gesangartiges Heben der Endsilbe; es war, völlig unbeabsichtigt, einfach ein Ins-Leere-laufen-Lassen des Satzendes. Brecht machte uns immer wieder dar-

auf aufmerksam, doch wir begriffen erst gar nicht, was er meinte. Alle
ließen die Sätze irgendwie versanden. Keiner hätte sagen können,
warum – sein Ohr war eben völlig daran gewöhnt. Sie werden
vielleicht lachen, aber es kostet jeden unsägliche Mühe, einen Satz auf
Punkt sprechen zu lernen. Wenn Sie es begriffen haben – halten Sie es
um Gottes willen fest: es ist das A und O unseres heutigen Theaters.
Es bewirkt das sogenannte, hochgelobte »Direktspielen«.

Um dieses Ziel zu erreichen, wandte Brecht oft einen überaus
erfolgreichen Trick an: Er verlangte vom Schauspieler, den Text in
seinen heimatlichen Dialekt zu übersetzen; ihn ungeniert von der
Leber weg in seiner eigenen Mundart zu sprechen. Damals gab es
nichts Beschämenderes, als in den Verdacht zu geraten, das »reine
Bühnendeutsch« nicht zu beherrschen. Kein Wunder, daß sich alle
arrivierten Schauspieler (die Anfänger bezeichnenderweise nie) gegen
diese scheinbar degradierende Übung sträubten. Sie erklärten stets
wortreich, überhaupt niemals einen Dialekt gehabt zu haben, da in
ihrem Elternhaus immer nur bestes Hochdeutsch gesprochen worden
sei. Wenn Brecht sie mit unendlich geduldiger Beharrlichkeit dann
doch zur Bekanntgabe der Stadt ihrer Kindheit brachte, schämten sie
sich zu Tode, sich an ihre Mundart erinnern zu müssen. Niemals
habe ich fortgeschrittene Schauspieler so gehemmt gesehen wie bei
der Übersetzung ihrer Bühnentexte in ihren Heimatdialekt. Sie
verrenkten sich schier die Zunge und litten furchtbar. Dabei hatten
sie nicht den geringsten Grund sich zu genieren, denn auf Brechts
Proben wurde niemals, nicht ein einziges Mal, jemand bloßgestellt
oder lächerlich gemacht. Miteinander durften wir herzlich über
unsere Dialekte lachen, und auch Brecht stimmte oft mit seinem
Stakkato-Lachen in die allgemeine Heiterkeit ein. Es war in der Tat
erstaunlich, welch treffliche Worte sich im Plattdeutschen, im Baye-
rischen, im Berlinerischen oder sonst einer Mundart fanden. Aber
niemals wäre jemand deswegen ausgelacht worden. Brecht liebte
seine Schauspieler und behandelte sie – auch den kleinsten Anfänger
– immer mit Würde und Achtung.

So große Mühe diese Dialektübungen den Älteren machte, uns
unbefangenen jungen Schauspielern fiel sie rasch sehr leicht und
erwies sich als unschätzbare Hilfe. Wir vergaßen dadurch, daß wir auf
einer Bühne standen, hörten mit dem »Theaterton« auf und waren
bald fähig, die uns von der Kindheit her vertraute, normal tönende

Satzführung auch bei der Rückübersetzung ins Hochdeutsche zu übertragen. Plötzlich war dieses verflixte »Auf-Punkt-Sprechen« selbstverständlich, der Tonfall des gesprochenen Textes real, die Sätze greifbar.

Wir lernten: Nur dann, wenn der Schauspieler voll hinter dem Satz steht, den er zu sprechen hat, und ihn mitdenkt, ist auch der Zuschauer fähig, den Satz aufzunehmen und zu begreifen. Das klingt so einfach; dabei ist es so teuflisch schwer. Der Ratschlag ist ein Gemeinplatz, und doch wird gerade er den Anfängern oft nicht plausibel genug gemacht.

Wenn wir unseren alten *Faust I* einmal mehr zur Hand nehmen, dabei den Schüler und den Valentin herausgreifen, finden wir in beiden Rollen ausreichend Texte, die sich als Übungen dafür eignen. Nehmen wir den Satz des Schülers: »Ich bitt' Euch, nehmt Euch meiner an!«

Dieser Satz ist für den Arbeitsversuch besonders geeignet, weil er mit einem Ausrufezeichen endet, also fast ein Befehl ist, der beherzt vorgetragen werden sollte. Nun übersetzen Sie ihn einmal in Ihren heimatlichen Dialekt. Da es sich um eine gehobene Sprache handelt, haben Sie sicher Schwierigkeiten, Synonyme zu finden. Vielleicht bringt Sie der Ausdruck »sich jemandes annehmen« in Verlegenheit, dann nehmen Sie einfach einen Begriff mit sinngleicher Bedeutung: »Ich bitte Euch, helfen Sie mir«, oder: »So stehen Sie mir doch bei!« ... Suchen Sie so lange, bis Sie den Sinn Ihres Textes in einen heimatlichen Satz Ihrer Kinderzeit übersetzen können. Dann stellen Sie sich Ihren alten Lehrer vor und machen Sie ihm diesen Text plausibel.

Sie brauchen dazu Ihre Phantasie, und höchstwahrscheinlich wird Ihnen Ihr Unwille über diesen Vorschlag am meisten dabei helfen, den Satz »in die Schnauze zu kriegen«. Wenn Sie sich dann den hochdeutschen Originaltext wieder vornehmen, horchen Sie genau hin, ob es Ihnen glückt, den Satz in der Hochsprache genauso trocken und treffend zu bringen, wie es Ihnen im Dialekt bestimmt gelungen ist. Prüfen Sie kritisch, ob Sie den Text am Schluß wirklich stimmlich und tonlich ganz fallenlassen, und zwar fest und mit Nachdruck; ob Ihre Stimme einen richtigen Abwärtsbogen beschreibt und zum Satzende ein gesprochenes Ausrufezeichen setzt.

Der nächste Übungssatz: »Möchte gern was Rechts hieraußen ler-

nen«, ist geradezu beispielhaft für ein offen gelassenes Satzende. Das Auf-Punkt-Sprechen wird Ihnen hier immer und immer wieder verrutschen. Auch die manchmal hilfreiche Überbetonung der ersten Silbe eines Verbs (»lérnen«) wird Ihrem Ohr nicht viel nützen.
Also übersetzen Sie den Satz. Ob Sie nun: »Ich möchte hier gerne was Rechtes lernen«, oder: »Es muß doch möglich sein, daß man mir etwas beibringt«, sagen, ist völlig gleichgültig. Die Dialektübersetzung dient nur dazu, Ihnen zu helfen, den Satz sinngemäß, ohne wehleidige Tonschnörkel in den Griff zu bekommen. Verlieren Sie nicht die Geduld. Es ist mit das Schwerste, seine eigenen Sätze mitzudenken und dem Partner und dem Zuschauer begreiflich zu machen. Ich gestehe freimütig, daß ich auch heute noch in meinen Rollentexten bestimmte Satzenden mit einem kleinen, abwärts gezeichneten Bogen versehe – als Gedächtnisstütze für den berüchtigten Punkt.
Wenn wir noch einen Blick auf den Valentin werfen, würde ich die zwei letzten Zeilen zum Üben nehmen: »Ich gehe durch den Todesschlaf zu Gott ein als Soldat und brav.«
Dieser Text ist vom Sinn her gut faß- und greifbar, allerdings ist er auch der schwerste und kritischste, weil er den Schlußsatz der Szene bildet. Wenn Sie ihn gedanklich und stimmlich nicht voll auf den Punkt bringen, ist die ganze vorangegangene Dramatik der Szene vertan. Bewußt wird sich dessen kaum jemand, man hat nur das Gefühl, daß etwas fehlt, wenn der Satz am Ende offengelassen wird. Einen Bildschluß zu spielen ist schwer, denn er richtet sich jedesmal nach der Stimmung der vorangegangenen Szene. Hier beim Valentin muß er »gesetzt« werden. Es ist ein ganz klar auf den Punkt zu sprechender end-gültiger Satz und deshalb zur Übung gut geeignet. Beim sicher schwierigen Übersetzen in Ihren Dialekt können Sie ihn ohne weiteres ausbauen, denn mit einer wörtlichen »Verdialektisierung« kommen Sie hier nie zurecht. Übersetzen Sie frei und sinngemäß in etwa so: »Ich sterbe, aber ich komme in den Himmel, denn ich bin ein guter und braver Soldat.«
Viel Mut brauchen Sie auch für den Anfangsmonolog der Rolle. Da haben Sie zehn Zeilen zu sprechen und eine ganze Erzählung darin aufzubauen, bis in der elften Zeile endlich der erlösende Schlußpunktsatz fällt: »Und sage: Alles nach seiner Art!«
Sie können die ganzen Schilderungen, die zum Teil verflixt gedrech-

selt gedichtet sind, nur hinkriegen, wenn Sie sie – im steten Fluß vorwärts drängend – auf dieses Schlußausrufezeichen hin ausrichten. In Ihrer Übersetzung ist Ihnen jegliche Freiheit gestattet; da werden Sie, je nach Dialekt, ganz schön zu knacken haben. Als übersetzbares Hochdeutsch hätte ich etwa folgendes anzubieten: »Wenn ich so in der Kneipe herumgesessen bin, wo ja die meisten sowieso nichts anderes machen als aufschneiden, und mir die Kumpels in den Ohren gelegen haben, wie toll ihre Mädchen seien, und je betrunkener sie waren, desto mehr haben sie damit angegeben, da habe ich mir dieses Geschwafel so angehört, meinen Kopf in die Hand gestützt, meinen Bart gestreichelt, still vor mich hin gegrinst und schlußendlich allen zugeprostet und gesagt: ›Nun macht aber mal halblang!‹«

Sie sehen, daß ich keinen Punkt eingeschmuggelt habe, aber dafür habe ich zur Vereinfachung die zweite Vergangenheit gewählt, weil die in der Umgangssprache gebräuchlicher ist. Solche grammatikalischen Veränderungen sind durchaus legitim, wenn sie uns den Text vertrauter machen.

Sollten Sie jetzt fragen, ob es denn nie möglich sei, Sätze absichtlich nicht auf Punkt zu sprechen, so gibt gerade unser zweites Stück *Hedda Gabler* darauf eine Antwort. Es ist nämlich nicht so, daß uns im Prosastück das Direktspielen leichter fiele, bloß weil uns diese Art des Sprechens näherliegt.

Die Sprache in *Hedda Gabler*, in erster Linie die der Titelfigur, verleitet direkt dazu, die Sätze punktlos hängen zu lassen. Wenn Sie dieser Verführung nachgeben, müssen Sie die Eigenart dieser Sprechweise konsequent durchhalten, wodurch sie als Charakteristikum der Figur erscheint. Das heißt, Sie sprechen so, weil Ihre Rollenfigur – Ihrer persönlichen Ansicht nach – so spricht. Dann wäre das eine hohe künstlerische Gestaltungstechnik. Wenn Sie auf diese Weise einen zur Figur passenden Stil kreieren, können Sie damit eine außergewöhnliche Wirkung erzielen. Wenn Sie aber das gleiche Mittel, in diesem Falle das Nicht-auf-den-Punkt-Sprechen, stereotyp in jeder Rolle immer wieder anwenden, wird es zu einer Manier.

Eine einmalige manieristische Leistung kann ungeheuer reizvoll sein, und ein erprobter Schauspieler kann sich diesen Kunstkniff durchaus leisten. Einem Anfänger würde ich dringend davon abraten. Denn wenn Sie sich erst einmal etwas »Besonderes« angewöhnt haben, sei es ein singender, ein klagender oder ein heiserer Tonfall; ein ständig hörbares, hastiges Einatmen an völlig willkürlichen Satzstellen; ein wiederholtes, zerquältes Mundöffnen; ein nervöses Lidflattern; eine zurückwerfende Kopfdrehung, oder eine tiefere Stimmlage (in der Meinung, Ihre Stimme wirke dadurch sinnlicher und interessanter) – kurz, welche Absonderlichkeit Sie sich auch aneignen, Sie werden sich bald in Ihre eigene Manier verlieben. Und Sie werden sie nur ganz schwer wieder los. Ein Manierismus haftet Ihnen wie eine Klette an, bleibt kleben und blockiert Sie für alles andere. Erinnern Sie sich, wie ich Ihnen abriet, vor dem Spiegel zu üben, Manierismus ist ein Zwilling des Narzißmus.

Warum also sollten Sie dadurch Ihre vielseitigen Fähigkeiten als Schauspieler beschneiden. Es gibt freilich Schauspieler, die genau das erstreben. Sie wollen sich eine Manier zulegen, um »unverwechselbar« zu werden. Solche Kollegen bewundert man fasziniert, wenn man sie das erste Mal sieht; beim zweiten Mal bestaunt man sie immer noch voller Achtung; beim dritten Mal beginnt man sie kritisch zu betrachten – und beim vierten und letzten Mal hat man sich dann endgültig an ihnen sattgesehen.

Lassen Sie die Finger von Manierismen. Und wenn Sie einmal auf diese Schiene geraten – und fast jeder sehr begabte junge Schauspieler gerät irgendwann, irgendwie in die Versuchung, es wenigstens einmal auszuprobieren –, stellen Sie Ihre Weichen rechtzeitig und kehren Sie zurück. Bleiben Sie offen und immer für alles Neue bereit. – Die Bühne ist nur in Ausnahmefällen ein Tummelplatz für Einzelgänger. Und aus diesem Grunde bin ich so sehr dafür, erst einmal zu lernen, alle Textsätze abzuschließen und keine Experimente zu wagen.

Anhand von *Hedda Gabler* läßt sich auch erahnen, daß man manchmal Mühe hat, Texte, die aus einer anderen Sprache übertragen wurden, in den Griff zu kriegen. Hie und da sind sie durch Wortumstellungen oder durch zu viele Füllwörter nicht mundgerecht übersetzt und machen es einem dadurch noch schwerer, »direkt zu sprechen«.

Um der immer drohenden Gefahr eines Theatertons in meinen Rollen zu entgehen, habe ich für mich persönlich eine Methode herausgefunden, die mir besser liegt als die Übersetzung der Texte in meinen heimatlichen Dialekt.

Ich übe meine Texte in der Öffentlichkeit und kontrolliere so – auch heute noch –, ob meine Art, die Texte zu sprechen, in den normalen

Alltag paßt oder nicht. Ich setze mich einfach ins Café oder auf eine Parkbank, nehme ganz unauffällig jemanden in meiner Nähe aufs Korn und richte, so vor mich hin murmelnd, einen meiner Textsätze an diesen Menschen. Nehmen wir als Beispiel Frau Elvsteds Sätze zu Hedda:»Weiß nicht. Irgendeine aus – aus seiner früheren Zeit. Eine, die er noch immer nicht hat vergessen können.« Ich habe diese Sätze nicht wahllos herausgegriffen. Sie hören sich in der Übersetzung auf Anhieb undeutsch und holprig an, sind aber, wenn man sie ihrem Sinn nach spricht, gut zu gliedern.

Diesen Text richte ich nun, halb tonlos, an meinen ausgesuchten »Partner« und überlege mir dabei genau, ob ich diesen ahnungslosen Menschen – hörte er mich – durch die Art, wie ich spreche, zu einer Reaktion bewegen könnte oder nicht.

Vielleicht werden Sie jetzt einwenden, daß Sie sich so einen imaginären Dialog nicht vorstellen können. Doch der unfehlbare Trick dabei ist, daß Sie gerade dann, wenn Sie sich an einen Desinteressierten, also einen Unbeteiligten wenden, jene wunderbare, dringliche Direktheit bekommen, die Sie so sehr brauchen.

Um peinlichen Situationen in der Öffentlichkeit zu entgehen, habe ich es zu Hause mit einer Puppe versucht. Aber die Übung ist viel leichter und gelingt weit besser, wenn die Möglichkeit eines lebendigen, menschlichen Blickkontaktes besteht.

Wie dieser Blick einen träfe, wäre der Satz laut hörbar, ist das Kriterium, ob ein Textsatz ankommt oder nicht. Wenn er im Leben nichts bewirkt, ist er auch auf der Bühne vertan. Und was das halblaute Reden in der Öffentlichkeit betrifft, so braucht man sich dabei nicht zu genieren. Schauen Sie sich im Alltag um: Unzählige Menschen bewegen ihre Lippen in ununterbrochenem Zwiegespräch mit sich selber. Man ist an diese murmelnden Einsamen schon so gewöhnt, daß man sie gar nicht mehr beachtet. Natürlich halte ich mir hie und da spielerisch die Hand vor den Mund und lasse meinen Blick wandern. Hauptsache, ich spüre die Gegenwart dieses Menschen, der mein imaginärer Bühnenpartner sein soll.

Das unanfechtbarste Urteil, ob ein Satz direkt gesprochen ist und ankommt oder nicht, fällt ein Kind. Aber Kinder sind ganz schwer zu überlisten. Sie sind noch so wach, daß sie sehr bald merken, wenn sie beobachtet werden. Sie werden daraufhin neugierig und wollen in aller Direktheit den Grund wissen. Ich habe es wieder und wieder probiert, doch es gelang mir immer nur für kurze Zeit, ein Kind als Ansprechpartner ins Visier zu nehmen. Meist kamen wir beide rasch ins Lachen; dann mußte ich auch schon Farbe bekennen und erzählen, was ich mit meinem Buch in der Hand treibe, warum und wozu. Die Reaktion war durchweg verblüffend sachlich, verstehend, gutheißend und niemals ohne einen fachlich brauchbaren Kommentar. Allein deswegen müßten Sie meine Methode einmal ausprobieren.

Da wir gerade bei Kindern sind, fällt mir etwas Prinzipielles ein, das wir für das Direktspielen auf der Bühne von ihnen lernen können: Kinder schauen Sie an.

Die lebendige Reaktion der Augen ist eine Notwendigkeit auf der Bühne. Ein Partner, der Ihrem Blick ausweicht (es sei denn, diese Reaktion sei rollencharakteristisch oder von der Handlung bedingt), ist für Sie kaum direkt anspielbar. Ein Blick kann weit mehr aussagen als ein Satz. Fassen Sie deshalb Ihre Partner stets ins Auge. Das ist so existenznotwendig wie am Trapez. Seien Sie immer ein fairer Fänger – Sie lassen sonst auch den größten Flieger gnadenlos ins Bodenlose fallen. Sie wissen, wie unendlich grausam es im Leben ist, jemanden zur Strafe nicht mehr zu beachten, nicht mehr anzusehen; ein Kind kann man dadurch schier zum Wahnsinn bringen. Auf der Bühne ist so ein bewußtes Tun unkollegial und sträflich. Es kommt Gott sei Dank selten vor, und ich habe diesen Gedanken nur eingeschoben, weil der Blickkontakt aufs engste mit dem Direktspielen verbunden ist.

Was nun unser drittes Stück *Philipp Hotz* betrifft, so machte ich bei der wiederholten Lektüre die Entdeckung, daß dieser Einakter geradezu als Lehrbeispiel zu diesem Thema gelten kann: Das kommt daher, daß der Hauptdarsteller große Passagen an das Publikum richtet und dadurch die Zuschauer quasi als Mitspieler unmittelbar in die Bühnenhandlung miteinbezieht. Wenn Sie da an meinen unbekannten Nachbarn im Café denken, und Sie Ihre Zuschauer genauso ins Visier nehmen und ansprechen, dann muß Ihnen das direkte Aufpunktsprechen geradezu in den Schoß fallen. Natürlich gehört erheblich mehr Mut und Selbstbewußtsein dazu, eine große, Ihnen zugewandte Zuschauermasse in einem fast dunklen Raum en face anzusehen und all diese fahl beleuchteten Köpfe vor Ihnen anzusprechen, als sich auf einer Parkbank anonym im Selbstgespräch mit einem Unbeteiligten zu unterhalten. Aber das Prinzip ist dasselbe und das Leichte wird Ihnen beim Schweren helfen.

Sie müssen dabei nur die drei vermeintlich banalen Grundregeln befolgen.

Erstens: Denken Sie die Texte, die Sie sagen, immer mit.

Zweitens: Sprechen Sie Ihren Partner an. Direkt.

Drittens: Wenn ein Satz am Schluß einen Punkt hat, beenden Sie ihn hörbar. Bewußt.

Es klingt so einfach und doch schlage ich mich auch heute noch oft genug damit herum. Wenn ich auf Proben unsicher bin, falle ich besonders leicht in den Schwebeton zurück. Der Punkt ist ein echter Halt.

Vom richtigen Zuhören

Zum Durchatmen nun eine kleine Lockerungsübung:

Es handelt sich um »die Kunst des Hörens«, besser gesagt »des Zuhörens« auf der Bühne. Reden ist Silber, sagt man, und in unserem Falle bedeutet Zuhören-Können Gold. Ihre Aufmerksamkeit dem Text Ihres Bühnenpartners gegenüber ist für alle Teilnehmer unerläßlich. Erstens für Sie wegen Ihrer darauf folgenden Reaktion – ob mimisch, gestisch oder textlich –, zweitens für Ihren Mitspieler, da der nächste Schritt in seiner Rolle von Ihrer erfolgten Reaktion abhängt, und drittens nicht zuletzt für die Zuschauer unten, die nachvollziehbare Handlungsabläufe sehen wollen. Vom Reagieren lebt das Spielen; ein Schauspieler, der nicht reagiert, ist eine Strafe Gottes für seine Partner und ein Fragezeichen für den Zuschauer.

Im Alltagsleben sind die Reaktionen der Erwachsenen oft von einer geradezu erschreckenden Trägheit. Beobachten Sie hingegen unsere großen Lehrmeister, die Kinder – wie rasch, wie hellwach und wie gesund die reagieren können. Oft begreifen sie einen Vorgang schneller, als sie ihn sprachlich geordnet wiedergeben können. Dann gestikulieren sie verzweifelt und lebhaft fuchtelnd auf Sie ein. Und beugen Sie sich einmal über einen Säugling. Wie spontan reagiert dieses Wesen auf Ihre Zuwendung! Der Sprache noch nicht mächtig, versucht es krampfhaft mit den Mitteln, die ihm ausdrucksmäßig zur

Verfügung stehen, sich Ihnen verständlich zu machen. Es strampelt mit Armen und Beinen, Finger und Zehen öffnen und krallen sich, sein Mund sprudelt – man kann ihm die Anstrengung der noch nicht gelingenden Sprechversuche geradezu ablesen. Dieses Wunder der unmittelbaren, zwischenmenschlichen Verständigungsmöglichkeiten müssen wir auf der Bühne den Zuschauern vorführen. Wir können und müssen sie durch unser Beispiel lehren, einander wieder zuzuhören.

Natürlich ist es für jeden von uns eine ungeheure Anstrengung, immer wieder, erst auf den Proben und dann bei den Vorstellungen, so zu tun, als hörte man alles zum ersten Mal. Aber diese Anstrengung gehört nun einmal zum Beruf und ist eine hohe Kunst. Unsere Zuschauer verstehen oft nicht, wo wir Schauspieler die Disziplin hernehmen, dieses lähmende Wiederkäuen jeden Abend zu überstehen.

Aber jede Vorstellung ist ja ein Neubeginn. Die Wellenlänge der Stimmung im Zuschauerraum hat eine unbekannte Frequenz, die Atmosphäre einer Szene unterliegt Schwankungen, und es ist immer wieder ein Erlebnis, einem guten Partner zuzuhören und darauf zu reagieren.

Nicht verschweigen will ich, daß es Ihnen passieren kann, einmal auf einen Kollegen zu treffen, der es nicht versteht, Ihnen auf der Bühne zuzuhören. In einem vertrauten, festen Ensemble kann das nicht vorkommen, denn da kennt man seine Pappenheimer und gewöhnt etwelchen schwarzen Schafen diese Marotte ganz schnell ab. Aber in einer Truppe, die für eine Tournee, eine Festspielaufführung oder auch für eine En-suite-Serie an einem Privattheater zusammengestellt wurde, kann es geschehen, daß Sie auf einen solchen neuen Partner treffen. Merkwürdigerweise wissen diese Schauspieler um ihr Manko gar nicht und haben nicht die geringste Ahnung, daß sie dadurch »ganz für sich allein« auf der Bühne agieren. Oft sonnen sie sich mit beneidenswerter Naivität in ihrem Erfolg, der ihnen meist beschieden ist, weil viele Zuschauer und Kritiker dieses Defizit an ihnen gar nicht bemerken. Nur der Partner kriegt es zu spüren, denn diese Schauspieler reagieren oft, bevor ihnen der Anlaß, der die Reaktion auslösen sollte, gegeben wurde. Ja, sie gehen auch manchmal im Text einfach weiter, ohne daß die davorliegende Dialogstelle gefallen wäre. Wenn Sie sie darauf hinweisen, würden sie höchst verblüfft stutzen und es kaum glauben wollen, weil sie nicht nur ihre Partner überhören, sondern häufig auch sich selber.

Dieses »Gebrechen« ist älteren Schauspielern leider nicht mehr abzugewöhnen. Aber den noch neugierigen, jungen Kollegen möchte ich die hohe Kunst des Zuhörens, die hohe Kunst des Reagierens wärmstens an ihr hoffentlich noch aufnahmefähiges Herz legen.

Zweiter Schritt: Die Grundhaltung

Der zweite, für mich in meiner Erinnerung entscheidend wichtige Arbeitsvorschlag Brechts handelt vom Suchen und Finden einer körperlichen Grundhaltung für eine Rollenfigur. Der Charakter, also die innere Haltung Ihrer Figur, muß auf der Bühne durch Ihre körperliche Haltung sichtbar werden.

Wenn Sie sich zu Beginn der Proben oder davor intensiv mit dem Stück auseinandergesetzt und mit Ihrer Rolle beschäftigt haben, sind Ihnen die Charakterzüge Ihrer Figur geläufig, und Sie sind mit deren Eigenschaften vertraut.

Nun beginnen Sie einmal zu überlegen, welche körperliche Haltung dieser spezielle Mensch situationsgebunden einnehmen könnte. Begeben Sie sich auf die Suche nach Ausdrucksmöglichkeiten. – Was für ein Erscheinungsbild mag diese Figur abgeben, wie mag sie sich bewegen, wie sich körperlich verhalten?

Sie dürfen sich dabei ruhig äußerlicher Mittel bedienen. Die Art, wie ein Mensch geht, sagt zum Beispiel ungeheuer viel über ihn aus. Da ist das passende Schuhwerk eine unentbehrliche Stütze. Nicht nur Ihr Gang, Ihre ganze Körperhaltung verändert sich sofort, wenn Sie nicht mehr in Ihren privaten, sondern in Ihren Kostümschuhen stehen. Probieren Sie daher bitte niemals (es sei denn, Sie spielen einen Zeitgenossen) in Turnschuhen. – Wenn Sie als Valentin auf der Probe in abgelatschten Tennisschuhen einherschlurfen, kann Ihnen diese Figur beim besten Willen nicht gelingen, weil Ihre Haltung nicht stimmt.

Bitten Sie in so einer Situation den Hüter des Kostümfundus um ein Paar der Rolle entsprechende Schuhe für die Probe. Kaufen Sie ja keine neuen Schuhe, denn diese sind Ihnen fremd – und wenn Sie mit ihnen noch auf Kriegsfuß stehen, kann sich auch Ihre Rollenfigur kaum darin heimisch fühlen. Etwas anderes ist es natürlich, wenn Sie zum Beispiel einen Menschen spielen, der sich in eine höhere Gesellschaftsschicht einführt und sich zu diesem Zweck von Kopf bis Fuß neu eingekleidet hat. Dann allerdings kann Ihnen durch die unverkennbare Qual des nagelneuen Schuhwerks ein meisterhafter Gang gelingen. Erkundigen Sie sich auch genau, ob Sie Halbschuhe, Stiefeletten oder Schnürstiefel tragen sollen. Stimmen Sie sich sofort – wenn möglich auf der ersten Probe – mit Ihrem Kostümbildner ab. Wählen Sie dann Ihre Probenschuhe ganz sorgfältig aus, denn wenn die Schuhe zu eng oder zu weit sind, schlingern oder tapsen Sie darin womöglich in ein Fiasko. Also bitten Sie den sicherlich mißtrauisch wartenden »Zerberus« im Fundus um Geduld. Glanz oder Elend Ihrer Probenleistung kann davon abhängen. Behandeln Sie Ihre Probenschuhe pfleglich, denn Sie können nicht ahnen, welch große Kollegen darin einmal zum Erfolg geeilt sind.

Für alle jungen Schauspielerinnen ein spezieller Hinweis: Hüten Sie sich davor, in Stiefeln oder in Schuhen mit hohen Absätzen zu probieren. Wenn Sie zum Beispiel das Lieschen probieren, vertrampeln Sie Ihren einzigen Auftritt in den ersteren als Marktfrau und zerstöckeln ihn in den letzteren als Dame. Und probieren Sie niemals in Hosen! Ganz egal, ob röhrchenenge oder schlampig weite Hosen – Ihre Grundhaltung ist dann im Gehen, im Stehen, im Sitzen (übereinandergeschlagene Beine!) oder im Liegen (davon wollen wir ganz schweigen) völlig falsch. Sie ver-kehren dadurch jede Frauenrolle – es sei denn wiederum, das Stück erfordere diese Kostümierung.

Wenn ich nun den jungen männlichen Kollegen sage, daß es auch für sie besser wäre, nicht in Jeans zu probieren, auferstehen vor meinem geistigen Auge so viele angesehene Kollegen, die ohne mit der Wimper zu zucken ihren Tesman, ihren Brack oder auch ihren Faust auf den Proben in Jeans anbieten, daß ich mich kaum getraue, den Anfängern dieses weltumspannende Universalbeinkleid zu verwehren. Da uns zu Brechts Probentagen diese blaue Woge noch nicht erreicht, geschweige denn überschwappt hatte, stellte sich diese Frage bei uns selbstverständlich nicht. Sie wäre sowieso überflüssig gewesen, da man bei Brecht eine Probenkleidung bekam, die dem Originalkostüm schon völlig angeglichen war, manchmal sogar maßgeschneidert. Ein Luxus, den man aus finanziellen Gründen heute

von keinem Theater verlangen kann. Aber die wichtigsten Kostüm-
teile wie Schuhe, Hosen, lange oder kurze Röcke, Mäntel, Pelerinen,
Hüte und Schals müssen Sie sich aus dem Fundus heraussuchen
dürfen. Denn Sie müssen sich an die Ihnen fremden Attribute einer
Ihnen zuwiderlaufenden Mode so gewöhnen können, daß Sie sich
darin heimisch fühlen.

Was nun die aus unserem Leben nicht mehr wegzudenkenden Jeans
anbelangt, da würde ich Ihnen raten, wenigstens zu beachten, ob das
Kostüm Ihrer Rolle eine Hose mit Bügelfalten vorschreibt oder nicht.
Wenn ja, probieren Sie bitte nicht in Jeans – denn ein Herr geht, steht
und sitzt immer anders, wenn seine Hose gebügelt ist, seine Haltung
ist eine andere. Bei einer Rolle wie der des Schülers – Beispiel aller
schüchternen, wohlerzogenen Jünglinge, die Anstandsbesuche machen und sich alles andere als wohl in ihrer Haut dabei fühlen – würde
ich Ihnen raten, in Hosen und Sakko zu probieren. Wenn Sie auf den
Proben ein gutsitzendes Jackett tragen, bekommt Ihre Wirbelsäule
sofort die benötigte »gerade Haltung«. In einem lockeren T-Shirt
hingegen oder einer geblähten Jogging-Bluse würden Sie merkwürdig
schlenkerig erscheinen. Da kann es dann geschehen, daß der Regisseur immer und immer wieder verzweifelt an Ihnen herummäkelt,
ohne begreifen zu können, warum seine herrlichen Anweisungen von
Ihnen zwar befolgt werden, aber trotzdem nicht die gewünschte
Wirkung erzielen. Das in etwa dem Original angeglichene Probenkostüm kann nicht nur eine Stütze für Ihre Rollenarbeit sein, sondern
hülfe vielleicht auch der Phantasie des Regisseurs wieder auf die
Sprünge. Wie auch immer – seien Sie kooperativ, das Bild Ihrer
Erscheinung auf der Probe ist prägend; ja, wenn Sie wollen, in diesem
Falle helfen Kleider, Leute zu machen.

Denken Sie bei jeder Rolle daran, daß auch Ihre Füße mitspielen und
zur Haltung gehören. Gerade bei der Rolle des Schülers ist die
Stellung der Füße, die durch die eventuelle Kniebundhose so gut
sichtbar werden, von unglaublicher Bedeutung. Ob Sie sie leicht
auswärtsstellen, ob Sie sie eng zusammenhalten oder leicht einwärts-
drehen – jede Haltung hat ihren ganz persönlichen Ausdruck. Ob Sie
Ihr Gewicht auf beide Füße gleichmäßig verteilen oder durch eine
Standbein-Spielbein-Gewichtsverlagerung weltmännischer erscheinen wollen, ob Sie vor Respekt kerzengerade stehen oder sich ehrfürchtig lauschend etwas vorbeugen, ob Sie Ihr Stammbuch in Ihre

gefalteten Hände pressen oder ob Sie es lässig unterm Arm tragen – glauben Sie mir, was für eine Haltung Sie auch immer wählen, die Sprechweise Ihrer Figur wird sich dann ganz organisch aus Ihrer Körperhaltung ergeben. Wenn Sie Ihre Körperhaltung als richtig empfinden, können Sie Ihre Figur viel leichter spielen.

Bei einer Rolle wie der des Lieschen würde ich der Darstellerin raten, sich beizeiten zu erkundigen, ob sie, was möglich sein könnte, die Rolle barfuß spielen soll. Wann auch immer Sie in einem Stück barfuß gehen müssen – probieren Sie niemals in Schuhen, probieren Sie einfach in Socken.

Und da wir gerade bei diesen Äußerlichkeiten sind, komme ich ganz von selbst zum Thema der Requisiten. Es gibt nämlich Requisiten, bei denen man nicht genau weiß, ob sie noch zur Abteilung »Kostüm« oder schon zur Abteilung »Requisite« gehören. Ich denke da zum Beispiel an all die Brillen (Lorgnons, Kneifer, Monokel etc.), an Spazierstöcke, Reitgerten, Brieftaschen mit Inhalt, Schirme, Aktentaschen, Einkaufsnetze, Uhren und Schmuck, Botanisiertrommeln und was der Fundus sonst noch für Ihr Stück hergibt. Der Requisitenreichtum ist etwas vom Herrlichsten und Hilfreichsten für unsere Arbeit. Sie können durch das Spiel mit ihnen die Grundhaltung Ihrer Figur bis zum kleinsten und schärfsten Tüpfelchen auf dem i vervollkommnen.

Brecht ließ uns als perfekte Hilfe dazu vom ersten Tag an mit originalgetreuen Requisiten probieren. Es kam niemals vor, daß wir uns auf den Proben mit einem markierten Requisit herumschlagen mußten. Es wurde uns nicht ein einziges Mal eine Vase für eine Kaffeekanne, eine Tasse für ein Glas oder ein Stock für einen Sonnenschirm untergeschoben.

Sollte man Sie, aus irgendwelchen Behelfssituationen heraus, zum Improvisieren auf der Probe ermuntern, dann greifen Sie zur Selbsthilfe und organisieren Sie sich, wenn irgend möglich, Ihre Requisiten selber. Sie bewältigen eine Szene nie, wenn Sie gezwungen sind, zum Beispiel mit einem Aktendeckel statt einer Mappe oder mit einem Becher statt einem Champagnerkelch zu probieren. Sie müssen sich eine Möglichkeit schaffen, mit Ihren Requisiten so souverän umgehen zu können, wie ein Jongleur mit seinen Bällen. Wenn Sie mit Ihren Requisiten nicht auf vertrautestem Fuß stehen, wenden sich diese kleinen, vertrackten Dinger gegen Sie, werden Ihre erbittertsten

Feinde und lassen Sie in Ihrer Szene über den Jordan gehen. Üben Sie mit Ihren Requisiten zu Hause, bis jeder Griff wie selbstverständlich wirkt. Ihre Requisiten gehören zu Ihrer Rolle, und wenn Sie es verstehen, mit ihnen zu spielen, leben sie mit Ihnen. Vielleicht werden Sie einwenden: »Was hat zum Beispiel eine Teetasse mit der Haltung meiner Figur zu tun?« Natürlich hat die Teetasse an sich nichts damit zu tun. Aber, wie Sie sie halten, ob Sie sie etwa mit beiden Händen krampfhaft umfassen, ob Sie den kleinen Finger affektiert abspreizen, ob Sie sie hastig oder umständlich zum Munde führen, ob Sie durch nervöses Gestikulieren den Tee überschwappen lassen oder ob Sie vor dem letzten Schluck den Rest Zucker genießerisch darin umschwenken – dies alles hat mit der Haltung Ihrer Figur, mit der Sichtbarmachung eines Charakters sehr wohl viel zu tun. Also lernen Sie das Requisitenspiel von der Pike auf. Je öfter Sie Ihre Hausaufgaben mit all diesem Zubehör gemacht haben, desto unverkrampfter können Sie dann auf der Bühne damit umgehen.

Wie wichtig es für einen Schauspieler ist, mit Kostümteilen und Requisiten probieren zu können, um so die Haltung seiner Rolle zu finden, erlebte ich bei Brecht 1948 auf einer der ersten *Puntila*-Proben in Zürich. Es handelte sich um die Rolle der Fina, das Stubenmädchen auf dem Gut. Brecht hatte, was er gerne tat, die Rolle »gegen das Fach besetzt«, und dieses tumbe Geschöpf einer ausnehmend schönen Darstellerin zugeteilt, die sich durch die Darstellung klassischer junger Liebhaberinnen einen Namen gemacht hatte. Groß, schlank und schön wie sie war, stand sie in der Rolle der Fina völlig ratlos auf der Probe. Sie kam sich deplaziert vor, war unglücklich und genierte sich entsetzlich. Brecht zeigte vollstes Verständnis. Er ließ ihr als erstes Hilfsmittel eine grobe, sackleinene Schürze umbinden, die ihre hohe Gestalt unförmig werden ließ. Dann wurden ihre gelockten Haare mitsamt der stilvollen Frisur unter ein weißes Leinentuch gezwängt, auf die Nase bekam sie eine Nickelbrille gesetzt, und als sie trotz allem noch wie eine Kriemhild dastand, hieß er sie in Holzpantinen schlüpfen und drückte ihr einen schweren Wäschebottich in die Hände, den sie nun unentwegt vor sich herzuschleppen hatte. Durch die Schwere dieser Last verlagerte sich ihre Haltung: Sie schob den Bauch vor und krümmte ihre Schultern, ihr majestätisches Schreiten wurde durch das klobige

Schuhwerk zu einem mühsamen Schlurfen, und durch das krampfhafte Halten des Kessels schwollen ihre gepflegten Hände rot an. Die Anstrengung ließ ihre sonst wohltönende Stimme ächzen, sie stieß plötzlich ermüdet und abgehackt ihre Sätze hervor. Alles stimmte nun an dieser Fina, aus unserer kühlen Schönen war eine in Haltung und Ausdruck rührende Kreatur geworden. Obwohl Brecht doch sehr simple äußerliche Mittel benutzte, blieb die Gestalt durch und durch menschlich und wirkte nicht einen Augenblick outriert.

Hätte man durch ein Zuviel an Hilfsmitteln die Haltung übertrieben, wäre aus dieser Figur eine menschliche Karikatur entstanden, ähnlich den durch meine überbordende Phantasie ausgearteten Nebenrollen im *Philipp Hotz*. Sie müssen aber beim Suchen einer Haltung immer zunächst von der Voraussetzung ausgehen, einen Menschen gestalten zu wollen. Je mehr echte, humane Züge sich in einer Rolle aufspüren lassen, desto weniger dürfen Sie chargieren, desto weniger brauchen Sie zu chargieren.

Denken Sie nur an die Berta in *Hedda Gabler*. Obwohl die Figur wenig Text zu sprechen hat, ist sie durch und durch ein Mensch; folglich braucht sie kaum äußerliche Attribute als Hilfsmittel für ihre Haltung. Es würde zum Beispiel völlig genügen, wenn sie – ganz in Gedanken – immer mit einer Küchenschürze aufträte, diese im Lauf des Gesprächs erschreckt aufbände, abnähme und verunsichert in der Hand behielte, nicht wissend, wohin damit. Das Blumenbouquet, das sie gleich zu Beginn mitbringt und dann auf das Klavier legt, würde dabei nicht stören; eine Handlung löste die andere ab, und die Frage, wohin mit dem Papier, worin die Blumen zweifellos eingewikkelt waren, ergäbe schon wieder eine neue Möglichkeit zu einem Unbeholfenheit ausdrückenden Requisitenspiel.

Spielen sich solche Handlungen locker und nebenbei ab, geraten sie nie in die Gefahr sich zu verselbständigen und haben nichts von jener penetranten Aufdringlichkeit an sich, die eine Rolle in die outrierte Komik kippen ließe. Forschen Sie also zunächst einmal in jeder Figur nach möglichen spannenden Hintergründen und Tiefen. Wenn Sie sich als Anfänger mit Geschmack, Liebe und Feingefühl für eine »Nebenrolle« etwas ausdenken, verraten Sie eine Menge über die Qualitäten Ihres schauspielerischen Talents. Und wenn man erkennt, daß Sie fähig sind, mit Ihrem persönlichen Pinselstrich kleineren Rollen Farbe und Profil zu geben, wird man Sie unzweifelhaft bald zu größeren Arbeiten heranziehen.

Die Liebe zu Details, zu bewußt gesetzten, hingetupften Kleinigkeiten, hat in unserer Arbeit eine unendliche Bedeutung. Sicherlich wird nicht jede Schattierung von den Zuschauern beachtet (und von der Kritik schon gar nicht mehr), fehlte sie aber, würde sie im Gesamtbild sofort schmerzhaft vermißt. Und seien Sie nicht deprimiert, wenn Sie mit solch liebevoll ausgedachten Kleinigkeiten noch keine große Resonanz hervorrufen; diese unauffälligen Schöpfungen sind meist nur stille, dafür aber ureigenste Erfolgserlebnisse, und die kreiert man eben für sich – zur eigenen Freude.

Verlieren Sie nicht die Geduld. Versuchen Sie erst einmal, Haltung (innere und äußere), gesprochenen Text, Kostüm und Requisiten in kleineren Rollen unter einen Hut zu bringen und zu einer menschlichen Einheit zu formen. Das ist für den Anfang schon schwer genug, denn vergessen Sie nie: Nicht nur unsere Stärken, auch unsere Schwächen werden auf der Bühne überlebensgroß angestrahlt. Da wirft jedes nicht zu einer Rolle passende Detail einen gnadenlosen Schatten; und wenn es Ihnen nicht gelingt, zu einer Einheit zu finden, werden Sie leicht ein Opfer unfreiwilliger Komik.

Unüberlegte, kleine Ursachen haben manchmal katastrophale Wirkungen. Zum Beispiel blieb mir einmal von einer ganzen *Phädra*-Aufführung nur eine junge Schauspielerin im Gedächtnis haften, die absolut unfähig war, sich in ihrem Schleppkleid geübt und selbstverständlich zu bewegen. Während des ganzen Abends zog ihr verzweifelter Kampf mit dem Kostüm meine gesamte Aufmerksamkeit auf sich, und ich wartete in völliger Verkrampfung nur darauf, wann sie endlich auf die Schleppe treten und rücklings hinfallen würde. So kann die wunderbarste Vorstellung durch eine unbeachtete Ungeschicklichkeit »geschmissen« werden; und der Satz, daß vom Erhabenen zum Lächerlichen nur ein Schritt sei, wurde mir damit überzeugend bewiesen. Ein bißchen Training mit dem Kostüm – mühelose Hausaufgabe –, und alles hätte sich spielend gelöst.

Oder stellen Sie sich einmal vor, daß in unserer *Hedda Gabler* die drei Darsteller, Tesman, Lövborg und Brack nicht mühelos und nonchalant mit Frack, Abendmantel, langem Seidenschal, Zylinder und Stock umgehen könnten. – Die geringste Unsicherheit in der Handhabung dieser Attribute erregte sofort unbeabsichtigte Heiterkeit –

und dadurch verlören die Rollen jede Glaubwürdigkeit. Die Haltung dieser drei steht und fällt mit der Beherrschung der damals selbstverständlichen Gebräuchlichkeiten. (Brack, der Salonlöwe, in Jeans- und Turnschuhgehabe: nicht ernst zu nehmen und jeglicher Gefährlichkeit enthoben.)

An dieser Stelle erinnere ich mich hingegen an eine *Hedda Gabler*-Aufführung, in der die Hedda den ganzen ersten Akt barfuß spielte. Das war eine echte Überraschung – erregend unkonventionell. Und da diese Idee mit der inneren und äußeren Haltung der Darstellerin völlig übereinstimmte, wirkte sie nicht einen Moment lang als pure Effekthascherei. Im Gegenteil – Heddas Gang erschien durch diese antike Anspielung ungezwungen und imponierend. So erzielte er durch seine schlichte Schönheit eine ungeheure, unvergeßliche Wirkung.

Anhand einer Episode aus dem Alltag können Sie die Bedeutung des Begriffs »Haltung« sicher mühelos begreifen:

Ich stand in der Hauptpost in München und telefonierte in einer der gläsernen Kabinen. Während meines Gesprächs ließ ich meine Augen wandern und betrachtete so nebenher die Passanten. Ein Mann in einem Regenmantel fiel mir auf. Er war völlig durchschnittlich und unauffällig gekleidet, weder sein Hut noch sein Mantel unterschieden ihn von den anderen Kunden in der Post. Trotzdem frappierte er mich und weckte mein Interesse. Seine Haltung, seine Art zu gehen, suchend stehenzubleiben, die Überschriften der Schalter zu studieren – alles wirkte bei ihm anders als bei den übrigen Passanten. Ich konnte ihn nur schräg von hinten beobachten, ließ aber kein Auge von ihm, denn ich wollte unbedingt herausbekommen, was ihn so grundlegend von allen unterschied. Niemandem außer mir schien er aufzufallen, keiner beachtete ihn, und auch er achtete auf niemanden. Plötzlich drehte er sich mit einem entschlossenen Ruck um, und ich konnte sein Gesicht sehen. Natürlich – wie Schuppen fiel es mir von den Augen: Ich erkannte in ihm einen der größten Schauspieler Deutschlands. Seine Haltung verkörperte offensichtlich: »Wie spiele ich einen Postkunden?«

Völlig unbewußt hatte er mir soeben die perfekteste Darstellung eines Durchschnittsbürgers geboten, der wie üblich den Schalter, den er braucht, nicht findet, ihn anhand sämtlicher Beschriftungen suchen muß, dann den einen dafür zuständigen geschlossen und den anderen

von einer endlos wartenden Schlange belagert vorfindet; sich überlegt, was zu tun sei, schließlich verärgert und achselzuckend die Post
wieder verläßt. Die Szene war vollendet gespielt – und doch so
unauffällig, daß niemand sich nach ihm umwandte; nur ich erriet
sogar von hinten, daß seine Haltung nicht die Haltung eines Normal-
bürgers sein könnte. Schauspieler untereinander können sich schwer
ein X für ein U vormachen.

Bevor ich diesen Themenkomplex abschließe, möchte ich Ihnen noch
einen Tip zur Findung der Grundhaltung einer Rolle geben. Diese
Idee stammt wiederum, wie die Anregung, Biographien zu erfinden,
aus dem Workshop von Susan Batson. Sie benötigen dazu allerdings
eine spezielle Eigenschaft – Sie müßten über eine sehr ausgeprägte
Beziehung zu Tieren verfügen. Da mir persönlich Tiere nicht so viel
bedeuten, bereitet mir diese Aufgabe viel Mühe: trotzdem möchte ich
sie hier zur Diskussion stellen, denn es wäre ja gut möglich, daß Sie
damit besser umgehen können als ich.

Wenn Sie also an einer Rolle herumbasteln, nehmen Sie sich einmal
die Zeit und schlendern Sie durch einen Zoo. Beobachten und
studieren Sie die Tiere dort einzeln, aufmerksam und konzentriert.
Susan Batson sagt, daß es möglich sei, für fast jede Rolle ein wesens-
verwandtes Tier zu finden. Wenn Sie sich also ganz in Ihre Rolle
hineindenken und ein Tier nach dem anderen Revue passieren lassen,
kann es sein, daß Sie ein in seiner Art übereinstimmendes Tier
entdecken. Ob Sie durch geschmeidige Grazie, sprunghafte Unberechenbarkeit, lauerndes Abwarten, gezierte Eitelkeit, abweisende
Gleichgültigkeit, vertrauenheischende Sanftmut, erschreckend her-
vorbrechende Wildheit oder gerupfte Armseligkeit an Ihre Figur
erinnert werden; oder ob es ein Schreiten, ein Stutzen, Drehen und
Wenden, ein Kriechen, Hüpfen, Huschen, Schlängeln, ein Sich-
Winden, ein Sich-Spreizen, ein Sich-Wiegen oder ein Sich-Vorfüh-
ren ist, das Ihnen Ihre Rolle vergegenwärtigt – es könnte der Fall
eintreten, daß Sie irgendwann irgendwo stehenbleiben und sagen –
ja, doch: Dieses Tier wäre, wenn auch nur aus meiner Sicht, als meine
Rolle denkbar.

Wenn Sie beim Beobachten der Grundhaltung dieses Tieres feststellen, wie beispielhaft es sich Ihnen vorführt, auf welche Weise es geht,
steht, liegt, aufsteht; kurz, wie es sich bewegt, dann gelingt es Ihnen
wahrscheinlich sehr leicht, aus der animalischen Vorstellung das

Charakteristische dieser Haltung in Ihre menschliche Rollenfigur zu übertragen. Auch stimmliche Äußerungen der Tiere können Ihnen helfen: Grunzen, Fiepen, Brüllen, Röhren, Prusten, Zetern, Schnattern, Blöken, Trompeten – jede Ausdrucksweise ist, in eine humane Form übertragen, für Sie von Nutzen. Der Trick dabei ist – so scheint es mir wenigstens –, daß sich das Tier in seiner Unfreiheit manchmal geradezu bewußt präsentiert, begabt und »typisch«. Gerade weil es kein Mensch ist, regt es vielleicht Ihre Phantasie leichter an, läßt sich müheloser kopieren und eigenständiger umsetzen. Natürlich brauchen Sie für das Finden des passenden Lebewesens ein großes Verständnis für die Körpersprache der Tiere. Ich gestehe, daß mir das fehlt, aber wenn mir jemand bei der Entdeckung des Tieres hilft, habe ich mit der Nachahmung und Umsetzung keine Mühe.

Damit Sie begreifen, wie diese amerikanische Methode funktioniert, habe ich für Sie – mit Hilfe einer Tierfreundin – ein paar Tierbeispiele für die folgenden Rollen herausgefunden:

Faust I

Faust:	Adler (hochfliegend, freiheitsliebend, kühn, stark, aggressiv, eitel)
Mephisto:	Schlange (paßt sich der Umgebung an, ist nie zu fassen, greift blitzschnell an, wirkt abstoßend, aber interessant)
Margarethe:	weiße Taube (zärtlich, sanft, still, unschuldig, anschmiegsam)
Marthe:	Füchsin (neugierig, achtsam, schnell, raffgierig)
Lieschen:	Elster (geschwätzig, laut, eitel, neidisch, zerstörerisch)
Valentin:	Ziegenbock (aggressiv, dumm, stark, unbelehrbar)

Hedda Gabler

Hedda:	Ratte (angriffslustig und doch feige, wenn sie Gefahr wittert; gierig und geschmeidig, arrogant und ständig auf der Hut)
Tesman:	Eichhörnchen (eifriger Sammler, scheu, putzig und bisweilen zutraulich)
Frau Elvsted:	Lamm (hilflos, blökend, treu, dümmlich und hübsch anzusehen)

Brack: Vogelspinne (lauernd, abwartend, schlau und ge-
                    fährlich: plötzlich packt sie zu)
Philipp Hotz
Philipp: Truthahn (kollernd, gerötet und ständig erregt –
                    wird laut, wichtigtuerisch und herrschsüchtig, um
                    auf sich aufmerksam zu machen – letzten Endes
                    dumm)
Dorli: Henne (ewig gackernd, rennt ziel-, kopf- und hirn-
                    los umher)

Natürlich hat diese amerikanische Methode einen Pferdefuß. Sie ist
quasi eine Weiterführung der Äsopischen oder La Fontaineschen
Fabeln. Die Tiere werden nicht von ihrer Psyche her betrachtet,
sondern einfach gnadenlos mit menschlichen Attributen versehen
und somit »abgeurteilt«. Deswegen hinken auch meine schmückenden Beiwörter jämmerlich; und da viele menschliche Eigenschaften,
besonders die negativen, beim besten Willen nicht auf Tiere übertrag-
bar sind, gerät man nolens volens bald in Engpässe und steht plötzlich
vor unüberwindlichen Barrieren.
Wir mußten zum Beispiel bei der Rolle des Ejlert Lövborg nach
endlosem Suchen einfach passen, weil das selbstzerstörerische Element dieser Figur sich außer beim Menschen höchstens noch bei den
sprichwörtlichen Lemmingen aufspüren läßt. Bei einer psychologisch
so verzwickt angelegten Figur gelingt diese Umsetzung nicht. Und so
unfehlbar das amerikanische Rezept im Falle des Biographienschreibens auch ist – bei den Tiersynonymen geht die Rechnung nur auf,
wenn man fünf gerade sein läßt. Aber da wir unter dreizehn schauspielerisch brauchbaren Treffern immerhin zwölf gut zuordnen
konnten, wollte ich Ihnen diese Methode als eine mögliche Arbeits-
hilfe mit auf den Weg geben.
Das Interessanteste daran war für mich die Feststellung, daß der
Begriff der »Haltung einer Figur« im amerikanischen Rollenstudium
eine ebenso wichtige Funktion einnimmt wie bei Brecht.

So glaube ich, es jetzt dreist wagen zu können, Sie zum ersten Mal mit
einer Brechtschen Vokabel zu konfrontieren. Ich habe nämlich mit
voller Absicht immer den Begriff »Haltung« gebraucht. Im Brechtschen Lexikon ist der Terminus technicus dafür »Gestus«.

Ich habe dieses Fachwort bisher peinlichst vermieden, denn durch seine fatale Ähnlichkeit mit dem Wort »Geste« verursachte das Wörtchen »Gestus« – das sich sehr rasch zu einem wichtigtuerischen Modewort in unserer Theaterfachsimpelei mauserte – eine babylonische Verwirrung. Da es so oft mißverständlich und mißverstanden angewandt wird, möchte ich hier ein für allemal klarstellen, daß »Gestus« nichts, aber auch nicht das geringste mit einer »Geste« zu tun hat. Sie können in allen vorangegangenen Seiten das Wort »Haltung« durch »Gestus« und das Wort »Grundhaltung« durch »Grundgestus« ersetzen. Sie werden dann sofort einsehen, wie blödsinnig es ist, wenn man Ihnen auf der Probe rät, diesen oder jenen »Gestus Ihrer Hand« wegzulassen, sich mit einem »Gestus zum Partner« hinzuwenden oder mit einem deutlichen Blick den »Gestus zu verstärken«. – Alles Unsinn! Eine Gebärde, eine Handbewegung sind Gesten – das was sie auslöst, ist der Gestus.

Ich persönlich gebrauche das mir so vertraute Wort »Gestus« nie mehr, denn die Art und Weise, wie um mich herum in der heutigen Zeit damit umgegangen wird, tut mir – in der Erinnerung an Brecht – geradezu weh.

Also verwende ich auch hier weiterhin das schlichte, deutsche Wort »Haltung« – unser Thema, das ich zwar unterbrochen, aber noch nicht ganz abgeschlossen habe.

So wie nämlich jede Rolle über eine eigene Haltung verfügen sollte, so müßte auch jede Szene über eine bestimmte, darzustellende Haltung verfügen. Eine sichtbar zu machende Situation setzt eine Grundhaltung voraus, verlangt nach einer Plattform, auf der man stehen, respektive spielen kann. Diese Grundhaltung einer Szene muß genauso mit dem Inhalt des Textes übereinstimmen, wie Ihre Darstellung mit dem Text Ihrer Rolle. Am besten veranschauliche ich Ihnen diese etwas sehr theoretische Feststellung anhand einer meiner ersten Probenerfahrungen bei Brecht.

Es war im September 1949 in Berlin, und wir probierten das Bild der vier Frauen aus »Kurgela« in Brechts Stück *Herr Puntila und sein Knecht Matti*.

Die Szene spielt auf einer Landstraße; die vier Frauen sind vom Gut verwiesen worden und marschieren stundenlang in Richtung

Heimat. Humpelnd und todmüde setzen sie sich nieder und fangen an, sich gegenseitig Geschichten zu erzählen.

Am Anfang der Probe wurden uns die verschiedenen Sitzgelegenheiten auf der Bühne zugewiesen, und wir gingen die Szene an, indem wir aus dem Stand auf diese Plätze zustrebten. Dann setzten wir uns und begannen mit dem Text. Brecht unterbrach, also fingen wir noch einmal an. Brecht und Erich Engel kletterten auf die Bühne, sahen sich alles an, gingen hin und her, sprachen untereinander und stiegen kopfschüttelnd wieder in den Zuschauerraum hinab. Uns wurde nichts gesagt, aber wir merkten, daß irgend etwas überlegt wurde – und da wir nicht wußten, was, standen wir ratlos in der Gegend herum. Plötzlich gab uns Brecht die Anweisung, einfach im großen, runden Bühnenhorizont herumzugehen. So begannen wir gehorsam, wie in einer Manege, geduldig unsere Kreise zu drehen. Ich konnte mir nicht den geringsten Vers darauf machen, was mit diesem blöden Marschieren bezweckt werden sollte. Aber da wir alle neu waren und uns gegenseitig noch fremd – das Berliner Ensemble war gerade erst gegründet worden –, wagte keiner von uns vieren eine Frage zu stellen.

Wir trotteten also brav drauflos – mit unseren Handtaschen bewaffnet –, und schon bald fingen wir an, uns wie schulfrei zu fühlen: Wie auf einem ganztägigen Ausflug begannen wir uns zu amüsieren. Als der Requisiteur sogar Bonbons für uns besorgen mußte und uns diese in packpapierenen Tüten gereicht wurden, kannte unser Vergnügen keine Grenzen mehr. Der Mutwille unserer Jugend erwachte, kichernd wickelten wir unsere Drops aus, schnippten das zerknüllte Papier frech auf den heiligen Bühnenboden des Deutschen Theaters, kauten laut und vorwurfsvoll schmatzend auf den Bonbons herum und tauschten erst flüsternd, dann lauter, aufmüpfige Bemerkungen über die Schnapsideen der Regisseure aus. Brecht griff weder ein, noch stoppte er uns. Irgendwann begann uns das Wandern zu stinken, wir langweilten uns, und eine von uns stimmte aus Verzweiflung über unsere mißliche Lage »Waldeslu-hu-hust« an, eine Oberschnulze, in die wir, dankbar über die Abwechslung, mehrstimmig und voll Gefühl einfielen. So verging bestimmt eine halbe Stunde, wenn nicht mehr – wir waren am Rande unserer Nerven. Es fehlte nicht mehr viel zu einem handfesten Krach untereinander. Da hieß uns Brecht endlich anhalten und die Szene beginnen.

Uns war schon alles Wurscht. Wir hatten nicht die geringste Lust mehr, uns unsere Geschichten zu erzählen – und den Zuschauern erst recht nicht. Elan, Spiellaune und temperamentvolles Mitteilungsbedürfnis – alles war zum Teufel. Wir waren von Herzen lustlos und sauer, und genau so leierten wir dann die Szene auf der Probe herunter: und siehe da, zu unserer größten Verblüffung wurden wir gelobt.

Die Grundhaltung der Situation stimmte nämlich jetzt haargenau. Was uns vorher so völlig gefehlt hatte, nämlich einen Eindruck von Erschöpfung, Enttäuschung, Wut, Niedergeschlagenheit und Hoffnungslosigkeit zu vermitteln, war uns nun, durch das Spielen der vorangegangenen, von uns improvisierten Handlungen mühelos gelungen. Ich bin überzeugt, daß Ihnen diese konkrete Probenepisode auf die simpelste Art und Weise klarmachen kann, was Brecht mit dem Suchen und Finden der Grundhaltung, »der Plattform« einer Szene gemeint hat.

Natürlich können Sie nicht jede Szene auf einer Probe mit solchen endlosen Vorbereitungen einleiten.

Aber in jedem Falle müssen Sie, um eine Szene in den Griff zu kriegen, sich mit dem Regisseur über die ungeschriebene Vorgeschichte des darzustellenden Geschehens unterhalten. Nur so können Sie die Marschroute vor der Probenarbeit abstecken.

Stellen Sie sich doch nur einmal den Beginn einer Aufführung vor – den atemberaubenden Moment, wenn der Vorhang aufgeht. Der Zuschauer ist völlig ahnungslos, er hat keinen Schimmer, was ihm wo, wie und wann vermittelt werden soll. Und da er innerhalb von Minuten dies alles erfassen muß, kann er – als zahlender Gast – durchaus darauf bestehen, ein Bühnengeschehen so vorgesetzt zu bekommen, daß er fähig ist, es zu begreifen und geistig zu verdauen.

Wenn es Ihnen also nicht gelingt, durch die Grundhaltungen der ersten Szene die Vorgeschichte des überraschenden, plötzlichen Beginns durchschimmern zu lassen, wird es der Zuschauer sehr bald leid, nach einem roten Faden zu suchen, dessen Anfang er nie erahnen durfte.

Was für den Stückbeginn gilt, ist auch für alle späteren, übergangslos einsetzenden Szenen notwendig. Da müssen Sie jedes Mal – für sich und den Zuschauer – eine spürbare Hilfsbrücke bauen, die zu dem unvermuteten Neubeginn in der Handlung führt. So ein neuer

Ausgangspunkt läßt sich nicht einfach aus dem Boden stampfen – Sie müssen den Zuschauern immer wieder die Gelegenheit geben, sich darüber klarwerden zu können, aus welchen nicht erwähnten Motiven und Geschehnissen heraus Sie plötzlich so oder so auf der Bühne agieren.

Wenn Sie zum Beispiel bei Szenenbeginn bereits auf der Bühne sind, dann schnattern Sie nicht gleich beim ersten Lichteinfall drauflos; nehmen Sie sich immer die Zeit, und seien es nur Bruchteile von Sekunden, um Ihre Grundhaltung präsent zu machen. Vergessen Sie nicht: Sie können sich innerlich vorbereiten, aber Ihre Zuschauer nicht. Je behutsamer Sie sie überraschen, desto williger werden sie Ihnen folgen; es sei denn, sie sollen geschockt werden.

Und wenn Sie sich beim Aufflammen der Scheinwerfer in einem höchsten Erregungszustand zu befinden haben, dann ist die gedachte Vorgeschichte für Sie von geradezu immenser Bedeutung. Denn in einer solchen Situation müssen Sie sich innerlich in den Sekunden der vorszenischen Dunkelheit auf einen seelischen Siedepunkt hochkatapultieren, und das gelingt Ihnen ausdrucksmäßig viel leichter, wenn Sie sich den Grund dieses zu spielenden Zustandes bis ins letzte ausgedacht und vorgestellt haben.

Natürlich könnte Schauspielern wie Zuschauern beim Einstimmen auf einen diffizilen Szenenbeginn auch geholfen werden, indem man zum Beispiel das Licht der gnadenlosen Scheinwerfer vorsichtig aufdämmern ließe. Aber da bei Brecht das Licht immer ganz jäh, knallhart und grell eingeworfen wurde, übernahmen viele seiner Nachfahren diese Vorgehensweise – so wie manch anderes, undifferenziert und kritiklos. Wenn Sie also diesem erbarmungslosen »Spot-on-Verfahren« ausgesetzt sind, müssen Sie sich eben innerlich wappnen und sich während der Probenarbeit so darauf einstellen, daß Sie ohne äußere Hilfsmittel am Abend mit der auf Sie hereinstürzenden Situation vertraut und in Ihrer Haltung sattelfest sind. Lassen Sie einfach vor Spielbeginn den gedachten »Vorfilm« der Szene kurz vor Ihrem geistigen Auge ablaufen.

An dieser Stelle möchte ich Sie von Herzen bitten, sich immer auf eine Szene vorzubereiten. Stellen Sie sich darauf ein und konzentrieren Sie sich innerlich, denn Sie brauchen diesen Anlauf. Üben wir ruhig einmal Selbstkritik: Kein Tänzer würde es wagen, seinen Ballettsaal mit kalten Muskeln zu betreten; kein Sänger getraute sich, seine Partie uneingesungen zu beginnen; und jeder Musiker stimmt vor dem Konzert sein Instrument sorgfältigst. Nur unter uns Schauspielern gibt es Kollegen, die es sich gestatten, auf den letzten Drücker aus der Kantine heraus zum Auftritt zu rennen, aus dem verräucherten Konversationszimmer auf die Bühne zu stürzen oder bis fast zum Stichwort vor dem Fernsehschirm beim Pförtner zu stehen (wo gerade ein Krimi mit beneideten Kollegen läuft).

Glauben Sie mir, das sind keine Heldentaten sogenannter Profis, das sind nur Armutszeugnisse bemitleidenswerter Möchtegernkünstler. Sie unterschätzen unseren schweren Beruf, und ihr »Aus-dem-Hut-Spiel« zeugt nicht von Genialität, sondern von der Geringschätzung ihrer Kollegen. Denn diese um Atem ringenden Auf-die-Bühne-Wetzer rauben den Draußenstehenden – wenn auch nur für Sekunden – die Konzentration. Ein Schauspieler, dem der Beruf noch alles bedeutet, wird aufgrund der Ausstrahlung sofort merken, wenn sich ein Kollege »astronautenartig« aus einer anderen Welt in die Dekoration hineinkatapultieren läßt. Dieser Fremdling riecht – realiter oder bildlich – nach Bratkartoffeln, paßt in keine Stilepoche und ist schlichtweg ein ärgerlicher Störfaktor. Lächeln Sie nicht ungläubig – die meisten Hänger, Versprecher und Stolperer im Text werden in den Kantinen oder Konversationszimmern vorprogrammiert. Soviel zur Grundhaltung einer Szene mitsamt all ihren Folgen.

Da wir gerade vom Auf-die-Szene-Platzen gesprochen haben, noch ein kleiner praktischer Hinweis in dieser Sache: Stehen Sie bitte niemals auf Tuchfühlung hinter einer Tür, durch die Sie auftreten müssen. Wenn Sie haargenau aufs Stichwort die Klinke herunterhauen und die Tür aufstoßen, erwecken Sie unweigerlich den Eindruck, mit Klinke, Tür und Text ins Zimmer zu fallen. Entfernen Sie sich immer ein, zwei Schritte von einer Tür und gehen Sie vor Ihrem Stichwort darauf zu; Sie brauchen diesen Anlauf, um in einer Dekoration normal auftreten zu können (es sei denn, Sie haben an der Türe zu lauschen, dann dürfen Sie freilich – gespitzten Ohres voraus – beim plötzlichen Aufreißen der Tür ins Zimmer »segeln«). Lassen Sie sich auch, wenn irgend möglich, nie vom Inspizienten die Tür öffnen. Versuchen Sie erst einmal, sollten Sie keine Hand frei haben, die Türe mit dem Ellbogen aufzukriegen. Ihr Auftritt ist dann bereits haltungsmäßig perfekt gestaltet, und ich brauche Ihnen ja hier nicht mehr zu sagen, wieviel Sie durch die Art und Weise des Türöffnens –

zögernd, heimatlich vertraut, verspielt oder mit Aplomb – über den Charakter ihrer Figur bereits verraten können. Mir fällt dazu ein makabres Beispiel ein, das ich in einer *Egmont*-Aufführung erleben mußte. Da sah ich doch einen Brackenburg, der im 5. Akt, statt tragisch und unheilschwanger, geradezu überstürzt mit einer Laterne in Klärchens Stube hereinpolterte. Daß der darauffolgende Text Klärchens »Du kommst so bleich und schüchtern, Brackenburg, was ist's?« sich wie ein Ionescosches Zitat anhörte und große Heiterkeit erweckte, versteht sich von selbst. Ein zufällig im Zuschauerraum sitzender Regisseur meinte nachher, der Darsteller des Brackenburg hätte wohl beim Abendbrot in der Kantine seinen Einruf überhört.

Es ist schon merkwürdig, stimmige Auftritte vergißt man bald, haltungsfremde bleiben einem hingegen unauslöschlich als komische Anachronismen im Gedächtnis.

Bühnengänge

Die nächste kleine Lockerungsübung, die ich nun zu Ihrer Entspannung hier einfüge, ist kurz, leicht faßbar und immer und überall gültig: Es handelt sich um einen original Brechtschen Ratschlag, und ich höre die Stimme meines Lehrmeisters dabei heute noch: »Wenn Sie auf einer Bühne zu stehen haben, dann bleiben Sie stehen. Setzen Sie sich niemals ohne Grund und gehen Sie niemals ohne Grund!«

Im ersten Moment mag das befremdlich klingen, aber Sie dürfen nie vergessen, daß Sie sich auf einer Bühne in einer außergewöhnlich exponierten Situation befinden. Die ganze Aufmerksamkeit ist auf Sie gelenkt, alle Blicke sind auf Sie gerichtet, und aus diesem Grund wirkt – vom Zuschauerraum aus betrachtet – jede Stellungsänderung viel größer und viel gewichtiger, als Sie es sich oben vorstellen können. Sie müssen sich deshalb angewöhnen, so sparsam wie möglich mit Ihren Gängen zu sein, denn einen grundlos »zergangenen« Satz können Sie vergessen.

Brecht sagte, wenn kein zwingender Grund vorhanden sei aufzustehen oder wegzugehen, sollte man bis zum Geht-nicht-Mehr sitzen- bzw. stehenbleiben. Eine Binsenwahrheit, jedoch von immenser

Bedeutung. Lassen Sie sich also bitte niemals zu »Verlegenheitsgängen« überreden.

Es gibt Regisseure, die meinen, durch Stellungswechsel der Schauspieler etwelche Leeren oder Durchhänger im Stückablauf überbrükken zu können. Vergessen Sie's, denn ein gemogelter Gang rettet gar nichts; er decouvriert höchstens die Hilflosigkeit eines Arrangements – und am Ende werden Sie dafür haftbar gemacht.

Als Schauspieler stehen Sie während einer Vorstellung im Zentrum allen Geschehens, deshalb müssen Sie sich der Verantwortung dieser Ausnahmestellung auf einer Bühne immer voll bewußt sein. Sie haben das Recht und die Pflicht, die Zuschauer zu zwingen, Ihnen zuzusehen und zuzuhören. Aber dieser Zwang muß so sinnvoll ausgeübt werden, daß man Ihrem schauspielerischen Tun jederzeit geistig Folge leisten kann. Mit zufälligen, nicht erklärbaren Gängen verwirren Sie die Zuschauer nur, machen sie unruhig und nervös.

Freilich, zu Beginn der Proben werden stets zu viele Gänge oder Stellungsänderungen vorgeschlagen. Sei es aus Unsicherheit, sei es aus Geltungstrieb: Regisseur und Schauspieler werden nicht müde, alles nur Denkbare an Bewegung in einer Szene unterzubringen. Diese übereifrige Hektik entspringt der nur allzu verständlichen Angst, daß die Situation allein, ohne äußerliches Geschehen, »nicht trage«, daß sie schlicht zu langweilig sei.

Probiert man aber dann die Szene zum zweiten oder dritten Mal, stellt sich ganz von selber heraus, daß mindestens jeder dritte Stellungswechsel unbegründet ist und infolgedessen wegfallen kann. Ortsveränderungen auf der Bühne müssen vom logischen Ablauf der Szene her ganz genau überlegt werden. Wenn sie, laut Text, nicht erforderlich sind und trotzdem vonnöten scheinen, müssen Sie sich den Grund dazu selber schaffen: Sie müssen sich die Handlung, die einen Gang hervorruft, selbst einbauen.

Ob Sie sich da auf der Szene etwas herbeiholen oder sich ganz bewußt im Spiel die Beine vertreten, sei Ihnen und dem Regisseur überlassen; der Gang muß lediglich in den Szenenverlauf eingebaut werden, dann wirkt er weder störend noch ablenkend. Er kann in einer quälend lang anhaltenden Dialogsituation für den Zuschauer sogar entspannende Auflockerung bringen. Nur gehen Sie bitte niemals der puren »Abwechslung« wegen – die Verlegenheit des berühmten »Pferdebewegens« hat in einem Szenenarrangement nichts zu suchen.

Nun noch ein Wort zu Text plus Gang. Von Brecht habe ich gelernt, daß es besser ist, Bewegung und Text zu trennen. Ich gewöhnte mir an, erst zu gehen, stehenzubleiben und dann zu sprechen. Dadurch kann der Gang als Einzelaktion besser wirken, der Text kommt für sich zur Geltung, und – was unendlich wichtig ist – der Rhythmus der Sprache wird auf diese Weise nicht durch ein entgegengesetztes Schrittempo zerstört. Natürlich ist dies nicht als allgemeingültige Regel zu verstehen, denn ein nervöser, aufgeregter oder verzweifelter Text schreit ja geradezu nach dem Gegenteil.

Gänge und Stellungswechsel hängen untrennbar mit der darzustellenden Situation zusammen. Sie können sich nicht früh genug daran gewöhnen, immer genau nachzuprüfen, ob ein vom Regisseur vorgeschlagener Gang in Ihren Augen stimmig ist oder künstlich erscheint. Trauen Sie sich da immer, spontan Ihre Meinung zu äußern: ein Schauspieler ist keine Schachfigur – er kann nach einem falschen Zug nicht einfach vom Brett genommen werden, und die Ihnen aufgezwungenen Gänge müssen Sie unweigerlich im Scheinwerferlicht absolvieren. Also sehen Sie sich vor und protestieren Sie beizeiten.

Wenn Ihr Partner spricht, müssen etwelche Stellungsveränderungen Ihrerseits so stimmig untergebracht werden, daß Sie seinen Text – wenn möglich – unterstützen. (Zum Beispiel, indem Sie beschwörend, beschwichtigend, Einhalt gebietend oder anfeuernd auf ihn zugehen, oder sich entsetzt, furchtsam oder devot von ihm entfernen.) Durch ein sinnloses Hin- und Hergehen können Sie jedoch die besten Sentenzen Ihres Kollegen in Grund und Boden stampfen.

Wenn Sie dem gedanklichen Ablauf einer Szene genau folgen, werden Sie bestimmt sehr bald in allen möglichen Arrangementsfragen sattelfest sein. Und wenn Sie sich bei jedem Stellungswechsel stur fragen, ob er tatsächlich vom Text her stichhaltig und in seiner örtlichen Richtung vertretbar ist, kann Ihnen in absehbarer Zeit weder vom Regisseur noch von den Kollegen ein Gang untergejubelt werden, der Ihnen im Grunde gegen den Strich geht.

Dritter Schritt: Drehpunkt und Bruch

Nun komme ich zu zwei Vokabeln des Brechtschen Wörterbuches, die so oft um und umgedeutet wurden, daß man heute schon gar nicht mehr sagen kann, wann, wie und wofür sie eigentlich angewandt worden sind. Es handelt sich um die zwei schlichten deutschen Worte »Drehpunkt« und »Bruch«.

Einzig in den brodelnden Gerüchteküchen der Theaterwelt kann ein solch kaleidoskopisches Wirrsal gebraut werden, wie es aus diesen zwei Worten gemixt worden ist. Mir blieb das ganze Durcheinander unverständlich. Sehr früh hatte ich mir eine ganz eigene, simple Erklärung dieser zwei längst selig- und heiliggesprochenen Begriffe zurechtgeschustert, mit der ich schon bei Brecht sehr gut zurechtgekommen bin: »Drehpunkt« und »Bruch« markieren für mich schlicht und einfach die Momente der inneren Haltungsänderungen in der Entwicklung einer Rolle.

Unter Zuhilfenahme der Geometrie habe ich mir erlaubt, den Unterschied der beiden Begriffe ganz konkret auf dem Reißbrett darzustellen. Zeichnen Sie also einen Kreis und unterteilen Sie diesen durch eine waagrechte und eine senkrechte Linie, so daß vier Viertel entstehen. Jedes dieser Viertel beschreibt einen Winkel von 90 Grad. Ein Drehpunkt ist nun irgendein Winkel zwischen 0° und 90°, und ein Bruch ist immer ein 180°-Winkel. Nun atmen Sie kräftig durch und verzweifeln Sie nicht.

Stellen Sie sich vor, daß in der Handlung eines Stückes ein Ereignis eintritt, das eine Rollenfigur dazu bringt, einen neuen Gedanken zu fassen und deshalb ihre Haltungsweise leicht zu verändern: Dies wäre ein Drehpunktmoment. Die Figur wendet sich von ihrer ursprünglichen Einstellung ab, je nach dem Stärkegrad der Wirkung des Geschehens, in einem Winkel zwischen 0 und 90°. Sie verändert sich also bemerkbar, aber sie ändert sich nicht grundlegend.

Wenn nun aber der Figur im Ablauf der Handlung etwas so Entscheidendes zustößt, daß sie zu einer totalen Haltungsänderung gezwungen wird, so ist dies eine Bruchsituation: Die Figur kehrt sich gedanklich abrupt um 180° und handelt dementsprechend völlig gegensätzlich.

Unser normales Leben ist, vielleicht zu unserem Glück, relativ arm an Brüchen, und auch Drehpunkte begegnen uns nicht alle Tage. Unsere Bühnenfiguren hingegen, deren Existenz komprimiert ist, leben davon.

Das Heraustüfteln und Aufdecken von Drehpunkt- oder Bruchsituationen in der Entwicklung Ihrer Rolle ist nun die erste Aufgabe die Sie vor sich haben; die Sichtbarmachung, die Darstellung dieser Momente ist dann die zweite. Beginnen Sie also von Ihrem ersten Auftritt an, nach Situationen zu suchen, die den Zustand Ihrer Figur verändern (Drehpunkt) oder umstürzen (Bruch); und überlegen Sie sorgfältig, aufgrund welcher Ereignisse diese Punkte eintreten, und auf welche Art und Weise sie sich im Verhalten Ihrer Figur äußern.

Es gibt Schauspiellehrer, die eine solche Rollenarbeit gerne mit dem Schälen einer Zwiebel vergleichen. Man trage Schale für Schale ab (quasi Haltungsveränderung um Haltungsveränderung), bis die letzte Hülle gefallen ist und die Figur »freiliegt«. Meiner Ansicht nach hinkt dieses Bild gewaltig, denn was bleibt denn beim Schälen einer Zwiebel schon übrig? Leider gar nichts.

Da ziehe ich es vor, diesen Arbeitsvorgang als eine geistige Fahndung auf der psychologischen Fährte unserer Rollen zu sehen. Das scheint mir vorstellbarer und erzeugt zudem eine kriminalistische Spannung. Stellen Sie sich die Drehpunkte als Zickzacküberlegungen unseres »Opfers« vor, und einen Bruch als totale Abkehr von der ursprünglich erwarteten Richtung seiner Absichten. Um Ihnen diese Sucharbeit anhand eines praktischen Beispiels aufzuzeigen, möchte ich die wunderbare Rolle der Margarethe im *Faust I* dafür heranziehen.

Wenn ich dieses Schicksal von Anfang an sorgfältig verfolge, würde ich sagen, daß gleich zu Beginn, in ihrer 1. Szene, ein ganz klarer Bruch liegt: in jenem Moment, in dem sie von Faust angesprochen wird. Von Mephisto nämlich erfahren wir die Vorgeschichte dieser Mädchengestalt: »Es ist ein gar unschuldig Ding, das eben für nichts zur Beichte ging.« Wir können uns dadurch ihr bisheriges Leben und ihre Gemütsverfassung vor diesem Kirchgang sehr wohl vorstellen. Die Begegnung mit Faust muß für Margarethe ein völlig neues und bestürzendes Erlebnis sein. In diesem Augenblick verändert sich ihr ganzes Leben, da findet – ernüchternd gesagt – die bewußte Kehrtwendung um 180° statt. Vom Moment der Faustschen Anrede mitsamt ihrer einschneidenden Wirkung gibt es keine Umkehr mehr.

Als konkrete schauspielerische Hilfe dazu will ich Ihnen schildern, wie Brecht auf einer *Urfaust*-Probe der Darstellerin der Margarethe diese Begegnung mit Faust vorgespielt hat. Brecht trippelte, als Gretchen, leichtfüßig und demütig vorgebeugt (als hätte er eben die Absolution empfangen) aus der Kirche, ließ sich erschreckt mit etwas gestelzt geneigtem Kopf von Faust ansprechen, drehte unsicher die niedergeschlagenen Augen in ihren Winkeln ganz schräg nach außen und sagte atemlos, sich beinahe verhaspelnd, die zwei Zeilen Text auf: »Bin weder Fräulein weder schön, kann ungeleitet nach Hause gehn.« Dann strebte er, grau und unscheinbar huschend, weiter. Aber unmittelbar vor dem Verlassen der Bühne, zögerte Brecht als Gretchen plötzlich und hielt kurz an – so, als ob ein empfangener Blitzstrahl erst jetzt seine Wirkung zeigte. Dabei warf er einen kaum merkbaren, verstohlenen Blick auf Faust zurück. Ich habe diese wahrhaft bezaubernde – alles aussagende – Idee bei keinem Gretchen jemals mehr gesehen.

Natürlich muß ich dazu sagen, daß Brecht mit seiner – oft gespielten – hilflosen Schüchternheit der entzückendste Frauen-Darsteller beim Regieführen war, den ich jemals beobachtet habe. Und seine Gretchen-Szene blieb mir auch deshalb unauslöschlich im Gedächtnis. Ich habe sie hier eingefügt, weil ich glaube, daß dieses völlig unerwartete Brechtsche Innehalten im Gang besser als sämtliche Erklärungen zu demonstrieren vermag, was ein sichtbar gemachter Bruch ist. Natürlich nicht wegen der angedeuteten körperlichen Kehrtwendung – so primitiv darf eine Deutung in unserem Beruf nicht sein –, sondern weil durch diesen plötzlich gefaßten Entschluß, stehenzubleiben und offenkundig eine schüchterne Neugier zu bezeugen, eine grundlegende Veränderung in Margarethes sittsamer Haltung offenbart wird. Bis zum Beginn der Schlußszene ist dies in meinen Augen im ganzen Rollenablauf der einzige Bruch.

Im spannenden Gegensatz dazu hat Faust – so wie ich es sehe – nicht die geringste Veranlassung, in jenem Augenblick eine Bruchsituation darzustellen. Denn wenn wir den Faustschen Text in der auf die Begegnung mit Margarethe folgenden Szene genau durchgehen, lernen wir Faust – auf ernüchterndste Weise – als einen in seiner selbstsicher fordernden Art anscheinend erfolgsgewohnten, ja, in seiner plumpen Direktheit geradezu abstoßenden Freier kennen. Seiner männlichen Wirkung mehr als bewußt, scheint für ihn die Inbesitznahme Margarethes nur eine Frage der Zeit zu sein; ihn interessiert nur die Taktik des Blitzangriffs für einen bereits vorprogrammierten Erfolg. Man kann sich also leicht vorstellen, daß dieser Stil des »Angriffs im Morgengrauen« bei Faust so Sitte ist, und somit für ihn bloß eine weitere kleine Erfahrung in seinem Abenteuerleben bedeutet: darstellerisch also ein schlichter Drehpunkt.

Fausts großer Wendepunkt tritt für mein Empfinden erst viel später ein; dann nämlich, wenn er in Margarethes Zimmer – für ihn völlig überraschend – durch den Zauber der Ausstrahlung dieses Raumes plötzlich von einem tiefen und echten Gefühl für dieses Mädchen übermannt wird.

Da erst liegt die Möglichkeit einer großen inneren 180°-Wende, nicht aber in der 1. Szene.

Vielleicht werden Sie nun fragen, ob Margarethes Entdeckung des Schmuckes; ihr Hereinstürzen bei Marthe; der Schreck, ob die Mutter sie dort überrascht; ihre Unbehaglichkeit über Mephistos fragwürdige moralische Ansichten oder ihre Verlegenheit beim Gedanken, Faust wieder zu treffen – ob all diese Situationen denn nicht auch Brüche darstellten. Ich würde das immer verneinen. Es sind Schwankungen im geistigen Winkelbereich von 0 bis 90°; Drehpunkte ja, aber keine Brüche. Diese Figur ist in ihrer Entwicklung so klar, so zwingend logisch geführt, daß da beim besten Willen keine weiteren, unerwarteten Kehrtwendungen herauszukristallisieren sind.

Margarethes Rastlosigkeit im Monolog am Spinnrad, ihr Nachgeben auf Fausts Drängen nach dem Religionsgespräch, ihr verzweifeltes Gebet vor dem Mutter-Gottes-Bild, ihr Entsetzen über den Mord an ihrem Bruder, ihr Zusammenbrechen während des Requiems für ihre Mutter – all diese Stationen sind wie ein Crescendo einer Tonleiter, Stufen einer konsequent in einer Richtung ansteigenden Treppe. Eine Situation entwickelt sich folgerichtig aus der anderen, und kein noch so bestürzender äußerer Anlaß vermag eine Umkehrung der inneren Gesinnung zu bewirken.

Der rote Faden dieser Lebensgeschichte – die völlig selbstlose Liebe Margarethes zu diesem Mann – läßt sich von Anbeginn der Begegnung bis fast zum Ende, dem Schluß der Domszene, schnurgerade und unbeeinflußbar verfolgen. In der letzten Szene allerdings, im Kerker, da löst – Zeugnis von Margarethes Wahnsinn – eine Bruch-Stelle die andere ab. Da können die Kehrtwendungen dieses zerstörten menschlichen Denkens nicht hart genug gespielt werden. Je

abrupter Sie da die Haken schlagen, desto eindringlicher und ein-
leuchtender stellen Sie den ver-rückten Geisteszustand dar.

Das Begreifbarmachen einer Wahnsinns-Szene auf der Bühne beruht
immer auf der klaren Aufdeckung und Darstellung aller vorgegebe-
nen Brüche. Da sind Drehpunkte völlig fehl am Platz, da muß eine
gedankliche Kehrtwendung die andere jagen.

Wenn Sie sich die Widersprüche im Text dieser Szene vor Augen
führen, zum Beispiel, daß Margarethe ihren Geliebten nicht mehr
erkennt, in ihm den Henker vermutet und ihn um Gnade anfleht; daß
sie sich voller Zärtlichkeit um ihr Kind kümmern will, das sie
umgebracht hat; daß sie plötzlich Faust mit ekstatischer Liebe anfällt,
um ihn gleich darauf voller Abscheu von sich zu stoßen; daß sie sich
weigert, befreit zu werden, sich aber in Todesfurcht vor dem Henker
windet – dann wird Ihnen bestimmt aufgrund dieser und anderer ver-
kehrter Gedanken, kraft Ihres schauspielerischen Vorstellungsver-
mögens mühelos einleuchten, was das Wort Bruchsituation im Klartext bedeutet. Diese Szene ist ein Paradebeispiel dafür.

Aufgrund meiner Erfahrung bin ich überzeugt, daß Sie – einmal auf
diese Suche nach Drehpunkt- und Bruchsituationen losgelassen –
zunächst bestimmt auf zu viele Wendemöglichkeiten tippen werden.
Das ist völlig natürlich, denn kraft Ihres schauspielerischen Instinkts
werden Sie bald gewittert haben, daß jede darzustellende Veränderung Ihre Rolle vielseitiger, farbiger und wirkungsvoller erscheinen
läßt. Aber wenn Sie endlich am Ziel angelangt sind und dem Regisseur Ihre überreiche Beute lobheischend vorweisen, werden Sie
leider bald einsehen, daß dann unweigerlich ein gnadenloser Prozeß
des Aussortierens einsetzen muß: Ein Zuviel an abruptem Haken-
schlagen gestaltet eine Rolle leider nicht farbiger, sondern belastet sie
nur mit Mißverständnissen und Hektik. Wenn Sie also die ganze
Entwicklung einer Rolle überblicken, müssen Sie leidenschaftslos
und kritisch entscheiden und entscheiden lassen, wie maßvoll der
Winkel beim Drehpunkt noch sein kann, und wo ein vermuteter
Bruch überhaupt beweisbar ist. Hier offenbart sich die alte Weisheit,
daß die große Kunst im Weglassen besteht.

Das Opfern und Begraben so vieler und ach so wirkungsvoll ausge-
dachter Kehrtmöglichkeiten zum Vorteil des Ganzen beschwört
jedesmal erneut den Trotz der Enttäuschung, der Wut und des Nicht-
einsehen-Wollens herauf. Der Verzicht auf »genial« erscheinende

Einfälle verletzt mit jedem Mal die schauspielerische Eitelkeit zutiefst.

Aber erinnern Sie sich daran, was ich Ihnen über Gänge auf der
Bühne gesagt habe: Vergegenwärtigen Sie sich einmal mehr Ihre
exponierte, überhöhte Stellung, dann werden Sie schnell einsehen,
daß gerade Brüche, die die ungeheure Wirkung einer einschneidenden Ursache sichtbar machen sollen, so plötzliche, große und dramatische Momente in der Darstellung einer Figur sind, daß man derar-
tige Sprengladungen einfach nicht zu oft zünden darf.

In der Kerkerszene zum Beispiel ist das schier pausenlose Bombarde-
ment der Zuschauer mit Bruchsituationen nur möglich, weil es sich in
diesem Bild um die Darstellung einer Wahnsinnigen handelt. Die
Dramatik der Offenbarung des gespaltenen Wesens kann hier bis zur
Grenze des Erträglichen gesteigert werden, da die ganze vorherige
Entwicklung Margarethes wohl in Windungen, aber mit nachvoll-
ziehbaren Kurven klar zum Ausdruck kommt.

Die so irritierend widersprüchliche Grundhaltung Margarethes in
dieser Schlußszene führt uns nun nahtlos zur gesamten Verhaltensweise des Ejlert Lövborg in unserer *Hedda Gabler*. Diese Rolle ist
durch ihre ständigen, jähen Stimmungsumbrüche geradezu ein Dorado für darzustellende 180°-Kehrtwendungen, und zwar nicht nur in
einer einzigen Szene, sondern von Anbeginn bis Ende des Stücks.

Noch bevor Lövborg überhaupt die Szene betreten hat, wird von ihm
bereits völlig Gegensätzliches berichtet. Tante Juliane erwähnt ihn
als erste. Sie nennt ihn Tesmans ehemals gefährlichsten Gegner, der
nun durch einen schlimmen Sturz (was auch immer sie darunter
verstehen mag) ein armer, irregeleiteter Mensch geworden sei. Zwar
habe er ein neues Buch herausgegeben, aber an diesem könne »doch
wohl nichts Großes dran sein«.

Als nächstes erzählt Frau Elvsted, daß gerade dieses Buch ein großes
Aufsehen erregt habe. Lövborg habe sich charakterlich grundlegend
gewandelt und seinem früher schlechten Lebensstil völlig entsagt.
Trotzdem fürchtet sie, daß er in der Stadt den Versuchungen erneut
erliegen und seine Läuterung vergessen könnte.

Der Dritte, der Lövborg aufs Tapet bringt, ist Brack. Auch er
erwähnt Lövborgs Buch und beurteilt das Aufsehen dieses Werks
sogar als ganz ungewöhnlich. Er meint, daß Lövborgs einflußreiche
Verwandten, die sich von ihm losgesagt hatten, als es mit ihm

endgültig aus und vorbei schien, sich seiner nun wieder annähmen, da er früher immer als Hoffnung der Familie galt.

Endlich erscheint der Widersprüchliche selber und sorgt gleich für eine neue Überraschung. Er tritt nämlich verlegen auf, wobei er sich devot und hastig im tadellosen Abendanzug verbeugt.

Die Kehrtwendungen reißen nicht ab, Bruch reiht sich an Bruch. Im ersten Gespräch mit Hedda unter vier Augen wirft er unversehens alle bisher gewahrten gesellschaftlichen Formen über den Haufen, duzt sie rücksichtslos und erinnert sie freimütigst an ihre vertraulichen alten Zeiten. Später schickt er plötzlich alle seine moralischen Grundsätze zum Teufel, betrinkt sich aus Wut und Trotz sinnlos, besucht die Herrengesellschaft, vergißt sein Versprechen, Frau Elvsted abzuholen, erscheint dann völlig verstört im dritten Akt und beklagt – sich zweimal total widersprechend – das Schicksal seines verschwundenen Manuskripts. Selbst nach seinem Schlußabgang reißen die konträren Spannungen nicht ab. Eine gegensätzliche Neuigkeit über ihn jagt die nächste: Bordell – Schußverletzung – Krankenhaus – Tod – Selbstmord – Mord – Polizei: Ich wüßte Ihnen kaum eine Rolle mit trefflicheren Beispielen für Bruchsituationen zu nennen.

Nicht genug damit. Darüber hinaus lehrt uns diese Figur noch etwas ganz Wichtiges. Sie führt uns nämlich – wenn wir sie kritisch als Außenstehende betrachten – nicht nur die Vielseitigkeit, sondern auch die große Gefahr der Anwendung von Brüchen sonnenklar vor Augen: Gerade dieser Ejlert Lövborg, mit seinen offen zutageliegenden, sehr schnell zu entdeckenden 180°-Wendungen, liefert uns den besten Beweis dafür, wie dringend notwendig es ist, alle in einer Rolle herausgetüftelten Brüche minutiös nachzuprüfen. Denn was Sie sich bei Lövborg durchgehend erlauben dürfen, gibt Ihnen für andere Rollen noch lange keinen Freibrief. Ejlert Lövborg ist die berühmte Ausnahme, die die Regel bestätigt. In dieser Rolle dürfen alle nur möglichen Kehrtwendungen voll ausgespielt werden, da sie (genau wie in der Kerkerszene) Ausdruck eines abnormen, selbstzerstörerisch gespaltenen Charakters sind. Und – was ganz wichtig ist – der Dichter hat selber zwei große Zugeständnisse gemacht, die es gestatten, die Grenzen in der Zumutbarkeit der Ausdrucksmöglichkeiten relativ weit zu stecken:

Erstens verweilt Lövborg in persona nur eine verhältnismäßig kurze

Zeit auf der Szene, und zweitens sind die Zuschauer durch die anfänglich widersprüchlichen Schilderungen seines schwierigen Charakters psychologisch auf eine außergewöhnliche Spezies Mensch vorbereitet. Wäre das nicht der Fall, und ginge Lövborg wie die anderen vier Hauptdarsteller durch das Stück durch, wäre er mit seinem exaltierten Wesen spätestens im dritten Akt nicht mehr zu ertragen. Es wird einem kraft der Intensität dieser Rolle gar nicht bewußt, daß er im ersten und vierten Akt gar nicht vorhanden ist, und auch im dritten nur eine relativ kurze Szene hat. Daran sehen Sie, wie groß die Wirkung von Brüchen ist, und wie gefährlich es ist, in »normalen« Rollen damit zu wuchern.

Bei dieser Gelegenheit muß ich Sie noch einmal an die Situation unserer Zuschauer erinnern und auf die ungeheuren Anforderungen hinweisen, die wir Schauspieler im Grunde an unsere zahlenden Gäste stellen. Wir machen uns kaum je Gedanken darüber, mit welcher – für uns selbstverständlichen – Arroganz wir die meist Ahnungslosen im Zeitraffertempo von rund drei Stunden mit außergewöhnlichen Menschenschicksalen überschütten. Wir zwingen das Publikum schonungslos, an einem einzigen Abend mehrere geballte Biographien verkraften zu müssen, an denen unsere Rollenfiguren, realiter gesehen, Jahre zu kauen hätten. Bedenken Sie einmal diese gnadenlose Prämisse. Unter diesem Aspekt wird es Ihnen bestimmt leichtfallen einzusehen, daß wir unsere Zuschauer nicht einfach bedenkenlos überfordern dürfen.

Ein ständiger Rechtsumkehr-Linksumkehr Wechsel – für Sie ein schauspielerischer Leckerbissen – wird Ihnen bei Ejlert Lövborg konzediert; aber in einer anderen, weniger extremen Rolle gibt es dafür kein Pardon. Also kontrollieren Sie auf Ihre Fährte zurückblickend immer genau, ob Sie nicht einige verführerisch anmutende Brüche vermeiden und in schlichtere Drehpunkte umwandeln könnten. Diese sind zwar weniger effektvoll, dafür aber unendlich variationsreicher.

Wenn Sie mich nun nach Beispielen für »Drehpunkt-Momente« fragen, brauchen Sie sich nur die Rollen von Frau Elvsted und von Assessor Brack anzusehen.

Verfolgen Sie Frau Elvsteds Dialog im ersten Akt. Ich bin überzeugt, daß Sie mühelos herausfinden werden, daß der ganze Textablauf aus einem einzigen Zickzack-Pfad besteht. Auch ohne die wechselnden

Regieanweisungen des Dichters (»nervös«, »versucht sich zu beherrschen«, »flehentlich«, »verwirrt«, »abwehrend«, »ängstlich«, »gepreßt«, »ausweichend«, »irritiert« etc.), ist aus fast allen ihren Sätzen zu hören, wie sich diese Frau bemüht, auf die falschen Fragen die richtigen Antworten zu geben, und wie schwer es ihr fällt, auf die richtigen Fragen die falschen Antworten zu finden.

All diese Momente sind Drehpunkte und können je nach Stärke durch Kursänderungen zwischen o und 90° variiert werden. Wie sie sich quält, ihre Probleme verständlich zu machen, wie sie versucht, ihre Situation verantwortlich zu schildern, ohne jemandem zu schaden und doch in etwa der Wahrheit gerecht zu werden: Satz für Satz, Überlegung an Überlegung, beinhalten ein einziges sich Winden, Drehen und Krümmen dieser Figur. Würden Sie nun jede dieser gedanklichen Veränderungen als einen abrupten Bruch spielen, verkehrten Sie die Rolle unweigerlich in eine pathologische Studie – die ob ihrer Exaltiertheit bereits nach dem ersten Akt anstaltsreif erschiene.

Der einzige zwingende Moment einer Totalwendung in dieser Rolle liegt vor ihrem ersten Erscheinen. Wenn sie auftritt, hat sie bereits den Bruch (in ihrem Leben) vollzogen, sie hat ihren Mann und die Stiefkinder verlassen und ist Lövborg in die Stadt gefolgt. Ab da ist ihre Grundhaltung durchgehend klar: Ihr ganzes Leben ist diesem Manne geweiht, und wie er sich ihr gegenüber auch verhält, bleibt ihre Haltung unverändert. Selbst der Beginn ihrer Arbeitsgemeinschaft mit Tesman am Stückschluß ist nur ein weiterer Treuebeweis für den toten Lövborg.

Nun noch zu Assessor Brack, einer Figur, die meiner Ansicht nach in ihrem Leben nicht einen einzigen Bruch und nur minimale Drehpunkte aufweist. Sein Schlußsatz: »Ja, um Gottes willen – so was tut man doch nicht!« liefert uns sogar den indirekten Beweis dafür; denn durch eine abrupte, sichtbare Kehrtwendung gibt jeder Mensch etwas Überraschendes, bisher nicht Geahntes von sich preis – und genau das würde sich Brack nie gestatten.

Die Windungen dieses Charakters verlaufen sanft: immer darauf bedacht, kein Aufsehen zu erregen. Eine solche Undurchschaubarkeit duldet keine großen Winkelgrade in ihrer Spur. Beim Schlußsatz würde ich ihm die einzige 90°-Wendung konzedieren, denn durch sein »halb ohnmächtig im Lehnstuhl liegend« verrät er doch, wie sehr ihn diese unerwartete Niederlage trifft. Dennoch würde er sich keinen Gefühlsausbruch erlauben. Die Figur des Brack kann Ihnen klarmachen, daß die Wirkung einer Rolle keineswegs von den zu spielenden Brüchen abhängt; ja, daß sie sogar gerade mangels bedeutsamer Umsturzmomente durch ihre innere Intensität auffallen und einen Abend mitbeherrschen kann.

Manchmal wird die ungeheure Wirkung eines Bruchs auch vom Partner abgefangen. Dadurch erreicht der Autor, daß die Waage der dramatischen Akzente nicht in allzu unkontrolliertes Schaukeln gerät. Wenn Tesman zum Beispiel über die Nachricht von Lövborgs Kandidatur total außer sich gerät, reagiert Hedda mit völliger Gelassenheit; und vice versa, wenn Hedda mit ihrer Entscheidung am Schluß (»Unfrei! Nie und nimmer!«) ihren großen, einzigen Bruch vollzieht und sich dann zum ersten Male flehend an Tesman wendet, fordert dieser sie sogar in besänftigender Freundlichkeit auf, doch mit ihrem Erpresser die Abende zu verbringen.

In einer Monologsituation fällt dieser beschwichtigende Dialogausgleich für Sie natürlich weg. Deshalb sind Sie bei einem Selbstgespräch gezwungen, noch behutsamer vorzugehen. Wenn wir die Anfangserzählung des Valentin daraufhin prüfen, werden Sie bestimmt jetzt schon selbständig feststellen können, daß in diesem ganzen Monolog keinerlei Grund zu einer Bruchsituation besteht. Denn die ausbrechende Wut (»Und nun! – ums Haar sich auszuraufen...«) ist von Anfang an latent vorhanden. Sie ist die treibende Kraft der ganzen lobenden Schilderung von Margarethes Tugend – die dadurch bereits ironisiert wird –, und deshalb deutet diese Entladung auf keinerlei Haltungsänderung Valentins hin. Wie groß Sie nun diesen Drehpunkt darstellen wollen, das überlasse ich Ihnen. Eine kleine Vorwarnung möchte ich Ihnen aber mit auf den Weg geben: Wenn Sie den Monolog weiterverfolgen, werden Sie bei Fausts Auftreten auf die Zeilen stoßen: »Ist er's, gleich pack ich ihn beim Felle: Soll nicht lebendig von der Stelle!«

Für diesen neuen Gedanken (wiederum keine neue Haltung, kein Bruch) müssen Sie in jedem Fall noch eine Steigerungsmöglichkeit in petto haben – also überziehen Sie den emotionalen Winkel beim ersten genannten Drehpunkt nicht. Beherzigen Sie immer wieder die goldene Regel, daß ein Weniger stets ein Mehr bedeutet, und daß ein durchgetrotztes Zuviel ein vorprogrammiertes Desaster auslöst.

Wenn ich nun damit das Thema über die Arbeit mit den beiden Brechtschen Begriffen »Drehpunkt« und »Bruch« abschließe, dann glauben Sie bitte nicht, daß ich mein drittes Stückbeispiel, den *Philipp Hotz* vergessen hätte. Dessen Rollen werden wir an späterer Stelle, wenn auch zum gleichen Thema, noch einmal aufgreifen.

Amerikanisches Intermezzo

Sollte Ihnen die eben beschriebene, aufschlüsselnde Arbeitsanleitung bedenklich mühselig erscheinen, will ich Ihnen zum Vergleich wieder einmal die Arbeitsweise unserer amerikanischen Kollegen schildern. Sie werden daraus ersehen, daß es noch weit umständlichere Wege zur Rollenfindung gibt als meine. In dem schon mehrfach erwähnten Workshop von Susan Batson wurde ich damit konfrontiert und hatte dieses amerikanische Verfahren anhand der mir zugeteilten Rolle der Madame Sommer in Goethes *Stella* zu erarbeiten.

Bei dieser Methode wird der ganze Text einer Rolle in sogenannte »beats« (Takte) eingeteilt. Ein solcher Takt muß immer aus einem kompletten dramaturgischen Gedanken bestehen – »beat« bedeutet also nicht unbedingt »Satz«. Ein in sich abgeschlossener Takt kann einmal nur einen Ausruf, ein andermal aber ohne weiteres drei oder vier Sätze beinhalten. Diese einzelnen Texte werden im Rollentext genau durch senkrechte Trennstriche gekennzeichnet und dann – je nach ihrem Inhalt – in fünf dramaturgische Bereiche eingeteilt und jeweils mit deren Nummern gekennzeichnet. Diese fünf verschiedenen Überbegriffe lauten:

1 exposition:
Darunter fallen alle Angaben über Zeit oder Ort. Auf englisch wurde dafür noch der Sammelbegriff »facts« angegeben, also Tatbestände oder Tatsachen (Beispiele: »Es war Winter«; »Letzte Woche kamen sie an«).
2. character statement (Erklärungen zum Charakter):
Darunter fällt alles, was über die Rolle im Stück geschrieben steht (Beispiele: »Er liebt Orangensaft«; »Sie trägt gern rote Kleider«).
3. need (Bedürfnis):
Dieser Begriff beinhaltet alle emotionalen, psychologischen Stimmun-

gen, welche die Figur durch das Stück treiben (Beispiele: »Ich bin frei«; »Ich bin ein Versager«; »Ich will dieses oder jenes erreichen«).

4. conflict:
Dieser Begriff wurde mit »Protagonist« (antreibend) und »Antagonist« (hemmend) näher definiert. Folglich sind darunter alle Widersprüchlichkeiten einer Rolle zu verstehen. (Beispiele: »Ach, wohin?«; »Nein, das ist nicht das Wahre«; »Mir scheint, ich habe mich betören lassen«).

5. operativ (wirksam, tätig):
Darunter fällt alles, was das Stück weitertreibt: jedes neue Ereignis oder jede neue Idee (Beispiele: Der Auftritt jeder neuen Person; »Ich liebte ihn ganz plötzlich«; »Ich habe geschlafen, und dann haben die Glocken geläutet«).

Ich lehnte damals die fünffache Aufteilung in »beats« als reine Wahnsinnsidee und pure Sisyphusarbeit rigoros ab. Diese nervenzermürbende Fitzelmethode demütigte mich als erwachsenen Menschen zutiefst. Ich weiß nicht mehr, wie oft ich während meiner zähneknirschend ausgeführten Hausaufgaben das unschuldige Reclamheft von *Stella* voller Wut in eine Ecke geschmissen habe. Aber die Anforderungen wurden noch anspruchsvoller und komplizierter.

Hatte man nämlich endlich die ganze Rolle in eine Unzahl solcher numerierter Teilchen aufgesplittet, mußte auch noch für den Inhalt jedes einzelnen Taktes ein dazu passendes Verb gesucht werden. Diese Verben sollten einen sogenannten »overall«, also einen typischen Überbegriff für jeden einzelnen »beat« ausdrücken. Und aus der Gesamtheit dieser zahllosen Verben hatte man dann den »overall« der ganzen Figur herauszukristallisieren.

In diesem Rollen-overall mußte das Bedürfnis, das Leitmotiv (need), welches die Person durch das Stück treibt, genau zum Ausdruck kommen – quasi ihr gesamtes Psychogramm. Bei Beginn dieser Verbensuche streikte ich und verweigerte stur meine Mitarbeit. Ich sah in diesem ganzen Spuk eine schon in ihrem Umfang an Grimms Märchen erinnernde Strafe und versprach mir davon keinerlei Sinn oder gar Nutzen. Aber das war 1983. Heute bin ich mir nicht mehr so sicher, ob ich meinen damaligen, sehr selbstgerechten Standpunkt aufrechterhalten kann. Heute frage ich mich, ob diese wahrhaft mathematische Auffassung einer Rollenarbeit nicht schon etwas von der Computer-Ära (die sich ja bei uns erst in den letzten Jahren sprunghaft entwickelt hat) vorweggenommen hat: Und so wäre es denkbar, daß Sie, die Sie schon Kinder dieser digitalen Zeit sind, damit besser zurechtkommen als ich.

Um Ihnen die ganze Theorie einigermaßen plausibel zu machen, habe ich versucht – eingestandenermaßen mit viel Mühe –, für Sie ein paar Sätze der Hauptrollen in *Hedda Gabler* dramaturgisch in Einzeltakte aufzuteilen und je nach ihrem Inhalt in die Bereiche 1–5 einzuordnen.

Hedda:

»Da steckt eine Visitenkarte.« (1. exposition)

»Hier steht: ›Frau Landamtmann Elvsted‹« (1.)

»Eine alte Flamme von dir, wie ich gehört habe.« (1.)

»Genau. Die mit dem irritierenden Haar, mit dem sie herumlief und Aufsehen erregte.« (2. character statement)

»Und weißt du auch, von wem die Blumen sind?« (4. conflict)

»Diese Blumen waren aber noch nicht da, als wir gestern abend kamen.« (5. operativ)

»Sag mal, Tesman, steckt er nicht auch irgendwo da oben?« (5.)

Frau Elvsted:

»Ja, es ist lange her, seit wir uns das letzte Mal begegnet sind.« (1.)

»Ach, ich war ja so verzweifelt, als ich hörte, Sie seien nicht da.« (2.)

»Ich wollte schon gleich gestern nachmittag herkommen.« (3. need)

»Und ich kenne sonst keine Menschenseele hier in der Stadt, an die ich mich wenden könnte.« (3.)

»Doch dann hörte ich, Sie seien verreist.« (4.)

Brack:

»Nun – ist die teure Gattin denn so einigermaßen zufriedengestellt?« (1.)

»Ja, gern, einen Augenblick jedenfalls.« (1.)

»Oh, mit den Geldangelegenheiten, das hat ja noch keine solche Eile.« (1.)

»Ach so? Wirklich?« (4.)

»Es wäre mir übrigens lieber gewesen, wir hätten den Rahmen ein wenig bescheidener gehalten.« (4.)

»Da war übrigens eine Sache, über die ich gern ein Wort mit Ihnen gesprochen hätte, lieber Tesman.« (5.)

»Richtig, eine Neuigkeit, die kann ich Ihnen doch mitteilen.« (5.)

Tesman:

»Ja, wir können Ihnen gar nicht genug danken!« (1.)

»Doch damit wollen wir Sie natürlich nicht mehr behelligen.« (1.)

»Hedda meinte, für das, was jetzt noch fehlt, werde sie selbst sorgen.« (2.)

»So ein paar Kleinigkeiten werden wir noch anschaffen müssen.« (3.)

»Und außerdem – glücklicherweise – kann es ja nicht mehr lange dauern, bis ich meine Ernennung zum Professor bekomme.« (3.)

»Einige kleine Veränderungen sind wohl noch nötig.« (4.)

»Haben Sie etwa irgendwas Bestimmtes gehört, wie?« (4.)

»Aber wollen wir nicht Platz nehmen, wie?« (5.)

Ejlert Lövborg:

»Dank für deinen Brief, Jörgen.« (1.)

»Ja, das habe ich allerdings vor.« (3.)

»Denn jetzt will ich versuchen, mir hier wieder eine Position zu schaffen – einen neuen Anfang zu machen.« (3.)

»Das kannst du dir auch gerne sparen.« (4.)

»Oh, es ist eigentlich kaum weiter was dran.« (4.)

»Und deshalb schrieb ich das Buch so, daß alle es verstehen konnten.« (3.)

»Darf ich mir erlauben, auch Ihnen die Hand zu reichen, Frau Tesman?« (4.)

Ich habe zuvor absichtlich erwähnt, daß mir diese Arbeit große Mühe verursacht hat – und ich gestehe Ihnen freimutig, daß ich auch heute, genau wie damals im Workshop, mit dieser Methode auf Kriegstuß stehe. So kann es durchaus sein, daß ich mich hie und da bei der Einteilung der Takte vertan habe. Schon bei Heddas Sätzen überfällt mich nun der Zweifel:

»Diese Blumen waren aber noch nicht da, als wir gestern abend kamen.«

Ich habe für diesen Satz Takt 5 gewählt (operativ), weil ich aus dieser Bemerkung etwas heraushöre, das die Handlung weitertreibt. Man könnte darin aber auch eine Feststellung sehen, einen Fakt, und ihn deshalb dem Begriff 1 (exposition) zuordnen.

Sie merken schon: Ohne einen Lehrer, der, wie im Workshop, dann die endgültige Entscheidung trifft, gerät man bei diesem Karteikastensystem sehr schnell ins Schlingern. Deshalb habe ich mir und

Ihnen die Suche nach überbegrifflichen Verben für die einzelnen Takte gleich ganz erspart. Ich hätte Sie durch mein unschlüssiges Zögern nur verwirrt.

Sollte aber diese Methode Ihr Interesse geweckt haben, dann können Sie Ihr Glück an diesem »american way of working« gerne auf eigene Faust versuchen. Vielleicht purzeln Ihnen ja – wenn Sie die einzelnen »beats« in Ihre modernen, computergeübten Gehirnzellen eingeben – wie auf Knopfdruck die irgendwo gespeicherten, gewünschten Verben entgegen.

Nun noch zum Ausdruck »Overall einer Rolle«: Darin erkannte ich damals sofort ein Synonym für meine Definition »Schlüsselsatz« und konnte, was dieses Herzstück einer Rollenarbeit anbelangt, mit der Strasberg-Mitarbeiterin völlig konform gehen.

Daß ich hingegen ihre Einteilung in Takte und erst recht ihre Verbsucherei auch heute noch in Frage stelle, liegt einfach daran, daß ich persönlich dem angeborenen Instinkt eines Schauspielers weit mehr zutraue. Ich bin fest davon überzeugt, daß ein Schauspieler diesen »overall«, das Leitmotiv einer darzustellenden Figur, viel eher kraft seiner Intuition findet als mittels einer wahrhaft diktatorischen Arithmetik. Sie erinnern sich doch an meinen Rat, Ihre Rolle unmittelbar vor dem Einschlafen noch einmal ganz langsam durchzulesen? Immer in Gedanken an den zu findenden Schlüsselsatz – und dann das Buch einfach unter Ihr Kopfkissen zu legen. Ich setze da voll und ganz auf unser Unterbewußtsein.

Kann ich hoffen, daß Sie durch diese komplizierte Arbeitsweise gemerkt haben, daß auch in anderen Ländern niemandem die Schauspielkunst wie ein Sterntaler in den Schoß fällt? Stellen wir also voll Anerkennung fest, wie wenig leicht es sich unsere Kollegen in Übersee mit ihrer Arbeit machen, und beenden wir damit unser Intermezzo à l'Américaine.

Vierter Schritt: Weniger ist mehr

Als nächste Aufgabe schlage ich Ihnen vor, anhand der Entwicklung Ihrer Rolle über die vermeintlich simple Frage nachzudenken: Was haben Sie wann, warum und wie darzustellen?

Rekapitulieren Sie also in Gedanken, was der Dichter Ihnen an

darzustellenden Fakten vorgegeben hat. Zum Beispiel können Sie bei
der Frage »Was?« folgendes in Erwägung ziehen:
1. alle Absichten Ihrer Rolle (Tun, Handeln)
2. alle Erlebnisse (was ihr zustößt, körperlich oder seelisch)
3. alle Meinungsäußerungen (Selbsteinsichten, Beurteilungen von
   Menschen oder Situationen)
4. sämtliche Gemütsregungen (von Angst bis Zorn)
Die Beantwortung der ersten Frage »Was habe ich darzustellen?«
können Sie mühelos Ihrem Rollentext entnehmen, da es sich nur um
die nackten Tatsachen dreht. Auch die Antwort auf die Frage »Wann
geschieht dieses Was?« ergibt sich natürlich aus der festgelegten
Fortsetzung der Handlung. Das Aneinanderreihen von Fakten und
Zeitabläufen werden Sie zweifellos mit links erledigen können, da
Ihnen ja Ihre Rolle unterdessen geläufig und vertraut ist. Diese
spielerische Überlegenheit stärkt Ihr Selbstbewußtsein und weckt
Ihren Tatendrang.
Beides brauchen Sie auch, denn bei der Beantwortung der dritten
Frage können die ersten Wölkchen am bislang sorglos blauen Horizont aufziehen. Wird die Frage nach dem »Warum« im Verhalten
einer Figur durch eine Erläuterung im Dialog oder durch ein Ereignis
in der Handlung erklärt, dann ist sie problemlos. Ist aber das zu
beantwortende Motiv im Text überhaupt nicht erwähnt, wird sie zu
einer doppelbödigen Fangfrage. Wenn über den Grund des Verhal-
tens kein Wort verloren wird, muß er im Wesen Ihrer Figur verborgen
sein. Und da beginnt dann unser Beruf, den Zauber seiner Anziehung
zu offenbaren: Nun darf endlich das Sieben-Siegel-Buch der angestrebten großen Darstellungskunst geöffnet werden. Steigen wir also
hinab in die Psyche unserer Figur.
Im Zutagefördern der unausgesprochenen Dinge, deren Folgen aber
in der Verhaltensweise unserer Rolle sichtbar werden, im Erforschen
ihrer Seele nach verheimlichten Gedanken und Wünschen, darf sich
der Schauspieler wie ein Arzt gebärden. Wenn wir die in unseren
Rollen zutagetretenden Symptome sorgfältig analysieren und diagno-
stizieren, betreten wir sozusagen den äußersten Vorhof der psychia-
trischen Wissenschaft. Ich vermute, daß daraus das häufig zu beob-
achtende, große Verständnis zwischen diesen beiden Berufs- oder
Berufungssparten resultiert. Aber trauern Sie dem eventuell fast
erwählten Medizinstudium nicht nach – seien Sie froh und dankbar,

Schauspieler sein zu dürfen. Vergessen Sie nicht: Eine Fehleinschätzung unsererseits zieht nur einen momentanen, wenn auch schmerzenden Kritikerverriß nach sich. – Eine ärztliche Fehldiagnose hingegen kann wahrhaft katastrophale Folgen nach sich ziehen. Genießen Sie es also, gefahrlos Freud spielen zu dürfen. Gehen Sie die Psychoanalyse unserer fiktiven Gestalten voll unbeschwerter Neugier an und tummeln Sie sich in deren Seelentiefen munter wie ein Fisch im Wasser.

Natürlich wird sich das Tor zu diesem Zauberland ohne Grenzen erst im Laufe Ihres Schauspielerseins für Sie öffnen und Sie werden erst allmählich mit seinen Finsternissen, Überraschungen, Verwicklungen und Schrecken vertraut gemacht. Am Anfang Ihrer Laufbahn wird man Sie noch nicht über allzu hohe Hürden einer komplizierten psychologischen Darstellung jagen. Aber fühlen Sie sich deshalb nicht zurückgesetzt – dies ist nicht eine Frage des Talents, sondern eine Frage der Reife. Erst wenn wir beginnen, in den eigenen inneren Spiegel zu sehen, erst wenn wir uns selber trauen, die nicht eingestandenen Abgründe der eigenen Psyche zuzugeben, erst dann sind wir wirklich fähig, dem oft fragwürdigen Verhalten unserer Theaterfiguren Verständnis, Mitgefühl und Anteilnahme entgegenzubringen. Warten Sie es ab, Ihre Rollen werden Ihnen noch genug psychologische Rätsel aufgeben – und so manche Nacht wird wegen der Frage »Warum?« schlaflos enden.

Nun zur letzten Frage: »Wie stelle ich was dar?« Es ist dies die verantwortungsvollste Frage, und eine unüberlegte, unsorgfältige Beantwortung Ihrerseits stellt Ihnen böse Fallen mit schlimmen Folgen, zumal Sie von der allerersten Rolle an damit konfrontiert werden. Aber Sie sind ja nicht allein. Sie haben ja einen Regisseur, der Ihnen bei diesem unheimlichen Komplex helfen kann.

Was jetzt folgt, ist genau besehen auch an dessen Adresse gerichtet, denn Ihre ganze selbständige Weiterarbeit liegt in seiner Hand. Sie können nämlich die Behandlung des Themas »Wie stelle ich was dar?« erst dann eigenhändig in Angriff nehmen, wenn Ihre Probenarbeit so weit gediehen ist, daß Sie mit Ihrer Rolle bis zum Ende des Stückes durchgekommen sind. Und da gibt es eben Regisseure, denen es beliebt, sich wochenlang am ersten Akt festzubeißen, und Sie dadurch an der eigenständigen Weiterentwicklung Ihrer Figur hindern.

In so einer Bedrängnis muß mein schulmeisterlicher Hinweis auf die Erarbeitung des Themas »Wie« einer blasphemischen Zumutung gleichkommen – und so kann ich nur hoffen, daß Ihre Schauspielerlaufbahn nicht allzuoft von regieführenden Bremsklötzen blockiert wird. Hätten wir Schauspieler doch eine Möglichkeit, solche »Spiel-Leiter« zu zwingen, ein ganzes Stück – natürlich in einer dafür angemessenen Zeit – konsequent durchzupflügen. Wie uralt ist doch die Binsenwahrheit, daß man hinterher stets klüger ist. Warum wird also in unserer Arbeit – deren Resultat doch ein Spiegelbild der Wirklichkeit sein soll – so oft gegen diese simple Lebenserfahrung verstoßen? Es ist nun einmal so, daß über die wirklich hieb- und stichfeste Anlage eines Rollenbeginns in Form und Gestalt erst dann endgültig Klarheit herrschen kann, wenn sich in etwa abzeichnet, wo die letzte Szene münden wird. Ich sage mit voller Absicht »in etwa«, denn der Wunsch nach einer unumstößlichen Perfektion gliche in einem sehr frühen Probenstadium einer Erpressung, und die Fairneß gebietet es uns, auch Regisseuren die Chance von Entwicklungsvarianten zuzugestehen.

Aber die Geduld aller würde viel weniger auf die Probe gestellt, und die ganze verbleibende Frist könnte soviel sinnvoller genützt werden, wenn man, sobald es verantwortbar ist, einen rötlichen Faden in dem ganzen Opus erblicken dürfte. Und ich halte es für ein durchaus legitimes Recht des Schauspielers, Regisseure daraufhin anzusprechen. Wir sind doch nun einmal in der außerordentlich glücklichen Lage, die Lösung des Lebensrätsels unserer Rollen bereits vorgegeben in der Hand, respektive auf dem Papier zu haben. Da ist es doch in unserem Arbeitsprozeß der helle Wahnsinn, sich nun nichtsdestotrotz Schritt für Schritt umständlich in alle vorhersehbaren Sackgassen hineinzutasten, um dann in höchster Verblüffung kopfschüttelnd wieder herauszustolpern. Rückblickend läßt sich doch – genau wie am Lebensabend – fast mühelos feststellen, wie viele Fehler, wie viele Umwege man sich und den anderen hätte ersparen können, wenn man vorher um das Ende der ganzen Entwicklung gewußt hätte. Die Gefahr, sich in der Richtung zu irren, ist gering, denn das Ziel ist ja deutlich markiert. Doch eine falsche Weichenstellung beim noch unübersichtlichen Beginn kann fatale und deprimierende Folgen für alle haben.

Ich beschäftige mich so leidenschaftlich und so ausgiebig mit diesem

Thema, weil der ganze schwere Arbeitsprozeß der Darstellung von Rolleneigenschaften damit steht und fällt. Sie sind nämlich jetzt so weit, daß Sie damit beginnen könnten, alle die von Ihnen in Ihrer Rolle entdeckten Verhaltensweisen auf Ihre ganz individuelle Art und Weise in der Darstellung Ihrer Figur sichtbar werden zu lassen.

Ich bin überzeugt, daß Sie – wenn Sie die lange Kette meiner Gedanken tapfer nachvollzogen haben – jetzt pfiffig genug sind, um gleich zu wittern, daß diese Aufgabe schon ganz lecker und aufregend nach professioneller Schauspielerei riecht. Steigt Ihnen aber dieser Duft erst in die Nase, wird sich Ihr Appetit kaum mehr zügeln lassen – und genau in dieser hechelnden Gier lauert die große Gefahr. Denn wenn Sie heißhungrig im Alleingang lospreschen und sich – bevor Sie den Bogen Ihrer Rolle überblicken – in die Darstellungsarbeit stürzen, werden Sie unweigerlich gleich zu Beginn viel zu groß einsteigen und irgendwann – atemlos und außer sich – aufgeben.

Also stellen Sie diesen Komplex des »wie« zunächst zurück. Sie müssen zuerst lernen, Ihr talentbedingtes, überschäumendes Sturm-und-Drang-Gefühl eisern zu zügeln. Wenn Sie an eine Rollenarbeit herangehen, brauchen Sie einen glasklaren Kopf, das ist das erste Gebot. Ihn zu behalten, ist dann das zweite. So erregt und erregend eine Vorlage auch sein mag – Bildablauf für Bildablauf muß erst einmal ganz minutiös auseinandergenommen und dann ganz sachlich wieder zusammengefügt werden. Das ist masochistische Fronarbeit, denn je begabter Sie sind, desto ungeduldiger zerrt Ihr Talent vorwärts, desto schneller wollen Sie drauflosspielen. Aber es nützt nichts und bringt Ihnen nichts, wenn Sie die Zügel gleich schießen lassen. Sie verirren sich nur unweigerlich in Sackgassen und müssen dann gedemütigt und zerknirscht wieder zum Ausgangspunkt zurückschleichen.

Merken Sie sich: Es gibt keine nicht gedachten oder unbewußten Momente in der Darstellung einer Rolle; es gibt keine Zufälle in der Verkörperung einer Bühnenfigur, und kein Schauspieler wird jemals vom Blitz der Erleuchtung erst während einer Vorstellung getroffen. Wenn die Premiere läuft, rollt die Kugel erbarmungslos, und die letzte Chance, noch schnell Farbe oder Zahl zu ändern, ist vertan – nichts geht mehr.

So ist das Maß des WIE, das Abwägen und Auswiegen von Quantität und Qualität der anzuwendenden Mittel, die große Arbeit der darstellerischen Kunst. Glauben Sie mir, Ihre Ungeduld im Arbeitsprozeß ist mir nur zu vertraut. Aber in der »Wie«-Phase ist es wenig erfolgversprechend, auf eigene Faust drauflos zu basteln; ohne ein Rollenende vor Augen zu haben, verschwenden Sie nur kostbare Zeit und strapazieren Ihre Nerven.

Ich kann nur für Sie hoffen, daß Sie mit Regisseuren arbeiten dürfen, die fähig sind, allen Darstellern bald die Möglichkeit zu bieten, wenigstens den Abglanz einer Schlußapotheose des Stückes, ein – wenn auch nur unscharfes – Gruppenbild der darin auftretenden Personen zu zeigen. Bei Rollen (und es sind derer nicht wenige), die die Tücke haben, ihr Episodendasein auf der Bühne im Laufe des Geschehens nicht nur zu steigern, sondern auch noch mit einem Aplomb zu beenden, müßte dieser Wunsch sogar eine vordringliche Arbeitsbedingung sein.

Denken wir zum Beispiel an eine Rolle wie die des Assessor Brack in unserer *Hedda Gabler*. Auf der vorletzten Seite des Stückes reißt sich dieser Biedermann plötzlich die bis dato getragene Maske der jovialen Unverbindlichkeit herunter und entlarvt sich jäh als nackter Erpresser. Ein solcher Schlußeklat ist ein von Dichtern oft und gern angewandter dramaturgischer Kniff. Im Grunde bietet er einem Schauspieler eine überaus begehrenswerte Vorlage. Wenn nun aber die Proben ewig und drei Tage nicht über den ersten Akt hinauskommen, ist der Darsteller des Brack auch beim besten Willen nicht in der Lage, die Grenzen seiner Ausdrucksmöglichkeiten abzustecken. Er kann dafür das richtige Maß weder abschätzen noch einbringen. Und so werden seine bereitwillig angebotenen Variationen auf die Fragen wie groß, wie schnell, wie stark, wie früh oder wie lang etwas zu spielen sei, auf den Proben tausendmal als »zu groß«, »zu schnell«, »zu stark«, »zu früh«, »zu lang« oder aber als »zu klein«, »zu langsam«, »zu schwach«, »zu spät« und »zu kurz« bekrittelt und stets von neuem in Frage gestellt. Auch das subtilste Wissen um was, wann und warum nützt dem Darsteller dann gar nichts. Er braucht jetzt – und wenn sich der Regisseur auf den Kopf stellt! – zur Ausarbeitung des »Wie« den ganzen Bogen seiner Figur.

Denn wenn der Darsteller des Brack in etwa um den Grad der inneren Intensität weiß, mit dem er bei Stückschluß seinen unerwartet eingesetzten Joker, nämlich die Erpressung von Hedda, Mitspielern wie Zuschauern auf den Tisch knallen darf, wird ihm dadurch die

Kalkulation der Variationen seiner vielen harmlos scheinenden Plänkeleien in den vorhergehenden Szenen ungeheuer erleichtert. Ist die Pointe der Rolle – ein Jurist, der sich zum Schluß lächelnd als Krimineller vorstellt – erst einmal vom Schauspieler verdaut, läßt sich sein »Spiel im Spiel« von Beginn an weit sicherer und differenzierter entwickeln. Da kann der Darsteller des »weltmännischen Salonlöwen« sorgfältig heraustüfteln, wie unauffällig die verräterischen Effekte einerseits sein können, und wie schillernd sie andererseits sein dürfen. Trägt er dabei die Farbe zu dick oder zu knallig auf, würde die Schlußpointe zu früh verraten. Damit degradierte er die Figur zum sogenannten »Brunnenvergifter«. Durch diese outrierte Hintergründigkeit nähme er der Figur nicht nur ihre Gefährlichkeit, er gäbe sie auch der Sphäre der platten Lächerlichkeit preis. Wählt er hingegen ein zu unauffälliges Kolorit, bringt er die Rolle um ihre Zwielichtigkeit, und sie verliert – ohne doppelten Boden gespielt – sofort an Interesse.

Dieser vom Ende her zurückgeschlagene Bogen ist für jede Gestaltung – welcher Art Rolle auch immer – etwas vom Wichtigsten für alle Beteiligten.

Manchmal geschieht es auch, daß uns eine Rolle mit einer im Text überhaupt nicht erwähnten Schlußpointe überrascht. Denken wir nur an Hedda! Ihr Suizid müßte an sich Schlußeffekt genug sein. Aber nein, indem sie sich erschießt, bringt sie gleichzeitig ihr Kind um; schockt uns also postum mit der atemberaubenden Tatsache, letztlich als Kindsmörderin zu enden. (Eine bestürzende und völlig unvorhergesehene Parallele zu Margarethe – womit bewiesen wäre, daß sich tatsächlich in jeder Frauenrolle der Weltliteratur ein Gran von Goethes Vorbild aufspüren ließe.)

Von diesem Schluß her wird klar, wie sehr Hedda die Existenz dieses Kindes verdrängt, denn sie vermittelt bei ihrem überlegt gewählten Freitod nicht eine Sekunde den Eindruck, daß sie auch nur einen Gedanken an ihr ungeborenes Kind verschwendet; ja, ihre Tat – sich Bracks Erpressung durch den Tod zu entziehen – wirkt so suggestiv und beinahe als ethische Heldentat, daß die wenigsten Zuschauer in ihrem Ende den Doppelmord realisieren.

Wenn Sie nun den Bogen dieser Rolle zum ersten Erscheinen zurückschlagen, wo Hedda »kühl und unbeteiligt schauend« auftritt, können Sie bestimmt ermessen, was für eine ungeheuerliche Spannweite in der Darstellung solch einer Entwicklung liegt. Anhand dieser Hedda können Sie erahnen, wieviel Fingerspitzengefühl es erfordert, eine Rolle im richtigen Maß und im stimmenden Gewicht zum Leben zu erwecken. Und langsam werden Sie begreifen, daß die Beantwortung der Frage »Wie kann das Was am einfachsten, am begreifbarsten und am menschlichsten sichtbar gemacht werden?« eine ungeheure Filigranarbeit erfordert und viel handwerkliches Können voraussetzt. An dieser dafür geeigneten Stelle möchte ich meine jungen Kollegen einmal um etwas bitten: Kritisieren Sie Ihre älteren und fortgeschrittenen Kollegen nie zu vorschnell. Ein vernichtendes Urteil ist immer schnell gefällt und kostet wenig Mühe – nur ein bißchen Witz und Neid –, aber glauben Sie mir, das Bessermachen ist viel schwieriger und zeitraubender als es Ihrer überzeugten Meinung nach den Anschein hat. Denken Sie nun ja nicht, daß ich von Ihnen die Ehrerbietung oder gar die respektvolle Scheu verlange, die wir als Anfänger unseren großen Darstellern gegenüber noch hegten. Nichts läge mir ferner, diese Zeiten sind vorbei, und wahrscheinlich benehmen wir Älteren uns eben auch nicht mehr so verehrungswürdig und ehrfurchtheischend, wie unsere Altvordern es getan haben. Nein, mir würde es völlig genügen, wenn Sie sich hie und da bewußtmachten, daß sich hinter jeder schauspielerischen Darstellung eine wohlüberlegte Arbeit verbirgt, ob Ihnen das Resultat nun paßt oder nicht. Und überlegen Sie immer, bevor Sie sich abfällig über Ihre Kollegen äußern, ob Sie sich und den anderen bereits bewiesen haben, daß Sie es tatsächlich besser, gekonnter und meisterlicher fertigbringen. So, ich glaube, damit habe ich Ihnen genug Moral gepredigt.

Jetzt möchte ich Sie noch auf eine Spezies von Rollen aufmerksam machen, deren Bühnenleben nicht in sich abgeschlossen ist und die deshalb meinem Rat, immer vom Ende her zu arbeiten, hohnsprechen. Es gibt eine Menge dieser anfänglich vielversprechenden Rollenschicksale, die irgendwann ohne jegliches Aufsehen im Sande der Dramenlandschaft versickern. Auch hier würde ich Ihnen raten, sich trotzdem immer ein vom Charakter der Figur her vorstellbares, mögliches Ende auszudenken; einen Schlußpunkt, zu dem Sie hinspielen und von dem her Sie zurückdenken können. Eine in sich abgerundete Rolle läßt sich viel leichter, viel direkter anpacken und bewältigen. Sie werden in Ihrer Praxis immer wieder über diese Tatsache stolpern.

Damit Sie sich etwas unter einem hinzugedachten Schluß vorstellen können, gebe ich Ihnen wieder einmal ein Beispiel aus meiner Brecht-Zeit zum besten: In dem bereits erwähnten *Urfaust* ließ Brecht die Darstellerin der Marthe Schwerdtlein in der Domszene in Gretchens Nähe stehen. (Das Ende dieser herrlichen Rolle bleibt tatsächlich bei Goethe offen, denn die Anwesenheit in Valentins Sterbeszene gibt ihr keinerlei markanten Schlußakzent.) Margarethe hatte ihre Bitte »Nachbarin, Euer Fläschchen« an Marthe zu richten, und so wurde der Darstellerin der Schwerdtlein die wunderbare Gelegenheit geboten, ihre ehemalige Vertraute verächtlich zu übersehen, deren Hilferuf gar nicht zu beachten und im langen Schleppkleid, erhobenen Hauptes, voll Würde und Tugend an diesem menschlichen Auswurf vorüberzuwallen. Diese ganz und gar unchristliche Moral nach einem Requiem im Dom setzte der Rolle ein wunderbares, mir unvergeßliches letztes Licht auf.

Eine solche Idee läßt sich natürlich nicht überall verwirklichen, aber in der Phantasie läßt sich manche Schlußfolgerung aus einer Entwicklung ziehen. Man kann sich nach ihr ausrichten, und wenn man sie im Herzen der Darstellung bewegt, wird sie auch in der Ausstrahlung wirksam.

Da wir gerade wieder einmal beim *Faust I* angelangt sind, werden Sie natürlich längst bemerkt haben, daß weder Faust noch Mephisto einen Spielschluß haben – wenn ihnen der anschließende *Faust II* versagt wird. Faust fehlt der christlich-mystische Schluß des zweiten Teils als Kontrapunkt zur ungeheuren Wirkung der Kirchenglocken der Osternacht im Anfangsmonolog; und für Mephisto ergeben sich natürlich aus der Retrospektive, daß er nach all den unendlichen Mühen ausgerechnet durch den sagenhaften Kitsch rosa pausbackiger Barockengelbuben um Fausts Seele gebracht wird, tausend ironisierende Glanzlichter mehr. Sollte Ihnen die eine oder die andere Rolle später einmal unterkommen, können Sie ja dann darüber nachdenken.

In sich völlig abgerundet ist die Figur der Margarethe. Das Ende dieser Rolle weist uns ganz speziell auf die von Dichtern oft angewandte Schlußvariante hin. Margarethe gehört zu jenen Gestalten, deren Schicksal im letzten Bild eine so jähe Wendung nimmt (siehe Bruch), daß die Wirkung dieser menschlichen Tragödie nur dann zur größten Geltung gelangen kann, wenn dieser Schluß niemals vorher angespielt, nirgends zuvor angedeutet wird. Es wäre also völlig verfehlt, in den Zeilen des Monologs am Spinnrad (»Mein armer Kopf ist mir verrückt, Mein armer Sinn ist mir zerstückt«) bereits einen beginnenden Wahnsinn durchschimmern zu lassen. Diese Gemütsumkehrung muß als Überraschungseffekt dem dramatischen Ende vorbehalten werden. Ich habe bei Brecht gelernt, daß die Wirkung eines tragischen Effektes immer um soviel größer ist, je unbeschwerter, je heiterer vorher agiert wird. So wie uns auch bei einem völlig gesunden Menschen eine plötzlich ausbrechende Krankheit weit mehr erschreckt als bei einem schwächlichen. Je normaler, je handfester Margarethe also vorher erscheint, ob in ihrer unschuldigen Fröhlichkeit, in ihrer völlig gerechtfertigten Verzweiflung beim Gebet oder beim Sterben ihres Bruders, desto erschütternder erscheint die Tragik ihres Wahnsinns in der letzten Szene. Und wenn man sich die Ursache dieser verheerenden Wirkung (die Tiefe einer großen ersten Liebe) vom Schluß her betrachtet, erkennt man, mit welch verströmendem, bedingungslosem, ja, ewig weiblichem Gefühl die ganzen ersten Szenen gespielt werden müssen.

Sie können sich jetzt sicher einen Begriff davon machen, wie wichtig es ist, darzustellende Figuren – ob sie nun ein kürzeres oder längeres Bühnenleben haben – immer als ein Ganzes zu sehen. Eine Rolle ist niemals ein Konglomerat einzeln hingeworfener Szenen; eine Rolle hat das Recht, eine individuelle Einheit zu bilden – gleich uns Menschen eine gleitende Kette von Ursache und Wirkung. Auch in ihr gebiert ein Gedanke den nächsten, jede ihrer ausgeführten Handlungen erfordert eine sichtbar zu machende Erklärung, und jede von ihr gedachte Absicht löst ein darzustellendes Ereignis aus.

Wenn Sie sich also an den Komplex des »was, wann, warum und wie« herantasten, berechnen Sie die Fallhöhen im Schicksal Ihrer Rolle mit Liebe – das gestaltete Geschöpf wird es Ihnen danken.

Tempo und Diplomatie

Jetzt muß ich Sie aber mal ausschnaufen lassen. Und da paßt es ganz gut, wenn wir uns einmal diesem »sonderbaren Ding« zuwenden, wie es im *Rosenkavalier* so schön besungen wird: der Zeit. Die Zeit auf der Bühne gehorcht einem eigenen Gesetz: Wenn Sie jemals im Text

steckenbleiben, werden Ihnen diese Sekunden qualvoll endlos vorkommen. Liegt Ihnen aber eine Szene besonders am Herzen, zerrin-
nen Ihnen diese paar Minuten beklagenswert schnell unter den paar
Sätzen.

»Carpe diem!« – die volle Ausnutzung unserer Zeit, und darunter
verstehe ich die Dauer einer Aufführung, ist ungeheuer wichtig. Sie
hat schon deshalb eine so große Bedeutung, weil auf dem Plakat und
im Programmheft oftmals nicht nur der Beginn, sondern auch das
Ende einer Vorstellung angezeigt wird. Wenn nun die Spieldauer
bekanntgegeben wird, können Sie sich leicht ausrechnen, daß dann
jedem Akt oder jedem Bild eine bestimmte Zeitspanne zugemessen
ist. Das ist theoretisch leicht gesagt. Praktisch sieht das aber so aus,
daß jede Szene in einem ganz bestimmten Tempo gespielt werden
muß. Das heißt in praxi, daß der Schauspieler, der eine Szene führt,
also die Spielhandlung aktiv beeinflußt und weitertreibt, für den
Zeitablauf verantwortlich ist.

Es gibt Regisseure, anglisierende oder anglisierte, die sagen nicht
mehr Tempo, sondern »timing« oder »drive«. Auch ich liebe das
Wort »Tempo« nicht, »Zeitmaß« wäre soviel richtiger und treffender, da der Ausdruck »Tempo« fatal an Schnelligkeit, Druck und
Hast erinnert. Das aber sind Begriffe des Alltags, sie gehören in
dessen Zeitgeschehen. Auf der Bühne hingegen gibt es einen Zeitablauf, der für den Schauspieler gilt, und noch einen anderen, den der
Zuschauer empfindet.

Während einer Theateraufführung wird aus einer Illusion Realität:
Der Begriff der Normalzeit ist aufgehoben. Der Ablauf der Bühnen-
zeit hängt allein von der Art und Weise unserer Darstellung ab und
wird nur nach deren Wirkung berechnet. Schauspieler haben die
Macht, Minuten und Stunden kraft ihres Willens und Könnens
schneller oder langsamer vergehen zu lassen; ja, sie sind fähig, das
Perpendikel der Uhr anzuhalten und alle Zeit vergessen zu lassen.

Wie schaffen wir das? Theoretisch ist es leicht gesagt: Nur kraft
unserer inneren Intensität, einer überzeugten und dadurch überzeugenden Eindringlichkeit unserer Leistung. Praktisch sieht das so aus:
Man muß den Zeitablauf genau beherrschen und bestimmen können.

Zuerst das Einfachere, die Verkürzung der Zeit. Um eine Raffung
der Zeit und eine Beschleunigung der Aktion in einer Szene zu

erreichen, müssen Sie schlicht lernen – und das ist jetzt ein unumstöß-
liches Gesetz für Ihre ganze Laufbahn –, im Dialog textlich nahtlos
anzuschließen. Das heißt, Sie müssen sich so bald wie möglich eisern
die Technik angewöhnen, während Ihres Stichwortes bereits einzuat-
men – dann können Sie nämlich unmittelbar nach der Rede Ihres
Partners einsetzen. Auf diese Weise entsteht Tempo auf der Bühne.
Nur so lassen sich Motorik, Schnelligkeit, ja sogar höchste Eile
darstellen. Wenn Sie erst nach Ihrem Stichwort einatmen, erzeugen
Sie mit diesem so winzig erscheinenden Schnapper bereits eine Pause
– und was im Leben nur den Bruchteil einer Sekunde bedeutet, läßt
auf der Bühne bereits einen Engel durch den Raum schweben.
Mit diesem Trick können Sie Ihre innere Intensität in einer ungeheuren Anspannung halten. Die erregende Kraft Ihres Tempos überträgt
sich sofort auf den Zuschauer, erweckt in ihm den Eindruck einer
enormen Beschleunigung der Aktionen auf der Bühne und steigert
seine Aufmerksamkeit aufs äußerste. Wird aber das Tempo einer
Szene mit rein äußerlichen Mitteln angerissen, also durch fliegende
Eile und emsige Hektik, fällt man sich meist vor lauter Nervosität nur
gegenseitig verhaspelnd ins Wort und verzappelt sich unweigerlich in
überstürzten Gesten. Mit Übereifer erreicht man leider nur, daß sich
die Zuschauer angesichts des auf der Bühne ausgebrochenen Fiebers
voll Unbehagen ängstlich in ihren Sesseln verkrampfen. Sie blicken
auf ihre Uhren und müssen wiederholt entsetzt feststellen, daß deren
Zeiger überhaupt nicht voranschreiten wollen. So spielt die Zeit im
Theater ihren ganz eigenen Part; und wenn Sie Ihre Zeit nicht in den
Griff bekommen, wird sie Sie lehren, was die Glocke geschlagen
hat.
Nun zum anderen Extrem: der Zeiterdehnung in einer Szene. Eine
unwahrscheinlich gefährliche Klippe, zu deren sicherer Umschiffung
es keine konkrete Lotsenhilfe gibt. – Spielpausen müssen nun einmal
sein, man braucht sie vom Text her, seien sie nun durch Nachdenken
oder Handeln bedingt. Sie müssen im Spielen berücksichtigt werden,
aber ihre jeweilige Länge ist – je nach der Situation – verschieden und
kann nicht einfach automatisch durch ein Einundzwanzig-Zweiund-
zwanzig-Denken abgezählt werden. Da gibt es keinen Tip und keinen
Trick, da müssen Sie lernen, in sich ein Gespür zu entwickeln, das
Ihnen mit sicherem Instinkt anzeigt, was Sie den Zuschauern an
Verlangsamung im Zeitablauf zumuten können. Dieses Gespür ist

nicht zu benennen, es besteht aus nicht errechenbaren Schwingungen, die es uns ermöglichen, die Atmosphäre des dunklen, schwei-
genden Zuschauerraums ganz zu erfühlen und in uns aufzunehmen.
Wenn Sie dieses Gefühl des Einsseins mit dem Publikum ganz erfüllt,
wenn Ihnen schaudernd und ergreifend bewußt wird, daß alle da
unten auf Sie warten, dann werden Sie intuitiv den Bruchteil der
Sekunde erwischen, in dem Sie den Zauber einer Zeitpause wieder
lösen dürfen und lösen müssen. Aber auch hier gilt das eherne Gesetz,
daß Ihre innere Spannung den Zeitablauf diktiert; nur durch die
Intensität Ihres »angehaltenen Atems« haben Sie die Zuschauer im
Griff. Müssen Sie sich also während eines Dialogs an einer bestimmten Stelle Zeit zum Überlegen nehmen, um etwa nach einer Antwort
zu suchen, dann vergessen Sie bitte niemals, daß diese, wenn auch
durchaus sinnvolle Pause des Nachdenkens, während Ihres Spiels
stattfindet, und daß deren Dauer nach der Uhrzeit der Bühne strengstens bemessen wird. Seien Sie sich bei Pausen noch bewußter als
sonst, daß Sie unter ständiger Kontrolle stehen! Lassen Sie sich
deshalb in einer reflektierenden Situation innerlich nie hängen; ohne
Ihre spürbare, gespannte Präsenz fällt die Szene sofort rettungslos
herunter: Alle Spannung entweicht, die Zuschauer atmen abge-
schlafft aus, und jeglicher beflügelnde darstellerische Aufwind für die
Fortsetzung der Handlung fehlt.
Merken Sie es sich also: Selbst eine bis ins Letzte durchdachte
Darstellung eines zaudernden Abwartens, einer zögernden Unent-
schlossenheit, einer abwägenden Überlegung, einer sprachlosen Ratlosigkeit etc. kann trotz der ausgeklügeltsten Spielpause des Nachdenkens nur dann wirklich tragen (und ist nur dann wirklich zu
ertragen), wenn sie mit konzentriertester innerer Spannkraft erfüllt
ist. Hüten Sie sich davor, eine inszenierte Ruhepause eigenmächtig
noch zu verlängern. Halten Sie statt dessen Ihre Darsteller-Antennen
stets wachsam ausgefahren, versuchen Sie, die Atmosphäre Ihrer
ganzen Umgebung mit all Ihren Sinnen zu erspüren und vor allem:
Denken Sie immer daran, daß auf der Bühne nicht eine einzige Pause
eine private sein darf. Eine Zeitdehnung auf der Bühne, die nicht
durch äußerste gedankliche und nervliche Intensität gesteuert und
gehalten wird, läßt unweigerlich eine ganze Situation wie ein Kartenhaus zusammenfallen. Deshalb ist auch die Darstellung des Zustandes der Langeweile auf der Bühne etwas vom Gefürchtetsten und

vom Schwersten in unserem Beruf: Ich möchte nicht wissen, wie viele
Zuschauer Aufführungen eines Tschechow-Stückes oder gar von
Büchners *Leonce und Lena* schon verschlafen haben.
Aber lassen Sie sich nicht entmutigen, im Laufe der langsam und
sicher fortschreitenden Erfahrung wird Ihr Gespür für die Zeitver-
schiebungen auf der Bühne ganz selbständig wachsen. Der jeweilige
Rhythmus einer Szene wird »mit der Zeit« ganz automatisch in Ihr
schauspielerisches Fleisch und Blut übergehen, und bald werden Sie
gar nicht mehr darüber erstaunt sein, daß die Pausenklingel Ihrer
Vorstellung immer genau mit dem Glockenschlag einer von fern
hörbaren Turmuhr zusammenfällt. Denn an dieses Gesetz müssen
Sie sich halten: Die Spieldauer einer Szene darf nicht nach Lust und
Laune oder aufgrund einer spielerischen Eingebung variiert werden.
Da gibt uns die Bühnenuhr kein Pardon. Eine Szene darf niemals an
dem einen Abend drei Minuten länger und an dem anderen zwei
Minuten kürzer sein – es sei denn, die Zuschauer verschöben die Zeit
durch nicht einkalkulierte Reaktionen – zusätzliche Lacher oder
murrende Mißfallensäußerungen, die man abwarten muß. Eine um
zwei harmlose Minuten längere Spieldauer kann eine Szene einschlä-
fern lassen; eine Verkürzung von lächerlichen eineinhalb Minuten
hingegen eine japsende Atemlosigkeit hervorrufen. In einem sind alle
Uhren, selbst auf der Bühne, gleich: Sie ticken in erbarmungsloser
Regelmäßigkeit unablässig weiter.
Da Sie aber vorläufig noch äußerst selten allein auf der Bühne stehen
müssen und meistens von Kollegen umgeben sind, werden Sie auch
für den Zeitablauf einer Szene nicht so schnell haftbar gemacht. Ich
hatte Sie ja zu Beginn dieses »temporären« Einschubs darauf aufmerksam gemacht, daß immer jener Schauspieler für den Zeitrhyth-
mus verantwortlich ist, der den Fortgang einer Szene beeinflußt oder
sie führt. Dieser Schauspieler verkörpert den aktiven Part. Der
passive Part gehört dem Darsteller, dessen Rolle den Lauf der Dinge
nicht bestimmt, sondern dessen Ablauf geschehen läßt.
Sollten Sie nun das Los des passiven Dialogpartners gezogen haben
und einem Kollegen gegenüberstehen, der es weder fertigbringt, den
Rhythmus einzuhalten, noch – je nach Situation – das Tempo zu
steigern, werden Ihre Nerven auf eine harte Geduldsprobe gestellt.
Es ist zermürbend, den Rhythmus in sich zu haben und ihn vom
Partner nicht zu bekommen. Trotz Ihrer inneren Ungeduld sollten

Sie sich nicht dazu verführen lassen, die Szene an sich zu reißen. Da Sie sie weder beherrschen, noch den Fortgang des Geschehens irgendwie beeinflussen, bringen Sie mit gutgemeintem, aber unangebrachtem Übereifer die ganze Situation nur ins Wanken. Ihr Partner wird instinktiv merken, daß ihm das Heft aus der Hand genommen werden soll, und da er sich keiner Schuld bewußt ist, wird er sich nur höchst unwillig ins nicht vorgesehene Schlepptau nehmen lassen. Sie verschenken auf diese Weise Ihren ganzen passiven Part ohne jeglichen Gewinn.

Es gibt in dieser Situation nichts anderes, als jene Kollegen auf ihre mangelnde Motorik aufmerksam zu machen. Aber fallen Sie nicht gleich während des Abgehens mit Brachialgewalt über Ihren Kollegen her. Versuchen Sie sich bis zum Ende der Vorstellung zu beherrschen, denn Sinn und Gespür für Rhythmus verlangen sehr feine Nerven, und diese wiederum haben den Anspruch, mit besänftigender Diplomatie behandelt zu werden. Mit einem höflichen Umgangston erreichen Sie so viel mehr als mit dem Götz-von-Berlichingen-Zitat. Glauben Sie mir, es ist herzzerreißend, auf der Bühne Seit' an Seit' und Aug' in Auge mit Kollegen zu spielen, deren schauspielerische Ehre man einmal in unüberlegter Hast zutiefst verletzt hat.

Apropos Diplomatie und Tempo auf der Bühne – beides sollte natürlich schon auf den Proben geübt werden. Es gibt immer wieder übereifrige Kollegen, die von Probenbeginn an rücksichtslos – aus Angst oder Geltungstrieb – voll ehrgeiziger Ungeduld allen davonrennen. Andere wiederum bremsen und behindern die Arbeit durch penetrante Fragerei, so daß auch altgediente Kollegen schier aus ihrer gegerbten Haut fahren möchten. Natürlich sind Proben zum Ausprobieren da, und jeder versucht erst mal, nach seiner Façon zur Seligkeit zu gelangen. Aber mit einem Quentchen diplomatischen Entgegenkommen und einer Spur einverständlicher Nachsicht, könnten all die vielen differierenden Tempi um vieles leichter und schneller in Einklang gebracht werden, wodurch der stimmige Rhythmus für alle weit eher gefunden würde. Der Pulsschlag jedes Menschen geht eben verschieden, und ein Schauspielerherz schlägt sogar in zwei Takten, einmal in dem seinen und das andere Mal in dem seiner Rolle. Da braucht es einfach viel Goodwill von allen, bis die inneren Uhren so aufeinander abgestimmt sind, daß alle sich danach richten können.

Je früher Sie sich daran gewöhnen, desto besser. Und fürchten Sie ja
nicht – liebe junge Kollegen –, daß Ihre geliebte Individualität durch
ein solches Einordnen leiden oder gar verkümmern könnte – das
Prinzip des Nehmens und Gebens hat noch niemals einer Ausstrahlung den Garaus gemacht.

Fünfter Schritt: Der Verfremdungseffekt

Nun komme ich zum vorletzten Begriff meines Brechtschen Lexi-
kons. Es handelt sich um den sogenannten »Verfremdungseffekt«,
kurz V-Effekt genannt. Merkwürdigerweise ist mir dieser Ausdruck
so gut wie nirgends, nicht einmal verkauderwelscht, auf einer Büh-
nenprobe wieder begegnet. Im Gegenteil – das Wort wird äußerst
selten angewandt, und wenn, dann quasi nur in Anführungszeichen.
Ja, ich kann mich des Eindrucks nicht erwehren, daß es wie ein
verfemter Indextitel peinlichst gemieden wird. Meiner Ansicht nach
liegt das daran, daß die Bezeichnung V-Effekt erstens fatal an Wern-
her von Braun und die Vergangenheit von Peenemünde erinnert, und
daß zweitens einfach kein Mensch eingestehen will, daß er schlicht
und einfach den Begriff nicht deuten kann.
Wird in einer Diskussion darauf angespielt, entsteht sofort eine
unsachliche Erregung: alle widersprechen einander aggressiv, und
schließlich sammeln sich alle Thesen und Antithesen in der umwer-
fenden Synthese, daß man bei einer Verfremdung eben neben seiner
Rolle zu stehen habe, sich selbst auf diese Weise als ein Objekt
betrachten und dadurch wie etwas Fremdes vorführen könne. Natürlich will das kein Schauspieler noch mißverständlicher erklärt bekommen – geschweige denn in die Tat umsetzen. So wird das undankbare
Thema möglichst rasch wieder fallengelassen. Denn auch heute noch
gibt es nichts Blamableres, als den schändlichen Verdacht zu erwek-
ken, man wolle den von allen und jedem verehrten Meister, Schöpfer
und Guru dieses Unwortes in Mißkredit bringen. Und wer würde
schon freiwillig zugeben, daß er schlicht und einfach Brechts Sprache
nicht kapiert?
Doch jedes Mißtrauen gegen diese Vokabel ist unangebracht. Das
Verb »verfremden« beinhaltet schlicht ein »Sesam-öffne-Dich« –
und ist bei richtiger Anwendung ein Garant für verblüffende Wir-

kung und unfehlbaren Erfolg. Allerdings kann ich mich nicht entsinnen, den Ausdruck »Verfremdung« jemals auf einer meiner unzähligen Proben bei Brecht gehört zu haben. Ich erinnere mich statt dessen an ein anderes Wort, welches aus meiner Sicht dasselbe bedeutet und viel einfacher zu erklären und zu verstehen ist. Es handelt sich um das Verb »episieren«, um den Begriff der epischen Darstellung. Meine Auslegung lautet: Verfremden gleich Episieren – und durch diese Behauptung kann ich Ihnen den Ausdruck hier so plausibel machen, daß Sie ihn leicht kapieren.

Ich möchte, daß Sie diesen Begriff zumindest sinngemäß verstehen, so daß er Ihnen in manchen äußerst kritischen Momenten einer Rollenverkörperung wirklich von Nutzen sein kann. Ein einfaches Anliegen, und doch so schwierig zu vermitteln (wobei ich mir Brechts amüsierter Nachsicht absolut sicher bin).

Wenn ich Ihnen nun – wie bis dato – so schlichtweg erklärte, wie das Episieren vor sich geht, wie eine epische Darstellung zu realisieren ist, würden Sie wahrscheinlich mit panischer Abwehr reagieren. Zwar handelt es sich, genau wie beim Auf-Punkt-Sprechen, der Dialektübertragung, den nahtlosen Satzanschlüssen etc., auch nur um eine harmlose, da technisch erlernbare Arbeit. Aber da es sich leider so schrecklich kompliziert anhört, würden Sie, konfrontierte ich Sie damit aus dem Stand heraus, sofort davor zurückschrecken. Deshalb will ich diesmal unorthodox vorgehen und beginne beim Ende: mit der spannenden Quintessenz, der überraschenden Wirkung dieses Begriffs.

Durch Verfremden, respektive Episieren, gelingt Ihnen nämlich die bestmögliche und wirkungsvollste Darstellung großer Gefühle. Ah! Schon das Wort Gefühl müßte Sie jetzt aufhorchen lassen, denn bei allen früher erwähnten Arbeitsphasen habe ich Ihnen doch stets gepredigt, jegliche Emotionen zurückzuhalten und erst einmal Ihren Verstand und Ihr Kalkül einzusetzen. Und plötzlich soll nun das Thema Gefühl angegangen, verarbeitet und auch verkraftet werden? Ja, aber nachdem ich dieses Thema so lange zurückgedrängt habe, bitte ich Sie, mir nun zu gestatten, daß ich mich zunächst ausführlich und liebevoll damit auseinandersetze.

Mittels Ihres schauspielerischen Instinkts haben Sie ja längst gewittert, daß eine Situation, die Gefühl verlangt, etwas vom Erwünschenswertesten ist, was Ihnen in einer Rolle geboten werden kann.

Das Reproduzieren einer Emotion beinhaltet mit das Eindrücklichste, was eine Darstellung auf der Bühne hervorbringen kann. Eine Rollenfigur mag noch so viele weise Weltphilosophien von sich geben, die Ausdrucksmöglichkeiten eines einzigen echten Gefühls – ob Liebe, Glück, Trauer oder Haß – spielen die geistreichsten Gedankenkaskaden eines Autors glatt an die Wand.

Natürlich kann man nicht einfach generell behaupten, daß Gefühl in unserem Beruf schlechthin alles, und das Gesprochene gemeinhin nur Schall und Rauch sei. Aber es läßt sich doch nur schwer leugnen, daß es weit begehrenswerter ist, an die Herzen der Zuschauer zu appellieren als an ihre grauen Hirnzellen. Das Gemüt pflegt nun einmal spontaner und dankbarer zu reagieren als der immer etwas träge nachhinkende Verstand. Ich bin sicher, daß Sie – bevor Sie überhaupt als Schauspieler eine Rollenarbeit auf einer Bühne begonnen haben – schon in sich den Drang empfunden haben, in erster Linie Gefühle ausdrücken zu wollen.

Nun ist es aber mit der Verkörperung emotionaler Momente in einer Rolle so eine Sache. Logischerweise entsteht ein Gefühl aus einem festgelegten Rollentext. Die Darstellung dieses Gefühls aber ist keineswegs für immer fixiert – sie ist abhängig vom Geschmack des Zeitgeists, ist dessen Wandel unterworfen und muß sich nach dessen Richtung orientieren.

Schiller meinte, daß die Nachwelt dem Mimen keine Kränze flechte. Das traf auf seine Zeit wohl zu. Aber durch die Erfindungen des Grammophons, des Films und des Fernsehens konnte eine nun plötzlich mit unsterblichem Ruhm bekränzte Künstlerschar Schillers schauspielerfeindliche Behauptung triumphierend widerlegen. Ein Eigentor? Die schauspielerische Darstellung ist – wie ich in der Einführung erwähnte – eine reproduktive Schöpfung. Sie ist trotz aller neuen Technik nicht vergleichbar mit dem für die Ewigkeit geschaffenen, unnachahmbaren Werk eines Malers oder eines Bildhauers. Die Schauspielkunst erweckt nur das Meisterwerk eines Dichters zum Leben, und diese lebenden Abbilder sind – im Gegensatz zu ihrem unsterblichen Original, der Rolle – vergänglich. Sie wandeln sich mit den kommenden und gehenden Schauspielergenerationen. Die alte lateinische Weisheit »Tempora mutantur et nos mutamur in illis« könnte daher Leitmotiv und Motto all unserer Rollenfiguren sein: Die Zeiten ändern sich, und wir verändern uns in ihnen.

Wenn Sie heute einer Schallplatte von Alexander Moissi lauschen – und er war eine Koryphäe am Anfang unseres Jahrhunderts –, werden Sie wahrscheinlich bei diesen voll Inbrunst erfühlten, vibrierenden, auf und nieder schwellenden Pianos und Fortes der melodischen, fast gesungenen Textparaphrasierungen in schallendes Gelächter ausbrechen.

Der ganze Sinn seines Hamlet-Monologs geht im schwülstigen Klang jenes melodramatischen Bibberns gnadenlos unter. Damals galt das als große, zutiefst gefühlte und erfühlte Kunst. Heute ist es beim besten Willen nicht mehr zu ertragen und verdient nur noch als vollendete artistische Beherrschung der stimmtechnischen Mittel unsere Anerkennung.

Auch wenn Sie Liebesszenen, Eifersuchtsdramen oder Wutexzesse in alten Filmen sehen, ist es Ihnen aus Ihrer heutigen Sicht bestimmt unverständlich, daß man derart überzogen, übertrieben und unnatürlich dargestellte Gefühlsäußerungen jemals ernst nehmen und sich davon zutiefst erschüttern lassen konnte. Aber Sie dürfen nicht vergessen, daß diese, in ihrer Zeit hochgeachteten Darstellungen – die Ihnen heute sicher nicht künstlerisch, sondern nur höchst künstlich vorkommen – für Zuschauer gedacht waren, die damals die Fähigkeit besaßen, außergewöhnliche Ereignisse mit Inbrunst in sich aufzunehmen; die für erschütternde Eindrücke durchaus empfänglich waren. Es waren für sie Ausnahmesituationen, weil sie noch nichts von der künftigen, apokalyptischen Bilderflut ahnen konnten.

Im Gegensatz zu jenen rührend naiven Betrachtern sind Sie, meine jungen Kollegen, mit dem Fernsehen aufgewachsen, dessen Tatsachenberichte in Farbe und Lärm auch die allergrausigsten Horrormomente der alten Filme als harmlose Gartenlaubenaperçus erscheinen lassen. Sie sind es heute gewohnt, die herzzerreißendsten Tragödien und Dramen unserer alltäglichen Wirklichkeit zum Abendessen serviert zu bekommen. Und unser aller gesunder Appetit wird durch den Anblick von Leichen aller Art – ob gespielt oder real – kaum beeinträchtigt. Es ist nicht unsere Schuld, wir haben uns nur daran gewöhnt, wenn auch oft mit schlechtem Gewissen. Und wenn die heutigen Zuschauer in aller Ruhe ihr Bier trinken, während vor ihnen auf dem Bildschirm gerade die verstümmelten Leichen aus den Trümmern eines abgeschossenen Flugzeugs herausgekratzt werden, dann darf man daraus auch nicht gleich schließen, daß die Menschen heute bar jeglichen Gefühles seien. Das Nebeneinander von Pellkartoffeln, Geiselnahme, Coca-Cola und Vergewaltigung ist eine Ausgeburt unserer Zeit und für uns zur Norm geworden.

Nur – lange Pause –, und jetzt trage ich Ihrer Ungeduld endlich Rechnung, schlage den riesigen Bogen zurück und komme zu unserem schauspielerischen Problem: Wie sollen wir in solch einer Epoche »echte« Gefühle darstellen? Wie können wir unsere, mit allen Wassern eruptiver Emotionen gewaschenen Zuschauer damit überhaupt noch erreichen? Wie sollen wir – Häuflein armseliger Künstler – gegen diese unendliche Langeweile der trägen Gewöhnung ankämpfen? Und da sagte Brecht – lange bevor der Bildschirm die Wohnzimmer beherrschte: »Indem wir verfremden, indem wir das Gefühl episch darstellen.«

Im Klartext bedeutet das: Wenn Sie heutzutage auf der Bühne eine gefühlvolle Situation höchst dramatisch darstellen – voll glühender Leidenschaft, hervorbrechender Unberechenbarkeit und gewaltiger Wucht –, reißen Sie damit keinen einzigen Zuschauer mehr vom Stuhl. Sie selbst toben sich zwar aus, werden aber nur gegen eine starre, peinlich stumme Wand anrennen und auch nicht das leiseste Echo vernehmen.

Verständnis, Mit-Gefühl und Mit-Leiden können Sie nur hervorrufen, wenn Sie dem Zuschauer den Inhalt eines emotionalen Textes so klar durchdacht vermitteln, daß er gezwungen ist, ihn genau mitzudenken. Durch das Begreifen Ihres sinnvoll und überlegt gesprochenen Wortes ermöglichen Sie es ihm, daß er sich mittels seiner eigenen Phantasie die Voraussetzungen ausmalen kann, die zur dargestellten Gefühlsäußerung geführt haben. Anders ausgedrückt: Sie müssen es fertigbringen, in der Vorstellungskraft des mitdenkenden Zuschauers die Bilder der Geschehnisse entstehen zu lassen, die eine gefühlsmäßige Entladung ausgelöst haben. Wenn es Ihnen gelingt, im Zuschauer ein Verständnis für eine Emotion zu erwecken, vermag er das vorgeführte Gefühl nicht nur zu erfassen, sondern wird darüber hinaus durch Sie fähig, es selber mitzuempfinden.

Nicht *Sie* dürfen das Gefühl ausleben – das ist zwar virtuos, aber für uns uninteressant. Heute müssen Sie dem Zuschauer, diesem armen, abgebrühten Zeitgenossen, die Chance geben, wenigstens im Theater erleben zu können, daß er selber erwachender Gefühle noch mächtig ist, daß er sich noch zu den mit-fühlenden, mit-leidenden, mitliebenden Geschöpfen zählen darf; und das können Sie eben nur erreichen, wenn Sie ihn erst einmal zum Mitdenken bringen, zum Mitdenken zwingen. Es ist Ihnen sicher klar, daß dies mit die höchste Wirkung ist, die man als Schauspieler erzielen kann; der Weg zum großen Erfolg.

Liebe junge Kollegen, ich frage mich, ob ich Sie wohl durch all diese ausgeklügelten Umwege nun so weit gebracht habe, daß Sie jetzt gewillt sind, in den sehr sauren Apfel der nüchternen Ursachenforschung zu beißen – wie wird aus einem gefühlvoll geschriebenen Satz ein durchdacht gesprochener? Und wie bringt man es fertig, daß der in kühler Reserve abwartende Verstand des Zuschauers den emotionalen Inhalt eines Textes nicht nur mitdenkt, sondern davon angerührt wird?

Die Lösung dieser Fragen besteht aus einem Trick, zu dessen Ausführung Sie ein Buch aus einer sicherlich fest verschlossenen Mottenkiste benötigen. Sie müssen nämlich auf Ihre Kenntnisse der deutschen Schulgrammatik zurückgreifen und sich an die Formen der »indirekten Rede« erinnern.

Bestimmt haben Sie jetzt alles andere erwartet, sicher sind Sie enttäuscht und sauer, selbst wenn ich Ihnen sage, daß es mir damals bei Brecht auch nicht anders ging. Es ist mir durchaus bewußt, daß diese Enthüllung weit mehr nach längst vergessener, staubiger Syntax riecht als nach frischem Lorbeer, aber diese wichtige, grammatikalische Fleißaufgabe liegt mir ganz besonders am Herzen. Ich gäbe viel darum, wenn ich Sie dazu verführen könnte, es wenigstens einmal damit zu versuchen.

Da ich vermute, daß Sie sich Ihrer Schulbücher längst leger entledigt haben, und Ihnen die Formenlehre der deutschen Grammatik nicht mehr präsent ist, habe ich mir die Anfangssätze unseres Schülers im *Faust I* vorgenommen und für Sie – um Ihr Gedächtnis aufzufrischen – in die indirekte Rede übersetzt. Das hört sich dann so an:

Ein Schüler tritt auf und sagt, er sei erst kurze Zeit allhier, und komme voll Ergebenheit, um einen Mann zu sprechen und kennenzulernen, der ihm von allen mit Ehrfurcht genannt worden sei. Er bitte ihn, sich seiner anzunehmen, er komme guten Muts, sei leidlich mit Geld versehen, und sein Blut sei frisch.

Seine Mutter habe ihn kaum entfernen wollen, aber er würde doch gerne etwas Rechtes hier außen lernen mögen.

Doch wenn er aufrichtig sei, würde er am liebsten schon wieder fort mögen, denn es wolle ihm in diesen Mauern, diesen Hallen keineswegs gefallen.

Es sei ein gar beschränkter Raum, und man sehe nichts Grünes, keinen Baum, und in den Sälen und auf den Bänken vergehe ihm Hören, Sehen und Denken . . .

Können Sie sich nun wieder erinnern? Man muß nur immer, um sich ins richtige grammatikalische Öhr einzufädeln, vor dem Rollentext den Rollennamen nennen und ein Verb wie »sagen«, »meinen«, »fragen«, oder »erklären« dazusetzen, dann ergibt sich der Konjunktiv – die Möglichkeitsform – relativ mühelos von ganz allein.

Natürlich werden Sie jetzt wissen wollen, was dieser ganze Formelkram mit der Darstellung eines Gefühls zu tun habe, aber wie so oft ist dies nur die notwendige Anfangsphase, der technische Trick, die rein handwerkliche Arbeit. Entscheidend ist dann allein der aus dieser Übung resultierende Effekt. Wenn Sie nämlich Ihren direkten Text in die indirekte Form übertragen, Ihre Sätze nicht dramatisch zum Partner sprechen, sondern deren Inhalt in epischer Form einem unbeteiligten Dritten vermitteln, erzielen Sie dadurch in sich selbst eine Distanz, eine Objektivität, die Sie befähigt, »entpersonifiziert« über der darzustellenden Situation zu stehen.

Sie brauchen diese schlimme, typisch schulische Strafarbeit nur ein einziges Mal durchzupauken, aber dieses eine Mal ganz sorgfältig, sehr langsam und mit großer Geduld. Ob Sie diese »Möglichkeitsform« mündlich oder schriftlich formulieren, sei Ihnen überlassen. Das Entscheidende, das einzig Wichtige daran ist, daß Sie – wenn Sie Ihren Text richtig umgesetzt haben – diese herausgetüftelten indirekten Redewendungen einmal ganz langsam für sich *laut* sprechen. Sie müssen die Sätze dabei konzentriert mitdenken, ihren Inhalt voll aufnehmen, ihren Sinn wirklich begreifen und sich selbst dabei bewußt mit höchster Aufmerksamkeit zuhören. Das ist alles. Danach legen Sie die Grammatik beiseite, sprechen Ihren normalen Text und spielen Ihre Rolle.

Da Sie mit Hilfe der Konjunktivübung den dramatischen, gefühlvollen Vorgang wie aus einer Vogelperspektive betrachtet und geistig bis ins letzte Detail erfaßt haben, bringen Sie durch Ihren (damit erreichten) scheinbar sachlich anmutenden Abstand das unerhörte Kunststück fertig, Ihren passiven Zuschauer aufs äußerste zu aktivieren.

Je weniger äußerliche Dramatik Sie ihm zeigen, desto mehr beschäftigt ihn deren innerliches Zustandekommen, desto gewaltiger kann er sie sich vorstellen. Je zurückhaltender Sie im Gefühl sind, desto mehr erregen Sie seine Neugier danach, desto größer wird seine eigene Sehnsucht nach solch einer Regung. Es ist das alte Gesetz, daß das Verhüllte stets mehr reizt als das nackt Preisgegebene – das gilt für das Schöne wie für das Schreckliche. Der Zuschauer verfällt dem nicht Offenbarten, es drängt ihn danach, intensiv zu fühlen, zu leiden, sich zu freuen – ob Ihretwegen, ob mit Ihnen, ob statt Ihrer oder ob für sich selbst ganz allein, das bleibt sein Geheimnis; in welchem Fall auch immer: Sie regen ihn an mitzutun.

Sie selber werden den Unterschied in Ihrer Darstellungsweise vor und nach der Konjunktivübung wahrscheinlich weder bemerken noch beurteilen können, da Sie sich vorher – im dramatischen Spiel – nicht selber hören konnten. Die völlig gewandelte Reaktion der Zuschauenden wird Ihnen aber die Tatsache einer schauspielerischen Differenz beweisen.

Worin liegt nun diese Differenz? Schlicht und einfach in der Erfahrung, daß ein Erlebnis – hat man es erst einmal ganz objektiv erzählt – nie mehr in der Art und Weise subjektiv dargestellt werden kann, wie es vorher im Moment des Geschehens erlebt worden ist.

Sicher werden Sie über die vielen komplizierten Sätze der Übung ein paarmal gestolpert sein, aber lassen Sie sich nicht nervös machen: Viele Theorien sind verwirrend und abschreckend. Erst, wenn man sie in die Praxis umsetzt, merkt man, wie mühelos und automatisch sie funktionieren. Und was Sie bestimmt am meisten befürchten, daß nämlich vor lauter Grammatik, Abstand und Darüberstehen Ihre ausdrucksstarke Darstellungskunst zu kurz kommen könnte, Sie also nicht mehr »glaubhaft wären« – genau davor brauchen Sie die allerwenigsten Bedenken zu haben.

Eine epische Gestaltung, eine – unter uns können wir das Kind ja nun ruhig beim Namen nennen – eine Verfremdung also, ist in ihrer darstellerischen Aussage so intensiv, so wirkungsvoll und überzeugend, daß sie widerspruchslos als allgemeingültige Ausdrucksweise angenommen und anerkannt wird. Ganz egal, unter welcher Bezeichnung das Ganze zustande kommt. Auf die Gefahr hin, mich zu wiederholen: Wenn ein aufwühlendes Geschehen dem Zuschauer von heute erregt vorgespielt wird, nimmt er es höchstens objektiv wahr. Wird es ihm aber auf eine sachliche, wohlüberlegte Weise suggestiv berichtet, ist er gezwungen, es sich selber vorzustellen; und diese, seine eigenen Phantasien, die gehen ihm unter die Haut – damit können Sie ihn erreichen und bewegen. Sie zwingen ihn, seine ureigensten Höllen aufzuschließen oder aber seinen inneren Himmel zu erahnen.

Ich will Ihnen nun, um die ganze Theorie auf den Boden der Tatsachen zu bringen, ein praktisches Beispiel dazu geben.

In einer Aufführung von Elie Wiesels *Der Prozeß von Schamgorod* sah ich eine Darstellerin, die in einer langen Erzählung eine Judenverfolgung zu schildern hatte. Es war eine überaus diffizile Reportage, in der sich eine Greueltat an die andere reihte: Überfall, Folter, Mord, Vergewaltigung – nichts wurde an begangenen Scheußlichkeiten ausgelassen. Da die Erzählerin all die wirklich grauenerregenden Geschehnisse mimisch und gestisch mit allen denkbaren Mitteln des Ausdrucks unterstreichen und dazu noch en face zum Publikum sitzen mußte, konnte man dieses pausenlos vorgelebte Stöhnen, Weinen und Klagen sehr bald nicht mehr ertragen. Nicht, weil man so erschüttert und bewegt war, sondern weil einem alle Schauerlichkeiten so detailliert vorempfunden wurden, daß man mit physischer und psychischer Abwehr reagieren mußte. Durch die überzogene Deutlichkeit der Darstellung völlig geschockt und gelähmt, flüchtete man voll feigen Entsetzens in die schützenden Winkel der Verdrängung. Und gerade weil man so plastisch darauf hingewiesen wurde, daß man mitfühlen und mitweinen sollte, schottete man sich instinktiv ab.

Die Schauspielerin konnte überhaupt nichts dafür. Hätte man sie die Schilderung dieser Abscheulichkeiten episieren lassen, hätte man sie dazu angehalten, einmal auf der Probe ihren Text in die indirekte Rede zu setzen und ihn auf diese Art und Weise zu durchdenken und leidenschaftslos zu sprechen, dann hätte sie durch das Sich-selber-Hören in ihrer Darstellung automatisch den echten Ton, die treffende Haltung und den richtigen Ausdruck gefunden. Wenn sie sachlich rekapitulierend den ganzen Pogromablauf dargestellt hätte, wäre die gewünschte erschütternde Wirkung ohne weiteres eingetreten. Wer Berichte authentischer KZ-Opfer in Filmdokumenten gesehen hat, wird sofort begreifen, was ich meine.

Man kann den Effekt einmal mehr auch an unseren besten Lehrmei-

stern, den Kindern, studieren. Versuchen Sie mal, einem Kind eines
der für mich anrührendsten Märchen, die Geschichte vom »König
Drosselbart«, zu erzählen.

Wenn Sie sich voll Spiellaune in die Erzählung hineinknien und dabei
zum Beispiel als die vom »Spielmann« gedemütigte »Königstochter«
laut stöhnend in krummer Haltung imaginäre Weidenkörbe flechten,
jammernd und heulend am unsichtbaren Spinnrad sitzen, sich die
scheinbar blutigen Finger ablecken, bucklig auf dem Fußboden kau-
ern und nicht vorhandenen Passanten verzweifelt das irdene Geschirr
anpreisen, wenn Sie dann als Husar brausend durch das Zimmer
tollen und als sein Pferd alle Ihre Töpferwaren zergaloppieren, wenn
Sie mit erhobenen Armen über dieses Unglück schier außer sich
geraten und sich schließlich laut weinend mit Ihrem Brockentöpfchen
an die Wand des Hochzeitssaales quetschen – wenn Sie das alles
einem Kind so vorleben, wird es Sie mit großen Augen staunend
betrachten. Vielleicht wird es alles sehr komisch finden und sich vor
Lachen über Sie kugeln. Vielleicht wird es aber auch von Ihrer
»Theatervorstellung« peinlich berührt sein und sich für Sie genieren;
Kinder haben einen untrüglichen Instinkt für »Mache« und hassen
nichts mehr, als wenn Erwachsene sich so benehmen, wie sie wähnen, daß sich Kinder gebärden. Womöglich wird das Kind aber auch
eingreifen und alles auf seine Weise besser darstellen wollen. Wie
auch immer seine Reaktion ausfallen mag – der Zauber des Märchens
und der rührende Sinn seines Inhalts werden nicht zu seinem Herzen
dringen können. Durch Ihre äußerliche, toll ausgeführte »action«
walzen Sie kindliche Gefühle und Phantasie platt.

Wenn Sie sich aber dem Kind gegenübersetzen, es ins Auge fassen,
ihm die Geschichte erzählen und sich nur auf das Geschehen konzentrieren, werden Sie Ihre Stimme bis zum Flüstern herabsetzen können. Durch das überzeugende, eindringliche Schildern der Tatsachen – häßlicher Freier, spottende Prinzessin, verkleideter Spielmann, gedemütigte Ehefrau, bitterliche Reue und glückliches Ende –
wird das Kind wie gebannt an Ihren Lippen hängen. Und wenn Sie
am Schluß die Spannung lösen, werden ihm dicke Tränen über die
heißen Wangen rollen und es wird zutiefst aufseufzen, denn auf diese
Art und Weise kann es Ihnen gelingen, den Weg zu seinem empfind-
samen Herzen zu finden. Ein Kind ist einfach unfehlbar in seiner
Reaktion und bleibt immer unser bester Kritiker.

Wenn man auf der Bühne – ob bewußt oder unbewußt – verzweifelt auf den Herz-Schmerz-Effekt der Zuschauer spekuliert, schafft man es nicht. Glauben Sie mir, Sie können in einer Rolle Rotz und Wasser heulen – die Zuschauer werden Ihr ungeheures schauspielerisches Können bewundern, aber sie werden nicht selber weinen. Das haben Sie ja so wunderbar für alle schon besorgt. Die Zuschauer sind viel schamhafter als wir. Deshalb ist es die viel größere und schwerere Kunst, den Betrachter zu rühren, ja ihm vielleicht sogar eine versteckte Träne zu entlocken.

Mein eigenes erstes und, wenn mein Gedächtnis mich nicht täuscht, auch mein einziges öffentlich praktiziertes Episieren bei Brecht fand bei den Proben zu meiner ersten Liebesszene statt. Es handelte sich um die Szene zwischen Gustchen und Fritz im *Hofmeister*, in der wir uns voneinander verabschiedeten und uns eine Ode von Klopstock vorlasen.

Ich war schon beim Lesen der Rolle enttäuscht gewesen – diese Szene erschien mir denkbar mager, ausdrucksschwach, trocken und wirkungslos. Also bemühte ich mich auf der Probe, soviel Gefühlsausdruck wie nur möglich in die paar Sätze zu legen, um wenigstens dadurch ein bißchen Feuer zu entfachen.

Da hieß Brecht uns den Text in die indirekte Rede setzen. Und nicht genug damit – wir mußten auch noch die Interpunktion dazu mitsprechen. Das ging dann so:

»Gustchen fragt Fritz, Doppelpunkt, Anführungszeichen unten, wie weit denn Halle sei, Fragezeichen, Anführungszeichen oben. Fritz antwortet ihr, Doppelpunkt, Anführungszeichen unten, dreihundert Meilen oder drei Meilen, Gedankenstrich, so wie sie es wolle, Ausrufezeichen. Wenn er nicht hier bei ihr sein könne, Komma, dem Gustchen, Komma, und sie doch nicht erreichbar sei, Komma, wieviel weiter weg seien dann dreihundert Meilen als drei Meilen, Fragezeichen, Anführungszeichen oben . . .«

Sie können sich sicher vorstellen, daß ich größte Mühe hatte, die Szene nicht gackernd zu veralbern. Ich hielt mich jedoch zurück, weil ich damals intuitiv merkte, daß an dieser indirekten Chose etwas dran sein mußte, daß Brecht da etwas ganz Entscheidendes damit bezweckte und merkwürdigerweise auch sofort erreichte. Meine gespitzten Ohren vernahmen nämlich das gemurmelte Echo der beifälligen Zustimmung im Zuschauerraum sehr wohl, als wir hernach –

ohne grammatikalische Verrenkungen – diese Abschiedsszene im Stücktext normal spielten.

Sie können dieses System immer und überall anwenden, probieren Sie es aus, es wird niemals zu Ihrem Schaden sein und niemals zum Schaden Ihrer Rolle. Sie brauchen wirklich, garantiert, nie zu befürchten, daß eine derart kontrolliert gebrachte Gefühlsäußerung einer spontan geborenen »echten« Emotionsentladung nicht ebenbürtig sei – im Gegenteil, sie ist ihr überlegen. Ich kann es Ihnen nur immer wiederholen, eine große schauspielerische Darstellung besteht aus der Kunst des Umsetzenkönnens von Sein zu Schein. Unser Tätigkeitswort heißt nun einmal »spielen« und nicht »leben«.

Vor einem aber möchte ich Sie ganz dringend warnen: Unterschätzen Sie die Technik der episierten Darstellung nicht. Wiegen Sie sich niemals in der bequemen Sicherheit, Verfremden sei weniger anstrengend und deshalb einfacher. Hüten Sie sich davor, Brecht aufgrund der lächerlich anmutenden Zuhilfenahme der deutschen Grammatik mißzuverstehen. Sein Episieren hat nichts, aber auch nicht das geringste, mit einer rezitativen Darbietung zu tun.

Schildern ist nicht gleich Textaufsagen, und Erzählen bedeutet nicht Herunterleiern. Lassen Sie sich nie in Versuchung führen anzunehmen, daß ein nicht dramatisch gestaltetes Gefühl nur »lahmarschige Plapperei« sei. Eine epische Darstellung hat weder mit einer tibetanischen Gebetsmühle zu tun, noch gehört sie vom Katheder aus vorgebetet. Sie schöpft ihre Dramatik aus der Intensität des Mitdenkens, sie lebt von der immensen rationalen Eindrücklichkeit, mit der Sie dem Publikum seelische Höhen und Tiefen plausibel machen.

Das erfordert ein Höchstmaß an Konzentration und Disziplin. Ihre Spannkraft darf niemals nachlassen, Ihr innerer Draht zum Zuschauer darf sich niemals lockern. Sie müssen beständig dranbleiben, denn wenn Sie einmal nicht voll mitdenken, kappen Sie sofort die Verbindung zum Zuschauer.

Ihre Konzentration während einer epischen Darstellung ist eine schweißtreibende Kraftanstrengung und bewirkt alles, nur eines nicht: die ihr nachgesagte Langeweile. Wenn ein episch dargestelltes Gefühl die Zuschauer zum Gähnen anregt, dann ist es falsch gebracht, dann hat man den alten Meister vollkommen mißverstanden. Sein Theater war niemals langweilig – hat er es doch als erster gewagt, die Aufführungsdauer über zweieinhalb Stunden hinaus zu dehnen, ohne dadurch je die Zuschauer zum Schlummern gebracht zu haben. Und lassen Sie sich niemals einreden, daß episches, daß verfremdetes Gefühl ein Widerspruch in sich sei.

Das Gefühl wurde ja vom Text her von Ihnen durchaus als ein solches erkannt, angenommen und gewürdigt. Durch das distanzierte und laute Lesen haben Sie es konzentriert und komprimiert in sich aufgenommen, mit dem Effekt, daß Sie es nun beherrschen und nicht von ihm beherrscht werden. Ich will Ihnen hier an Hand unseres *Urfausts* einen Beweis dafür liefern:

Es handelt sich um die Episode aus der Gartenszene, wo Margarethe mit anschaulichen Worten Faust erzählt, wie sie ihre kleine Schwester großgezogen hat. Ich habe in verschiedenen Aufführungen den Schauspielerinnen bei dieser Geschichte zugesehen. Einmal wurden die Erlebnisse farbiger und fröhlicher, ein andermal lächelnder und inniger oder gütiger und altklug dargeboten. Doch immer und überall war das Tun und Treiben um das Großwerden dieses Kindchens das Hauptanliegen Margarethes und wurde Faust als solches vermittelt.

Ganz anders bei Brecht. Da bestand Margarethes ganzes Sinnen und Trachten nur aus ihrer innigen Liebe – sie schien völlig unfähig, in einem ihrer Sätze an irgend etwas anderes zu denken. So stand sie völlig regungslos vor Faust und blickte unentwegt in dessen Augen. Aus diesem unverwandten Blick entstand ihr ganzer unaufhaltsamer Redefluß. Sie sprach leicht atemlos – so daß schier ihr Herzpochen zu vernehmen war –, klar und sachlich ihren Text. Obwohl jedes gestische Ausschmücken, jede Lautmalerei vermieden wurde, wirkte die ganze Erzählung überhaupt nicht wie ein heruntergebetetes oder eintöniges Aufsagen. Man spürte förmlich, wie Margarethe vor innerer Erregung vibrierte. Diese verhaltene, ungeheure Emotion gab der Phantasie des Zuschauers Gelegenheit, sich die hinter dem harmlosen Geplauder liegenden Gedanken, Wünsche und Sehnsüchte auszumalen. So wurden ganz ohne dargestellte Dramatik im Betrachter die leidenschaftlichsten Gefühle geweckt. Es war die aufregendste Liebesszene, die man sich vorstellen kann, obwohl oder gerade weil sie so karg und schlicht dargeboten wurde. Die Wirkung dieses bis ins letzte durchdacht dargestellten Gefühls war so gewaltig, daß ich mich noch heute – nach über dreißig Jahren – einer tiefen Ergriffenheit nicht erwehren kann.

Lassen Sie sich dieses Beispiel durch den Kopf gehen; ich bin überzeugt, daß es Ihnen ohne weitere Kommentare klarmacht, welche Tiefen im Zuschauer Sie erreichen können, wenn Sie seiner Imagination auf die Sprünge helfen. Soviel zum oft mißverstandenen Begriff des Episierens.

Sie werden im Laufe der Zeit intuitiv merken, welches Maß an – distanziertem – Gefühl Sie in die Darstellung einschleusen können oder müssen. So werden Sie instinktiv bald heraushaben, daß Sie, wenn das Publikum entsetzt oder geschockt werden soll, distanzierter spielen müssen.

Für die gegenteilige Situation, wenn also der Zuschauer nur angerührt werden soll, können Sie ruhig mehr an durchdachtem Gefühl einbringen.

Wenn Sie in emotionalen Szenen innerlich über der Situation stehen, kann Ihnen nichts passieren – Ihr konzentriertes gedankliches Anliegen trägt Sie in jedem Moment Ihrer Darstellung. Sie brauchen sich vor nichts und niemandem zu genieren, wenn Sie sich in diesem übersensiblen Beruf auf Ihren gesunden Menschenverstand verlassen.

Denn in der schauspielerischen Arbeit zählt allein das Resultat, und es interessiert keinen Menschen mit welchen trickreichen Vorübungen Sie Ihr Endergebnis erzielt haben.

Von Augen, Ohren, Händen und Füßen

Nun noch ein paar ganz praktische Tips zwischendurch: Der erste Hinweis betrifft Ihr eigenes Schauen auf der Bühne. Gewöhnen Sie sich frühzeitig daran, Ihren Kopf samt Blick Ihrem Partner zuzuwenden, denn Sie dürfen nie vergessen, daß es gilt, die Rampe vor Ihnen zu überwinden – der Zuschauerraum reicht extrem weit in die Tiefe, und auch die hintersten Reihen und die Ränge haben ein Recht darauf, Ihrer geänderten Blickrichtung folgen zu können. Wenn Sie zum Beispiel – eine Situation, die sich auf der Bühne oft wiederholt – an einem Tisch sitzend einen Dialog führen, Ihr Partner en face und Sie im Profil zum Zuschauerraum, dann genügt es nicht, in stocksteifer Haltung Blicke mit Ihrem Kollegen auszutauschen. Ihr Augenspiel können die Zuschauer auf diese Distanz einfach nicht wahrnehmen. Da müssen Sie immer den »ganzen« Kopf, nicht nur Ihr Auge, zum Mitspieler wenden; und wenn Sie dann wieder vor sich hin oder ins Unbestimmte zu sprechen haben und Ihren Blick von ihm lösen, müssen Sie auch sichtbar Ihre Stellung von ihm abkehren. Was Sie im Leben nie täten, sind Sie im Theater dem Zuschauer schuldig.

In früherer Zeit wurde der Wichtigkeit des Augenspiels der Schauspieler Rechnung getragen, indem eine Rampenbeleuchtung höchste Unterstützung dazu bot. Brecht schaffte diese Rampenbeleuchtung – die ja jedem natürlichen Lichteinfall zuwiderläuft – für sein Theater sofort ab. Man gewöhnte sich so schnell an diese Umstellung, daß ich mich noch heute genau meiner ungeheuren Irritation entsinne, als ich bei unserem ersten Gastspiel in Paris 1954 im »Théâtre Sarah Bernhardt« plötzlich wieder vom Boden her voll angestrahlt wurde.

Brecht beseitigte diese althergebrachte Lichtquelle nicht, um den Schauspielern zu schaden, obwohl die Lichter aus der Tiefe die Gesichter plastischer und schöner hatten erscheinen lassen, und die älteren Kolleginnen deshalb heimlich dem Rampenlicht nachtrauerten. Dem Meister widerstrebte nur der manchmal durch diese Beleuchtung erzeugte Effekt einer »interessanten Minendämonie«, die in unseren redlichen Kindergesichtern natürlich höchst absonderlich und abwegig anmuten mußte.

Da Brechts grelles, nur von oben geschossenes Scheinwerferlicht blindlings Schule gemacht hat, wird Ihr Augenspiel durch Ihre überstehenden Jochbögen sehr oft verschattet. So sind Sie einfach gezwungen, Ihre Blicke mit einer Körperbewegung zu begleiten und zu unterstützen.

Sollten Sie sich allerdings (in einer Komödiensituation etwa oder in einem A-part-Moment) an einer ganz exponierten Stelle auf der Bühne befinden und direkt en face zum Publikum stehen, dann genügt das Bewegen der Augäpfel an sich – denn wenn man so extrem im Zentrum steht, wird die Anwendung der verdeutlichenden Kopfdrehung natürlich überflüssig. Das sind die spielerischen »Augenblicke«, in denen Sie mit einem greulichen Augenrollen; einem listig herausfordernden, wandernden Blick; einem verständnisheischenden Zwinkern oder einem verzweifelten Augenaufschlag Ihre Zuschauer zum Lachen bringen können.

Wenn Sie einmal eine Textpassage nach vorne zu sprechen, aber nicht direkt ans Publikum zu adressieren haben, würde ich Ihnen raten, Ihren Blick auf der Höhe der hintersten Reihen zu halten. Dadurch kann Ihr Auge vom ganzen Parkett voll wahrgenommen werden, und auch den Rängen wird durch Ihre abdeckenden Lider nicht allzuviel von Ihrem Blick verborgen. Diese Seh-Höhe verhindert auch, daß Sie durch einzelne, im fahlen Licht manchmal auffällig herausragende Zuschauerköpfe irritiert und abgelenkt werden können. Das Verweilen der Blickrichtung in der Anonymität der hintersten Reihen beschert Ihnen immer eine seltsam beruhigende Ausgeglichenheit und verleiht Ihrem Blick obendrein ein stilles In-sich-gekehrt-Sein mit einem ungeheuer anziehenden, undefinierbaren Reiz.

Bei einem Chansonabend hingegen, da gilt die Regel: Immer die Leute ins Visier nehmen – die quickwachen Blicke von der ersten bis zur letzten Parkettreihe und in die Ränge hinauf schießen und blitzen lassen. Damit halten Sie all Ihre Zuschauer stets im Griff, und der Erfolg ist Ihnen zur Hälfte schon garantiert.

Ich wohnte einmal dem Chansonabend einer Kollegin bei, die sehr hübsch sang und verständig sprach; sich aber doch um den erhofften Applaus brachte, weil sie ihren Blick während des ganzen Abends permanent am Horizont, weit über den Köpfen der Zuschauer der letzten Reihe hängen ließ. Mit diesem in einer leeren Ferne fixierten Blickpunkt konnte sie keinen einzigen auffordernden Zuruf landen, keine noch so provokante Behauptung plazieren und mit keiner Frage eine Reaktion aus dem Publikum hervorlocken.

Seien Sie sich also der Wichtigkeit Ihrer Augen immer bewußt. Überlegen Sie einmal, wie viele Ausdrucksmöglichkeiten dem Auge zugeschrieben werden, weit mehr, als ihm – sinn-gemäß – im Grunde zukommen. Ein »sprechendes Auge«, ein »fragendes Schauen«, ein »beredter Blick« – ja, wie heißt es, ein Blick sagt mehr als tausend Worte.

Nun weg vom Auge und hin zum Ohr. Wenn Sie musikalisch sind und als Schauspieler sind Sie bestimmt nicht ganz unmusikalisch –, müssen Sie Ihr Ohr frühzeitig daran gewöhnen, auf die Stimmen der Dialogpartner zu achten und deren vorgegebene Tonlagen wahrzunehmen. Wenn wir auch heute direkt und auf Punkt sprechen, der pathetischen Lautmalerei vergangener Zeiten nicht mehr frönen, so ist trotzdem die Musikalität im Bühnendialog nicht aus unserer Welt geschafft. Ein richtig inszeniertes Gespräch gleicht immer noch einem Kammermusikstück, in dem die Stimmen einmal im Wohlklang miteinander schwingen oder, je nach der Textsituation, hart und jäh gegeneinander gesetzt sind. Auch heute noch müssen wir – und daraufhin können Sie Ihr Gehör nicht sorgfältig und liebevoll genug schulen – der uns vorgelegten Tonart des Partners Rechnung tragen, indem wir, wie es in der Bühnensprache heißt, bei unserer Antwort seinen Ton »abnehmen«. Bemühen Sie sich darum immer, in der entsprechenden Harmonie einzusetzen, denn wenn Sie mit einem, vom Text her nicht berechtigten Mißklang dazwischenfunken, verpatzen Sie nicht nur Ihren Einsatz, sondern bringen durch Ihre Disharmonie Ihren Partner beim Erwidern in höchste Verlegenheit. Nehmen und Geben ist auch hier der Weisheit letzter Schluß.

Wenn Sie als junger Schauspieler das Glück haben, gute Partner zu haben – das heißt Partner, die Ihnen den Stichwortsatz im richtigen Tonfall geben –, brauchen Sie nur Ihre Ohren zu spitzen. Solange Sie sein Dur oder Moll mit bereitwilligem Gehör aufnehmen, ergibt sich für Sie die Klangfarbe Ihrer Antwort darauf ganz von allein.

Aber dieses Glück lacht einem nicht immer. Im Laufe der Zeit werden Sie lernen, aus dem Zusammenhang herauszuhören, ob eine vom Partner vorgegebene Tonart wirklich die für Sie stimmige ist, und ob Sie mit Ihrem Satz diesen angeschlagenen Ton abnehmen können oder nicht. Sollten Sie dann das ungute Gefühl verspüren, auf diese Klanglage partout nicht einsteigen zu können, dann machen Sie bitte aus Ihrem unruhigen Herzen keine Mördergrube: Geben Sie ruhig zu, daß Sie nicht fähig seien, diesem vorgelegten Ton Rechnung zu tragen, daß er Ihnen, aus welchen Gründen auch immer, gegen den Strich geht. Man wird dann gemeinsam untersuchen, warum die Harmonie im Dialog nicht gelingen will. Die störende Ursache liegt meistens – doch davon sprechen wir ausführlich im nächsten großen Komplex – in einer falschen Betonung. Aber rücken Sie in jedem Falle mit Ihrem Unbehagen heraus. Ein Schauspielergehör ist ein feines Instrument. Es läßt sich nur schwer täuschen, und es wird unweigerlich bei jedem Mißklang rebellieren und Alarm schlagen. Selbst wenn Sie wegen Ihres Einspruchs eine eventuelle, momentane Probenunstimmigkeit in Kauf nehmen müssen, ist diese doch tausendmal leichter zu verkraften als eine unterschwellig aggressive Unsicherheit im Zusammenspiel am Abend.

Mir wird aus diesem Grunde eine Vorstellung von Kleists Lustspiel *Der zerbrochene Krug* unvergeßlich im Gedächtnis bleiben. Die Aufführung war im wunderbarsten, stimmlich-stimmenden Sprechklang inszeniert, und dabei durchaus realistisch gestaltet – ein wahres Hohelied gesprochener Kammermusikkunst. Mit dem Auftritt der Brigitte aber, gegen Schluß des Stückes, brach das ganze Wunderwerk dieses Abends in sich zusammen. Die Darstellerin der Brigitte nämlich behandelte ihre hochgestochene, herrliche Perückengeschichte wie eine schon aus dem Mülleimer quellende Ladung Mist, die in die Tonne zu leeren ihr zu beschwerlich erschien. Infolgedessen kippte sie ihren Text in lässigem Konversationston auf die Bühne; so, als stünde sie »man rasch bei Kommissar Derrick an der Theke« – sollten die Kollegen, sollten die Zuschauer doch damit anfangen, was sie wollten. Sie brachte es durch ihre völlig verquere Tonart und ihre absolut disharmonische Sprechweise im Handumdrehen fertig, die ganze wunderschöne Inszenierung zu sprengen. Niemand konnte auf ihr Astronautengebrabbel antworten, geschweige denn diesen völlig divergierenden Ton abnehmen. Und so endete der Wohllaut des Abends durch diese eine, einzige Un-Stimmigkeit in brutalem Mißklang.

Versuchen Sie also bitte niemals – schon gar nicht aus falsch verstandener Profiliersucht –, Ihr Sprechinstrument konträr zu stimmen und selbstherrlich irgendwie draufloszufisteln.

Dieser Hinweis gilt freilich nicht nur für die Jamben der Klassiker. Wenn Sie sich in die ungebundene Sprache der modernen Stücke einhören, werden Sie nach und nach merken, daß auch in den frei geschriebenen Texten eine Musikalität verborgen liegt, die nicht abgewürgt werden darf. Denken Sie an die Zwölfton-Musik – auch Dessaus und Eislers scheinbare Dissonanzen sind nach einer strengen Regel komponiert und verlangen zu Recht nach deren strikter Einhaltung.

Nachdem ich mich hier einmal mehr – und dieses Mal zum letzten Mal – mit Ihren beiden Sinneswerkzeugen Auge und Ohr beschäftigt habe, nun auch noch ein letzter Fingerzeig, was den Gebrauch Ihrer Extremitäten anbelangt.

Zunächst zur größeren Problematik, Ihre beiden Hände betreffend. Sie werden es nicht für menschenmöglich halten, aber es kommt tatsächlich vor – und diesmal wende ich mich ausschließlich an meine jungen männlichen Kollegen –, daß ein Schauspieler erst auf der

Bühne merkt, daß ihm zwei Hände eigentlich zuviel sind. Worüber er im Leben höchstens in Ausnahmesituationen wie beim Zahnarzt oder auf dem Standesamt nachdenkt, türmt sich auf der Bühne zu einer schier unbezwingbaren Felswand auf – höchster Schwierigkeitsgrad: Wohin um Gottes willen mit dieser Unzahl von zwei Händen? Seltsamerweise lautet da das erste Gebot immer: Sofort weg damit und ganz rasch verschwinden lassen. Und wohin? Natürlich in die Hosentaschen. Dem Erfinder dieser zwei Schlupflöcher gebührt wahrlich ein von männlichen Schauspielern gestiftetes Ehrenmal. Habe ich doch in einem modernen Lustspiel als Zuschauerin tatsächlich erlebt, daß in einer Gesellschafts-Szene es sage und schreibe alle vier männlichen Darsteller fertigbrachten, mit tief in den Hosentaschen vergrabenen Händen wichtig und wuchtig auf der Bühne herumzufuhrwerken, als hätten sie schmutzige Finger zu verbergen gehabt. Die fünfte im Bunde war eine Schauspielerin im Abendkleid, deren Hände durch das Halten eines Lacktäschchens gottlob sichtbar bleiben mußten. Sie krallte sich dankbar daran fest und stellte dadurch für die beklommenen Zuschauer sicher eine wahre Erlösung dar.

Ich beschwöre Sie also: Lassen Sie sich bei Probenbeginn Ihre Hosentaschen zunähen! Dann erst werden Sie nämlich merken, wie abhängig Sie davon sind. Es muß aber doch machbar sein, daß Sie sich Ihrer »Hand-Habungsmöglichkeiten« beim Gespräch bewußt werden, um damit beim Ver-handeln, etwas ausdrücken zu können. Auch hier sei an die gebräuchliche Redewendung erinnert: Sprechende Hände! Die »Gestik« der Hände hat, was den Ausdruck einer schauspielerischen Haltung (»Gestus«) betrifft, eine grundlegende Bedeutung. Also versäumen Sie es in keiner Rolle, sich der unzähligen Ausdrucksvarianten Ihrer Hände zu bedienen. Überlegen Sie immer wieder neu, wie Sie durch Ihr Hand-Spiel Ihren Text am anschaulichsten, am einfachsten und zugleich eindrücklichsten unterstützen können. Sie müssen Ihre Hände lieben – nicht wegen ihrer etwaigen Schönheit, sondern wegen der immensen Kraft an Ausdrucksfähigkeit, die ihnen innewohnt: Sie können mit einer einzigen Handbewegung auf der Bühne den Herzschlag der Zuschauer zum Stocken bringen!

So werde ich die Verkrampfung der auf seinem Rücken gefesselten Hände des Darstellers des Schweizerkas in unserer Vorstellung von Brechts *Mutter Courage und ihre Kinder* niemals vergessen. Dieser Schauspieler hatte mit dem Rücken zum Zuschauerraum zu stehen und – ohne ein Wort zu äußern – das Gespräch über sein Todesurteil mitanzuhören. Er hielt sich dabei leicht vorgebeugt, und seine dem Zuschauer sichtbaren, sich verkrallenden Hände zogen die ganze entsetzte Aufmerksamkeit auf sich. Es war ein herzzerreißender Anblick, diese vor Todesangst fast verkrüppelt wirkenden Hände sich krümmen zu sehen. Dann wurde er zu seiner Hinrichtung weggeführt, die Szene war vorbei, aber niemals werde ich die damals empfundene Qual wieder los – und ich gedenke jenes Kollegen mit größter Hochachtung und tiefster Verehrung. Es war der unvergeßliche Joachim Teege.

Das schönste und reichste Anschauungsmaterial zum Thema, was man alles durch ein sprechendes Spiel der Hände ausdrücken kann, finden Sie in unseren Museen.

Wenn Sie einmal Zeit und Muße haben, suchen Sie eine Gemäldegalerie auf und betrachten Sie die in ihrer Bewegung festgehaltenen Hände der Gestalten auf den Bildern der alten Meister. In deren Werken kommt die Sprache der Gestik ganz besonders seelenvoll und ausdrucksstark zur Geltung. Ich bin überzeugt, daß, wenn Sie zum Beispiel vor einem Rogier van der Weyden, einem Fra Angelico, einem Jan van Eyck oder einem Lucas Cranach stünden, Ihnen die Faszination dieser farbig erzählenden Handsprache sofort ins Auge spränge und Sie anregte, sie in Ihr Repertoire zu übernehmen. Sollten Sie jemals durchs Elsaß fahren, versäumen Sie bitte nicht, sich Grünewalds »Isenheimer Altar« in Colmar anzusehen. Diesem Meister ist es gelungen, die Gestik der Hände so sprechend darzustellen, daß die Bedeutung ihrer gemalten Haltung mit keinem Wort in keiner Sprache verständlicher, erregender und bewegender zum Ausdruck gebracht werden könnte.

Auch wenn Sie kein Bildernarr sind, kann ein Gang durchs Museum nie schaden. Manchmal entdeckt man in einer kühnen Schulterdrehung, einer graziösen Kopfneigung oder einer originellen Armverschränkung eines Modells eine frappierende Haltung, die zur Figur einer Rolle genau paßt, und die man ruhigen Gewissens kopieren darf.

Achten Sie beim Betrachten der Bilder auch auf die Bein- und Fußstellungen der dargestellten Menschen. Es ist ein immer neues

Entzücken, wenn man entdeckt, wie anmutig und graziös die Hofda-
men in ihren schweren, prunkvollen Gewändern dahinschreiten; mit
welch zierlicher Arroganz ihre Kavaliere die bestrumpften Beine
plazieren und mit welch selbstverständlicher Eitelkeit alle ihre spitz
beschuhten Füßchen aufsetzen und vorzeigen. Sollten Sie ein Ko-
stümstück probieren, hielte ich ein Studium solcher Gemälde geradezu für unumgänglich. Es würde Sie, haltungsmäßig, auf manches
aufmerksam machen, das Ihnen zwar befremdlich vorkäme, Sie aber
vielleicht gerade der Exotik wegen zu einer waghalsigen Kopie anre-
gen könnte.

Überhaupt sind das Gehen und das Stehen auf einer Bühne anfangs
nicht ohne Tücke. Und auch Ihnen wird es passieren, daß Sie
zunächst unweigerlich über die einzige kleine Schwelle im Bühnenbild stolpern und prompt gegen die mutterseelenallein in der Gegend
herumstehende Holzbank donnern. Vor lauter »Bloß nicht«-Denken
wird Sie der Bühnenklabautermann unbarmherzig kaschen und genau mit Ihren zwei linken Füßen in die erste klitzekleine Falle tappen
lassen. Der verstaubte, für alle sichtbare Plastikblumentopf, der den
Garten andeuten soll, scheint zu nichts anderem zu taugen, als wie ein
Magnet darauf zu warten, endlich von Ihnen mit Vehemenz umgesto-
ßen zu werden.

Und wenn Ihr Bühnenbild gar eine Schräge aufweist, so daß sich der
ganze Boden nach hinten mehr oder weniger steil anhebt, dann müssen
Sie sich, wenn Sie bis dato nur flache Bühnenebenen kannten, völlig
umgewöhnen, darauf einstellen und hart trainieren. Das Gehen,
Stehen und Laufen auf einer Schräge verlangt viel Geschicklichkeit,
ja, Eleganz und Balance. Und ich würde Ihnen raten, sich in jeder
Probenpause darin zu üben, damit Sie sich an diesen neuen Zustand
der Körperhaltung so schnell wie möglich gewöhnen können. Ist
Ihnen das Sich-auf-einer-Schräge-Bewegen aber erst einmal in
Fleisch und Blut übergegangen, werden Sie bald einen ansteigenden
Bühnenboden einem flachen vorziehen. Denn wenn Sie – im Profil
zum Zuschauerraum – auf einer Schräge gehen, bekommt der Gang
durch die Höhendifferenz der Beine, so minimal sie sein mag, etwas
leicht Schwebendes. Darf man auf einer Schräge laufen oder gar
rennen, kann man sich sogar das rauschähnliche Gefühl der Schwere-
losigkeit entfernt vorstellen. Auch das en face Nach-vorne-Gehen,
einer tieferliegenden Rampe entgegen, hat etwas Würdevolles und

wird durch die nicht alltägliche, gekippte Bodenlage unwillkürlich zu einem schönen, natürlichen Schreiten, während das ansteigende Nach-hinten-Weggehen optisch elegant verjüngt und einem im wahrsten Sinne des Wortes Größe verleiht.

Natürlich kann nicht jedes Stück auf dieser angehievten Ebene gespielt werden. Bei einem Boulevardlustspiel oder einem leichten Konversationsstück wäre eine Schräge völlig deplaziert, denn dieser nach der Bühnentiefe ansteigende Boden bewirkt etwas Erhabenes, ja, Erhebendes: Da sich alle Proportionen, wenn auch nur ganz leicht, dadurch verschieben, werden sie tatsächlich in die Nähe jener Dimension der allgemeingültigen »edlen Einfalt und stillen Größe« gerückt, und bringen es somit fertig, Winckelmanns schöner Definition auch in unserer Zeit zu ihrem Recht zu verhelfen. Bei Brecht wurden alle Stücke auf der er-hebenden Schräge gespielt, sogar unsere Drehbühne war kunstvoll darin eingelassen und wurde auf den Tourneen mittransportiert. Deshalb weiß ich aus eigener Erfahrung genau, daß es eine Weile dauert, bis man diese schiefe Ebene völlig beherrscht. Doch mit einem ganz trivialen Training werden Sie sie mit der Zeit erobern und bezwingen, sie lieben, ja, ihr regelrecht verfallen.

Sollte es geschehen, daß Sie in einer Dekoration Treppen steigen oder, schwerer noch, Treppen herunterlaufen müssen, würde ich Ihnen immer vorschlagen, ruhig auf die Stufen vor Ihnen zu achten, also hinunterzublicken. Damit wird Ihnen kein Stempel für feiges Dilettantentum aufgedrückt – im Gegenteil: Sie weisen sich mit diesem Mut zur Souveränität als Profi aus. Denn es geht auf der Bühne nicht darum zu beweisen, daß Sie auf dem Eis den Doppelaxel dreimal linksherum springen können – jede Kunst muß ihre eigenen Voraussetzungen haben. In diesem Fall ist es viel, viel besser und richtiger, Sie sehen sich Ihre Stufen an und landen unbeschadet unten, als daß Sie krampfhaft lächelnd und innerlich vor Angst schlotternd die unterste Stufe mit Kladderadatsch verfehlen. Also schonen Sie Ihre Nerven und geben Sie den Zuschauern keinen Anlaß zur Häme, denn halsbrecherische Akrobatik braucht auf der Sprechbühne nur auf dem geistigen Sektor stattzufinden. Ich ziehe zum Beispiel einer Lulu, die von der vier Meter hohen Leiter, nach täglichem Leitersturz-Training, einen Purzelbaum im freien Fall vollführen kann, immer noch eine träge, dafür aber stimmige Lulu vor. In diesem Sinne wollen wir unseren falschen Ehrgeiz ruhen lassen und dem Zirkus geben, was des Zirkus ist – es verbleibt uns immer noch mehr als genug zu tun.

Nun noch eine letzte Bemerkung, das Verbeugen beim Applaus betreffend. Ich richte sie in erster Linie an meine jungen Kolleginnen, und wahrscheinlich ist sie, der Zeit entsprechend, sowieso in den Wind geschrieben. Natürlich denke ich nicht daran, von Ihnen etwa zu verlangen, daß Sie sich – wie es vom alten, mündlich überlieferten Bühnengesetz her reglementiert war – »dem Stil Ihrer Rolle entsprechend« verbeugen sollten. Aber es scheint mir doch unvorstellbar, daß ein bißchen Grazie, eine Spur Charme, eine nur angedeutete Liebe zum Beruf, Ihre – selbstverständlich streng dem Zeittrend unterworfene – Individualität völlig aus der Bahn werfen könnten. Denn was werden einem doch von den reizendsten Darstellerinnen für grauslige Verbeugungen angeboten! Einige klappen den ganzen Oberkörper wie ein Taschenmesser vornüber, als gälte es, den Bühnenboden mit der Trauerweidenhaarflut zu entstauben. Andere bedanken sich mit so abrupten, knappsten Kopfsenkungen, daß man schaudernd das Knacken der Halswirbel zu vernehmen glaubt. Manche versuchen sich an eckigen Knicksen, bei denen die Knöchel wegzusacken drohen, und mit besonderer Vorliebe werden die Schultern hochgebuckelt und die Hälse schildkrötenartig eingezogen. Aber was auch immer den dankbar klatschenden Zuschauern an anatomischen Abstrusitäten geboten wird – Trumpf dieser »Sportschau« ist offenbar Schnelligkeit: nur fort, schnell weg und ab durch die Mitte!

Ob diese plötzlich ausgebrochene Hetze am U-Bahn-Fahrplan liegt oder vom letzten Bus abhängt, ob man den abholenden Gefährten nicht so lange zappeln lassen will, oder ob man sich nicht für so verbeugungswürdig hält – was auch immer der Grund sein mag: Die meisten Darstellerinnen und Darsteller vermitteln heute den Eindruck, daß sie den Applaus wie ein peinliches Spießrutenlaufen scheuen.

Dabei gehört, nach alter Väter Sitte – und warum sollen alle Sitten der Väter über den Jordan geschickt werden? – das Verbeugen zur Vorstellung, daran führt kein Weg vorbei. Privatmensch sind Sie erst wieder, nachdem der letzte Vorhang gefallen ist, erst dann ist die

Vorstellung für Sie zu Ende, erst dann gibt die Bühne Sie frei. Freuen Sie sich über Ihren Applaus und sonnen Sie sich in der Ihnen entgegengebrachten Sympathie. Sie brauchen diese Höhen, um auch Tiefen ertragen zu können. Wenn Sie sich erst einmal mit vor Scham zusammengebissenen Zähnen verbeugen, werden Sie davon zehren müssen. Der Zuschauer hat ein Recht darauf, Sie beim Applaus richtig anzusehen, um sich dann eventuell bei seiner Beifallsäußerung entsprechend zurückzuhalten. »Face the music« ist ein schöner Spruch aus der Neuen Welt; er gilt auch für uns, und Sie müssen den Mut aufbringen, sich nach dem Spielen, beim Verbeugen, vom Zuschauer ins Visier nehmen zu lassen.

Sechster Schritt: Deutsch für Schauspieler

Das nun folgende, vorletzte theoretische Thema ist anerkanntermaßen das unbeliebteste. Es handelt nämlich von der Art und Weise, wie in unserem deutschsprachigen Beruf mit der deutschen Sprache umgegangen wird. Ein heißes Eisen.

Gibt es doch nicht einen einzigen Zuschauer der älteren Generation, der Ihnen, sollte die Konversation unseligerweise darauf kommen – und meist wird sie von bejahrten Theaterbesuchern mit starrsinnig-freundlicher Bestimmtheit immer wieder genau dahin gelenkt –, nicht sofort die vorwurfsvolle Frage stellt: »Warum haben denn die Schauspieler in früherer Zeit soviel besser und soviel schöner gesprochen?«

Da es jungen Kollegen völlig unmöglich ist, diese Frage sachlich und einleuchtend zu beantworten, folgen sie meistens der fadenscheinigen Devise, daß Angriff immer die beste Verteidigung sei, und gießen leider durch ihr widerspenstiges Abstreiten ganze Wasserfluten auf die Mühlen der »Früher war alles besser«-Sager. Dabei geraten sie in diesem Falle völlig unschuldig in das aggressive Kreuzfeuer jener Seniorenkritik, weil sie den Umbruch in der deutschen Bühnensprache gar nicht miterlebt haben.

Ich habe als Anfängerin noch die auslaufende Zeit der hohen Sprechkunst kennengelernt; damals sprachen meine großen Kollegen mit volltönendem Wohllaut, doch wetterleuchtete bereits eine neue Zeit heran, denn die Mode des auf der Bühne nach italienischer Manier prachtvoll gerollten »r« begann allmählich zu verblassen.

Die Abkehr vom pathetischen romanischen »r« und die Hinwendung zum kunstlosen, klangarmen Gaumen-»r« war der Beginn jener Sprechentwicklung, deren Ende unsere älteren Zuschauer heute so sehr beklagen. Was den melodischen Wohlklang des rein Akustischen betrifft, mögen sie in Gottes Namen auf ihrem Recht beharren, aus der Sicht der Modalitäten der heutigen Schauspielkunst sind sie jedoch schlicht und einfach im Unrecht.

Brecht krempelte die Bühnensprache radikal um. Sein zeitgemäßer, nüchterner Darstellungsstil der zum Mitdenken herausfordernden Sachlichkeit verlangte einen dafür geeigneten Sprechstil. Durch ihn erkannte ich, daß das Theater sich den Einflüssen der jeweiligen Epoche nicht entziehen kann und ebenden Stil entwickeln muß, der zu seiner Jetzt-Zeit paßt, und den sie – allem Wehgeschrei zum Trotz – auch verdient. Die Welt der Bühne ist nun mal keine unveränderbare Insel der Seligen.

Ich erinnere mich nur zu gut an Brechts Entsetzen, als er 1947 Vorstellungen besuchte, die stilmäßig durchaus auch vor der totalen Katastrophe des Zweiten Weltkriegs hätten stattgefunden haben können. Es war ihm völlig unbegreiflich, daß die Art des Theatermachens von all den Schrecken völlig unberührt geblieben sein sollte, und er konnte über diese ihm unfaßbare Tatsache schier außer sich geraten.

Bis jetzt war es mir möglich, alle meine Erfahrungen ohne zu zögern an Sie weiterzugeben. Den einzigen neuralgischen Punkt in der Praxis Brechtscher Theorien habe ich bis zu dieser Stelle zurückgehalten. Denn eine einzige Gleichung geht in Brechts Rechensystem nicht auf: Jene unbekannte Größe betrifft eben genau das Sprechen, die rein akustische Verständlichkeit.

Da wir nicht mehr mit Hall sprachen, sondern auf Punkt, weil unsere Stimmen nicht mehr voll und schön, sondern trocken und sachlich zu tönen hatten, wurden wir automatisch viel, viel leiser. Und so verständig unsere Sprechweise auch war, so unverständlich blieb sie oft. Die Lautstärke, respektive -schwäche war unser großes Problem. Brecht verlangte strikt eine durchdachte, nüchterne Sprechweise, und die war in ihrer knappen Klanglosigkeit beim besten Willen nicht so hinzukriegen, daß sie bis in die hintersten Reihen dringen konnte.

Natürlich werden sich nun prompt die Stimmen der älteren Theaterbesucher wieder zu Wort melden, um vorwurfsvoll der Saga zu gedenken, daß man »damals« eben auch das gewispertste Flüstern hätte vernehmen können, und daß die ganze beklagenswerte Misere nur an unserer ungenügenden Stimmtechnik liege.

Aber diese Kritik ist ungerecht; die Technik des Sprechens ist untrennbar mit dem Stil der Darstellung verknüpft und von ihr separiert nicht lebensfähig. Schon deshalb kann dieses – zugegebenermaßen große – Handicap auf solch unsachgemäße Weise nicht abgehandelt werden.

Bei Brecht wurden ja sogar extra – um der unüberhörbar murrenden Kritik Rechnung zu tragen – zwei Sprechlehrer engagiert (der unvergeßliche Professor Pancho Kochen und seine Assistentin Erna), die uns in dieser Kunst vergangener Zeiten unterweisen sollten. Aber im Grunde waren sie zwei Kämpfer auf verlorenem Posten: Alles, was sie mir so fabelhaft beibrachten, konnte ich niemals anwenden. – Ich durfte nicht hauchend und gleichzeitig verständlich flüstern. Hauch galt als theatralisch und war infolgedessen streng verpönt. Die Endsilben konnte ich nicht leise hörbar verklingen lassen, denn drohend war mir da der unerbittliche Punkt gesetzt. Jeglicher Nachhall oben im Rang wurde sofort geahndet und gekappt. Nein, da im Grunde beide Parteien – hie Lehrer-Schüler, dort Regie und Dichter – mit höchstem Fleiß dem Sport des Tauziehens huldigten, konnte es zu keinem, alle befriedigenden Kompromiß kommen. Dieser neue Sprechstil verlangte sein Opfer. Er blieb Sieger, und die akustische Verständlichkeit blieb auf der Strecke – sie mußte unweigerlich an der Tiefe des Zuschauerraumes scheitern. Die Klagen aus den Reihen der Besucher rissen zwar nicht ab, aber Brecht war absolut unbeirrbar und blieb unerbittlich. Ich weiß noch genau, wie er die wieder einmal schüchtern vorgebrachten Einwände konterte, indem er stur behauptete, daß, wenn die Haltung des Schauspielers stimme, auch der gesprochene Text automatisch verstanden würde. Ob akustisch oder sinngemäß, ließ Brecht, der sich immer ein Hintertürchen frei hielt, nonchalant offen.

Nun war Brecht natürlich in einer unangreifbaren Lage: Schließlich spielten wir seine eigenen Stücke. Und wenn er, der Dichter, den schauspielerischen Gestus der akustischen Verständlichkeit seines selbst verfaßten Textes vorzog, mußte dies wohl als Regiemarotte eines Genies angesehen und wohl oder übel respektiert werden. Und da Brecht sich selbst, wie er mir einmal mit meckerndem Lachen gestand, für den »letzten deutschen Klassiker« hielt, hatte er natürlich das letzte Wort.

Wie konnte man sich nun damals in dieser ausweglosen Situation – zwischen der geforderten sachlich-trockenen Sprechweise einerseits und den lauernd aufgestellten Ohren auf dem zweiten Rang andererseits – durchlavieren, ohne völligen Schiffbruch zu erleiden?

Wie immer in prekären Theatersituationen fand sich auch hier ein angestrahlter Notausgang. In diesem speziellen Falle hieß er: Deutlichkeit der Aussprache – das war ein für alle akzeptabler Kompromiß. Wer nun genau auf diese wahrhaft diplomatische Lösung des Problems verfiel, ist nicht überliefert. Fragte man mich, würde ich immer Erich Engel, den Regisseur mit dem besten Gehör, als wichtigsten Wegbereiter dieser Richtung nennen. Uns allen ermöglichte dieser rettende Einfall, die mangelnde stimmliche Klangfülle durch die glasklare Deutlichkeit des gesprochenen Wortes zu ersetzen, und den fehlenden Wohllaut der Vokale durch die deutlich hörbaren Konsonanten zu kompensieren. So wurde ein annehmbares Fait accompli gefunden, welches beiden Parteien gestattete, ihr Gesicht zu wahren. Dessen Anwendung konnte schon deshalb nicht unangenehm auffallen, weil Brechts eigene Sprechweise ungeheuer akzentuiert, klar und äußerst konsonantenhart war. (Übrigens pflegte ausgerechnet er, als Bayer, das dramatische »r« äußerst effektvoll zu rollen.)

Sollten Sie nun fragen, wie man sich diese so segens- und wirkungsreiche Sprechweise denn aneignen könne, muß ich Ihnen leider eine denkbar unsympathische Auskunft erteilen. Denn zur Erlangung dieser, in der heutigen darstellenden Kunst gar nicht hoch genug zu bewertenden Deutlichkeit der Aussprache gibt es bedauerlicherweise nur ein einziges Hilfsmittel: üben.

Üben? Wie denn, was denn? Tja, Gedankenstrich, unsere verehrungswürdigen Kollegen der Oper, die Sänger und die Tänzer, die exerzieren es uns nur zu überdeutlich und beispielhaft vor: daß nämlich ein künstlerischer Beruf ein Handwerk ist, dessen technisches Know-how regelmäßig überprüft und sorgfältig überholt werden muß. Kein Sänger, der sich nicht immer wieder von seinem Lehrer kontrollieren ließe, kein Tänzer, der nicht täglich an der Ballettstange trainierte. Diese Disziplin ist für jene Künstler genauso selbstverständlich wie das jeweilige abendliche Einsingen mit dem Korrepetitor, bzw. die von jung auf gewohnten, muskelerwärmenden Übungen im Ballettsaal vor den Vorstellungen.

Und nun überlegen Sie einmal, ganz ehrlich – was haben wir, die Künstler der Sprechbühne, dagegen in die Waagschale zu werfen? Bin ich zu streng, bin ich ungerecht, wenn ich glaube sagen zu müssen: gewogen und zu leicht befunden? Ich weiß, genau wie Sie, daß es sie gibt, die Schauspieler, die sich zwingen, Sprach- und Sprechübungen zu machen, die noch bei ihren alten Lehrern ein und aus gehen, die Ratschläge entgegennehmen, die eine Atemtherapeutin aufsuchen oder Gesangsunterricht nehmen. Aber ich weiß, und Sie wissen es auch, daß sie sich in einer verschwindenden Minderheit befinden, und daß sie von den meisten Kollegen wie museumsreife prähistorische Relikte bestaunt und belächelt werden.

Liebe hoffnungsvolle Schauspieler, die Sie heute – lange nach Brechts Tod – auf den deutschen Bühnen querbeet durch die ganze Literatur herumsprachfuhrwerken dürfen: Ich bitte und beschwöre Sie – und diesmal stehe ich voll und ganz auf der Seite der Zuschauer, die ihre Eintrittskarten manchmal mit sauer verdientem Geld bezahlen –, hüten Sie sich davor, die deutsche Sprache verschludern zu lassen! Die deutsche Sprache ist, ob Sie es wahrhaben wollen oder nicht, eine schöne Sprache, und kann bei einer sorgfältigen Handhabung von einem ganz eigenen spröden, aber aufhorchen lassenden Reiz sein. Und als Schweizerin können Sie mir da weder Deutschtümelei noch Nationalismus vorwerfen.

Es geht mir hier um nichts mehr und um nichts weniger, als um den Sinn und Zweck einer deutschsprachigen Theatervorstellung. Und wenn man sich die Mission – um ganz bewußt ein schwerwiegenderes Wort als »Aufgabe« in die Debatte zu werfen – einer solchen Darbietung vergegenwärtigt, wenn man also bedenkt, daß soundso viele Menschen teures Geld hinblättern, um einer deutschsprachigen Aufführung beizuwohnen, dann hat es doch gefälligst unser A und O zu sein, diesem bereitwilligen Publikum nicht nur aufgrund unserer sichtbar mahlenden Unterkiefer kundzutun, daß gesprochen wird. Vielmehr sollten wir ihnen auch zu ihrem bezahlten Recht verhelfen, mitbekommen zu dürfen, was ein Autor ihnen überhaupt sagen möchte.

Nun werden Sie vielleicht, dialektisch gewitzt, Brechts Losungswort

»Gestus, Gestus über alles« ins Feld führen. Aber wollen wir doch auf dem Teppich bleiben und feststellen, daß Brecht ein Jahrhundertgenie war, und: »Quod licet jovi, non licet bovi«. (Was Jupiter sich erlaubt, darf sich der Ochse noch lange nicht gestatten – wenn Sie den klassisch rüden Vergleich verzeihen wollen.)

Doch genau bei diesem, von mir erwarteten Einwurf, liegt eben jener wunde Punkt, um dessentwillen ich ohnehin nur zögerlich und mit ungutem Gefühl dies heikle Thema – die Behandlung der deutschen Sprache auf den deutschen Bühnen – in Angriff genommen habe. Mir schwante schon lange, daß sich in diesem Moment die bis dato in vertretbarer Anordnung verlaufenden Fäden verheddern und verfilzen würden. Was sich so oft beim Überliefern von Schulweisheiten ereignet, trat auch hier ein: das Angenehme wurde weitergereicht, und das Lästige fiel unter den Tisch. Was in unserem Falle konkret heißen soll: Brechts Intention, den Gestus wichtiger zu nehmen als den Text, wurde dankbar von der nächsten Generation der Regisseure und Schauspieler aufgegriffen. Die Lehre von der unangenehmen Pflicht des deutlichen Sprechenmüssens jedoch, die wurde schon sehr bald nur noch unwillig weitergegeben, noch williger überhört und dann irgendwann erleichtert vergessen.

Aber da Sie hoffentlich noch von keinem Bazillus einer Berufsmüdigkeit, Unlust oder gar Resignation infiziert worden sind, baue ich mit unerschütterlichem Optimismus darauf, daß Sie nicht nur fähig, sondern auch besten Willens sind, Ihr Handwerkszeug genauso exakt zu warten, wie wir das damals unter dem wachsamen Auge Brechts fertigbrachten. Ich halte es für unvorstellbar, daß Sie – die Anfänger von heute und die Hoffnung von morgen – diesen Beruf weniger lieben als wir damals, und daß Sie sich mit geringerem Eifer als wir bemühen, ihm Genüge zu tun.

Ich bin im Gegenteil davon überzeugt, daß Sie heute genausoviel wollen wie wir damals, und auch genausoviel können. Mich beschleicht nur manchmal das Gefühl, daß Sie mit einigen Dingen schuldlos in Clinch geraten sind, da es niemand je für nötig gehalten hat, Sie darauf aufmerksam zu machen.

Damit Sie sich in etwa ein Bild machen können, wie eine akustische Verständlichkeit zu erreichen ist, habe ich Ihnen im folgenden Text ein paar gängige Eselsbrücken beschrieben, die mir selber erprobtermaßen sehr geholfen haben.

Vom Moment an, wo Ihre Proben ein textunumstößliches Stadium erreicht, und Sie Ihre endgültig eingestrichenen Sätze endlich in der Hand haben, müssen Sie es über sich bringen, jeden Ihrer Sätze so oft laut zu wiederholen, bis Sie mit seinen unzähligen Gefahrenquellen genau vertraut und gegen all seine Stolpersteine souverän gewappnet sind. Erst wenn Sie die in der deutschen Sprache so oft und so infam aneinanderstoßenden Mitlaute, permanente Wechselbäder harter und weicher Buchstaben, hieb- und stichfest in Ihrer willfährigen »Schnauze« haben, erst wenn Sie fähig sind, diese sich eklig überlappenden Zungenzischlaute und gaumenknallenden Konsonanten elegant zu servieren, können Sie Ihrer akustischen Verständlichkeit trauen. Daß zur Erlangung einer solch geschliffen perlenden Makellosigkeit des Sprechens manche klippengespickte Sätze Dutzende Male wiederholt werden müssen, werden Sie sehr bald merken. Aber da hilft Ihnen keine noch so barmherzige Bühnengottheit, da müssen Sie Ihre rosig schlummernde Genialität aktivieren. Genie soll ja bekanntlich Fleiß sein, und diesen gilt es nun zu demonstrieren.

Mittels welcher zungenbrecherischer Sprech- und Sprachübungen Sie Ihre erworbene Zungenträgheit besiegen wollen, sei letztendlich Ihnen und Ihrer Neigung überlassen. Daß diese Ungelenkheit nicht angeboren ist, können Sie aus der lockeren Schnelligkeit ersehen, mit der ein Säugling seine winzige Zunge im sabbelnden Mündchen hin und her und auf und ab bewegt.

Das Ur-Modell aller zungenakrobatischen Etüden, der legendäre »Kleine Hey« ist in Buchhandlungen leider längst vergriffen.

Dieser Kleine Hey war absolut brauchbar, und wenn er einem auch, der angestrebten Ballung von Konsonanten wegen, oft pervers lächerliche Texte zumutete, beinhaltete er doch ein Dorado für artifizielle Zungenfertigkeit. Ein paar der für mich schwersten Übungen serviere ich Ihnen hier als Kostproben:

»Fisch-Frevler Franz
Fing frech vorm Flußfall
Flinke fette Fünffingerfische
Vier fichtene, feste Fischfässer
faßten vollauf den vielfältigen Fang
Viele Feiste freilich flitzten flott davon!«

»Der Cottbuser Postkutscher putzt den Cottbuser Postkutschkasten; den Cottbuser Postkutschkasten putzt der Cottbuser Postkutscher.«

Wenn Sie diese Sprüche locker, hurtig und fehlerfrei zweimal über die Runden bringen: alle Achtung!

Eine weitere Unterstützung zur Erlernung der Gelenkigkeit der Sprechwerkzeuge ist die Arbeit mit einem Korken, und es gab viele Lehrer, die dazu rieten. Bei dieser Methode muß man es trotz eines zwischen den Vorderzähnen gehaltenen Flaschenkorkens fertigbringen, die Worte so deutlich und so normal artikuliert wie möglich hervorzubringen. Ich persönlich befürworte dieses Training nicht, da ich beim Halten des Korkens immer sehr leicht dazu neige, meine Kiefergelenke bis zur Schmerzhaftigkeit anzuspannen und zu verkrampfen. Dabei ist die völlige Lockerheit des Kiefers gerade die wichtigste Voraussetzung für ein flüssiges Sprechtraining. Eine meiner Lehrerinnen brachte mir zur Erreichung dieser Lockerung des Unterkiefers eine ganz probate, Wunder bewirkende Übung bei, die so simpel ist, daß Sie sie ohne weiteres nachmachen und ausprobieren können.

Wiederholen Sie einfach, vor sich hin singend, die Silbe »wa-wa-wa-wa...« – so lange Ihr Atemzug reicht. Sie können dabei fünf Stufen der Tonleiter hinauf und hinab klettern – jedes »wa« auf einer Tonstufe – oder auch fünfmal hintereinander »wa« auf einem Ton singen und dann erst zur nächsten Stufe der Leiter steigen; Ihre musikalischen Fähigkeiten spielen dabei ebensowenig eine Rolle wie das Volumen Ihrer eingeatmeten Luft. Es kommt bei dieser Übung allein darauf an, daß Sie Ihren Unterkiefer völlig locker auf und zu machen (ohne dabei mit dem Kopf zu nicken).

Bei Sprechübungen ist übrigens der Blick in den Spiegel erlaubt. Nicht wegen Ihrer ansprechenden Mimik, sondern weil Sie sich durch das genaue Betrachten sämtlicher Mundstellungen einmal augenscheinlich klarmachen können, auf welche Weise die Konsonanten und Vokale überhaupt zustande kommen, und welch athletische Schwerstarbeit Ihr Unterkiefer, Ihre Lippen und Ihre Zunge beim deutlichen Sprechen zu leisten haben.

Wenn Sie auf die oben erwähnte Weise Ihren Mund ein paar Minuten lang unverkrampft auf- und niederklappen lassen, werden Sie bestimmt bald zu Ihrer Überraschung feststellen müssen, daß die

Scharnierstelle, wo Ober- und Unterkiefer ineinanderhaken, leicht zu schmerzen beginnt. Damit meldet sich eindeutig der Muskelkater und verrät Ihnen das mangelnde Training Ihrer Sprechwerkzeuge! Wohl Ihnen, wenn Sie keinerlei Ziehen verspüren – dann gehören Sie zur fleißigen Schar der aufrechten Handwerker. Oder sollten Sie bei der Übung, leicht mümmelnd, gemogelt haben? AUF-gehen sollte der Mund nämlich schon, auch wenn er sich dabei nicht überanstrengen darf. Wenn Sie sich in einen Nußknacker hineindenken können, dann müßte Ihnen diese Übung dank Ihres lose lotternden Unterkiefers perfekt gelingen. Daß Ihre Lippenmuskeln bis ins letzte trainiert sein müssen, wird Ihnen Ihr Spiegelbild beim ABC-Buchstabieren nur allzu deutlich vorführen.

Eines aber möchte ich mit meinen beharrlichen Hinweisen auf das Training Ihrer Sprechwerkzeuge natürlich keinesfalls bewirken: Daß Sie sich jetzt in eine übertrieben dargebotene Deutlichkeit stürzen, so als müßten Sie sich einer beklagenswert schwerhörigen, nur von den Lippen ablesenden Zuschauerschar verständlich machen; als gälte es, das von mir anempfohlene Lippentraining gleich zur olympischen Disziplin zu erheben. Sie brauchen kein Mundmuskelprotz zu werden; merken sollten Sie sich aber, daß Trägheit der Sprechwerkzeuge zwangsläufig akustische Unverständlichkeit erzeugt. Mundfaulheit im übertragenen Sinn führt auf direktestem Weg zu dem von den Zuschauern mit Recht beanstandeten, schauspielerischen Genuschel.

Bevor ich diesen Komplex abschließe, erlaube ich mir, noch eine ganz spezielle Anmerkung zu einem Konsonanten, der sich zum allgemeinen Erstaunen langsam, aber sicher zu wandeln beginnt, so wie weiland aus dem rollenden ein stimmloses »r« wurde; nur daß diesmal sowohl der Grund der Veränderung als auch der dadurch erzielte Effekt ein völlig anderer ist.

Ich spreche vom Konsonanten »s« und seinem Verwandten, dem »z«. Es wäre bis vor wenigen Jahren ganz und gar undenkbar gewesen, daß ein »s«-Fehler auf der Bühne durchgegangen und weder von der hellhörigen Regie noch von der ätzenden Presse nicht beanstandet worden wäre. Ein lispelnder, ein mit falschem Zungenschlag sprechender Schauspieler wäre der unnachsichtigsten Kritik ausgeliefert gewesen.

Heute ist das keineswegs mehr so. Im Gegenteil – die mangelhafte

Aussprache des »s« nimmt derartig zu, daß die deutschen Ohren sich allmählich daran gewöhnen. Von den Aufenthalten im Ausland ist einem das englische »th« sowieso schon geläufig, und das lispelnd gesprochene »z« der spanischen Gastarbeiter in Deutschland erinnert an wiederholte Ferien unter südlicher Sonne und ist schon deshalb nicht ohne vertrauten Reiz. Last not least haben wir am Abend einigen Fernsehkommentatoren unser Ohr zu leihen, die mit größter Selbstverständlichkeit ein schon fast bis zur Unkenntlichkeit verstümmeltes »s« in die Kamera säuseln. Und wenn nun bereits schon vom allmächtigen Bildschirm herab nur so gezischt und gezuscht, das stimmhafte »s« in »Sommer« zum harten »s« von »Herbst« umgemurkst oder das »s« einfachheitshalber gleich generell zum »z« umfunktioniert wird – ja, wie soll sich denn da ein allabendlicher Normalzuschauer noch auskennen?

Und so lecken auch die steigenden Wasser dieser von niemandem groß beachteten, geschweige denn korrigierten »s«- und »z«-Schwemme, nicht mehr nur leise an den Bühnentüren, nein, sie haben die Bretter, die die Welt bedeuten sollten, längst überflutet und reichen vielen Schauspielern bereits bis an die Kehle. Und so nehmen denn auch die bereits mit allen Wassern der Resignation gewaschenen älteren Kollegen die gezischten oder gezuzelten »s«- und »z«-Laute des Nachwuchses voll abgeklärter Gleichgültigkeit nachsichtig in Kauf (»Früher war ja sowieso alles anders.«). Die Regisseure lassen sich sogar herab, selber ein bißchen volkstümelnd zu lispeln, snobistisch »Auch-Berliner« vortäuschend (denn ein waschechtes Berliner Kind muß beim Sprechen ganz minimal mit der Zunge anstoßen, sonst ist es nicht mit dem originalen Spree-Wasser getauft).

Die Kritiker im Parkett müssen sich wohl dicke Ohrenschützer übergestülpt haben, denn auch sie pflegen diese zum Bühnenhimmel schreienden Ausrutscher in vornehmer S-teife wohlwollend zu überhören.

Ich gebe freimütig zu – auch wenn ich mich damit lächerlich mache – eine fanatische Anhängerin des richtig ausgesprochenen »s«-Konsonanten zu sein. Erst nach langem Nachdenken ist mir klargeworden, warum diese schlampige Sprechmanier in Erscheinung treten konnte: Die Schuld an dieser Verschluderung trifft diesmal nicht Brecht, sondern die Kamera mit ihrem ungeschriebenen Befehl – der

in erster Linie an die jungen Schauspielerinnen gerichtet ist –, nur mit
Gebissen ohne Fehl und Tadel vor ihre strenge Linse zu treten.
Verstehen Sie mich hier bitte nicht falsch. Ich habe überhaupt nichts
dagegen, wenn Sie sich Ihre von Natur aus nicht regelmäßig angeord-
neten Zähne überkronen lassen, denn ich weiß nur zu gut, daß
schiefgewachsene Zähne auf dem Bildschirm äußerst häßliche Schatten werfen können. Ich bin also keineswegs eine Verfechterin der
altmodischen Ansicht, man sollte seinem Schöpfer zugunsten der
Fotogenität des Lächelns nicht ins Handwerk pfuschen. Es geht mir
hier allein darum, Ihnen einzuhämmern – so gräßlich das Wort in
diesem Zusammenhang auch klingt –, daß Sie sich, wenn Sie das
Martyrium beim Zahnarzt überstanden haben (und was diese Proze-
dur betrifft, rate ich Ihnen dringend, Ihre Zähne von einem erstklassigen Könner schleifen zu lassen, denn das Gelingen hängt mit Ihrem
Beruf zusammen, und da dürfen Sie nicht sparen), ohne Rast und
Ruh hinter Ihre Sprechübungen klemmen! Denn Ihre Zunge wird so
unlustig und mißtrauisch an diesen neuen, ungewohnten Vorderzähnen herumspielen, daß Sie eine echte Pionierarbeit leisten müssen, bis
Sie Ihre sensible Zunge mit unerbittlichem »s«-, »st«-, »sch«-, »ß«-
und »z«-Training dazu gezwungen haben, sich an diese, von nun an
endgültigen Zahnreihen zu gewöhnen.
Auch Ihr Atem wird Ihnen anfangs Schwierigkeiten bereiten. Durch
die veränderten Zahnstellungen sind ihm die alten Wege zum Entströmen teilweise versperrt; er muß langsam mit der neuen Situation
vertraut gemacht werden. Es dauert endlos, bis Sie sich wirklich an
Ihren neuen Mund gewöhnt haben. Aber da hilft nichts, die Anmut
Ihres Lachens hat nun einmal ihren Preis. Und der muß in der
härtesten Währung, nämlich mit nackter Arbeit entrichtet werden.
Ich bitte Sie inständig, es sich dabei nicht leichtzumachen und nicht
darüber wegzupfuschen; noch ist ja der Untergang unserer Sprech-
kultur nicht endgültig besiegelt. Noch ist es nicht die Norm, daß von
fünf Darstellerinnen drei mit der Zunge anstoßen dürfen, und glauben Sie mir: Es gibt außer mir auch noch andere Zuschauer, die eine
Vorstellung in der Pause verlassen, weil ihre vom Gelispel der
Schauspielerinnen entnervten Ohren zu sehr schmerzen.
Um Ihre Stimmung jetzt wieder ein bißchen zu heben, gebe ich Ihnen
hier eine besonders gelungene »s«-Übung zum besten, an der Sie sich
nicht nur erproben sollen, sondern auch erheitern dürfen:

»Des Westwinds Säuseln
Leis erst kräuselt's das Wasser,
bis es saust und brauset.
Sieh, sorgsam sitzt im Sand der Sylph',
singt sanftes, süß beseeltes Wissen,
daß Seglers Sinn sich freut des Singsangs.
Sonst saßen Sänger selbst am See,
sittsam niemals,
sie suchten sorglos in Saus und Braus,
sinnlos wie Samson,
solch seltsames Sein sich zu versüßen.«

Sollten Sie nun verzweifelt nach weiteren Übungstexten forschen,
erkundigen Sie sich einmal bei Ihren älteren Kollegen; es gibt nämlich
viele, die noch vergilbte Kopien einzelner Passagen des »Kleinen
Hey« besitzen. Vielleicht sind sie durch zahllose Umzüge etwas
zerfleddert, in jedem Fall aber les- und brauchbar für Sie.
Sie können aber auch auf eigene Faust neue, rhetorische Übungsge-
lände für sich entdecken. Als ich zum Beispiel bei Brecht die ganze
Passagen herunterparlierende Hauptrolle in Ostrowskijs Komödie
Tolles Geld spielen sollte, verlangte Brecht von mir für diese Rolle,
perfekt Schnellsprechen zu lernen. Er erteilte mir den diktatorischen
Rat, Tag für Tag die ganze Zeitung in schnellstem Tempo laut
durchzulesen, da er just darin das beste Training für eine solch leicht
und flüssig konversierende Rolle sähe. Da ich mir nie etwas aus
Zeitunglesen gemacht hatte, und Brecht das auch wußte, entzückte
mich dieser Vorschlag nicht gerade sonderlich. Gewohnt, des Meisters Regieanweisungen zu befolgen, besorgte ich mir also jeden Tag
brav das unförmige »Neue Deutschland« und bemühte mich tapfer,
die Meldungen geschliffen herunterzurattern. Die Idee erschien mir
ganz brauchbar, ich erzielte auch tatsächlich beachtliche Fortschritte.
Lästig war nur, daß mir dabei immer schummerig wurde, da meine
Augen durch das Spaltensystem der Zeitung gezwungen waren, auf
kürzester Strecke wie rasend hin und her zu flitzen. Es war eine
ekelhafte Viecherei, und deshalb war ich gar nicht mal so wütend, als
das Projekt dieser Komödie eines Tages wieder vom Tapet ver-
schwunden und ich somit dieser lästigen täglichen Pflicht enthoben
war.

Listig, wie er war, hatte Brecht mir diesen schauspielerischen Rat wohl nur deshalb erteilt, um meinem völligen Desinteresse an politischen Fragen auf die Sprünge zu helfen. So wollte er zwei Fliegen mit einer Klappe schlagen. Aber trotz meines zungenbrecherischen Eifers im »Neuen Deutschland« blieb ich in seinen Augen »politisch ganz dumm«, wie er einmal bedauernd einem jungen westdeutschen Regisseur mitteilte.

Nach dieser kleinen Reminiszenz bleibt mir leider nichts anderes übrig, als Sie beim diffizilen Erproben einer sprachlich verständlichen Sprechweise allein zu lassen. Allerdings will mir die Vorstellung, daß Sie jetzt auf eigene Faust mehr oder weniger erfolgversprechend in den Irrgärten der deutschen Diktion herumwursteln, absolut nicht behagen.

Der Gedanke an diese Arbeit im Alleingang erscheint mir schon deshalb nicht geheuer, weil es mir – trotz heiligst geschworener Vorsätze – selbst kaum je gelingt, mich zu regelmäßigen Sprechübungen aufzuraffen. Da ich aber einsehen mußte, daß die Sprechtechnik nun einmal eine unumgängliche Berufspflicht darstellt, blieb mir nichts anderes übrig, als mich immer und überall um eine Lehrerin zu bemühen, unter deren strenger Aufsicht ich es dann fertigbrachte, meine unendliche Faulheit zu bezwingen. Ohne diese »Fuchtel« schaffte ich es nie. So blieb mir keine andere Wahl, als zeit meines Lebens zu Sprecherzieherinnen zu trotten. Auch heute noch lasse ich vor jeder neuen Rollenarbeit mein stimmliches und sprachliches Handwerkszeug von einer kompetenten Lehrerin in einer unnachsichtig strengen Kontrolle überholen.

Dieses Geständnisses ledig, fällt es mir leichter, auch Ihnen den neunmalklugen Rat zu geben, sich immer und überall einen Sprechlehrer, einen Stimmbildner Ihrer Wahl zu suchen und mit ihm zu arbeiten. Denn unter einem pädagogischen Zwang, der masochistischerweise auch noch bezahlt werden muß, fällt es einem verständlicherweise viel leichter, sich den Pflichten jener »geisttötenden« Hausaufgaben zu unterziehen. Greifen Sie also zur Selbsthilfe, indem Sie sich helfen lassen. In unserem Beruf betrachte ich den Luxus eines Privatlehrers als unumgängliches Muß.

Siebter Schritt: Akzente setzen

Die Betonung ist ein weites Feld, welches oft so gut wie nicht beachtet wird und infolgedessen meist unkrautüberwuchert brach liegt. Dabei gehört das Heraustüfteln des in einem Satz zu betonenden Wortes zur ganz hohen Schule der darstellerischen Kunst. Ich hatte das große Glück, diesen Zweig unseres Handwerks noch von der Pike auf zu lernen, denn bei Brecht waltete ein auf diesem Gebiet besonders meisterlicher Fachmann, ich erwähnte seinen Namen bereits – Erich Engel. Er war es, der mich lehrte, jeden schwierigen Satz mit unendlicher Geduld Wort für Wort »abzuklopfen« – wie er es nannte –, um auf diese Art und Weise das »richtige« Wort herauszufinden. Jenes Wort nämlich, durch dessen Betonung erst die einzig richtige Bedeutung eines Satzes klar wird.

Es leuchtet mir ein, daß sich das für Sie beim ersten Lesen verwirrend anhört. Deshalb will ich wieder versuchen, Ihnen anhand einiger Beispiele die Kunst dieses sogenannten Sätzeabklopfens zu erläutern. Als erstes zitiere ich einen Satz aus Zuckmayers *Hauptmann von Köpenick*, den ich als Frau Hoprecht selber zu sprechen hatte, und der sich wegen seines Variantenreichtums besonders gut als Demonstrationsobjekt eignet:

»Wenn ich denke, wie unsere arme Mutter gestorben ist . . .« Beim »Abklopfen« müssen wir uns nun jedes Wort einzeln zum Betonen vornehmen und uns jedesmal nach dem dadurch eintretenden Sinn des Satzes fragen.

Also beginnen wir mit dem Wort »Wenn«. Eine Betonung des »wenn« wäre nur dann ernsthaft zu diskutieren, wenn der Satz im folgenden Sinne gemeint wäre: »Wenn ich (schon) denken muß, wie meine arme Mutter gestorben ist . . .«, und etwa so fortgesetzt würde: »Dann mußt du mir schon zugestehen, daß ich dir nun auch das und jenes dazu sage . . .«. Da aber eine solche »Wenn«-Betonung dem Kontext überhaupt nicht entspricht, können wir sie beim Abklopfen gleich auf Anhieb eliminieren.

Die Betonung des persönlichen Fürwortes »ich« wäre nicht nur möglich, sondern auch richtig, wenn im Text davor ein anderer – in diesem Falle Frau Hoprechts Bruder – s e i n e Meinung über den Tod der Mutter geäußert hätte und s i e nun i h r e – womöglich gegenteilige – Ansicht darüber kundtun würde. Da aber in Zuckmayers Szene der

Tod der Mutter hier zum ersten Mal erwähnt wird, kann auch diese Betonung von vornherein ausgeschlossen werden.

Nun zum nächstfolgenden Wort: »denke«. Wenn wir uns – aus rein darstellerischer Sicht – die Betonung dieses Verbs vorstellen, könnte man fast in Versuchung geraten, sich dafür zu entscheiden. Die akustisch zutagetretende Wichtigkeit des »wenn ich d e n k e« im Stil von »Nein, nein, nein, was mir dabei nicht alles Schreckliches in den Sinn kommt . . .!« eröffnet eine ganze Palette verlockender schauspielerischer Farben, angefangen vom bedenklichen Kopfschütteln, über einen Himmelfahrtsblick bis hin zum abwesenden Kauen auf der schiefgezogenen Unterlippe . . . Aber Sie werden gewiß selber einsehen, daß hier jegliche komödiantische Lust fehl am Platze ist, und deswegen auch diese Betonung strikt vermieden werden muß.

Den Akzent auf das folgende »wie« gesetzt, erbrächte natürlich im Sinne eines Klamotteneffektes die todsicherste Wirkung – und ich bin sicher, daß auch Ihnen dazu beim Ausprobieren alle möglichen Scherze einfallen. Ob Sie sich in Ihrer Erinnerung an dieses mütterliche Sterben vor Grausen schütteln, die entsetzten Augen zukneifen, oder sich dabei nachdrücklichst auf die Schenkel schlagen – der hier völlig fehlangebrachte Lacher würde in jedem Falle unweigerlich eintreten. Ja – so kann eine ganze ernste Szene durch ein einziges, widersinnig herausgehobenes Wort gnadenlos zum Kippen gebracht werden. Dieses drastische Beispiel soll Ihnen eine Ahnung davon vermitteln, was alles von einer richtigen Betonung abhängt und welch abendfüllende Mißverständnisse aus einer falschen Akzentuierung entstehen können.

Bei dem folgenden Adjektiv »arm« wäre eine Überbetonung nun wiederum geradezu absurd; würde sie doch bedeuten, daß die Geschwister nicht nur eine a r m e, sondern auch noch eine r e i c h e Mutter gehabt hätten (die ebenfalls verblichen wäre).

Auch eine Betonung des Possessivpronomens »unsere« wäre nur dann denkbar, wenn vorher ein dritter Anwesender ausführlich den beiden Geschwistern vom Tod s e i n e r Mutter berichtet hätte. Da aber Bruder und Schwester allein auf der Bühne sind, fällt auch diese Betonungsversion ganz von alleine weg.

Nun zu dem Substantiv »Mutter«. Die Mutter des Schusters Voigt wird in diesem Satz überhaupt zum allerersten Mal im Stück erwähnt, ist also – vom dramaturgischen Standpunkt her – ein völlig neues Thema. Man könnte, auch des akustischen Verständnisses wegen, ernsthafte Überlegungen darüber anstellen, ob dieser Begriff »Mutter« nicht der Kernpunkt des Textes sein sollte. Aber wenn man nun den Satz daraufhin betonte – »wenn ich denke, wie unsere arme Mutter gestorben ist« –, würde sich das prüfend zuhörende Ohr bestimmt sofort fragen, wie denn wohl der Vater zu Tode gekommen sei. – Was widersinnig wäre, weil im vorhergegangenen Text niemals eine Andeutung in dieser Richtung gefallen ist.

Die Frage, ob die Vokabel »Mutter« tatsächlich in die engere Wahl genommen werden sollte, erübrigt sich von selber: Das nun folgende Verb »gestorben« liefert diesem Satz ganz eindeutig die wichtigste Information. Durch diese logische Schlußfolgerung kann jede Eventualität eines Akzentes auf »Mutter« ausgeklammert werden; insbesondere, da der Bruder in seiner Replik: »Nicht von Mutter bitte«, das Substantiv (auch rein akustisch) noch einmal aufnimmt.

Der gesprochene Text lautet endgültig also: »Wenn ich denke, wie unsere arme Mutter gestorben ist...«, worauf der Bruder zu antworten hatte: »Nicht von Mutter bitte.«

Dies ist die hohe Schule der Erich Engelschen Betonungsregie, durch deren Methodik man Schritt für Schritt automatisch zum endgültig richtigen Akzent hingeführt wird.

Ich kann hier der Versuchung nicht widerstehen, Ihnen anhand dieser zwei winzigen Sätze einen spotlight-artigen Einblick in die Arbeitsüberlegungen eines großen Schauspielers zu geben: Für unsere Aufführung am Schillertheater in Berlin hatte nämlich der Regisseur eben jene beiden Sätze gestrichen, da sie ihm aus dramaturgischen Gründen allzu unwichtig erschienen. Die Mutter des Schusters Voigt wurde ja weder vorher noch nachher je genannt. Plötzlich aber geschah es, daß der Darsteller der Titelrolle darauf bestand, just aus dem Grund den Strich wieder aufzumachen, weil ihm dieser einzige Hinweis auf eine familiäre Vergangenheit seiner Figur wichtig erschien. Daraus können Sie ersehen, daß ein professioneller Schauspieler mit vier Worten »nicht von Mutter bitte« seiner Rolle ein kleines schauspielerisches Glanzlicht aufsetzen kann. Eine Farbnuance, die – wie bereits besprochen – einen Blick in unausgesprochene Tiefen der Psyche gestattet und die, weggestrichen, ihm im Gesamtbild der Rolle fehlen würde. Das war Klaus Schwarzkopf –

unvergessen – mit seiner meisterhaften Gründlichkeit im Ausloten einer Rolle.

Nach diesem kurzen Blick in die Praxis nun wieder zurück zur Theorie, zurück zum Abklopfen der Sätze. Auch auf diesem Gebiet gilt es Maß zu halten, ist jegliche Übertreibung von Übel. Das gekonnte Setzen eines Akzentes muß einem spielerisch leichten Stoß eines Billardqueues vergleichbar sein, der auf höchst sachte Weise einer Elfenbeinkugel – in unserem Fall der Textpassage – einen eleganten Effet verleiht. Solch ein winziger Ankicker genügt vollständig, um einen auf den ersten Blick nicht ganz eindeutigen Satz aufzuklären. Also tun Sie des Guten nie zuviel, indem Sie sich auf einen Akzent »draufsetzen« – es sei denn, der darstellerische Ausdruck verlangt eine Überbetonung.

Ob Sie nun wohl schon so weit sind, daß Sie, wenn ich Ihnen hier eine falsche Betonung präsentiere, bereits fähig sind, allein herauszuknobeln, weshalb dieser Akzent nicht richtig sein kann? Lassen Sie es uns probieren. Nehmen wir noch ein Beispiel aus dem *Hauptmann von Köpenick*. Ich lege Ihnen den Satz von Marie Hoprechts Ehemann vor, in dem sich dieser, unter vier Augen, bei seinem Schwager Voigt über die ständige Unordnung seiner Ehefrau Marie beklagt. Der Text lautet (mit der erwähnten falschen Betonung): »Die Marie ist so unordentlich, alles läßt sie offen rumstehen.«

Überlegen Sie jetzt einmal genau, warum diese Betonung nicht stimmt. Die Lösung ist nicht ganz einfach. Und doch ist sie, wenn Sie den Satz Wort für Wort einzeln betonen und dabei jedesmal den variierenden Sinn überdenken, absolut eindeutig.

Denken Sie scharf über die Aussage dieses Satzes nach: Daß die Marie alles rumstehen läßt, ist schlimm genug. Aber das Entscheidende, das Ausschlaggebende dabei ist doch, daß sie zusätzlich alles auch noch offen rumstehen läßt! Auf dem Wort »offen« muß sonnenklar der Hauptakzent liegen, für das »rumstehen« genügt eine dezentere Betonung.

Wenn Sie noch nicht so ganz sattelfest sind, dann versuchen Sie diesen Satz nach den Regeln der Erich Engelschen Kunst einmal mehr abzuklopfen – ich exerziere es mit Ihnen durch. Sollten Sie es schon eigenständig geschafft haben, können Sie sich ja mit einem kühnen Blicksprung über diesen Abschnitt hinwegsetzen. Für mich und alle Langsameren geht es nach dem Reglement wie folgt:

Die Marie ist so unordentlich (in diesem Fall muß es zwei Marien geben).

Die Marie ist so unordentlich (im Gegensatz zu anderen, vorher erwähnten ordentlichen Frauen).

Die Marie ist so unordentlich (sie ist es, und sie bleibt es, und wenn du als ihr Bruder auch dreimal das Gegenteil behauptest).

Die Marie ist so unordentlich (man könnte doch wirklich und wahrhaftig an ihrem Verstand zweifeln).

Die Marie ist so unordentlich (aber sonst, zugegebenermaßen, hat sie ja manche Qualitäten aufzuweisen).

Alles läßt sie offen rumstehen (es gibt aber auch rein gar nichts, das sie mal nicht offen rumstehen ließe).

Alles läßt sie offen rumstehen (nur allein mir zum Trotz, da ich es ihr schon tausendmal vorgeworfen habe).

Alles läßt sie offen rumstehen (ich bin total unschuldig, das ist allein ihr Werk).

Alles läßt sie offen rumstehen (wenn sie in diesem ganzen Saustall doch wenigsten einmal etwas zuschließen würde).

Hatten Sie die Nerven, durchzuhalten? Haben Sie etwa gar gemerkt, daß diese Betonungsakrobatik unendlich viel Spaß machen kann?

Sie können sich denken, daß damals auf unseren Proben bei dieser filigranen Wortregie sehr viel gelacht wurde, und daß wir natürlich der Versuchung, diese Akzentsucherei schauspielerisch kräftig auszubeuten, von Herzen gern erlagen, zumal Brecht auf seine meckernde Art über solche spontanen Auswüchse kräftig zu lachen pflegte. Ich kann nur hoffen, daß Ihnen auf Ihren Proben auch die Gelegenheit geboten wird, soviel rein handwerkliche Scherze abliefern zu dürfen. Vielleicht treffen Sie ja einmal auf einen Regisseur, der sich traut, mit Ihnen an Betonungsvariationen herumzuturnen.

Aber einen der unzweifelhaft falschesten Akzente muß ich Ihnen hier einfach noch zum besten geben, denn er stammt von meiner großen Prinzipalin, Helene Weigel, und war so meisterlich danebengehauen, daß die Mundwinkel aller Mitwirkenden sich im Geiste voll Schadenfreude bis zu den Ohren hochzogen. Die für uns Besserwisser so herrlich zum Bühnenhimmel schreiende Fehlbetonung hatte sich nach Brechts Tod eingeschlichen – und niemand hätte es im Traum gewagt, die verehrte Witwe darüber aufzuklären.

Der Text steht im ersten Bild von Brechts *Mutter Courage und ihre*

Kinder. Die Courage nennt dem Feldwebel ihren Namen, Anna Fierling, und stellt die drei Kinder in ihrer Begleitung als ihre zwei Söhne und ihre Tochter vor. Wie nun der Feldwebel alle vier unter dem Namen »Fierling« registrieren will, widerspricht die Courage und beantwortet sein Argument, daß es doch alles Kinder von ihr seien, mit der lakonischen Frage und der falschen Betonung: »Sind's auch, aber müssen's deswegen alle gleich h e i ß e n ?«

Nach diesem Satz trat stets lähmende Stille ein und der sprichwörtliche Engel schwebte greifbar durch den Raum. Aber, wie gesagt, es war eben eine Kreation der Weigel, die auch auf einer Schallplattenaufnahme der Aufführung für alle Zeiten verewigt ist.

Die Frage, ob Sie den Lapsus der großen Meisterin herausgefunden haben, stelle ich jetzt nicht. Inzwischen bin ich so vermessen mir einzubilden, daß Sie nun langsam begriffen haben, was es mit dem Sätzeabklopfen und der einzig richtigen Betonung auf sich hat. Wenn Sie nicht g l e i c h darauf kommen, dann betonen Sie den Satz noch einmal Wort für Wort durch . . .

Aber einen großen Trost kann ich Ihnen zu diesem Thema doch noch spenden: Es gibt Gott sei Dank sehr viele Texte, deren Aussage von vornherein so klar zu erkennen ist, daß sich die Frage nach der richtigen Akzentuierung erübrigt.

Bei Schachtelsätzen, Fragesätzen und insbesondere Sätzen, die mit »Wenn . . .« beginnen, müssen Sie allerdings aufpassen. Die haben es in sich, weil sie meist mehrdeutige Möglichkeiten aufweisen. Auch kann es durchaus vorkommen, daß sich eine wichtige Information auf mehrere Worte verteilt, weshalb auch die Betonung auf mehrere Worte verteilt werden muß.

Denken Sie nur an die vielen Sätze, in denen »sowohl – als auch«, »weder – noch« oder »je – desto« vorkommen. Hier müssen Sie Ihre Akzente natürlich auf die zwei gegensätzlichen Aussagen legen.

Lassen Sie uns dazu nach langer Abstinenz noch einmal auf unseren *Faust I* zurückgreifen und aus der ganzen Textmenge drei kleine Sätze zum Ausprobieren herauspicken. Zuerst eine Zeile des Schülers:

»Zur Rechtsgelehrsamkeit kann ich mich nicht bequemen.« Wenn Sie diesen Text nach unserem System Wort für Wort abklopfen, werden Sie bestimmt zu der Einsicht gelangen, daß sowohl die »Rechtsgelehrsamkeit« (da vorher nie erwähnt) als auch das »nicht« (die Ausschließung einer anderen Möglichkeit) einen Akzent bekom-

men müssen. Mit nur einer einzigen Betonung hätte der Satz sinngemäß keine intakte Aussage.

Dann Lieschens Satz:

»Die hat sich endlich auch betört.«

Da bleibt der Darstellerin einfach keine andere Wahl, als dem »die«
(sicher gibt es noch andere Anwärterinnen für die Schar der gefalle-
nen Mädchen), dem »endlich« (Bärbelchen hat ja alle mit solcher
Spannung zappeln lassen) und dem »auch« (die Truppe der Sünde-
rinnen wächst köstlicherweise täglich) je einen akustischen Kick zu
versetzen. Da dieser Satz mit dem Nachdruck auftrumpfender Häme
gesetzt werden darf, läßt sich eine solche Häufung von Betonungen
darstellerisch durchaus vertreten.

Nun noch der folgende Satz des Famuli Wagner – er wäre ein Erich
Engelsches Dorado:

»Ich hab es öfters rühmen hören,

Ein Komödiant könnt einen Pfarrer lehren.«

Da müssen ganz offenkundig zumindest die Worte »Komödiant«,
»Pfarrer« und »lehren« betont werden; aber auch »öfters« und »rühmen« können einen Akzent durchaus vertragen. Und nähme man die
anderen Worte betonungsmäßig ins Visier, ergäben sich jedesmal, je
nach Akzentuierung, herrlich überraschende, neue Aussagen. Sie
sehen, in einer so komprimierten Sprache wie der Goethes – einer
Sprache, in der jede weggestrichene Sequenz sofort eine sinnverwir-
rende Lücke aufreißt – sind meist mehrere Worte eines Satzes in ihrer
Bedeutung gleichwertig. Dieser Tatsache muß beim Betonen entsprechend Rechnung getragen werden.

Mit diesem Wagnerschen Zweizeiler will ich die Betonungsbeispiele
beenden. Ich will auch gerne zugeben, daß diese Wort- und Sinnklau-
berei nicht immer nur Spaß macht; sie kann einen manchmal schlank-
weg zur völligen Verzweiflung bringen. Und ich möchte alles bei
Ihnen erreichen, nur eines nicht, daß Sie nämlich vor lauter Beto-
nungshickhack die Übersicht und Ihre Nerven verlieren, vor lauter
Bäumen mithin den Wald nicht mehr sehen.

Bei Brecht waren wir in dieser Angelegenheit natürlich fein raus:
Wenn er auch die Sätze seiner eigenen Texte immer genau durchprü-
fen ließ, so waren doch seine Betonungen immer von absoluter
Endgültigkeit. Wir konnten uns dadurch vor der Verantwortung
eigener Entscheidungen bequem drücken. Unter Erich Engels Füh-

rung kam es jedoch – dessen entsinne ich mich nur zu genau – hie und da zu echten Panikausbrüchen. Da er manchmal seine Spitzfindigkeiten derart zum Exzeß trieb, daß man gefährlich in die Nähe einer fast sophistischen Haarspalterei geriet, wurde dann wirklich etliche Male des Guten so lange zu viel getan, bis uns allen jedes Hören, Überlegen und Betonen verging. Noch heute gedenke ich mit vor Grauen zugeschnürter Kehle eines Satzes, den ich als Polly Peachum so oft hin und her und auf und ab zu betonen hatte, bis ich ihn zu guter Letzt weder mehr gicksen oder gacksen konnte – und allabendlich größte Mühe hatte, ihn überhaupt flüssig über die Runden zu bringen. Aber auswendig kann ich ihn trotzdem heute noch. Er lautet:

»Er (Mackie Messer) ist ein ausgezeichneter Einbrecher, dabei ein weitschauender und erfahrener Straßenräuber, nur einige glückliche Unternehmungen, und wir können uns auf ein kleines Landhaus zurückziehen, ebensogut wie Herr Shakespeare, den unser Vater so schätzt.«

Sie können sich jetzt sicher lebhaft ausmalen, wie ich mich bei dieser Wort-für-Wort-Abklopferei bis zum Rande meiner Nerven und meiner Denkfähigkeit abquälen mußte. Eine solche Überforderung passierte einem aber nicht nur bei schlimmen Schachtelsätzen, sie konnte auch bei ganz kurzen, harmlos aussehenden Sätzchen völlig unerwartet über einen hereinbrechen. Einer Darstellerin der Eva Puntila blieb bis zum heutigen Tag die folgende kleine Frage an Matti als Betonungsalptraum im Gedächtnis: »Wollen Sie überhaupt Krebse fangen?«

Ich hatte ja vorhin schon erwähnt, daß Fragesätze gefürchtete Akzentklippen in sich verbergen. Bei diesem Text ist das Fällen der richtigen Entscheidung besonders verzwickt, weil es sich um eine ebenso mißtrauische wie herausfordernde Fangfrage handelt. Nachdem damals selbst Brecht feststellen mußte, daß wirklich jedes seiner Worte ihm gleich wichtig und bedeutsam erschien, gestattete er schließlich einen großen Kompromiß: einfach alles zu betonen.

Aber nun lassen Sie sich durch die Schnurren und Schwänke der Vergangenheit bloß nicht verrückt machen! Gehen Sie Ihre Akzentsuche in aller Ruhe an. Wenn Sie sich angewöhnen können, in aller Sachlichkeit nach dem ganzen Hintersinn eines nicht auf Anhieb klar ersichtlichen Satzgefüges zu forschen, bin ich überzeugt, daß Ihnen aus dem jeweiligen Zusammenhang ganz automatisch die wichtigste

Information – Bedingung der Betonung – ins Auge fallen wird. Das sind Hausaufgaben für Sie, die etwas Zeit brauchen, aber Ihr Talent und Ihre Hirnzellen auf Trab bringen.

Hausaufgaben

Da das Stichwort Hausaufgaben im vorigen Kapitel gefallen ist, kann ich es mir nicht verkneifen, Ihnen dazu noch ein paar passende Worte zu »verklickern«.

Ich gäbe viel darum, Sie zu überzeugen, welch unschätzbare Hilfe es ist, wenn Sie sich angewöhnten, nach jeder Probe sofort alle Ihre Auftritte, Abgänge, Stellungen und deren Wechsel in Ihrem Rollenbuch zu vermerken. Sie ahnen nicht, wie verblüffend schnell Details vergessen werden, wie lächerlich rasch man sich nicht mehr entsinnen kann, ob man nun vor oder nach diesem oder jenem Satz aufgestanden oder gegangen ist.

Das hat gar nichts mit einem schlechten Gedächtnis oder einer mangelhaften Konzentration zu tun. Während einer Probe wird soviel begründet, verworfen, bewiesen, in Frage gestellt und umgemodelt, daß all diese Möglichkeiten wie ein Sturzbach durchs Hirn rauschen, und man sich schon am selben Nachmittag beim besten Willen nicht mehr auf die endgültig letzte Fassung aller widersprüchlichen Einfälle besinnen kann. Da sind dann Ihre Notizen Gold wert – ich weiß, ich weiß, diese Methode ist ein Relikt aus der Vor-Brechtschen-Theaterzeit, aber ich bin dieser prähistorischen Sitte niemals untreu geworden und verfechte sie immer noch mit Verve, denn sie birgt etwas Unwiederbringliches, etwas nie wieder Einholbares: sie hortet Zeit.

Sie gewinnen durch diese paar nebenher hingekritzelten Stichworte einen immensen Vorsprung, denn beim alleinigen Überholen der Probenarbeit zu Hause (Ihre tägliche Pflicht, die an oberster Stelle aller Heimaufgaben steht) brauchen Sie Ihr Gedächtnis nie wegen etwaiger Unsicherheiten zu zermartern. Sie können sich immer in aller Ruhe in den neuesten und letzten Stand aller Dinge versetzen und der nächsten Probenrunde gelassen entgegensehen.

Vielleicht werden Sie jetzt einwenden, daß diese Schreib- und Notierarbeit doch einzig die Aufgabe des Regieassistenten sei. Aber da muß ich Sie eines Besseren belehren. Zwar hat Brecht es gewagt, das heilige, traditionsgeschwängerte Regiebuch radikal abzuschaffen, und zum ersten Mal den Versuch gestartet, mit allen, Schauspielern und Regieassistenten gemeinsam, die Proben zu einer Aufführung auf Punkt Null zu beginnen. Dadurch mauserte sich die aschenputtelige Existenz des Regieassistenten zu einem gehaltsempfangenden Berufsbegriff und wurde gesellschaftsfähig. Nur – Brecht hatte diesen Stand nicht zu dem Zweck aufgewertet, den Schauspielern zu billigen, privaten Nachhilfelehrern zu verhelfen. Es ging ihm vielmehr einzig darum, die Arbeit des Regisseurs durch Vorschläge oder Einwände einer »rechten Hand« zu unterstützen und zu befruchten.

Also mißbrauchen Sie den ohnehin schon genug geplagten Regieassistenten nicht: Verschonen Sie ihn mit Ihren bohrenden Fragen, verlassen Sie sich auf niemand anderen als auf sich selber – und notieren Sie sich Ihre eigenen Pflichten und Schuldigkeiten. Dies sollte allemal noch die goldene Regel sein, denn nichts ist für alle lästiger, als die ewig wiederholte Fragerei der gefürchteten Probenbremsen.

Auch am Theater kostet die Zeit Geld, vor allem aber kostet sie Nerven. Also vermerken Sie bitte zwischen Ihren Rollenzeilen, bei welchem Satz Sie Ihren letzten Schluck Kaffee getrunken, mit welcher Frage Sie eine Zigarre angepafft und während welcher Spielpause Sie sich zu welchem Fenster bewegt haben und so weiter. Wenn alle sich immer zu diesen Notizen aufrafften, könnte dadurch garantiert eine ganze kostbare Probenwoche eingespart werden.

Das kritische Spielen

Nun zur letzten Brechtschen Vokabel. Ein Begriff, der mich ob seiner schlimmen, zwiespältigen Folgen mein Leben lang selbstquälerisch begleiten wird. Ich hätte ihn ohne weiteres totschweigen können, um mich und Sie damit zu verschonen, denn seine Nichterwähnung wäre gar nicht weiter aufgefallen. Aber das konnte ich meinem Gewissen gegenüber nicht verantworten – hat das Thema doch wie ein Schlagwort das Theater von heute beeinflußt. Letztlich auch zuviel Schaden angerichtet, denn dieser Brechtsche Begriff wurde zu jener Zelle, an deren unseligen Teilung und Wucherung das Theater heute krankt. Es handelt sich um das »kritische Spielen«.

Die Behandlung dieses Stoffes ist für mich deshalb so belastend, weil ich mich persönlich für alles, was zu guter Letzt – oder vielmehr: zu schlechter Letzt – daraus entstanden ist, mitverantwortlich fühle. Wenn Sie sich jetzt die Mühe machen, meinem Gedankenfaden zu folgen, werden Sie begreifen lernen, warum mir das Wort »kritisches Theater« die Zorn- und Schamröte ins Gesicht treibt.

Des Wortes ursprüngliche Bedeutung war so lächerlich, daß man die in ihm verborgene Gefahr gar nicht erahnen konnte. Eine nebensächliche, beinahe scherzhafte Feststellung: Brecht war so unendlich leicht mißzuverstehen – er war so vielfältig deutbar, so mannigfaltig auslegbar. Zu Brecht führten nicht viele Wege – aber viele Wege führten von Brecht weg. Und wenn nun schon eine so erregend einfache Idee wie die des Verfremdens nach seinem Tod bis zur nervtötendsten Langeweile verunstaltet werden konnte, so mußte sich der ehemals so bestürzend simple, einleuchtende Einfall des »kritischen Spielens« geradezu als ideale Brutstätte für die unvorstellbarsten Mißgeburten entpuppen.

Wie das geschehen konnte? Rückblickend glaube ich, daß diese Vokabel einzig und allein deshalb in den deutschen Sprachschatz hineingezwungen wurde, um damit geistige Zwistigkeiten und Widersprüche heraufbeschwören zu können. Pure Sophistereien also.

Hat mir doch zum Beispiel niemals jemand richtig erklären können, wie Kant seinen berühmten Titel begriffen haben wollte. Ob die reine Vernunft nun selber Kritik übt – oder ob Kritik an der reinen Vernunft geübt werden soll. Und so war es folgerichtig, daß sich viele theaterbeflissene Denkerköpfe die Frage stellten, was man sich denn, in memoriam des Meisters, überhaupt unter »kritisch Spielen« vorzustellen habe. Mißverständnisse und Verwirrungen waren damit vorprogrammiert.

Aber ich sehe ein, daß mir auf diese Behauptung hin nichts anderes übrigbleibt, als das widersprüchliche Rätsel für Sie zu entschlüsseln. Und zwar nur aus den Rückschlüssen meiner schauspielerischen Überlegungen und Erfahrungen heraus. Wahrscheinlich in krassestem Gegensatz zu sämtlichen Thesen der dialektisch geschulten, dramaturgischen Spitzköpfe, aber dafür möglicherweise für Sie etwas verständlicher und akzeptabler:

Alle Stücke, die bei Brecht zur Aufführung gelangten, waren kritisch geschrieben. Und wir haben nichts anderes getan, als sie »vom Blatt zu spielen« – sie schlichtweg zu spielen, wie sie gemeint waren. Jegliche bei uns auf der Bühne vorgeführte Kritik war also schon längst vom Dichter in Handlung und Personen fix und fertig geliefert. Unser »kritisch spielen« hatte infolgedessen nicht mehr und nicht weniger zu sein, als die im Stück bereits verankerte Kritik sichtbar zu machen. Weder die Kritik des Regisseurs, noch unsere eigene sollte auf der Bühne demonstriert werden, nein, wir hatten nur Figuren, deren Verhaltensweise sowieso zu einer Kritik Anlaß gab, in unserem Spiel zur Debatte zu stellen. Mit einer »kritischen Darstellungs-weise« hatte all das nichts zu tun. Denn wie ich Ihnen schon einmal sagte, wollte Brecht nichts anderes, als durch eine sachlich darge-stellte Aufdeckung der kritisierten Zustände in den jeweiligen Stük-ken die Zuschauer zum Nachdenken bringen; sie zu einer eigenen, kritischen Meinungsäußerung zwingen.

Das ist kritisches Theater, nicht mehr und nicht weniger. Somit hat dieser Begriff nicht das allergeringste mit einem speziellen Darstel-lungsstil oder einer besonderen Ausdrucksform zu tun.

Das kritische Spielen steht und fällt mit der kritischen Aussage eines Stückes, ist untrennbar verbunden mit dessen Thematik und deshalb total abhängig von der individuellen Intention eines Dichters.

Brecht hätte niemals ein ungeeignetes Stück zu seinen Zwecken mißbraucht. Es wurden außer seinen eigenen Werken nur Stücke gespielt, die ebenfalls aus kritischer Sicht geschrieben waren.

So bedeutete »kritisch spielen« niemals ein »kritisches Spiel«. Das hätte ja bedeutet, ein Werk als solches zu kritisieren, womöglich gar ein bereits Kritik übendes Werk noch einmal unter die kritische Lupe zu nehmen – Kritik im Quadrat. So verstanden ist »kritisch spielen« ein ad absurdum führender Begriff: Ein Gag, ein Jux, der, wenn er in die Tat einer Aufführung umgesetzt wird, auf dem direktesten Wege nur zu einem Ergebnis führen kann: zur nackten Parodie! Und da stehen sowohl Sinn als auch Zweck einer Theatervorstellung in diametralem Gegensatz zu Brechts Absicht. Dieses Resultat ist sei-nem Theaterstil antipodisch, niemals hätte er einen Klassiker der Lächerlichkeit preisgegeben.

Eine Parodie ist die Umkehrung einer Vorlage, deren Aussage da-durch ver-kehrt wird; eine positive Idee wird zur negativen und umgekehrt. Diese Verdrehung erzeugt Gelächter, allerdings immer dasjenige der bösen Schadenfreude.

Das Brechtsche Mittel zur Erzeugung des Lachens hingegen war die Karikatur, das heißt die Übertreibung eines Vorbildes, dessen Aussage dadurch überbetont und verzerrt, aber nicht in sich ver-rückt wird. Und was das Lachen anbelangt, da war Brecht ein durch und durch naiver Zuschauer. Er konnte unfaßbar herzlich über die groteskesten Einfälle in einer karikierenden Darstellung lachen. Sein Entzücken über schauspielerisch eigenständig geschaffene, originelle Karikaturen war oftmals so unverfroren, daß beim Darstellen jener Gesellschaftsklasse, die seiner politischen Weltanschauung entgegenstand, meist des »Guten« wirklich zuviel getan werden durfte und der legendäre Affe an dem ihm gegebenen Zucker hie und da tatsächlich schier krepierte.

Ja, Karikieren war auf Deubel komm raus gestattet. Absolut unzugänglich war Brecht hingegen für die hinterhältigen Spitzfindigkeiten der Parodie. Über ein ernstzunehmendes Thema durfte man sich seiner Meinung nach nicht auf billige Weise lustig machen.

Es muß im Jahre '51 oder '52 gewesen sein, als wir mit seinem Stück *Die Mutter* irgendwo gastierten – ich glaube, es war in Weimar, aber das tut hier nichts zur Sache. Brecht kam uns unterwegs besuchen, und wir wollten alle gemeinsam einen geselligen gemütlichen Abend verbringen. Ein paar immer nur mit kleinen Rollen abgespeiste Darsteller hatten daraufhin mit großem Eifer eine fröhliche Produktion vorbereitet, die auf witzige Art an ihr unglückliches Los erinnern sollte. Zu diesem Zweck hatten sie einige Songs aus der *Mutter* ausgewählt und zur Persiflage umfunktioniert. Von der ganzen satirischen Darbietung sind mir nur zwei Zeilen im Gedächtnis geblieben. Die Originalzeilen (in denen sich Fabrikarbeiter über ihre miserable materielle Situation beschweren) lauten:
»Gut, das ist der Flicken,
aber wo bleibt der ganze Rock?«
Und genau im Rhythmus der Musik sangen nun die hoffnungsvollen Kollegen folgenden verdrehten Text:
»Gut, das ist das Röllchen,
aber wo bleibt die Hauptpartie?«
Wir jaulten und quietschten alle vor Vergnügen, und unser schadenfrohes Gelächter kannte keine Grenzen. Nur Brecht, der in der ersten

Reihe saß, verzog keine Miene. Wie der steinerne Gast aus dem *Don Giovanni* hörte er sich eisig und unnahbar die Verhohnepipelung seiner Weltanschauung an; so, als begriffe er gar nicht, worum sich das Ganze drehte. Diese Reaktion Brechts kam für uns völlig unerwartet, und so ebbte unser maßloser Jubel bald feige ab. Für die armen Darsteller kleiner Rollen endete der Abend als völliges Desaster. Es war und blieb unsere einzige Parodie im Ensemble.

Jede ernste Rolle ist dazu geeignet, in eine Parodie ver-kehrt zu werden. Sie brauchen dazu kein Jota vom Originaltext abzuweichen, denn um eine Rolle zu kritisieren, um Ihre Kritik an ihr auszulassen, genügt es völlig, sich ganz bewußt einer verfehlt angebrachten Komik zu bedienen: Indem Sie zum Beispiel in einer besonders ehrlichen Passage eine total sinnwidrige Betonung »abschießen«. Eine echt anrührende Situation läßt sich sehr leicht durch eine übertriebene Gestik verulken. Durch solch destruktive Verhohnepipelung bringen Sie es mühelos fertig, jedes Stück und jede Rolle zu verunglimpfen.

Zu diesem falsch verstandenen »kritischen Spielen« bieten sich in erster Line die ernsten Stücke als erfolgversprechende Objekte an. (Wenn Sie sich in diesem Zusammenhang nur einmal unsere *Hedda Gabler* auf diese Weise kritisch gespielt vorstellen wollen! Da die tragischen Momente dieses Schauspiels sowieso hie und da bedenklich auf Messers Schneide balancieren – denken Sie an die skelettierte Inhaltsangabe –, würden bei diesem Stück sogar die dezentesten Mittel genügen, um daraus eine überaus wirkungsvolle Parodie zu machen.)

Es ist tatsächlich so: Tragödien eignen sich nur zu vorzüglich zur Parodie. Das Lustspiel steht unter anderen Vorzeichen, gehorcht anderen Gesetzen, und was dem Drama leider recht zu sein hat, ist der Komödie noch lange nicht billig. Ich hoffe für Sie, daß Sie weder in Trauerspielen mitwirken müssen, die so inszeniert sind, daß sie dem Regisseur einen bejubelten Lacherfolg bescheren, noch Komödienabende überstehen müssen, in denen kein Zuschauer über Sie lachen mag. Beides demütigt unseren Berufsstand, und wer solches Tun »kritisches Spielen« nennt und sich dabei auf den Meister beruft, sollte den Hahn dreimal krähen hören.

Lachen erzeugen

Ein Lustspiel muß nun, um seine richtige, beabsichtigte Wirkung erzielen zu können, bereits ver-kehrt gespielt werden. Was heißen soll, daß ein Lustspiel immer mit der größten Ernsthaftigkeit vorgebracht werden muß, denn das ist die Jokerkarte seines Erfolgs. Eine komisch gespielte Komödie, also komisch hoch zwei, ergibt zwar ebenfalls wieder eine Parodie, aber diesmal eine zu hoch gereizte – um in das Skatvokabular zu greifen. Der Schauspieler parodiert sich dabei selbst, unter dem Motto: Bin ich nicht wieder komisch? Eine Parodie des komischen Fachs aber erzeugt weder schadenfrohes Gelächter noch Freudentränen.

Es gibt sie die Schauspieler und Schauspielerinnen, die ihrem Affen Zucker bis zum Gehtnichtmehr geben; die meinen, ihre Zuschauer liebten und verehrten sie gerade deshalb.

Es ist ein Jammer um jene Protagonisten, denn sie sind durch die Bank fast alle einmal erstklassige, vielseitige Spitzenschauspieler gewesen. Brecht sagte mir einmal, ein Theater brauche genau zehn Jahre, um sich seine Zuschauer heranzuziehen, erst dann habe es sein eigenes Publikum, das ihm treu bliebe. Danach kann man sich ausrechnen, wie lange diese Schauspieler wohl an ihrem Stereotyp gebastelt haben müssen, bis sie ihre Zuschauer erfolgreich an sich fesseln konnten.

Dieser »typische Komödiant« ist weder zu beneiden noch zu verdammen. Im tiefsten Inneren wissen diese Gaukler um ihr Tun nur zu genau Bescheid: Sonst würden sie nicht jederzeit allzu bereitwillig und um eine Nuance zu heiter jedem, der es hören will oder nicht, beteuern, daß sie ihr hochkarätiges Können ohne Reue gegen die Talmikunst, deren Profit (ihnen von Herzen gegönnt) gar glänzend angelegt sei, vertauscht hätten. Sie würden wahrscheinlich den Vorwurf des kritisierenden Spielens weit von sich weisen, aber sie tun – wenn wir ihre Darstellungsweise am Brechtschen Originalbegriff messen – der Komödie eben genau jenen Tort an, den manche Regisseure den Tragödien verpassen: Sie nehmen sie nicht ernst. *Das* werfe ich ihnen vor, nicht, daß sie dem Narzißmus, dieser großen schauspielerischen Gefahr, erlegen sind und sich rettungslos in sich und ihre so unwiderstehliche Komik verliebt haben. Aber daß sie die klassischen Gesetze des Komödie-Spielens durch eine solche Fallhöhe

verraten und alles und alle auf ein Klamaukniveau heruntergezerrt
haben, so daß das Publikum sich endlich kritiklos über ihre Klamotte
amüsiert – das schlägt schon auf der Soll-Seite zu Buche. Das ist der
Punkt, wo Brechts so goldene Medaille des »kritischen Spielens«
völlig ver-kehrt wurde und eine schmierige Rückseite verpaßt bekam.
Und darum möchte ich denjenigen unter Ihnen, die glauben, ein
komisches Talent zu besitzen, etwas ans Herz legen.

Das Talent, Menschen zum Lachen zu bringen, kann weder mit
krampfhaftem Fleiß, noch mit eifrigem Ehrgeiz erworben werden. Es
ist vielmehr ein völlig unverdient erhaltenes Geschenk. Gerade deshalb bitte ich Sie, es nicht zu mißbrauchen, und – um Ihrer selbst
willen – der Versuchung zu widerstehen, diese hochkarätige Gabe
unter ihrem hohen, ideellen Wert zu verschleudern.

Merken Sie sich das eherne Komödiengesetz für Ihre ganze Laufbahn:
Eine komische Rolle muß so ernsthaft gespielt werden, wie der
tragischste Part in einer antiken Tragödie. Wenn Sie gegen diese
Regel verstoßen, dann müssen Sie sich bewußt sein, daß Sie sich
dadurch das echte komische Fach ver-scherzt haben. Spielen Sie
niemals so, als rechneten Sie mit einem Lacher – im Gegenteil: Ein
wirklich großer Komiker, eine wirklich große Komikerin müßten bei
jeder Lachsalve der Zuschauer innerlich in Tränen ausbrechen, da sie
sich in ihrer darstellerischen Ernsthaftigkeit ausgelacht, ja, mißachtet
vorkommen. Nur aus dem Kontrast des tödlichen Ernstes in den
irrwitzigsten Situationen erzielt die Komik ihre richtige Wirkung.

Sie erinnern sich vielleicht, daß ich beim Bruch/Drehpunkt-Thema
unseren *Philipp Hotz* ad acta gelegt habe, um ihn für eine spätere
Gelegenheit aufzusparen: *Philipp Hotz* ist in meinen Augen geradezu
ein Komödienmuster; Kabinettstück einer Lustspielkonstruktion, in
der zwei komische Elemente perfekt zusammengekoppelt wurden.
Erstens ist die Handlung aberwitzig unalltäglich, und zweitens ist das
Denken der Figuren – insbesondere das des Ehepaares Hotz – aufgrund einer geradezu hirnrissigen »Architektur« mit Brüchen nur so
bespickt. Anhand des unglückseligen Ejlert Lövborg habe ich Ihnen
auseinandergesetzt, wie gefährlich eine zu geballte Häufung von
dramatisch wirkenden Bruchakzenten sein kann. Aber dies gilt nur
für die Tragödie, da dürfen die Zuschauer mit diesen abrupten, meist
psychopathischen Kehrtwendungen nicht überfordert werden.

Das Lustspiel hingegen schöpft seinen Erfolg gerade aus den Kettenreaktionen von Bruchmomenten. (Denken Sie an den unvergleichlichen Feydeau, in dessen Stücken sich die 180-Grad-Kehrtwendungen in den sich überschneidenden und völlig konträren Situationen nur so jagen.) So erzielt derselbe dramaturgische Kniff, der beim Drama ein echt aufwühlendes Entsetzen hervorruft, in der Komödie ein schallendes Gelächter. Die bezweckte, stimmige Wirkung wird bei den thematisch entgegengesetzten Stückrichtungen jedoch nur erreicht, wenn die Brüche in beiden Fällen ganz ernsthaft – und nicht etwa kritisierend überhöht – gespielt werden. Deswegen war es in meinen Augen beim Philipp Hotz spielnotwendig, das Rezept des Biographienschreibens anzuwenden. Diese zwei aus so vielen geistigen Slapsticks bestehenden Reißbrettfiguren mußten um jeden Preis zu Menschen gemacht werden. Und aufgrund der erfundenen Lebensgeschichten entdeckte ich, was mir vorher überhaupt nicht bewußt war: Daß sich nämlich der innerste Kern dieser Fabel und ihrer beiden Hauptfiguren als ein zutiefst anrührender, ja, als ein echt tragischer erweist. Denn wenn sie ihr Recht auf ihre Existenz nur aus der äußerlichen Komik bezögen (samt der virtuosen Akrobatik ihres Gehirnkaleidoskops), dann genau würden sie zu kritisiert gespielten Juxfiguren – ehrenrührig unterschätzt und schamlos unter Wert verramscht.

Nein, dieses scheinbare Un-Menschen-Ehepaar Philipp und Dorli muß seine großen dramatischen seelischen Konflikte, die aus vermeintlichen Nichtigkeiten bestehen, wie der Frage, ob man die Vesperbrote besser mit Wurst oder mit Käse belegen solle, mit einer genauso verbissenen Emphatik vorführen, wie weiland unser Ejlert Lövborg seine lebensgefährdenden psychischen Brüche. Wenn diese beiden bedauernswerten Eidgenossen ihre ganze seelische Springteufelartistik nicht wie der Lebensweisheit letzter Schluß vorbringen, dann hat Tells Geschoß den Apfel verfehlt, den Buben getroffen und die ganze hehre Schweizer Mythologie zur Minna gemacht.

Am Beispiel der Figuren aus *Philipp Hotz* können Sie, die zukünftigen beliebten und geliebten Darsteller und Darstellerinnen des komischen Fachs, gleich zwei Fliegen mit einer Klappe schlagen. Sie wissen nun, wie Sie eine Komödie richtig zu spielen haben (und darin ist sich, stellen Sie sich dieses Wunder vor, sogar die ganze Kritik einig!), und haben gleichzeitig sicher festgestellt, wie nonchalant Sie bereits mit dem Begriff des Bruchspielens herumjonglieren können.

Da in unserem Stückbeispiel *Philipp Hotz* sehr viele Passagen zum Publikum gesprochen werden, kann ich bei dieser Gelegenheit noch auf den Begriff des »A-parts«, des »Beiseitegesprochenen« eingehen. Bei einem A-part müssen Sie sich von Ihrem Bühnenpartner abwenden, ihn im wahrsten Sinne des Wortes hängenlassen und direkt en face zum Publikum Ihren »vertraulichen« Text loswerden. Im Lustspiel ist es meistens eine Pointe, die belacht und beklatscht wird. Beides, Witz und Wirkung, sollte der stehengelassene Bühnenpartner quasi nicht hören.

So schwer Ihre Aufgabe auch ist – das Publikum durch Ihre Mitteilung über einen gedachten Vorgang aufzuklären –, den Schwarzen Peter hat in jedem Falle Ihr Partner gezogen, denn er muß so tun, als hörte er Sie nicht, obwohl er ja jedes Ihrer Worte nur zu gut mitbekommt. Er muß sich verhalten, als sei er völlig in Gedanken versunken oder zutiefst in eine Beschäftigung verstrickt und ist gezwungen, so lange zu verharren, bis Sie Ihr A-part abgeliefert, den Lacher plus Applaus entgegengenommen und sich ihm wieder zugedreht haben. Dann erst kann die Szene normal weiterlaufen.

Es gibt hie und da Kollegen, die in ihrer Wartezeit die Aufmerksamkeit der Zuschauer gewaltsam auf sich zu lenken verstehen, indem sie sich eine eigene, möglichst originelle stumme Handlung ausdenken. Dadurch bringen sie den Text des à-part-sprechenden Partners zum Verpuffen und killen mühelos dessen Pointe. Tun Sie das bitte nie – es zahlt sich nicht aus. Der Dichter, der Kollege und der Zuschauer haben ein Recht darauf, daß der Beiseitetext ankommt.

Auf etwas möchte ich Sie an dieser Stelle noch hinweisen: oft ist eine A-part-Stelle eine Pointe, aber folgern Sie bitte daraus nicht, daß jede Pointe ein A-part-Spiel ist! Wenn Sie eine Komödie spielen, und in Ihrem Text eine Pointe fällt, die im Dialog dem Partner gilt und von ihm direkt beantwortet wird, lassen Sie sich um Gottes willen niemals dazu verführen, sich nach vorne zu drehen und Ihre witzige Bemerkung dem Publikum zu servieren. Einige Kollegen tun das, in der Meinung, dadurch das Gelächter des Publikums eher herausfordern zu können. Meistens ist aber die Wirkung genau gegenteilig. Die Zuschauer merken die Absicht und sind verstimmt. Sie wollen nicht für dumm gehalten und überdeutlich auf einen Scherz aufmerksam gemacht werden: Und ganz abgesehen davon, lassen Sie Ihren Partner während dieses eigenständig getroffenen A-parts schlicht und einfach im Stich, läuft doch dessen Reaktion dann ins Leere. Auch Komödienpointen gehören meistens hinter die berühmte vierte Wand.

Sie wissen ja: Unsere Guckkastenbühne hat drei sichtbare und eine unsichtbare vierte Wand. Zwischen den drei sichtbaren Wänden spielen wir (Seitenwände und Rückwand), die vierte (imaginäre) trennt für uns den Zuschauerraum vom Bühnenbereich ab. Von unten können die Zuschauer unser hell erleuchtetes Handeln und Wirken auf der Bühne genau beobachten; für uns oben jedoch – obwohl wir das »unten« nur zu genau wahrnehmen – darf dieser Raum nicht existieren. Er ist tabu, denn für uns steht die vierte, die »gespielte« Wand dazwischen.

Hedda Gabler zum Beispiel ist ein Stück, das durchweg hinter diese vierte Wand gehört. In diesem Schauspiel findet sich nicht eine einzige legale A-part-Stelle, und es wäre kriminell, da auch nur einen einzigen Satz direkt an die Zuschauer zu richten. (Schon gar nicht Bracks letzte Bemerkung: »Ja, um Gottes willen – so was tut man doch nicht!« Ein auf diese Art gespielter Stückschluß zöge unweigerlich einen tödlichen Lacher nach sich.)

Goethes Anweisung in *Faust I*, durchweg die A-part-Stellen »für sich« zu sprechen, läßt vermuten, daß er, selber Regisseur, die Effekthascherei eitler Schauspieler bereits erahnte und ihr Einhalt gebieten wollte. Trotzdem gibt es kaum einen »Mephisto«-Darsteller, der die treffliche Bemerkung über die Schwerdtlein: »Nun mach ich mich beizeiten fort! Die hielte wohl den Teufel selbst beim Wort«, nicht dem Publikum servieren würde, um eine beifällige Reaktion einzuheimsen. Bei *Philipp Hotz* dagegen ist durch die vorgegebene Spielweise der direkt ans Publikum gerichteten Conférencen die vierte Wand völlig aufgehoben worden.

So oder so – der Erfolg einer Pointe steht und fällt mit Ihrem satzabschließenden Direktspielen! Jede nicht direkt auf Punkt gesprochene Pointe ist vertan. Nicht umsonst sagt man »eine Pointe fallenlassen«. Wenn Sie es nicht verstehen, den Feuerwerkskörper eines Witzes auf den Punkt zu zünden, kann die Rakete einer trefflichen Autorenidee niemals hochzischen, und der scherzgeladenste Knallfrosch eines Schriftstellers verröchelt zu Ihren Füßen, statt im Parkett zu explodieren.

Je trockener, je abschließender, je knapper Sie eine vermutete Pointe bringen, desto sicherer haben Sie die eventuellen Lacher auf Ihrer Seite.

Ich sage »vermutet« und »eventuell«, denn in vielen Fällen können wir nicht voraussagen, worüber die Zuschauer lachen und worüber nicht. Wird aber eine todsichere Pointe, ein unfehlbarer Witz nicht belacht, dann liegt es nie am Zuschauer, sondern an Ihnen. Ja, das komische Talent ist zwar angeboren, aber um im komischen Fach zur Meisterschaft zu gelangen, bedarf es harter Arbeit.

Lacher erzeugt auch der »falsche Abgang«. Dieser Ausdruck entbehrt, wie so manches in der Sprache des Theaters, jeglicher Logik. Streng wörtlich genommen gibt es natürlich weder »richtige« noch »falsche« Abgänge. Ein Abgang ist entweder richtig oder falsch, gut oder schlecht gespielt, beziehungsweise richtig oder falsch plaziert, also geschrieben.

Man mag nun den Ausdruck drehen und wenden wie man will – die bloße Tatsache des Abgehens steht selbstverständlich immer im krassesten Gegensatz zum Naturell des Schauspielers; wird ihm doch dadurch unmißverständlich seine momentane Überflüssigkeit auf der Bühne kundgetan. Und obwohl es auch dem Uneinsichtigsten einleuchtet, daß sein Abgang so sicher ist wie sein Auftreten, stößt ihm seine Enttäuschung darüber doch immer wieder äußerst sauer auf. Selbst die dichterisch verblümtesten Anweisungen (»wegstürzend, fortwankend, hinwegpolternd, hinaustastend, abtrippelnd, losprechend, entgleitend« etc.) können ihn nicht über die Brutalität der dramaturgischen Entscheidung hinwegtrösten. Was tut also der in seiner Berufsehre so zutiefst Gekränkte? Natürlich das seinem Geltungsdrang entsprechendste: Er sinnt und trachtet zusammen mit dem Regisseur nach Möglichkeiten, den Dichterling zu überlisten, indem er die Zeitspanne seiner Bühnenpräsenz zu verlängern sucht.

So ist ein »falscher Abgang« nichts anderes als ein verzögertes Weggehen, ein präzise inszeniertes Verschwinden in Raten. Ob nun dies kühne Wagnis gelingt, hängt einzig und allein vom Grad Ihres Mutes ab. Wenn der Ausdruck Ihrer Zielstrebigkeit im Fortgehen blind entschlossen wirkt, keimt in keinem Beobachter auch nur der leiseste Verdacht auf, daß Sie plötzlich anhalten oder gar zurückkommen werden. Dann ist der falsche Abgang richtig gespielt und beschert Ihnen unweigerlich Erfolg. Ich bin sicher, daß die berechnete Wirkung eines Weggehens in Etappen so uralt ist wie der menschliche

Spieltrieb überhaupt. Bestimmt hat schon der wutschnaubend fort-stampfende Neandertaler bei den murrend am Feuer Hockenden atemlähmende Totenstille erzeugen können – wenn er abrupt stehen-blieb und sich mit der geschwungenen Keule noch einmal drohend umdrehte, bevor er in der Höhle verschwand.

Die »Verweile doch, du bist so schön«-Momente auf der Bühne sind ein Schlaraffenland für die stets hungrige Phantasie aller Schauspie-ler. Aber ich möchte Sie wieder einmal herzlich ersuchen, sich auch hierin zu mäßigen. Handeln Sie also nicht nach der Devise »Nach mir die Sintflut«, sondern bleiben Sie kollegial. Denken Sie an Ihre Mitspieler, die ohne Sie weiter agieren müssen und auch durchaus dazu fähig wären, gäbe es da nicht gewisse Kollegen, die sich beim Abgehen zum ersten, zum zweiten und zum x-ten Male auf der Bühne umdrehen und die eine Tür nur deshalb hinter sich schließen, damit sie sie gleich noch einmal mit »Kuckuck« öffnen können.

Ganz zu schweigen von den Wiedererscheinungsmöglichkeiten aus der Standuhr – Perpendikel auf der Stirn –, aus der Versenkungs-klappe mit verstaubten Weinflaschen jonglierend oder über die Bal-konbrüstung – Weinlaub im Haar und Geranientöpfe in der Hand. Wir kennen diese »Auftritte« und auch die Kollegen, die ihnen frönen . . .

Einen ähnlichen und ebenso sicheren Lacher wie beim falschen Abgang können Sie beim sogenannten »Double take« erzielen. Aller-dings unterscheiden sich dabei die Ursachen der heiteren Wirkung grundlegend. Während die Zuschauer beim falschen Abgang ah-nungslos sind und über Ihr unverhofftes Wiedererscheinen oder Ihr plötzliches Umdrehen lachen, sind sie beim Double take auf den kommenden Lacher vorbereitet und können es kaum erwarten, Ihre verzögert einsetzende Reaktion endlich serviert zu bekommen.

Ich greife zum besseren Verständnis irgendeine Double-take-Situa-tion aus der Luft. Stellen Sie sich eine Szene in einem modernen Gesellschaftslustspiel vor: Ein paar Gäste stehen plaudernd beieinan-der. Zwei Herren nähern sich der Gruppe von hinten – ein kleiner mit Glatze und Vollbart, sein Begleiter ein Hüne mit Lockenschopf. Der Lockige macht sich der Gastgeberin bemerkbar, diese dreht sich zu ihm um und begrüßt ihn herzlich. Daraufhin deutet der neue Gast auf seinen Begleiter und stellt ihn mit den Worten vor: »Meine Gattin Paula.« Die Hausherrin reicht dem Vollbärtigen freundlich zunikkend die Hand und wendet sich dann wieder ihren anderen Gästen zu. Nun wartet das Publikum – und richtig, die Dame öffnet gerade den Mund, um ihre unterbrochene Konversation fortzusetzen: Da durchzuckt sie plötzlich der Ruck einer verspäteten Erkenntnis. Offenen Mundes dreht sie sich dem »modernen Paar« wieder zu ...

Die schauspielerische Pointe besteht aus dem Spielen des Schocks. Dann, wenn der Groschen beim Darsteller endlich gefallen ist, können die Zuschauer erlöst jubeln, weil sie wieder mal klüger waren, als der Schauspieler da oben. Der Erfolg eines Double takes beruht – genau wie der des falschen Abgangs – auf einem minuziösen Timing, auf einem sekundengenau fixierten Ablauf. Das geringste Verwakkeln der Situationskomik würde Sie um den sicheren Lacher bringen; als Komiker müssen Sie mit der Stoppuhr arbeiten.

Letzter Schritt: Lachen lernen

Unser gemeinsamer, theoretischer Weg nähert sich seinem Ende. Aber bevor ich Sie ziehen lasse, möchte ich Sie in der letzten Lektion zum Lachen bringen.

Sie sollen nämlich noch lernen, auf Kommando zu lachen. Sie werden bald merken, daß sich dieser Lehrpfad trostlos langweilig aufwärts windet; und die Tatsache, daß unsere Zuschauer die Kunst des Weinenkönnens sowieso meist höher bewerten – wahrscheinlich weil dem Tragischen aus moralischen Gründen die höhere Note gebührt –, macht die Sache auch nicht lustiger. Aber das Publikum bewertet die schauspielerischen Gefühlsäußerungen aus Unwissenheit völlig falsch. Das Weinenkönnen hängt weit mehr mit der Konzentrationsfähigkeit des Darstellers zusammen als mit seinem handwerklichen Können. Denken Sie nur zum Beispiel an Szenen von Tschechow; wenn Sie sich intensiv in jene herzzerreißenden Situationen hineindenken und diese zutiefst anrührenden Momente innerlich genau nachvollziehen, werden Ihre Tränen jeden Abend ganz von alleine fließen. Und sollten Sie während des Spielens durch einen äußeren Vorgang oder einen Gedankensprung plötzlich abgelenkt werden, so daß sich die erwartete Rührung nicht einstellen will, haben Sie immer noch die Ausweichmöglichkeit, sich blitzschnell an ein privates Ereignis zu erinnern, das Sie immer wieder zum Weinen bringt. (Diese Methode wurde übrigens im amerikanischen Workshop überaus cool »Pull the Trigger!« genannt.)

Tränen können immer herbeigedacht werden, ein schallendes Gelächter hingegen muß man technisch mühsam erarbeitet haben, damit es jederzeit abrufbereit ist. Diese launigste, scheinbar oberflächliche Gemütsäußerung ist – perfekt erzeugt – die Frucht körperlicher und geistiger Schwerstarbeit. Denn den meisten von uns Schauspielern ist – genau wie der Mehrzahl der »Alltagsmenschen« – das mühelos von den Lippen perlende Lachen auch irgendwann einmal vergangen. Aber im Gegensatz zum normalen Leben können wir uns auf der Bühne nicht mit einem künstlichen Gekicher durchmogeln; nein, unser darstellerisches Lachen muß so echt sein, daß der Zuschauer darin die ihm verlorengegangene Äußerung einer heiteren Gemütsbewegung wiedererkennen kann.

Es gibt bestaunens- und beneidenswerte Kollegen, die das herzliche Gelächter ihrer Kindheit in das Erwachsenenleben hinübergerettet haben; deren persönliches Lachen so unwiderstehlich ist, daß ein ganzes Publikum davon angesteckt wird und hingerissen mitlachen muß. Dieses freie und alle befreiende Gelächter wird »zwerchfellerschütternd« genannt, und aus diesem Grunde können Sie es wieder lernen, denn es steht und fällt mit dem richtigen Atmen. Wenn Sie richtig atmen können, können Sie auch richtig lachen.

Allerdings wird es einige Zeit dauern, bis Sie das Rezept dieser letzten Lektion mühelos anzuwenden wissen. Aber die zwanzig Jahre, die ich dafür benötigt habe, werden Sie ganz sicher nicht brauchen, denn das »Verfahren«, das Ihnen am ehesten zum berühmt-gerühmten Lachen verhelfen kann, ist ja nur das Fazit verschiedener technischer Methoden, die ich im Laufe der Jahre erprobt und gefiltert habe.

Das Rezept beginnt mit Flachhinlegen, Augenschließen und dem Versuch, sich völlig zu entspannen. Stellen Sie sich vor, daß man Ihnen eine Blume unter die Nase hält, die Sie nur an Ihrem Duft erkennen dürfen. Also atmen Sie zu diesem Zweck durch die Nase ein paarmal in kurzen Abständen locker ein, so als ob Sie immer wieder Pausen bräuchten, um über den Geruch der Blüte nachdenken zu können.

Beachten Sie, daß Ihr Brustkorb passiv liegenbleibt und sich nicht etwa mit den einzelnen Atemzügen hochwölbt, denn die erschnupperte Luft soll nur Ihren Leib – vom Rippenbogen abwärts – langsam aufpumpen, und zwar so lange, bis er sich zu einem stattlichen Kugelbauch gerundet hat. Unterbrechen Sie dieses behutsame Einschnüffeln nicht durch ein versehentliches Ausatmen.

Versuchen Sie anfangs nicht, mehr als fünf oder sechs Schnupperzüge in einem einzigen Einatmen unterzubringen, denn das Luftholen soll völlig unverkrampft vor sich gehen. Wenn Sie diese Schnüffelübung richtig ausführen, und Ihr Oberkörper dabei ganz ruhig liegenbleibt, müßte Ihr Zwerchfell unter dem Rippenbogen bei jedem kurzen Einschnuppern mitzucken. Sie können das genau nachkontrollieren, indem Sie die Hand auf Ihre Körpermitte legen.

Haben Sie nun nach diesem Zug-um-Zug-Einatmen das Gefühl, daß wirklich kein Hauch mehr in Ihren prallen Bauch paßt, dann halten Sie die ganze Atemflut ein, zwei Sekunden an, und lassen sie schließlich mit dem Konsonanten »F« so lange gemächlich Ihren Lippen entströmen, bis Ihre Bauchdecke völlig luftentleert zusammengesackt ist, und Sie dringend neue Zufuhr benötigen. Ein Wink für die Fortgeschrittenen: Mit dieser simplen Übung gelingt es am ehesten, ein eventuell durch mangelndes Training bequem gewordenes Zwerchfell zu reaktivieren und wieder auf Trab zu bringen, besonders wenn man dann im Laufe der Zeit das Tempo beim Schnüffeln beschleunigt und zehn oder mehr Schnaufer wagt. Sie können aber auch zwischen schnellem und langsamem Einatmen variieren, indem Sie zum Beispiel hintereinander zweimal lang und dreimal kurz Luft holen.

Nach einiger Zeit werden Sie spüren, daß Ihr ganzer Leib dabei vom Nabel abwärts erheiternd schwerelos zu rütteln und zu schütteln beginnt. Aber wiederholen Sie die Übung nicht zu oft – und schon gar nicht im Stehen –, denn dieses witternde Einatmen, das Ihr ganzes Zentrum in ein munteres Beben versetzt, kann Ihnen Schwindel verursachen. Im Laufe der Gewöhnung wird Ihnen eines Tages aufgehen, daß die so herrlich sichtbaren Schwingungen Ihres Zwerchfells (machen Sie die Übungen einmal in der Badewanne) in Ihrem Inneren ein äußerst vertrauliches Körpergefühl und eine wohltuend beruhigende Gemütslage entstehen lassen. Diese physisch-psychische Harmonie ist die beste Voraussetzung für das später folgende Gelächter.

Doch bevor ich weitergehe, muß ich vorsichtshalber noch ein Wort über die nasale Einatmung verlieren. Vielleicht habe ich Sie dadurch irritiert, da wir ja während des Spielens meistens nur durch den Mund Luft holen können: Erstens aus Tempogründen, und zweitens um jegliches Geräusch eines unbeabsichtigten Schnaufens zu vermeiden.

Aber seien Sie unbesorgt: Dieses zeitraubende und umständliche Einschnüffeln wird nur übungshalber angewandt, weil die erzeugte Vorstellung des »An-etwas-Riechens« das Zwerchfell am leichtesten zum Vibrieren bringt. Und hat es sich erst daran gewöhnt, den durch die Nase erwitterten Atemzügen immer rhythmisch Folge zu leisten, werden Sie auf der Bühne bald spüren, wie rasch es sich umstellt – und sich auch vom kürzesten Luftschnapper durch den Mund automatisch antippen läßt.

Nun versuchen wir, die Verbindung von Zwerchfellschwingung und Sprechen herzustellen. Am einfachsten gelingt uns das unter Zuhilfenahme der harten Konsonanten K, P und T, da sie das Zwerchfell ganz unwillkürlich zum Reagieren bringen können. Wenn Sie es bei sich einmal ausprobieren wollen, dann schnuppern Sie im Liegen wieder ein, halten die Luft knapp an und geben beim Ausatmen die Buchstaben K, P, T sehr kurz und scharf artikuliert von sich: zuerst tonlos – als reine Mitlaute –, dann gesprochen – als »Ka«, »Pe« und »Te«.

Wenn Sie diese Dreiergruppe mehrmals langsam wiederholt haben und dann rascher fortfahren, wird es Ihnen allmählich vorkommen, als ob die harten Konsonanten – trotz ihres »mündlichen« Entstehungsortes – wieder in Ihre Leibesmitte zurückgeworfen würden. Dort erzeugen sie nämlich einen regelrechten Schlag gegen das Zwerchfell. Steigern Sie später das Tempo noch mehr und behalten dabei die scharfe Artikulation der drei Konsonanten bei, werden diese drei Laute in Ihrem Bauch einen geradezu aufregend vibrierenden Trommelwirbel verursachen. Mit diesen simplen drei Buchstaben bringen Sie ein Zwerchfell auf die selbstverständlichste Art dazu, beim Sprechen mitzuarbeiten, denn wenn es sich erst einmal daran gewöhnt hat, auf K, P, T anzuspringen, wird es sich automatisch auch bei den übrigen Konsonanten rühren. Und durch die Ka-Pe-Te-Übung werden die Vokale ganz von allein mit in die Tiefe geworfen. Im Laufe der Zeit müßte es Ihnen gelingen, die Gruppe zwanzigmal und mehr in einem Ausatmen unterzubringen. Diese Übung vermittelt Ihnen das heitere Gefühl, in Ihrer Leibesmitte ein wahres Trampolin für Atem und Wort zu besitzen – und dieses federnde Sprungbrett ist für die Entstehung eines Lachens unumgänglich. Forcieren Sie beim Üben nie die Stimmbänder, sondern arbeiten Sie nur mit Ihren Stimmwerkzeugen (Zunge, Lippen, Kiefer). Der hintere Rachenraum muß beim Sprechen immer bequem geöffnet sein (genau wie beim Ansatz eines Gähnens), um dadurch jegliche Überanstrengung der Stimmbänder zu vermeiden und so die gefürchtete Heiserkeit zu umgehen. Erst wenn Sie das beherrschen, können Sie mit dem eigentlichen Lachenlernen beginnen.

Dafür empfiehlt es sich aufzustehen. Am besten stellen Sie sich bequem an eine Wand und lassen Ihre Schultern locker hängen. Und nun bilden Sie sich in Ihrer Phantasie ein, man habe Ihnen ein schweres, weites Tuch um Ihre Achseln gelegt. Am besten unterstützen Sie diese Idee noch, indem Sie Ihre herabhängenden Arme nach vorne leicht anheben und so anwinkeln, als wollten Sie sich in diesen Umhang einhüllen. In dieser Haltung schnüffeln Sie ein paarmal wie gehabt ein, bis Sie gemütlich unter Luft stehen, ohne sich jedoch bis zum Bersten voll zu fühlen. Halten Sie diesen Atem wieder einen Moment an und hauchen ihn dann ganz energisch mit einem geballten »H« wieder aus – so, als versuchten Sie, Ihre in der Kälte erstarrten Finger mit einem einzigen Hauch warm zu bekommen. Die Wucht Ihres Aushauchens ist das wichtigste Element dieser ersten Übung. Es wird eine ganze Weile dauern, bis Sie bei dem kraftvollen Hauchlaut in sich ein Gefühl verspüren, als ob einerseits Ihr Zwerchfell nach unten gedrückt würde, und andererseits Ihr Brustkorb im Gegenzug dazu regelrecht in sich zusammensackte.

Wenn Ihnen diese Gegenbewegung von Zwerchfell und Brustkorb in Fleisch und Blut übergegangen ist, sind Sie für das spätere Gelächter gerüstet.

Beim wiederholten Aushauchen wird es Ihnen passieren, daß Sie ganz unwillkürlich in Versuchung geraten, dem letzten Rest Ihres Hauchlauts ein paar leichte Hüstler mit auf den Weg zu geben. Aber machen Sie sich jetzt bitte nicht für einen Hustenanfall bereit, sondern hüsteln Sie einfach unangestrengt, technisch markiert und kraftlos vor sich hin. Es wird wieder eine Weile dauern, bis es Ihnen gelingt, diese knappen, klanglosen Hüstler ganz krampflos und ohne

jede Anstrengung der Stimmbänder herauspurzeln zu lassen. Wenn
Sie soweit sind, daß Sie dieses Greisenhüsteln so entspannt von sich
geben, daß nicht nur Ihre Leibesmitte überdeutlich erschüttert wird,
sondern auch Ihr Oberkörper und der ganze Schultergürtel zu einem
Mitschaukeln gebracht werden, dann können Sie zur nächsten
Übung schreiten:
Ersetzen Sie das senile Gehüstel beim letzten Luftausstoß durch die
ersten Lachsilben, die noch rein technisch gesprochen werden dür-
fen. Vier stimmlich tief angesetzte und langsam herausgebrachte
»Ha-ha-ha-ha« oder »Ho-ho-ho-ho« reichen für den Anfang. Da Ihr
Rachenraum durch das gehauchte »H« automatisch wie zum Gähnen
weit geöffnet ist, und dadurch keinerlei Gefahr für Ihre kostbaren
Stimmbänder besteht, kann diese Übung trotz ihrer totalen Humor-
losigkeit unbedenklich oft wiederholt werden.
Vergessen Sie bitte nicht, nach jeder Vierergruppe Luft zu holen,
und zwar schnüffelnd. Das ist zwar zeitraubend, lockert aber Ihr
Zwerchfell für jede Übung neu auf. Natürlich wird Ihnen dieses
stereotype Hahahaha- oder Hohohoho-sagen ob seiner emotionslosen
Unnatur über kurz oder lang zum Halse heraushängen, aber Sie
haben mit diesen drei sturen technischen Aufgaben nicht nur die
Hälfte der Arbeit geschafft, sondern auch den Code des ganzen
Geheimnisses schon so gut wie entschlüsselt: Legen Sie doch bloß
einmal die Hand auf Ihre Leibesmitte und kontrollieren Sie die
deutliche Reaktion in Ihrem Inneren während des gesprochenen
Lachens. Sie werden ganz deutlich feststellen können, daß tatsächlich
ein zwerchfellerschütterndes Lachen im Entstehen ist.
Turnt dann Ihr Inneres bei Ihrem gesprochenen Gelächter genauso
willig mit, wie Sie es vom Einschnüffeln her gewohnt sind, können
Sie probieren, diese vier Ha- oder Ho-Silben auf vier von oben nach
unten folgenden Tönen der Tonleiter, quasi treppabwärts also, zu
bringen. Diese erste technische Lachprobe wird Sie wahrscheinlich
ob ihrer Unnatürlichkeit furchtbar abstoßen. Aber werfen Sie deswegen die Flinte nicht ins Korn – auch diese Übung ist reine Technik
und hat mit der Qualität eines emotionalen Lachens nichts zu tun. Es
kommt auch bei dieser vierten Übung nur darauf an, daß Ihr Zwerchfell bei der Vierertonleiter abwärts immer mitschaukelt.
Bei der vorletzten Aufgabe müssen Sie nun – immer noch technisch –
eine Ha-ha-ha-ha-Treppe nach der anderen im Ton etwas höher

ansetzen, anders gesagt: die zweite Lachfolge eine Terz höher als die erste, die dritte eine Terz höher als die zweite und so fort – bis Sie, ohne sich anzustrengen, an der oberen Grenze Ihrer stimmlichen Möglichkeiten angelangt sind.

Damit hätten Sie im Prinzip die ganze Lektion technisch bewältigt. Aber sicherlich sind Sie zunächst über das Resultat enttäuscht, denn diese ersten Lachskalen tönen immer kläglich, auch wenn sie technisch noch so vollendet ausgeführt werden. Das ist nur zu verständlich, schließlich ist das verzweifelte Ringen um ein Lachen alles andere als ein hilfreiches Stimulans. Aber Sie haben ja das Lachen nur deshalb technisch gelernt, um es bei passender Gelegenheit praktisch anwenden zu können: Auch auf der Bühne verlangt kein Mensch von Ihnen, sich aus dem Stand heraus ohne den geringsten Grund vor Lachen auszuschütten.

Jetzt müssen Sie sich, in der letzten Übung, die Sie vom technischen ins praktische Lachen hinüberführen soll, von Ihrer Phantasie ein bißchen helfen lassen: Versetzen Sie sich also in eine Lage, die Sie ein wenig heiter stimmen könnte.

Vielleicht fällt es Ihnen leichter, in einer gedachten Situation Ihre Lachskalen mit einem kokett abwehrenden »Nein« (Na-ha-ha-hain) zu üben oder – in Erinnerung an eine Schadenfreude – mit einem sich mokierenden, höhnischen »Jöh« (Jö-hö-hö-höh). Ja, eventuell könnte sogar der sonst verpönte Spiegel den erlösenden Effekt des Aus-(sich heraus-)lachens bringen – und wer über sich selber lachen lernt, hätte natürlich den weisesten Erfolg errungen. Mit welchen Hilfsmitteln auch immer – Sie müssen sich bei dieser Übung bald trauen, den vorgeschriebenen Rahmen zu sprengen: Steigern Sie Ihr Tempo nach eigener Lust und Laune, oder durchbrechen Sie den sturen Viererrhythmus, um zwischendurch Luft zu holen und in Zweier- oder Fünferabständen zu lachen. Dann werden Sie nämlich plötzlich draufkommen, daß Sie selber ganz anders lachen möchten als es die technische Vorlage verlangt. Jeder hat sein ganz individuelles Lachen, und das vorgeschlagene Lachmuster kann nicht mehr als ein simplifiziertes Übungsmodell zum Lachenlernen darstellen.

Aufgrund dieser befreienden Erkenntnis müssen Sie nun versuchen, Ihre unterschiedlichen Lacharten für alle nur denkbaren, komischen Ursachen herauszufinden. Dank Ihrer technischen Sicherheit kann Ihnen stimmlich dabei gar nichts passieren; schrecken Sie also vor keinem Experiment zurück: Lachen Sie ordinär, saftig, höhnisch, begeistert, höllisch oder meckernd, wie es Ihnen gerade gefällt, bis Sie darüber unversehens in ein herzliches Gelächter ausbrechen müssen und dabei zu Ihrer größten Verblüffung feststellen, daß Ihnen Ihr Lachen ja plötzlich gefällt.

Das ist ein erlösendes Erfolgserlebnis, denn dann haben Sie Ihr eigenes verschüttetes Lachen wiedergefunden. Sie werden davon regelrecht überwältigt sein. Und herrlicherweise geht es einem mit dem Lachen wie mit dem Schwimmen: wenn man es einmal technisch gelernt hat, verlernt man es nie wieder.

Das Lachen ist eine existentielle Notwendigkeit, und zwar nicht nur für eine vorgeschriebene Rollensituation, sondern hauptsächlich für Ihre Standfestigkeit im Beruf. Es ist der konkreteste Beweis für die Stufe Ihres technischen Könnens. Wenn Sie es beim kontrollierenden Abhören als absolut echt empfinden, vermittelt es Ihnen den berechtigten Stolz, Ihr Handwerk zu beherrschen. Obendrein vermag es in jeder Situation – beruflich oder privat – Ihr wackelig gewordenes Selbstbewußtsein wieder aufzurichten.

Und sollte Ihnen Ihr Lachen beim Überprüfen einmal verdächtig fadenscheinig vorkommen, dann können Sie es durch eine rasche Wiederholung der Übungsstufen wieder in den Griff bekommen. Ihr Wissen um seine technische Herstellung läßt Sie nie mehr im Stich.

Der theoretische Teil neigt sich seinem Ende zu. Sicherlich habe ich einiges vergessen: Zum Beispiel habe ich Ihnen nicht gesagt, daß Sie auf der Bühne gegen einen plötzlichen Niesreiz Ihren Mittelfinger auf Ihren Nasenrücken pressen können, und gegen einen aufsteigenden Husten soviel Speichel wie möglich sammeln und rasch hinunterschlucken müssen. Ich habe Sie weder davor gewarnt, sich jemals während eines gesprochenen Satzes über ein später folgendes Wort Gedanken zu machen, da ein solches Überlegen dieses Wort sofort löscht und somit zu einem todsicheren Hänger führt, noch habe ich Sie beschworen, sich wegen eines Versprechers nicht irritieren zu lassen, denn dann ziehen Sie den nächsten Stolperer unweigerlich nach. Sollten Sie tatsächlich einmal einen Blackout haben, dann bleiben Sie so ruhig wie möglich. Versuchen Sie die Souffleuse zu verstehen oder vertrauen Sie Ihrem Partner – die Rettung kommt bestimmt. Und die Zuschauer merken Ihren Hänger meist sowieso nicht.

Noch etwas: Wenn Ihr Partner einen Lacher oder Szenenapplaus erntet, lassen Sie den Beifall völlig ausklingen. Setzen Sie erst danach kräftig ein, um die Szene wieder anzureißen.

Auch das »Markieren« ist Ihnen noch fremd. »Markieren« heißt, eine Rolle in allen Gängen, Stellungen und Textpassagen absolut stimmig vorzuführen, aber nur mit einem Minimum an Kraft. Sie dürfen also Ihre Figur ganz leicht und locker aus dem Handgelenk spielen, ohne die Tiefe des Zuschauerraums zu beachten. Aber vergessen Sie nie, um derart entkrampft und entkrampfend probieren zu können, muß Ihre Rolle absolut fertig sein. Sie brechen sonst unweigerlich ein.

Und so werden Sie im Laufe Ihres Werdegangs noch viele Dinge entdecken, die mir entgangen sind. Auch gibt es keine allgemeingültigen Ratschläge gegen die vielen Härten dieses Berufs – gegen die Ungerechtigkeit, die Übervorteilung, die Mißachtung, die Intrige; kurz gesagt, gegen alle sieben Todsünden, von denen sich einige in unserem Metier besonders gerne breitmachen: der Neid, die Gier, der Stolz und die Lüge.

Mit all diesen immer wieder nachwachsenden Köpfen der Hydra müssen Sie alleine fertig werden, so wie Sie auch ganz allein nach einem Verriß Ihr Theater wieder betreten müssen, ein schwerer Gang, für den es leider auch keine Zauberformel gibt.

Was mich aber am meisten bedrückt, ist mein Unvermögen, Ihnen auch nur den geringsten Hinweis geben zu können, wie Sie mit der Angst fertig werden sollen. Sie ist unsere treueste und ekelhafteste Begleiterin und tritt beileibe nicht nur bei Premieren in Form von Lampenfieber auf. Oh nein, sie gesellt sich sogar nach einem großen Erfolg sehr bald wieder an unsere Seite, um uns beim Beginn einer neuen Rollenarbeit mit Zweifeln zu quälen, ob es wohl gelingt, die nun erreichte Höhe zu halten. Denn den meisten von uns bleiben die Kurven von oben nach unten und von unten nach oben nicht erspart. Die Frage, ob die Angst vor dem Absturz aus dem Himmel eines Triumphs geringer ist als die Angst vor dem mühsamen Wiederaufstieg aus der Hölle eines Versagens, ist schwer zu beantworten.

Aber so nervzermürbend dieses Pendeln zwischen Extremen auch sein mag, das Angstgefühl dabei ist immer noch annehmbarer als jener alptraumähnliche Zustand, der einen schier zu Boden drückt, wenn man von den Arbeitsphasen überhaupt ausgeschlossen wird, weil keine Rolle anfällt, weil kein Angebot in Sicht ist. In diesen Wartezeiten, wo ein Talent gezwungen wird, brachzuliegen, überfällt einen sehr bald die entsetzliche Angst vor dem endgültigen Aus, dem absoluten Nichts. Tausend Selbstzweifel nehmen einem jeden Mut. Da kann ich Sie nur beschwören, vorzubeugen und sich beizeiten eine gezielte Beschäftigungstherapie zurechtzulegen, um einer solchen lähmenden Leere mit einem aktiven Programm entgegentreten zu können.

Da müssen Sie – so pervers es klingt – Ihr Lachtraining hervorholen, um sich Ihrer im Moment zwar nicht gefragten, aber doch ungebrochenen Qualität zu vergewissern. Ein Schauspielerleben verläuft nun einmal ständig in Kurven. Sie müssen mit diesem ständigen Wechsel leben und versuchen, die Angst genauso in den Griff zu bekommen wie das Glück. Also schaffen Sie sich in den guten Zeiten immer eine gesunde (auch finanzielle) Kraftreserve, damit Sie davon zehren können, wenn Sie wieder einmal ganz unten sind.

»Alles fließt«, sagt Heraklit, und sein Schüler, mein grauer Meister, sagt: »So wie es ist, bleibt es nicht.«

Zu guter Letzt könnte ich mir vorstellen, daß Sie sich nach all den probaten Übungen fragen, welche Arbeit denn eigentlich dem Regisseur noch zu tun übrig bleibt. Dazu wäre folgendes zu sagen: Natürlich gibt es sie, die Dinge, die in sein Fach gehören und für die Sie nicht mitverantwortlich gemacht werden dürfen. Zum Beispiel muß Ihr schauspielerisches Talent über eine Gabe nicht verfügen, die einen Regisseur überhaupt erst als solchen kennzeichnet: die Raumphantasie. Dieses Göttergeschenk unterscheidet ihn grundlegend vom Darsteller.

Ein Regisseur muß wissen, wie man zehn, zwanzig oder auch dreißig Menschen auf einer Bühne richtig, logisch, stimmig und optisch schön verteilen kann. Von dieser überwältigenden Kunst braucht der Schauspieler keinen blassen Schimmer zu haben; und wenn er meint, sich darum kümmern zu müssen, läuft er meist völlig in die Quere, denn ein Arrangement von mehreren Menschen auf einer Bühne ist nur von unten, aus der Sicht des Zuschauerraums zu bewerkstelligen. Die auf der Bühne Befindlichen haben dafür eine völlig falsche Optik und können die Wirkung eines Gruppenbildes überhaupt nicht beurteilen.

Da schlägt dann die Stunde der Wahrheit für den Regisseur. Der so oft schon zitierte Erich Engel pflegte immer zu sagen, daß jedermann ein Stück bis zu vier Personen inszenieren könne, und daß sich erst mit der Bühnenpräsenz von fünf Personen oder mehr die Kunst der Regie offenbare. Also lassen Sie dem Regisseur, was des Regisseurs ist. Ein Arrangement zu erfinden, fällt nicht in Ihr Ressort; und ich mißtraue noch heute allen Kollegen, die die Finger nicht davon lassen können.

Auch die Konzeption eines Stücks, die Aussage der Aufführung, ist nicht Ihre Sache. Auch dafür trägt allein der Regisseur die Verantwortung. Erst bei der Realisierung sind Sie – wie abgehandelt – wieder gefordert.

Bei Brecht war die Mitbestimmung längst erfunden – eine alltägliche Sitte geworden. Er war es ja gerade, der die Diktatur der Regisseure mit ihrem alleinseligmachenden Regiebuch aufgehoben hatte. Zwar sind ja solche »Diktatoren« da und dorten wiederauferstanden, nur die vor Probenbeginn ausgearbeiteten und durchgecheckten Regiebücher, die haben sie merkwürdigerweise unter den Tisch fallen lassen.

Darum habe ich versucht, Ihnen etwas konkret Anwendbares in die Hand zu geben, damit Sie, wenn nötig, eigenständig Paroli bieten können. Die meisten Regisseure werden Ihnen, auch wenn sie es vielleicht nicht zugestehen, für Ihre anregenden Einwände nicht einmal undankbar sein. Unterschätzen Sie sich und Ihre Stellung nicht, und überschätzen Sie auch nicht die Regisseure und deren Machtbereich.

Denn letztendlich, was ist denn ein Regisseur ohne einen Schauspieler? Ein Nichts. Und was ist ein Schauspieler ohne Regisseur? Immer noch eine Hoffnung.

Und diese von mir erfundene Definition unseres traditionsreichen Standes ist bereits die Überleitung zum praktischen Teil.

Meine Wege –
Praktische Erfahrungen

Um Ihnen nun die vorhergehenden, zum Teil doch sehr abstrakten Theorien ein wenig näherzubringen, werde ich jetzt versuchen, Ihnen ein paar Rollenarbeiten von mir zu schildern. Hie und da werde ich nicht umhin können, auch das Drumherum zu beschreiben – nicht um ins Memoirenhafte abzugleiten, sondern nur, um Ihnen die Hintergründe aufzudecken, die dazu führten, daß ich in Schwierigkeiten geriet. Vielleicht gelingt es mir, Sie auf ein paar Stolpersteine aufmerksam zu machen, die mich hin und wieder zu Fall brachten – und vor denen ich Sie gerne bewahren möchte. Denn warum sollte man nur durch die eigenen Fehler klug werden, wenn man es weit bequemer durch die der anderen werden könnte?

Meine allererste Rolle, die Arabella in *Miss Sara Sampson* von Lessing, war auch gleich mein erster Einbruch. Der Grund lag schlicht darin, daß ich von der Ausübung des schauspielerischen Berufes nicht den blassesten Schimmer hatte. Als ich nämlich zur Prüfung meiner Eignung für die Schauspielschule dem Intendanten des Zürcher Schauspielhauses eine im Alleingang einstudierte Rolle vorgesprochen hatte, wurde ich vom Fleck weg als sogenannte Elevin engagiert. Die Darstellerin von Kinderrollen war als Enddreißigerin langsam ins Liebhaberinnenfach gekommen und somit bestand eine Vakanz. Auf diese Art rutschte ich einfach in diesen Beruf hinein: Plötzlich erschien mein Name zur Spielzeit 1947/48 im offiziellen Verzeichnis der Ensemblemitglieder, alphabetisch eingeordnet zwischen G und M, zwischen Käthe Gold und Valerie von Martens. Auf diese Weise geschah es, daß ich mit nichts als dem eben bestandenen Abitur behaftet eines schönen Montags neugierig und ehrfürchtig auf der Bühne stand und von allen mit größter Selbstverständlichkeit als gleichberechtigte junge Kollegin behandelt wurde.

Meine ersten Sätze auf meiner ersten Probe lauteten: »Ach, mein Herr, sind Sie es? Sind Sie unser Melfont? – Nein, Madame, er ist es nicht!«

Väterlich nahm mich der Regisseur bei der Hand, stellte mich neben sich und bedeutete mir, ihn genau zu beobachten. Danach begann er, von einem Fuß auf den anderen zu hüpfen und mit fistelnd hoher

Stimme meine paar Sätze laut auszurufen. Ich sah mir das von der Seite an, wunderte mich sehr und begann, zweifelnd noch, unter seinem aufmunternden Zunicken ebenfalls zu hüpfen und meinen Text in der Quint zu krähen. Seine unschlüssige Miene verriet mir, daß er mit meinem Resultat nicht zufrieden war. Also bemühte ich mich nach Kräften, noch höher zu hüpfen und in der Oktav zu krähen, anfeuernd machte er mit, und so wetteiferten wir Seite an Seite – uns gegenseitig überbietend –, bis wir unsere Anstrengungen atemlos im Diskant beenden mußten.

Käthe Dorsch, die Darstellerin meiner Mutter, griff nun besänftigend ein und beruhigte den keuchenden Regisseur mit der diplomatischen Floskel, daß die Kleine – also ich – »das« bestimmt leicht hinkriegen würde. Der erschöpfte Regisseur ließ sichtlich erleichtert von mir ab und ging mit der Szene weiter. Ich war dankbar, daß die große Dorsch mir Mut machen wollte, nur nützte es mir wenig, denn es blieb mir ein völliges Rätsel, wie in aller Welt ich dieses vorexerzierte Tun und Treiben »leicht hinkriegen« sollte.

Ich konnte ja mangels Erfahrung nicht wissen, daß der Regisseur mit dem befremdlichen Vorspielen nur seine eigene, höchst individuelle Vorstellung eines jungen Mädchens verkörperte: Backfische hüpften und krähten eben. Daß aber seine Privatmeinung für meine Darstellung gar nicht bindend war, daß überhaupt kein Zwang zu einer Kopie vorlag, sagte mir leider niemand. Hätte mir der Regisseur damals die Situation der Szene erklärt und dann auf meine Phantasie vertraut, wäre ihm das ganze Hüpfen und Krähen erspart geblieben.

Er hätte mir nur sagen müssen: »Arabella, bis dato mit ihrer Mutter alleinlebend, sicht in dieser Szene ihren lange vermißten Vater wieder, geht zu ihm hin und fragt ihn: ›Ach, mein Herr, sind Sie es?‹, macht darauf eine Gedankenpause, forscht noch einmal nach, ›Sind Sie unser Melfont?‹ und dreht sich dann mit dem Text ›Nein, Madame, er ist es nicht‹ zu der Mutter um.«

So hätte ich den szenischen Vorgang mühelos kapiert und auf meine ganz normale Art und Weise darzustellen versucht. Aber leider kam niemand auf diese so naheliegende Idee. Da wurde ich anhand meiner ersten drei Sätze auf der Bühne bereits mit zwei grundsätzlichen Problemen des Berufs konfrontiert: mit der Diskrepanz zwischen Vorspielen und Nachahmen sowie dem Konflikt vom Wissen um die eigene Ohnmächtigkeit. So rollte die Probe gnadenlos über mich hinweg, und ich blieb mit meiner Verwirrung allein.

Allen verbliebenen Mut zusammenreißend, gelang es mir dann in der darauffolgenden Szene, einen kleinen Pluspunkt zu sammeln. Der Regisseur gab mir die Anweisung: »Du gehst jetzt von der Mutter weg!«

Ich darauf hoffnungsvoll: »Soll ich zum Fenster gehen, weil ich etwas gehört habe, und hinaussehen will?«

Regisseur (erstaunt): »Sehr gute Idee, aber da ist kein Fenster.«

Ich (unbeirrt): »Was ist denn da, wohin ich gehen kann?«

Regisseur (etwas hilflos): »Da ist nichts.«

Pause.

Ich (hartnäckig): »Warum soll ich denn überhaupt weggehen?«

Regisseur (nervös): »Weil die Mutter jetzt mit deinem Vater sprechen will, und du dabei störst.«

Ich (anbiedernd): »Dann könnte ich doch so weggehen, daß man merkt, daß ich gespürt habe, daß ich störe.«

Regisseur (mißtrauisch): »Kannst du denn das?«

Ich (sachlich): »Ja.«

Regisseur (überlegend): »Zeig's mal.«

Ich kreuzte die Arme auf dem Rücken und schlenderte zögerlich mit schielendem Seitenblick nach dem »Vater« über die Bühne. Der Regisseur fragte mich neugierig, ob ich das noch einmal so hinkriegen könne, was ich bejahte und auch gleich vorführte.

Rückblickend ist es leicht festzustellen, daß ich damals zum ersten Male mutig, wenn auch ahnungslos, auf mein schauspielerisches Mitbestimmungsrecht pochte. Schwieriger ist die Beantwortung der Frage, warum sich (schon) damals niemand Gedanken darüber machte, wieso eine blutige Anfängerin die Szensituation einer Stellungsänderung selbständig spielend meistern konnte, obwohl sie sich bei den vorhergegangenen Textsätzen derartig widernatürlich angestellt hatte.

Anhand dieses Probengeschehens könnte man die Schlußfolgerung ziehen, daß sich ein Regisseur ein paar Gedanken über die Persönlichkeit eines schauspielerischen Anfängers machen müßte, statt ihn kraft langjähriger Erfahrung einfach zu überrollen. Natürlich wäre das eine große und undankbare regieliche Opfertat. Groß, weil Schau-

spieler sich um so störrischer und eigenwilliger anstellen, je begabter sie sind. Und undankbar, weil dem Schauspieler selbst erst
nach vielen Jahren bewußt wird, inwieweit seine allerersten Regisseure ihm geholfen und ihn gefestigt, oder inwiefern sie ihn verunsichert und ihm geschadet haben. Aber Regieführen sollte nun
einmal nichts mit Egozentrik zu tun haben. Wehe also jenen Regisseuren, die dem Anfänger nicht den Vortritt lassen, die sich immer
so ins Scheinwerferlicht stellen, daß er in ihrem Schatten stehen
muß.

Wenn man mir damals als Arabella die Chance gegeben hätte, den
Text und seine Gestaltung eigenständig anzubieten und unter ver-
ständiger Kontrolle auszuprobieren, wäre bestimmt ein für alle ak-
zeptables Ergebnis dabei herausgekommen. Aber damals hatte man
gar nicht die Zeit, sich um Eigenschaften oder Eigenarten einer
jungen Darstellerin zu kümmern. Und so blieb mir nichts anderes
übrig, als mich mehr schlecht als recht alleine durch das Dickicht
meiner ersten Theaterproben zu wursteln.

Ich fühlte mich so fremd in dem Metier, daß ich es für selbstverständlich hielt, daß ein Regisseur im Recht, und ich mit etwaigen
Einwänden im Unrecht war. So reimte ich mir dann bei dieser
verunglückten Arabella das Allerdümmste zusammen – daß nämlich diese mir vorgespielte Unnatur eben »Kunst« sein müsse. Und
da ich ja um jeden Preis »Künstlerin« werden wollte, brachte ich
die Kritik meines in dieser »Kunst« wohl nicht gefragten gesunden
Menschenverstandes zum Schweigen und beschloß, alle Anweisungen widerstandslos gut und richtig zu finden. So ließ ich mich in
ein üppig ausladendes, plissiertes rosa Seidenkostüm aus dem fin-
stersten Fundus zwängen, ließ meine glatten Haare mit der rotglü-
henden Brennschere zischend zu strammen Korkenzieherlocken
drechseln und mit einer riesigen, rosafarbenen Schleife verzieren.
So sah ich mit meinem rotpausbackig geschminkten Kindergesicht
zu guter Letzt wie ein dickes Osterei aus, fand mich ganz wundervoll und hüpfte und krähte siegesbewußt in meine erste Premiere.

Das Echo der gesamten Kollegenschar hätte nicht vernichtender
ausfallen können: Alle waren sich unisono einig, daß dem Intendanten mit mir wieder eine ganz besonders mißlungene Talententdek-
kung geglückt sei. Und so war ich für alle bereits »gestorben«, als ich
die Proben zu John van Drutens *I remember Mama* begann, einem

amerikanischen Rührstück, das Carl Zuckmayer unter dem Titel *Die Unvergeßliche* übersetzt und bearbeitet hatte.
Einer der großen Charakterschauspieler, Wilfried Seyferth, inszenierte das Stück. Die Probenzeit für die zwanzig Darsteller betrug knapp zweieinhalb Wochen, folglich war es für ihn ein Ding der Unmöglichkeit, auf den Proben überhaupt jemandem etwas vorzuspielen. Wer nicht gerade blindlings gegen die allgemeine Spielströmung anging, wurde beim Freischwimmen einfach allein gelassen. Vom Scherbengericht über mich hatte ich keine Ahnung – also spielte ich meine Rolle frisch und frei von der Leber weg, »vom Blatt«. Diese Christine war ein nüchternes, sachlich denkendes Ding, die einzige handfeste Natur in dieser sentimentalen Schnulze. Eine Rolle, mit der ich von vornherein alle Trümpfe in der Hand hielt – wovon ich als Anfängerin allerdings keine Ahnung hatte.
Ebensowenig wußte ich, wie psychologisch und technisch brandwichtig die Anweisung des Regisseurs auf der Probe war: »Zum Loben habe ich keine Zeit. Wenn ich also keinen Kommentar abgebe, bedeutet dies, daß alles haargenau in Ordnung ist. Ändere also nichts daran und setz um Himmels willen nichts dazu!«
Dieser gar nicht hoch genug zu bewertende Ratschlag sollte beinahe noch durchkreuzt werden, da es dem Intendanten anläßlich der Generalprobe, die am Tag der Premiere stattfand, einfiel, mit mir am späten Nachmittag noch »schnell ein paar Stellen durchgehen und überarbeiten« zu müssen. Nun ist eine Regieeinmischung vor einer Premiere zwar leider das Recht, aber gottlob nicht die Pflicht eines Intendanten – endet sie doch zu 99 Prozent selbst für einen erfahrenen Schauspieler »tödlich«. Gottlob erbarmte sich Morpheus der Anfängerin, ließ mich den Termin skrupellos verschlafen, und somit war ich fähig, unbeschadet in die Premiere zu purzeln.
Diesmal konnte ich einen durchschlagenden Erfolg verbuchen, der natürlich einzig und allein auf dem Faktor beruhte, daß ich mich mit meiner Rolle völlig deckte, und daß diese Christine mit ihrem gesunden Kinderverstand eine Paraderolle par excellence war. Sie sollte mir zum ersten Mal das Erlebnis einer unvorhergesehenen Wirkung bescheren. Als nämlich meine »ältere Schwester« in unserer ersten Zweierszene schwärmerisch die Feststellung zu treffen hatte, daß unglücklich liebende Herzen doch wohl brächen, und ich darauf zur Antwort gab: »Na ja, in Büchern vielleicht«, kam ein brandungsähn-

liches Geräusch aus dem dunklen Zuschauerraum zu uns emporge-
quollen. Am liebsten hätte ich schnell nach unten gespäht, um
nachzuforschen, was dort Unvorhergesehenes vorgefallen sei. Aber
ich beherrschte mich, spielte tapfer weiter und nach unserer Szene
rauschte der erste Applaus des Abends auf.

Da es sich bei der *Unvergeßlichen* um ein Rührstück der heiteren Sorte
handelte, und bis zu unserem vierten Bild beklemmende Stille im
Parkett geherrscht hatte, wurde ich nun von allen in jubelnder
Erleichterung umarmt und mit Komplimenten überhäuft. Aber so
süß mir dieser Honig auch schmeckte, so bitter stieß mir später die
Erkenntnis auf, daß das heraufschwappende Geräusch der Zuschauer
nichts anderes als deren Gelächter war. Darob vergoß ich zornige
Tränen, denn ich konnte beim besten Willen nicht begreifen, was es
denn über mich zu lachen geben sollte. Als sich aber dieses Geräusch
allabendlich vorzugsweise als Folge meiner Texte einstellte, bequemte ich mich langsam, es zwar unverständlich, aber letzten Endes
doch ganz hübsch zu finden. Sehr bald begann ich damit zu rechnen,
meine Ohren zu spitzen, die Phonstärke genau zu registrieren und
vergaß die goldene Probenmahnung meines Regisseurs – die Mäßi-
gung betreffend. Schon spekulierte ich darauf, noch komischer zu
werden: Ich drehte übermütig auf – aber was das Publikum der ach so
niedlichen Jugend noch verzeiht, das ahndet zum Glück manchmal
ein kritischer Mitspieler.

So nahm mich eine ältere Kollegin vor und warnte mich eindringlich
vor dem Über-das-Ziel-Hinausschießen. Sie pries die Kunst des
Zurücknehmens und gab mir dazu als Beispiel einen ganz konkreten
Rat: Ich solle mich bei einem bestimmten Abgang nach dem Text
»Und es tut mir nicht leid« nur umdrehen und das Zimmer verlassen,
ohne auch noch bekräftigend mit dem gestiefelten Fuß aufzustampfen
– ich würde schon sehen, was dann einträte. Ich war neugierig,
probierte die Anweisung gleich in der nächsten Vorstellung aus und
erntete damit – nach einem nicht forcierten Türzuklappen – meinen
ersten Abgangsapplaus. Das hatte ich nicht erwartet. Jetzt machte ich
mir zum ersten Mal Gedanken über Ursache und mögliche Wirkung
auf der Bühne.

Die jeglicher Logik spottende Erkenntnis, daß ein Weniger ein Mehr
bringen, daß also Subtraktion letztendlich Addition bedeuten könnte,
empfand ich allerdings als überaus ernüchternd und enttäuschend.

Die Devise »Mehr scheinen als sein« galt mir doch stets als nachahmenswertes Motto für alles, was die Theaterwelt betraf. Ich war nicht gewillt, von dieser Ansicht abzuweichen. Unter diesem Gesichtspunkt mußte natürlich meine erste Begegnung mit deutschen Dichtern und mein Urteil darüber äußerst fragwürdig ausfallen.

Carl Zuckmayer war der erste. Er überhäufte mich und meine schauspielerische Wunderleistung als Christine mit theatralischen Komplimenten – und eroberte mich damit natürlich im Sturm. Ich beschrieb meinen Eltern schwülstig seine »hypnotischen Kräfte«, nahm sein maßlos übertriebenes Lob für bare Münze und träumte bereits von Titelrollen in seinen für mich geschriebenen Stücken. Ich sah ihn nie wieder.

Bert Brecht war der zweite. Er besuchte unsere Aufführung von Gorkis *Wassa Schelesnowa*, und dieser höfliche, aber unauffällig graue Mann erschien mir so unwichtig, daß ich die Begegnung mit ihm in meinen sonst so ausführlichen Briefen nach Hause nicht einmal erwähnte. Er aber erinnerte sich meines verhuschten Dienstmädchens in dem Gorki-Stück sehr wohl, als es Monate später darum ging, sein Stück *Herr Puntila und sein Knecht Matti* zu besetzen.

Doch vorerst wurde ich vom Intendanten zum Unterricht abkommandiert. – Die Schauspielschule hatte sich wegen meiner, alle Gepflogenheiten mißachtenden Begünstigung beschwert. Der mir vom Intendanten zugeteilte Lehrer war zwar einer unserer ersten Schauspieler, aber als Pädagoge für mich völlig ungeeignet. Als Lehrling war ich für ihn viel zu schlau, als Meister er für mich viel zu freundlich. Gustav Knuth, einer der liebenswertesten Menschen unter den großen Könnern unserer Zunft.

In seinen eigenen Rollen waren die darstellerischen Instinkte dieses geborenen Vollblutschauspielers untrüglich, aber das benötigte Mißtrauen eines vorsichtig witternden Pädagogen fehlte ihm bei der ehrlichen Offenheit seines Herzens völlig. Ein Schauspiellehrer kann und darf bei seinem Schüler niemals das voraussetzen, was ihn selber beseelt. Er muß erst einmal das persönliche Wesen des Anfängers ausloten – im Guten wie im Bösen –, und Art und Weise des Unterrichts danach ausrichten.

In diesem Handwerk ohne festem Schema, kann und muß die Arbeit allein aus der individuellen Natur des Schülers entwickelt werden.

Darum schreit das Metier eines Schauspiellehrers nach geradezu übermenschlichen Voraussetzungen und Qualitäten: Er muß nicht nur ein Meister seiner Kunst sein, sondern sollte vor allem die selbstlose Überlegenheit besitzen, dem Schüler zunächst behutsam freie Hand bei der schöpferischen Menschwerdung einer Dichterfigur zu lassen. Nur so kann der Schüler auch die eigene Persönlichkeit durch die Erschaffung einer Rolle erkennen und richtig einschätzen. Das Prinzip des Gebens und Nehmens darf nicht nur Lehrer und Schüler verbinden, sondern sollte auch Mittler zwischen Schüler und Rolle sein.

Das Aufspüren der persönlichen Abgründe kann bei einem Anfänger während einer Rollenarbeit zu erschreckenden Reaktionen, ja Kurzschlußhandlungen führen. Der Blick in den inneren Spiegel auf dem Umweg über eine Rolle ist um vieles gnadenloser als das Betrachten unseres Konterfeis beim Schminken. Denn wann deckt sich schon die äußerliche Erscheinung eines jungen Schauspielers mit den stets wechselnden Tagträumen und Nachtängsten seiner Phantasie?

Auch Knuth, der hinreißend variable Schauspieler, vermutete in mir nur das, was er vor sich sah: eine sehr kleine, sehr jung aussehende Person. So entschied er sich wohl zu rasch, mir als erstes Studienobjekt die Wendla Bergmann in Wedekinds *Frühlings Erwachen* zu geben, um dann mit Hauptmanns *Hanneles Himmelfahrt*, der Franziska Wermelskirch *(Fuhrmann Henschel)* und der Walburga Hassenreuther *(Die Ratten)* diese Reihe flott weiterzuführen. Der redliche Knuth hatte keine Ahnung, daß ich mit all diesen jungen Dingern nicht das allergeringste zu tun hatte. Sie nervten mich so grenzenlos, daß ich ihnen innerlich nicht oft genug die Zunge herausstrecken und eine lange Nase drehen konnte. All ihr Geächze und Gewehe ödete mich nicht nur gräßlich an, es ließ mich auch völlig ungerührt. Da ich ihm aber alles Gewünschte pünktlich und brav ablieferte – und so den Arglosen schamlos belog und betrog –, vertraute er meinem Schein und ahnte nichts Böses. Dabei lachte ich mich bei Wendlas Seufzer »Süße Veilchen!« innerlich scheckig, während ich mit anrührend sehnsuchtsvoll verzogenem Kußmäulchen die imaginären Blumenkinder auf dem nach Bohnerwachs riechenden Parkettboden des Schulzimmers streichelte.

Das Geheimnis eines richtigen Schauspielunterrichts kann nur darin bestehen, daß die Erfahrenen den Lernenden die Möglichkeit geben, sich in *jenen* Rollen austoben zu dürfen, die sie in sich ahnen und spüren. Rollen, die ihnen ihrer Selbsteinschätzung nach verwandt sind, die ihnen hingegen im Theater nie gegeben werden, weil sie sie eben nicht zu sein scheinen. Wieviel Schweres wäre mir erspart geblieben, wenn Knuth mich damals nach den mir am Herzen, oder besser gesagt: im Herzen liegenden Rollen gefragt hätte. Und wenn er dann weder über die Penthesilea noch über die Medea oder die Lady Macbeth gelacht, sondern sie mit mir bis zur äußersten Grenze meiner Kräfte durchgearbeitet hätte – dann hätte ich bei ihm wahrscheinlich Unvergeßliches und Beispielhaftes gelernt.

Wenn man als Schüler einmal die später von den anderen gezogenen »Fachbeschränkungen« sprengen und darüber hinauswachsen konnte, ermöglicht einem das, die von der Konvention aufgezwungenen Grenzen zu erkennen, zu begreifen und sogar zu akzeptieren. Dann nämlich hat man etwas vom Wichtigsten und Tröstlichsten dieses Berufs gelernt: daß man wirklich alles irgendwann umsetzen und irgendwie verwenden kann. Von der ewigen Sehnsucht der Königin der Amazonen führt, was das Gefühl anbelangt, nur ein kurzer Weg zur ewigen Sehnsucht der kleinen Wendla Bergmann; und in Lady Macbeth' Trieb zum Bösen kann man sehr wohl die Folgen der frühreifen Schlechtigkeit einer Franziska Wermelskirch erahnen.

Aber leider wußte ich damals nichts von diesem Trost der steten Wiederkehr, diesem unentwegten Neuentdecken altbekannter Eigenschaften und Gefühle. Nach einem Dutzend Stunden ließ ich dann den dramatischen Unterricht einfach sanft einschlafen. Als Knuth mir zwanzig Jahre später sagte, er habe nie wieder eine solche Wendla, ein solches Hannele und ein solches Rautendelein erlebt, schämte ich mich in Grund und Boden.

Und genau dies ist der Grund, weshalb ich heute keinen Anfänger in Augenschein nehmen kann, ohne mich innerlich zu fragen, wie groß wohl die Schere in ihm auseinanderklafft: die Schere seines Seins und seines Scheinens.

Redlich wie ich damals wirkte, bekam ich zu meinem Verdruß in *Wassa Schelesnowa* natürlich nicht die Rolle der lüstern verdorbenen Ludmilla, sondern die des Dienstmädchens Polja.

Der Regisseur gab mir dazu die Anweisung, die große Schauspielerin

Therese Giehse genau zu beobachten und mich ganz nach ihr zu orientieren. Insbesondere hob er ihre phänomenale Technik hervor, sich über Text-Unsicherheiten hinwegzumogeln, und legte mir die Nachahmung dieser Spielweise ganz besonders ans Herz. So gern ich diese Regieanweisung auch befolgt hätte, ließ sie sich doch nur schwer realisieren, da ich mein bißchen Text nur allzugut beherrschte. Der Regisseur war sehr unzufrieden mit meiner prompten Einsatzfreudigkeit, kam aber nicht auf die Idee, mir vorzuschlagen, die Sätze einfach in mühseliger Denkarbeit entstehen zu lassen, um sie dadurch bedächtiger hervorbringen zu können.

Einfachheitshalber verdonnerte er die Partnerin in meiner Duoszene – Anna, die Sekretärin der Schelesnowa – dazu, mit mir nachmittags separat zu üben. So lernte ich Sinn und Zweck der Heimarbeit kennen. Wir absolvierten diesen Nachhilfeunterricht bei ihr zu Hause und fühlten uns zunächst ziemlich gehemmt. Aber nachdem wir einige Male unsere zwar kleine, aber sehr gute Szene durchgeholpert hatten, waren wir warm gespielt, und es begann uns Spaß zu machen. Wir stiegen voll ein und fingen an, uns gegenseitig hochzujagen. Plötzlich war es völlig egal, daß der Tisch rund war und nicht oval wie auf der Bühne, daß wir uns an zuviel herumstehenden Stühlen stießen und im geklöppelten Tischtuch hängenblieben. Es ging gar nicht mehr darum, wo wir uns befanden und was wir genau taten; wichtig war nur noch die Situation zweier Menschen, von denen der eine der angreifende und der andere der bedrohte Teil war. Hitzig verbissen wir uns bestimmt ein dutzendmal in diese kurze Szene und brachen schließlich, von der Konzentration total erschöpft, aber äußerst befriedigt, die Arbeit ab.

Der völlig unvorhergesehene Effekt einer solchen gemeinsamen Hausarbeit ist, daß sie dem Fortgeschritteneren fast ebensoviel bringt wie dem Anfänger. Natürlich resultiert der Erfolg dieser Zusammenarbeit nicht nur aus der schauspielerisch versierteren Gestaltung, sondern auch aus der zunehmenden menschlichen Vertrautheit der beiden Kollegen.

Glücklich die Anfänger, die mit älteren Kollegen probieren dürfen, die sich neben ihren Synchronnachmittagen, Funknächten und Drehsonntagen noch die Zeit nehmen, mit ihnen eine Szene allein durchzugehen. Man spielt soviel lockerer ohne den stechenden Regie-Blick vom Parkett!

Dank der Nachhilfestunden meiner Kollegin kam es dazu, daß ich in jener *Wassa Schelesnowa* Brecht auffallen konnte – und Monate später, am 11. Mai 1948, zu ihm ins Theaterfoyer bestellt wurde. Zwar wirkte Brecht äußerlich auf mich genauso enttäuschend wie beim ersten Mal, und ich nahm das durchsichtige Seidenblättchen, das er mir vorsichtig reichte, sehr mißtrauisch entgegen – schien mir doch das hauchdünne Durchschlagpapierchen von geradezu bemitleidenswert ärmlicher Qualität. Aber als ich sah, daß ein langes Gedicht darauf gedruckt war, das ich vorlesen sollte, erwachte mein schauspielerisches Jagdfieber sofort.

Da Brecht mir keinerlei Regieanweisung gab, bemühte ich mich, das Gedicht – es war der Prolog des Kuhmädchens im *Puntila* – so schön und so ausdrucksvoll wie möglich vom Blatt zu lesen. Als ich geendet hatte, herrschte auch erfolgversprechende Stille, und der Dramaturg des Hauses nickte mir anerkennend zu. Brecht blieb stumm und beäugte mich sichtlich unschlüssig durch seine Brille, ein Stahlrandgestell mit ovalen Gläsern, wie ich es noch nie in meinem Leben gesehen hatte.

Niemand sprach ein Wort, und so betrachteten wir uns gegenseitig. Da er ein Bein über das andere geschlagen hatte, bemerkte ich, daß er trotz der Maiwärme graue Wollsocken ohne Gummizug trug, die sich locker abwärts ringelten, und daß seine mittelbraunen Schuhe zwar geputzt wirkten, aber trotzdem nicht glänzten und aufreizend unmodisch aussahen. Sein graues Jackett erinnerte mich entfernt an die komisch geschnittenen Anzüge zweier chinesischer Assistenten meines Vaters, die sich dieser Mode wegen auch erlauben konnten, ohne Krawatte daherzukommen. Das Hemd, das aus dem hoch angesetzten und oben aufgeknöpften Jackenkragen herauslugte, war akkurat aus demselben groben, blaugrauen Barchent geschneidert wie das unseres Klempners. Und über Brechts dünne graue Schirmmütze, an der er nachdenklich mit der linken Hand herumrückte, hätte ich beinahe laut gelacht: Sah ich doch unser Familienoriginal vor mir, einen Onkel, der zum Entsetzen aller mit ebendieser unpassenden Kopfbedeckung ungeniert auf dem Fahrrad durch die Innenstadt gondelte, obwohl er der Besitzer eines renommierten Hotels war. Einzig und allein die Zigarre, die Brecht in der rechten Hand hatte und hie und da vorsichtig mit den Lippen betupfte, hielt meinem prüfenden Blick stand: verriet sie mir durch ihre ansehnliche Länge und das äußerst sorgfältig gerollte Deckblatt doch ihre teure Qualität und ließ mich ein Quentchen des Werts dieser grauen Gesamterscheinung erahnen.

Da Brecht mich nicht weniger forschend ansah, vermute ich, daß er all meine Überlegungen nur zu leicht erriet und wahrscheinlich seinen Spott über die kleine Vertreterin der gutbürgerlichen Klasse kaum unterdrücken konnte. Aber nach der Schweigeminute fragte er mich nur zögernd, ob ich wohl das Gedicht auch so vorlesen könne wie jemand, der noch nie in seinem Leben einen gereimten Text gesehen hätte. Wie der Blitz warf ich das Steuer meines Vortrags um 180 Grad herum, tat wie Brecht mich geheißen und holperte durch die Zeilen. Ich erntete ein schmales Lächeln und hatte die Rolle in der Tasche. So begann unsere Zusammenarbeit, die acht Jahre währen sollte.

Die *Puntila*-Proben in Zürich waren Tage voller Unruhe. Das komödiantisch hochkarätige Ensemble hatte Müh und Not mit der von Brecht verlangten, einer Komödie doch wohl unangemessenen Sachlichkeit. Viele fürchteten, dadurch um die alterprobten Wirkungen ihrer doch so plastisch geschriebenen Rollen gebracht zu werden. Gänzlich frei von solch gehegten und gepflegten Erfahrungen, probierte ich völlig vorurteilslos und war für alles Neue bereit und offen. So wußte ich weder, was mit mir geschah, noch warum.

Die Rolle des Kuhmädchens widersprach zwar meinem quicken Wesen, aber das bereitete mir keinerlei Kopfzerbrechen: Die Figur war ja vom Text her leicht zu erfassen. Den konzentrierten Ton eines Berichterstatters, den Brecht mir für die Art und Weise der Verkörperung dieses Mädchens vorgab, übernahm ich mit gehorsamer Selbstverständlichkeit. So gelang es mir – allein vom musikalischen Gehör her – sehr rasch, das von ihm so klar und deutlich vorexerzierte Abschließen der Sätze als reines Dressurergebnis nachzuahmen. Ich zeigte die nackten Tatsachen der Rolle emotionslos auf, und brachte den Sinn des Textes ohne eitle Schnörkel zur Wirkung. Ich fand alles, was Brecht wollte, denkbar einfach und problemlos – allerdings auch etwas langweilig. Viel lieber hätte ich meine Rolle mit den deftigen Farben einer drolligen Landnaivität ausgemalt. Aber ich folgte brav und rauschte derartig mühelos durch die Proben, daß ich mich manchmal ängstlich fragte, ob man mich womöglich nur noch aus Mitleid dabei duldete.

Ich mochte aber niemanden deswegen fragen, denn zu meiner größten Verblüffung wurde ich zum ersten Mal von einigen meiner verehrten Kollegen abweisend und unfreundlich behandelt. So blieb es mir unerklärlich, warum ich meine Szenen so wenig zu repetieren brauchte, während andere ihre Dialoge wieder und wieder durchkauen mußten. Und warum wurde ich in der Probenkritik kaum erwähnt? Wo doch sonst so manches beanstandet und verbessert werden mußte.

Endlich fand die Premiere statt und bescherte mir unbegreiflicherweise einen Erfolg.

Da ich – meiner ehrlichsten Überzeugung nach – in dieser Rolle auch nicht das Geringste geboten hatte, das als Resultat schauspielerischer Darstellungskunst zu bewerten war, bestürzte mich das einhellige Entzücken über mein Kuhmädchen zutiefst. Plötzlich stellte ich diesen Beruf von Grund auf in Frage. Ich verstand die Theaterwelt nicht mehr, denn in meinen Augen war mein Kuhmädchen nur ein einziger dicker Brei ohne Salz und Pfeffer. Es schien mir unerklärlich, warum diese neue, fade Manier zu kochen nun plötzlich allen derartig schmecken sollte, daß sie sich voller Interesse darum rissen. Als dann die dritte Dichtererscheinung in meinem Leben, Max Frisch, mir an jenem Abend bescheinigte, Brechts Vorlage weit besser erfaßt zu haben als die Giehse, bedrückte mich dieser Triumph wie ein Pyrrhussieg.

Aber wie immer nach außergewöhnlichen Ereignissen ging das Leben normal weiter. Brecht und Weigel verließen Zürich, der altgewohnte Theaterbetrieb setzte flüssig und unverändert wieder ein, und die so plötzlich aufgetauchten fremden Strudel hatten sich, ohne Spuren zu hinterlassen, wieder aufgelöst. Nur ich kämpfte unversehens mit dem Ertrinken. Mein Außenseitererfolg hatte mir nun auf einmal den Boden unter den Füßen weggezogen.

Hatte ich doch das Schwimmen noch nicht gelernt, vor der Arbeit mit Brecht nicht, und durch die Arbeit mit Brecht auch nicht. Jetzt hatte mich die Flutwelle eingeholt, die all jenen droht, die als »Glückskinder« in diesen Beruf hineinrutschen. Auch in diesem ausgefallenen Handwerk werden – über kurz oder lang – die begabtesten Täuschungen gnadenlos entlarvt. Er läßt sich auf Dauer ohne eine ehrlich durchgestandene Lehrzeit einfach nicht beherrschen.

So wurde denn das Lieschen in *Faust I* – eine Paraderolle für eine

Anfängerin – prompt mein nächster Reinfall. Ich hatte mich an eine
so genaue Führung wie die von Brecht nur zu rasch und bedenkenlos
gewöhnt, seine Langmut und seine Freundlichkeit hatten mich einge-
lullt. Da erschreckte mich die Ungeduld des *Faust*-Regisseurs doppelt. Jetzt rächte sich offenbar mein dilettantischer Einstieg in diesen
Beruf. Keine helfende Hand regte sich, im Gegenteil, der erboste
Regisseur vermutete hinter meinem Unvermögen arrogante Bockig-
keit und schrie mich pausenlos an: Wieso ich es denn bei Brecht so gut
gekonnt hätte und nun bei ihm derartig versage? Dieser Vorwurf
nahm mir das letzte Quentchen Mut, auf irgendeine darstellerische
Idee zu kommen. Und so verkehrte sich die Dramaturgie der Szene
am Brunnen total – indem ich als Lieschen noch weit verstörter schien
als das arme Gretchen selber.

Mit meinem Einbruch als Lieschen brachte ich das Steinchen meiner
kaum begonnenen Laufbahn bereits ins Abwärtsrollen. Mit den
nächsten kleinen Aufgaben glitt es noch rascher zu Tal, und als der
zweite Dramaturg mir mit freundschaftlichem Bedauern mitteilte,
daß ich eben nur eine ganz kleine Farbe für ein ganz großes Theater
darstelle, sauste die Lawine unaufhaltsam dem endgültigen Abgrund
zu. Was ein junger Schauspieler empfindet, wenn er seine Kündigung
mitgeteilt bekommt, kann für den, der dieses Urteil ausspricht, gar
nicht vorstellbar sein – sonst würde er sich vor dieser Aufgabe
drücken. In einem jungen Schauspieler liegen so viele noch ungebo-
rene Leben. Diese durch eine Entlassung vielleicht für immer ver-
nichtet zu sehen, kann irreparable Folgen haben. Und so erkletterte
auch ich mühselig den Schnürboden unseres Bühnenhauses, sah mir
die Fallhöhe an, und überlegte lange. Zu lange. Also hangelte ich
mich wieder herunter, der Trotz erfüllte mich mit geradezu alttesta-
mentarischer Wut, und ich wartete zähneknirschend auf eines jener
Wunder, die sich in diesem Beruf manchmal tatsächlich ereignen.

In meinem Falle erhielt ich einen Brief von Brecht aus Berlin. Er bat
mich darin kurz und sehr höflich, kein Re-Engagement in Zürich
einzugehen, da er im Sommer ein Ensemble in Ost-Berlin gründe und
mich dabeihaben wolle. Meine Zusage war eine Sekundenentschei-
dung. Nicht etwa, weil ich ahnte, daß dieses Ensemble einmal
Theatergeschichte machen sollte, sondern weil ich in der Falle saß
und gar keine andere Wahl hatte. Kein einziger meiner Zürcher
Kollegen, die mir gratulierten, ahnte, wie liebend gerne ich mit ihm

getauscht hätte und in diesem von mir so sehr bewunderten Ensemble geblieben wäre. Aber meine Würfel waren geworfen worden, – und ich hatte nicht die geringste Ahnung, daß es ein Sechser-Pasch war. Im Frühjahr 1949 kam Brecht noch einmal für ein paar Wochen nach Zürich zurück. Seine Ankunft war der Beginn meiner Lehrzeit.

Als erstes gab mir Brecht ein schäbig broschiertes Exemplar der *Tage der Kommune* in die Hand, mit der Bemerkung, er wolle mit diesem Stück die Spielzeit in Berlin eröffnen, und ich möge ihm doch sagen, in welcher der Rollen ich mich sähe. Ich fand das Stück denkbar langweilig und entschied mich lustlos für die größere Rolle der Geneviève, obwohl mir die kleinere der »Babette« etwas weniger fad erschien. Brecht war über meine Wahl äußerst erstaunt und eröffnete mir sachlich, er habe niemals an eine der beiden Mädchenrollen für mich gedacht, ich spielte selbstverständlich bei ihm die Madame Cabet. Mein entgeisterter Ruf, daß das doch eine ganz alte Frau sei, erheiterte ihn zwar ungeheuer, beeindruckte ihn aber nicht im geringsten. Er schnitt meine protestierenden Einwände kurz ab und fing sofort an, mit mir zu arbeiten.

Er begann beim Kernpunkt, der Haltung: Das Wichtigste für mich sei, erst einmal zu überlegen, wie ich als diese 50jährige, »alte« Frau zu stehen, zu gehen und zu sitzen habe. Meine Stimmlage ließ er unverändert, da er es passend fand, dieser gereiften Frau eine jugendliche Stimme zu geben. Er meinte, dadurch könnte der junggebliebene, und deshalb revolutionären Ideen zugewandte Charakter besonders gut zum Ausdruck kommen. Ich war froh darüber, fiel mir doch die von ihm verlangte »schwerfällige Haltung« schon schwer genug, da ich in meinen Bewegungen immer außerordentlich impulsiv war.

Um diesem Charakteristikum entgegenzuwirken, vermittelte Brecht mir die Vorstellung, daß in meiner Darstellung die selbstverständliche Schwerstarbeit der durchlebten Jahre nicht einen einzigen Moment außer acht gelassen werden dürfe. Das Gehen sei für diese Frau wohl eine Mühe, aber eine gewohnte; das Stehen ein Durchatmen, aber ein nicht unbelastetes; und das Sitzen solle eine Erholung, aber keine Erlösung sein. Dies war eine plastische Vorstellung, die ich konkretisieren konnte. So schleppte ich zunächst zu Hause stundenlang Stühle und Schubladen herum, um als erstes mein leichtfüßiges Trippeln loszuwerden. Brecht amüsierte sich sicherlich sehr über die

Verwandlung dieser »bourgoise ouvrière«, aber es gelang mir doch, bescheidene Fortschritte zu verzeichnen, etwa in der Darstellung eines schmerzenden Kreuzes beim mühseligen Wiederaufstehen, oder der Mutlosigkeit beim müden Dahocken, den Kopf in die Hand gestützt.

Wenn Brecht selber etwas vorspielte, gebrauchte er dabei immer nur spärliche Gesten. Im Gegensatz zu meinen Schauspieler-Regisseuren blockierte er die Phantasie seiner Beobachter niemals durch irgendeine darstellerische Brillanz. Da er selber nie etwas naturalistisch vorspielte, machte er keinen mutlos, denn man kam gar nicht auf die Idee zu versuchen, ihn direkt zu kopieren. Seine Bewegungen waren stets unvollendet, etwas eckig und scheu, blieben manchmal wie nur angedeutet in der Luft stehen, aber ihre Präzision war so archetypisch für den gewünschten Ausdruck, daß man den Ur-Sinn seiner Absicht sofort erfassen und in die eigene Körpersprache übersetzen konnte – dankbar wissend, daß man in der schauspielerischen Verkörperung zwar nicht richtiger, aber doch wohl viel besser sein konnte als er.

So übte ich nach seinen skizzenhaften Andeutungen minuziös das Gehen, Stehen, Hinsetzen, Sitzen und Aufstehen dieser Frau. Der Meister gab niemals auf, dasselbe aber verlangte er unnachsichtig von seinen Schauspielern. Er duldete keine »Ich-kann-das-nicht«-Hysterie und konnte äußerst unwillig werden, wenn ich selber die Szene unterbrach, um mich zu entschuldigen. Jeglicher Redestrom erklärender Einwände wurde immer sofort gestoppt. Er zwang mich, meine Bedenken darstellerisch auszudrücken – erst dann war es erlaubt, darüber zu debattieren. So vergingen viele Nachmittage. Ich begann schon, mich gebeugter und schwerer durch die Bahnhofstraße zu bewegen, mich mit einem ächzenden Seufzer auf einer Parkbank am Seeufer niederzulassen und beim Abendbrot mein Birchermus gemächlicher zu kauen. Da aber das *Kommune*-Projekt verschoben und die erste Spielzeit des Berliner Ensembles mit *Herr Puntila und sein Knecht Matti* eröffnet wurde, kam diese Arbeit zu meinem Leidwesen nie zu einem abschließenden Resultat.

Sehr viel später wurde mir bewußt, daß das mein Glück gewesen war. Denn so verlockend Brechts herausfordernde Neuerung der Anti-Fach-Besetzung für Schauspieler auch war, im Falle des vorgezogenen Alt-Spielens ging seine Rechnung niemals auf. Da mußte unweigerlich zum riskanten Mittel des Chargierens gegriffen werden, und einige junge Darsteller wurden dadurch zu schuldlosen Opfern des genialen, aber in diesem Punkte absolut uneinsichtigen Meisters. Einer einzigen jungen Schauspielerin, Carola Braunbock, ist es einmal gelungen, den abnormen Zeitsprung ins hohe Lebensalter einer Rolle absolut glaubhaft zu verkörpern, und zwar in ihrer Darstellung der Bäuerin am Stückschluß von *Mutter Courage und ihre Kinder*. Diese Figur war ursprünglich von einer alten Kollegin gespielt worden und mußte umbesetzt werden. Es war die erste Probe, die ich nach meiner Ankunft in Berlin Ende August 1949 besuchte, denn Brecht forderte uns auf, den Proben beizuwohnen, auch wenn wir dabei nichts zu tun hatten.

Die junge Kollegin probierte schon im Kostüm, und obwohl sie kaum älter war als ich, verstand sie es sehr schnell, sich in dem faltenreichen, schweren Rock in ganz organischer Weise schwerfällig und unbeholfen zu bewegen. Eine eng anliegende Kappe aus weichem grauen Leinen verbarg ihr flachsblondes Haar, und als ihr Gesicht immer noch zu jung wirkte, wurde es mit einem blassen Teint konturenverwischend leicht überschminkt. Als nun das junge Mädchen auf diese Weise tatsächlich der alten Bäuerin im Aussehen und in der Haltung angeglichen war, sprach Brecht ihr jede Textzeile in einem fast monotonen Tonfall vor und ließ sie Satz für Satz immer und immer wieder nachsprechen. Oft passierte es, daß sie, beim Zurückgehen der Passage die eintönige Stimmfärbung ganz verloren hatte und wieder an den Ausgangspunkt des ersten Textsatzes zurückgeführt werden mußte, ein Umstand, der sie völlig aus der Fassung brachte. Ich begriff ihre Verzweiflung darüber nur zu gut, denn die überraschende Novität eines gut besuchten Zuschauerraums während einer Probe erschien mir grausam unbarmherzig. Aber nach zwei, drei Tagen äußerster Gewaltanstrengung hatte sie es zu unser aller Bewunderung geschafft: Sie jammerte apathisch, war unerbittlich in ihrer abweisenden Unverbindlichkeit, winselnd vor gehässiger Unterwürfigkeit; und das sture, absolut hoffnungslose Geplapper ihres Vaterunsers wird wohl von niemandem, der damals dabei war, vergessen werden.

Diese Proben machten mich tief betroffen. Meine so vielversprechenden Exerzitien in Richtung Madame Cabet kamen mir wie eine lächerliche Stümperei dagegen vor, und ich war dankbar, daß ich nun auf der ersten *Puntila*-Probe quasi als Alterfahrene glänzen konnte.

Der Glanz verblich bald. In der Zürcher Aufführung hatte ich in dem Bild, das auf der Landstraße spielt, keine Erzählung gehabt. Aber nun in Berlin wurde mir die eine der Branntweinemma zugeteilt. Es war die Geschichte eines Mädchens, das vor Gericht die Klage gegen den Vater ihres unehelichen Kindes zurückzieht, um ihm einen Meineid zu ersparen, ein anrührender, sehr simpler Bericht. Aber bis ich diesen kurzen Text so makellos vorbringen konnte, wie die Regisseure Brecht und Erich Engel es verlangten, vergingen nicht Stunden und Tage, sondern Wochen. – Mit dieser Erzählung begann für mich das gnadenlose Einmaleins der Auf-Punkt-Sprecherei, der Pausen und der Betonungen. Obwohl ich jedes Satzende mit einem dicken Abwärtsbogen versehen, die Pausen mit einem großen »V« gekennzeichnet und auf die Worte, die betont werden mußten, einen energischen Akzent hingehauen hatte, rutschte ich trotz unerbittlichem Heimtraining immer wieder aus. Einmal waren die Pausen zu lang, um noch gefüllt zu sein, dann wieder zu kurz, als daß die Zuschauer sie hätten nachvollziehen können. Die eine Betonung war übertrieben, die andere nicht hörbar, und die verflixten Satzenden wollten und wollten von ihrem schwebenden Schlußton nicht herunterkommen. Aber damals fühlte ich mich nie hilflos oder verunsichert, da Brecht nicht ein einziges Mal einen Premierentermin fixierte. So hatte man die unumstößliche Gewißheit, daß der Vorhang erst dann aufgehen würde, wenn alles bis aufs letzte I-Tüpfelchen saß. Und da Brecht noch dazu das amerikanische Off-Broadway-System einführte und somit erst die vierte Vorstellung zur offiziellen Premiere erklärt wurde, konnte ich nach nicht ganz acht Probenwochen ohne Lampenfieber in die Premiere gehen.

Meinen Erfolg nahm ich mit der Unbekümmertheit meiner Jugend als selbstverständlich hin. Zudem hatte ich nichts anderes im Kopf als den Beginn der Proben des Gorki-Stücks *Wassa Schelesnowa*, in dem ich endlich die Ludmilla spielen sollte – jene Rolle, die man mir zuvor in Zürich nicht zugetraut hatte. Nun hatte ich sie also endlich in den Fängen, und hieb auch gleich derartig hinein, daß ich mir die Zähne daran ausbiß. Diese Arbeit war meine erste Niederlage in Eigenverantwortung: Sie bewahrheitete das nervtötende Sprichwort »Wer nicht hören will, muß fühlen«.

Der 73jährige Berthold Viertel führte Regie und brachte einen ganz anderen, verlockend zwanglosen Stil in unser Probensystem. Viertel gehörte zu den imponierenden Regisseuren, die eine unantastbare Autorität ausstrahlen. Sein Temperament war trotz seines Alters ungebrochen. Er konnte ebenso gottvaterhaft gütig wie glühend zornig sein, und wenn seine dunklen Augen unter den dichten schwarzen Brauen durchdringend auf einen gerichtet waren, gab es kein Ausweichen. Er war klein und gedrungen, ein schlohweißhaariger Magier der Bühne, und im Gegensatz zu Brecht und Engel nicht frei von persönlichen Sympathien und Antipathien – was er die Schauspieler bisweilen sehr deutlich spüren ließ.

Am ersten Arbeitstag hatte er uns seine persönlichen Ansichten über Stück und Rollenverkörperung präzise mitgeteilt. Mit Vehemenz schilderte er uns das Was, Wann und Warum der Rollen, nicht aber das Wie; die Skizze war quasi mit Bleistift vorgezeichnet, die Farbgebung aber uns überlassen. Eine solche regieliche Großzügigkeit kann nur von sehr erfahrenen Schauspielern richtig eingeschätzt und dankbar gewürdigt werden. Da ich jedoch weder über Erfahrung verfügte noch für Dankbarkeit viel übrig hatte, schoß ich sofort, von der ersten Stückprobe an, ohne jedes Maß übers Ziel hinaus. Manchmal hob der große Zauberer mahnend seinen Zeigefinger, aber ich war viel zu glücklich, endlich von der lästigen Auf-Punkt-Sprecherei, der Betonungsqual und den Brechtschen Pausenreglements freigelassen zu sein, als daß mir seine freundliche Warnung Eindruck gemacht hätte. Viertels Psychogramm meiner Rolle lautete, in dieser Ludmilla niemals einen harmlosen Backfisch zu sehen, sondern stets zu zeigen, daß ihr die Schlechtigkeit ihrer Erbmasse schon so ahnungsvoll bewußt ist, daß sie die Augen davor verschließt und sich voller Scham und Trotz in eine gespielte Naivität rettet. Auch im Verhältnis zur Mutter Wassa sollte keine natürliche Anhänglichkeit, sondern eine durchaus ungesunde Empfindung dargestellt werden.

Die Aufforderung, einen so breitgefächerten Rollencharakter frei entwerfen zu dürfen, läßt sich nur mit dem sprichwörtlichen freundlich gereichten kleinen Finger vergleichen, der einen dazu verlockt, gleich die ganze Hand zu nehmen. So hing ich am Halse der Mutter wie Prothoe und Achill gemeinsam an Penthesileen, behandelte den werbenden Hausdiener wie Lulu und Fräulein Julie vereint, streunte schlafwandlerisch mit dem Samowar durch den Wintergarten wie Ophelia und Lucia di Lammermoor im Duett, und die Tanzszene geriet mir auf dem federnden Sofa zur reinsten Walpurgisnacht. Ich brauste damals durch diese Proben in einem furiosen Walkürenritt – vorher nie erlebt, und nachher nie wieder gestattet.

In einem Brief an meine Eltern schilderte ich liebevoll alle die Gründe, die dann zu meiner Niederlage führen sollten: »Ich baue meine Rolle auf einer hektischen Grundlage auf: mal überfröhlich, mal übertraurig, dann überwütend und auch bewegungsmäßig zerhackt und fahrig. Ich mache Andeutungen von Brechreiz vor Ekel, spiele Herrin mit dem Knecht, verfalle dann in betrunken-hysterisches Gelächter und kindische Lustigkeit, wechsle von übervoller Zärtlichkeit zur Mutter plötzlich in ohnmächtigen Zorn... So geht's ins Unendliche.«

Natürlich ging es nicht ins Unendliche, denn Sie werden sicher erkannt haben, daß ich in diesem Briefabschnitt die perfekte Schilderung einer nahtlos aneinandergereihten Brüche-Spielerei gegeben habe. Nun werden Sie auch verstehen, warum ich Sie so sehr davor gewarnt habe.

Dabei wurde das allergrößte Unheil noch knapp verhindert. Brecht besuchte nämlich die Generalprobe und erschien dann, nach einem Zwiegespräch mit Viertel, in meiner Garderobe. Wenn er mich damals streng zur Rede gestellt hätte, wäre ich sofort auf die Barrikaden gestiegen. Aber da er ein listiger Psychologe war, lobte er meine Leistung sehr, und versprach ins Blaue, mit mir daraufhin die *Lulu* von Wedekind zu inszenieren. Er nickte mir freundlich zu, ging zur Tür und drehte sich noch einmal vorsichtig um. Meinem durch das Wort »Lulu« verklärten Blick ausweichend, schlug er mir ganz nebenbei vor, vielleicht in meiner doch sehr expressiven Ludmilla alles etwas zurückzunehmen und zu mildern, weil sie an einigen Stellen etwas zu grell geraten sei. Da mir der Happen jener Lulu so köstlich gemundet hatte, schluckte ich diese Pille glatt mit hinunter. Viertel versprach ich willig, mich im Zaum zu halten. Bedauernd meinte er, daß er mich nur der Leute wegen maßregle: Er persönlich hätte mir ja jede Freiheit gelassen, aber – so sagte er mit gottergebener Geste – wenn die Zuschauer befürchten müßten, daß ein Schauspieler sich als nächstes Arme und Beine ausrisse, um alles ins Parkett zu werfen, würde ihnen unbehaglich zumute. Und das sei doch zu vermeiden. Ich sah dieses surrealistische Bild sehr anschaulich vor mir, ging während der mir verbleibenden Stunden in mich und bremste mich selbstverleugnend durch die Premiere.

Nichtsdestotrotz war der Verriß in der Berliner Presse teilweise gnadenlos. »Telegraph« und »Tagesspiegel«, die mir »erschreckende Leidenschaft, ja, einen genialen Zug« bescheinigten, galten mir nichts. Selbstzerstörerisch litt ich vielmehr am Totalverriß von Friedrich Luft in der »Neuen Zeitung«: »Die junge Regine Lutz, von Viertel wohl in Richtung einer Frühhysterikerin geplant, war ganz unzulänglich und störte durch die unmotivierte Unnatur ihrer körperlichen und vor allem mimischen Verrenkungen.«

Brecht ahnte Schlimmes und rief mich sofort nach dem Erscheinen dieser Kritik zu sich. Er war sehr ernst, ging mit keiner Bemerkung auf meine total verquollenen Lider und meine wasserhellen Augen ein, sondern kam sofort zu Sache. Er sagte kurz, Theater sei nichts anderes als ein Geschäft: Der Zuschauer sei der Kunde und als Kunde habe er immer recht. Zwar seien Kunden beeinflußbar, aber dazu brauche man Zeit, Vorsicht und Geduld – er selbst gäbe seinem Ensemble zehn Jahre, bis die Zuschauer soweit seien, es ganz zu akzeptieren. Endlich wurde er bei meinem Anblick milder und eröffnete mir, daß ich gerade wegen dieses »Bühnenunfalls« im nächsten Stück, dem *Hofmeister*, die weibliche Hauptrolle spielen würde. Er habe sich vorgenommen, mich den Berlinern so lange vorzusetzen, bis sie mich akzeptiert hätten. Dank dieser Aussicht erhellte sich mein getrübter Blick sofort, er mußte kurz lachen und gab mir noch zwei gesalzene Prophezeiungen mit auf den Weg. Erstens bereitete er mich darauf vor, daß ich mit der Presse immer meine Schwierigkeiten haben würde, weil ich kein »gefälliger Typ« sei. Und zweitens sagte er mit kühler Selbstverständlichkeit, daß ich meine Karriere sowieso aufs Alter hin ausrichten müsse, da meine große Zeit erst nach meinem sechzigsten Lebensjahr begänne. Meine Augen quollen entsetzt über, worauf er mir das Lenzsche Originalstück vom *Hofmeister* in die Hand gab und mich zwischen Schreck und Hoffnung in Gnaden entließ.

Mit meinem Gustchen in der knapp drei Monate darauf folgenden Aufführung sollte dann das Brechtsche Vorhaben bereits glücken. Berlins Publikum und Presse akzeptierten mich einhellig ohne Gegenstimmen – der Meister hatte seine Schülerin durchgeboxt.

Mit dem ganzen Trara, das damals mit mir veranstaltet wurde, will ich Sie verschonen. Gibt es doch für Nicht-Beteiligte nichts Faderes als die Schilderung eines Erfolges. Aufregend und anregend im Sinne eines Lernprozesses wirkt nur das Fehlerhafte und Unvollkommene, denn da beginnt der Unbeteiligte sofort zu überlegen, wie er die Sache anders und besser hätte hinkriegen können.

So will ich hier nur zwei generelle Erkenntnisse festhalten, die mir aus meiner damaligen Situation erwuchsen. Die eine betraf meine Einstellung zur Presse: War bis dato die Entscheidung der Kritik für mich ein Gottesurteil gewesen, so begann ich damals ernsthaft daran zu zweifeln. Noch hatte ich die völlige Infragestellung meines Talents anläßlich meiner Ludmilla gut im Gedächtnis, und somit machte mich die plötzliche Kehrtwende aller »gegnerischen« Kritiker doch recht stutzig. Ich begann, die ganze schreibende Front mißtrauisch und mit sachlichem Kalkül zu betrachten.

So lehrte mich der *Hofmeister*, die pech- und druckerschwarzen Kritiken wohl zur Kenntnis zu nehmen, aber kein Evangelium mehr daraus zu machen. Von da an war ein Kritiker für mich kein Lehrer oder Meister mehr, und schon gar nicht ein Prophet. Ich hatte eingesehen, daß auch diese strenge Gilde sich der alten Lebensregel beugen muß, die da lautet, daß man hinterher immer klüger ist.

Die zweite Erkenntnis dieser Premiere wurde mir erst viele Jahre später bewußt. Es war die Einsicht, daß ein in einem solchen Umfeld entstandener Erfolg generell mit ganz anderen Maßstäben gemessen werden muß. Nicht, daß mein Durchbruch nicht gerechtfertigt gewesen wäre. Nein, Arbeit bleibt Arbeit, und Leistung ist Leistung. Aber ein Eingebettetsein in einem bereits als überdurchschnittlich anerkannten Team – ganz davon abgesehen, daß in meiner damaligen Situation der Regisseur auch noch der Dichter war –, steht einfach unter den Vorzeichen einer anderen Norm. Der Nimbus eines Theatergenies bescheint auch noch den unwichtigsten unter den Mitarbeitern und beschert allen und jedem schon von vornherein einen Bonus. Überdies verfügte unser Theater damals über unbegrenzte Möglichkeiten: die finanziellen Mittel waren uneingeschränkt, und der Begriff der Zeit existierte für uns nicht. So konnte alles bis ins Letzte perfekt ausgefeilt werden.

In jener *Hofmeister*-Aufführung gab es nichts, was nicht detailliert im gemeinsamen Einvernehmen ausgeklügelt und – was das Entscheidendste war – vom letzten Wort eines Genies abgesegnet worden wäre. So sah mein ganzes Textbuch wie ein Schlachtplan aus: Die Zeilen waren übersät mit Bleistiftmarkierungen und Anmerkungen, und ich ackerte Stunde für Stunde, Tag für Tag darin herum. Meine Duo-Szenen wurden so oft probiert, daß ich unsere Reaktionen im Schlaf gewußt und unsere Tonfälle auch noch im Traum exakt abgenommen hätte. Nichts wurde dem Zufall überlassen. Caspar Neher, der Bühnenbildner, hatte die nach Chodowiecki-Stichen entworfenen Kostüme meiner Statur angepaßt, und dementsprechend ummodelliert. Der kongeniale Kostümchef der Staatstheater, Kurt Palm, brachte Nachmittage damit zu, festzustellen wieviel Millimeter die Taille nach unten, die Ärmellänge nach oben oder die Schultern nach außen korrigiert werden sollten und durften, um Rolle, Kostümstil und Schauspielerin zu einem homogenen Guß zu verschmelzen.

So wurde ich äußerlich und innerlich Punkt für Punkt abgesichert. Und da erst die vierte öffentliche Vorstellung die richtige Premiere war, weshalb ich jede Reaktion des Publikums im voraus kannte, waren unter meinem Seilakt wirklich so viele doppelt geknüpfte Netze ausgespannt, daß sich selbst ein nicht eingeplanter Sturz noch als Kunst offenbart hätte.

Da eine solche Gleichung ohne jegliche Unbekannte einfach aufgehen muß, möchte ich hier einmal all jene Kollegen würdigen, die es fertigbringen Erfolge aufzuweisen, ohne auf solche ideale Vorbedingungen zurückgreifen zu können. Ihnen gebührte die weit höhere Anerkennung, denn wieviel schwerer ist es, sich mit dem Durchschnittlichen herumzuschlagen und sich des Mittelmaßes zu erwehren, ohne dabei resignierend unterzugehen! Diese oft mühsam in Gegenwehr erstrittenen Erfolge bleiben meist im Dunkeln, obwohl sie im Grunde doch die weit ehrenvolleren wären. Denn man sieht nur die im Lichte, leider. Trotzdem: Fassen Sie Mut, denn selbst in diesem Beruf gibt es eine Gerechtigkeit; und wenn man sie verdient, wird sie einem unweigerlich eines Tages zuteil.

Aber noch einmal zurück zum *Hofmeister*, dem Stück, das meine erste bewußte Begegnung mit dem kritischen Theater war. Als ich das Schauspiel in der Lenzschen Originalfassung las, fand ich die Figur des Gustchen in ihrer sentimentalen Eingleisigkeit denkbar langweilig. Aber die kritische Bearbeitung Brechts brachte mich dann ganz von allein darauf, die Figur umzukehren und aus ihrer faden Duldsamkeit ein heimliches Mit-dem-Feuer-Spielen zu machen. So verwandelte ich die stille Passive in eine leise Aktive. (Hätte ich diese Idee im Originalstück angewandt, wäre dadurch unweigerlich eine Parodie entstanden.)

Bei dieser Arbeit lernte ich, wie faszinierend es ist, die Kehrseite einer Rollengestalt aufzudecken. Zug um Zug entlockte ich dieser anmutigen Mädchenfigur listig verborgene, biestige Züge, die mein Gustchen soviel farbiger erscheinen ließen.

In der Rolle der Yvette in *Mutter Courage und ihre Kinder* wurde ich dann gleich mit zwei Gegenpolen konfrontiert. Erstens war diese Rolle mit mir absolut atypisch besetzt, und zweitens legte Brecht eine enorme Altersdifferenz zwischen ihre beiden Auftritte. Die zweite Aufgabe konnte ich damals unmöglich bewältigen. Aber die erste gelang, da sie auf der einleuchtenden Idee des Dichters beruhte, daß die Gnadenlosigkeit des Krieges am eindrücklichsten gezeigt werden könne, wenn aus einem Mädchen, das aussähe, »als trage es schneeweiße gestärkte Leinenunterwäsche«, im Lauf der Handlung eine berechnende Dirne würde. Hätte sie von vornherein den Eindruck einer Hure vermittelt, wäre der Effekt des Gegenpols vertan gewesen.

Entscheidend für die Arbeit an dieser Rolle war, daß ich sie nicht mit den Stückproben begann, sondern mit der Gestaltung des Liedes.

Der Vortrag eines Brechtschen Songs verlangt in allererster Linie den Verzicht auf jene schauspielerische Eitelkeit, die immer zeigen will, daß man auch sängerische Qualitäten aufzuweisen hätte. Für Brecht aber hatte der Text stets Priorität – und so viele Songs ich auch mit ihm erarbeitet habe, es wiederholte sich jedes Mal stereotyp der gleiche Arbeitsvorgang: Zuerst wurde ohne Brechts Dabeisein das Lied musikalisch einstudiert und so gesungen, daß es dem Komponisten ein Wohlgefallen war. Dann begann die Gestaltung unter Brechts Regie, der von dem ganzen Wohlklang nichts hören wollte und unnachsichtig auf seinen Text pochte. So war die ganze musikalische Kür für die Katz. Brecht hatte immer das letzte Wort, und ich habe niemals einen Komponisten erlebt, der sich Brecht nicht sofort und willig gebeugt hätte. – Selbst Paul Dessau tat auf der Stückprobe von *Courage* so, als bemerke er gar nicht, daß ich das Lied der Yvette plötzlich um eine ganze Terz tiefer sang.

Ein Brechtscher Song ist – auch im Rahmen einer Rolle – immer eine darstellerische Aufgabe für sich. Der rote Faden, die Aussage des Liedes, darf niemals losgelassen werden – auch in der winzigsten, eingeschobenen Nebenzeile nicht. Mag die Melodie auch noch soviel verführerische Triolen aufweisen, der Schauspieler darf sich davon nicht verführen lassen. Er muß die Musik auf seine ganz persönliche Art und Weise dem Sinn des Textes unterordnen, selbst wenn manche Betonungen dem Rhythmus zuwiderlaufen.

Da das Lied der Yvette sehr lang (drei Strophen und drei Refrains) und musikalisch außerordentlich kompliziert ist, wodurch es die Grenzen der Aufnahmefähigkeit eines Publikums beinahe sprengt, war es doppelt notwendig, seinen Inhalt so deutlich wie möglich herauszubringen. Besonders die dreimalige Wiederholung des Refrains mußte äußerst differenziert variiert werden. So sang ich den ersten Kehrreim sachlich berichtend und den zweiten voll Anmut und Sehnsucht. Den dritten hingegen leierte ich nur noch mit böser Resignation zynisch herunter.

Für die Songs war die »vierte Wand« immer aufgehoben, und so konnte ich die drei Strophen des Liedes den Zuschauern ganz direkt erzählen. Da das dazu benötigte Auf-Punkt-Sprechen musikalisch sehr schwer nachzuvollziehen war, lösten wir dieses Problem, indem ich das letzte Wort der Sätze ganz knapp und sehr leicht nahm, wodurch dem Reim eine graziöse, überraschend witzige Schwingung aufgesetzt wurde. Das Geheimnis eines Brecht-Liedes liegt einfach darin, daß es nicht »schön«, sondern »richtig« gesungen wird. Wenn es einem auf diese Weise gelingt, den Inhalt so zu gliedern, daß die Zuschauer ihm interessiert folgen können, ist es ein Kabinettstück der Schauspielkunst. Liegt das Lied mitten in einem Stück, erzählt es überdies dem Darsteller wie auch den Zuschauern viel über die Hintergründe der Rolle. Ein Effekt, den Brecht womöglich gar nicht beabsichtigt hatte. Für ihn waren seine Lieder stets eine »Nummer für sich«, die quasi im Spotlight vorgetragen werden sollte.

So stand ich damals durch die vorgezogenen Proben des Liedes, dessen Inhalt die Vorgeschichte der Yvette erzählt, bereits auf einer stabilen Plattform dieser Figur, und konnte den Ausdruck ihrer Haltung von Situation zu Situation variieren, ohne ihren Grundgestus (alle unseligen psychischen und physischen Folgen einer verratenen Liebe) jemals zu verlieren. Gerade weil ich vom Typ her so wenig Hurenhaftes hergab, reizte es mich, hauptsächlich durch eine bildhafte Körpersprache diesen Gegensatz wettzumachen. Da ich die Rolle barfuß spielte, sehr viel zu gehen und zu laufen hatte und mein fließend fallendes, seitlich gerafftes Kleid sich in Form und Faltenspiel jeder meiner Bewegungen vollendet anpaßte, waren mir dazu unzählige Möglichkeiten geboten. So drückte ich zum Beispiel Unschlüssigkeit durch eine wiegende Art des Schlenderns aus, Mißvergnügen durch eine schläfrige Trägheit beim Gehen, Überheblichkeit durch ein gemächliches Staksen.

Während meines Anfangsmonologs saß ich breitbeinig auf einem Hocker, hatte meinen Arm weit ausgestreckt und bohrte mit dem Zeigefinger auf dem Faß herum – eine Haltung, die ich als I-Tüpfelchen einer resignierend wollüstigen Laszivität empfand. Damals verfiel ich regelrecht der Ausdruckskraft des Gestus. Das schon beinahe schmerzhaft gefühlte Herauswringen des äußersten Hintergedankens durch eine körperliche Darstellung ließ mich die unendlich verlokkende Süße des Manierismus erahnen. So streckte ich hie und da meine Füße schon etwas zu wohlig aus, spreizte den kleinen Finger ein bißchen zu weit weg und verzog meinen schräg geschnittenen Mund gerne um einen Seufzer zu lang. Aber noch lag die Gestaltung der jungen Yvette durchaus im beispielhaften Rahmen der Brechtschen Norm. Der Auftritt als alte Yvette geriet mir jedoch zu einer absoluten Knall-Charge.

Meine monströse Verkörperung einer zu alten, zu fetten, zu sehr japsenden Obristin war zweifelsohne eine der Brechtschen Übersteigerungen, die hin und wieder aus dem Dickicht seiner überbordenden Sozialkritik wucherten und jeder Realität entrückt waren. So konnte seine Vorstellung einer geschäftstüchtigen, durch Reichtum, Adel und Wohlleben völlig verunstalteten Yvette nicht übertrieben genug dargestellt werden. Manchmal konnte ich mich damals des Eindrucks nicht erwehren, daß Brecht sich auf den Proben – da er dieses Stück zum zweiten Mal inszenieren mußte – schlicht langweilte und deshalb sehnlichst nach einer grotesken, ihn aufheiternden Abwechslung Ausschau hielt. So erschien mir sein herzhaftes, immer an denselben Stellen erschallendes Gelächter oft mehr fraglich als bestätigend.

Dieser zweite Auftritt ließ sich ganz einfach nicht bewältigen. Die Haltung dieser verfetteten Alten wurde mir nur aufgezwungen – ich konnte sie weder erfühlen noch erfüllen. Da klaffte zwischen Rolle, Schauspielerin und Kostüm ein unüberbrückbarer Riß. Mein Leib steckte in einem voluminös ausgestopften Korsett – einem federleichten Watton –, das knapp unter der Hüfte aufhörte und wie ein Fremdkörper in die Luft ragte. Darüber bauschte sich ein schwarzes Seidenkostüm, dessen gleitende Stoffbahnen mir beim Gehen schwer und kühl gegen meine weit hinter der Korsage liegenden Knie schlugen – was ein anorganisches, geradezu ekelhaftes Gefühl erzeugte. So rauschte ich wie eine Glocke auf die Szene. Brechts Entzücken über diesen Auftritt kannte keine Grenzen. Asthmatisch keuchend watschelte ich auf auswärts gestellten Plattfüßen einher, stützte mich mühsam auf einen biegsamen, dünnen Krückstock, bellte meinen Text in einem »österreichischen« Idiom und bemühte mich aus Leibeskräften, etwas glaubhaft zu vermitteln, was realiter überhaupt nicht darzustellen geht: Zwischen den beiden Auftritten der Yvette liegen nämlich – nach den exakten Zeitangaben im Stück – sage und schreibe nur drei Jahre (1629 bis 1632). Um dem Wunsche Brechts nach einer solchen totalen Mutation in dieser Zeitspanne zu entsprechen, mußte erbarmungslos zum Mittel der Karikatur gegriffen werden.

Dabei wäre meine unförmige Statur gar nicht nötig gewesen, weil die Beurteilung »fett!« ursprünglich Yvettes Text war, den sie dem Koch zuwarf. Da aber unser »Koch« mager war und mager blieb, zog ich den kürzeren, und der Text wurde so umgeändert, daß der Koch mich mit »fett« und ich ihn darauf mit »alt« zu titulieren hatte.

Vielleicht wäre mir damals eine hagere, hysterisch zittrige, fistelnde Yvette besser gelungen. Aber der optische Gegensatz beim Wiederauftauchen dieser Figur erzielte damals natürlich eine verblüffende Wirkung. Die ganze Theatergeschichte machende Aufführung trug mich so stark, daß die Zuschauer den grotesken Scherz meiner Unnatur nicht nur schluckten, sondern sogar beklatschten.

Brechts gewaltsamer Zeitraffer in meiner Yvette brachte mich auf eine Idee, die dem stets an abenteuerlichen Experimenten interessierten Dichter ganz und gar gefiel. Als wir uns nämlich die charakterliche Haltung der jungen Yvette überlegten, schlug Brecht vor, in ihr immer eine direkte Vorstufe einer zukünftigen Courage zu sehen.

Diese Auffassung verlockte mich im Laufe der Proben dazu, an eine Umkehrung der Rolle der Courage selber zu denken. So bat ich Brecht, mich in späteren Jahren die Courage vom Ende her aufrollen zu lassen, und zwar in der Weise, daß ich nicht wie Helene Weigel im Laufe des Stücks sichtbar älter würde, sondern mich im Gegenteil von Bild zu Bild krampfhaft mit allen äußerlichen Mitteln zu verjüngen suchte. Ich stellte mir vor, wie ich am Stückschluß dem Regiment als eine auf jung getrimmte Yvette-Courage nachhinken würde, und so den Kreis wieder schließen könnte.

Brecht liebte solch abnorme, überraschende Darstellerideen sehr. Für die äußerliche Erscheinung ergaben sich die Möglichkeiten ganz von selber. Wir stellten uns vor, wie die eintrocknenden Wangen und Lippen röter und röter geschminkt und die ergrauten Haare mit schlecht gefärbten Löckchen aufgemotzt würden, wie der Ausschnitt über dem abmagernden Dekolleté tiefer und tiefer sänke, und wie die umwickelten geschwollenen Beine durch den seitlich höher und höher geschlitzten Rock immer sichtbarer würden. Wir überlegten uns, daß der Gang umgekehrt proportional zur Wirkung immer herausfordernder werden sollte, die Gestik der Hände affektierter und das Mienenspiel koketter, so daß am Schluß eine auf Vamp getrimmte Greisin ihren Geschäften kurzatmig nachrennen sollte – eine *Sunset Boulevard*-Vision im Dreißigjährigen Krieg. Auch die Songs wollten wir im Laufe des Stücks verjazzen, so daß sie schmissiger und provokanter vorzutragen gingen. Als ich Brecht vorschlug, am Schluß beim letzten Refrain den Halbvorhang selber zuzuziehen, und die Zuschauer direkt heraufzuwinken, um sie dadurch aufzufordern, sich mir und dem Regiment anzuschließen und mit in den Krieg zu ziehen, bemerkte er lakonisch, ich würde wohl seine letzte echte Courage sein. Ich bin es nicht geworden, denn diese Konzeption wurde nie realisiert.

Als ich in jener Zeit in Hannover als Guter Mensch von Sezuan gastieren sollte, gingen Brecht und ich in der Vorarbeit dazu wieder einen anderen Weg. Da in diesem Stück die Zweigesichtigkeit des menschlichen Charakters – hie gut, hie böse – durch die Doppelrolle als Frau und Mann bereits physisch vorgegeben war, begann er diese Rollenarbeit mit der Gestaltung des männlichen Parts. Er empfand diese Figur als schwieriger für mich und war überzeugt, daß es viel leichter sei, aus dem Bösen des Shui Ta zur Güte der Shen Te zu finden, als umgekehrt.

Gewitzt durch meine Erfahrungen als alte Yvette wollte ich diesmal partout jegliche Charge meiden und eine halbwegs glaubhafte Verkörperung eines Mannes schaffen: aus dem Nachteil meiner Kleinheit Nutzen ziehen und daraus eine kapitale, männliche Grundhaltung machen. Ich schlug Brecht deshalb vor, diesen Vetter Shui Ta nur im Sitzen zu spielen. Brecht leuchtete sofort ein, daß die Haltung als Sitzriese einen enormen Gewinn für das Selbstbewußtsein eines kleinen Mannes bedeuten würde. Und da das Stück in China spielt, lag die Idee einer Zuhilfenahme von Sänfte oder Rikscha für diese oder jene Szene geradezu auf der Hand. Damit hatte ich das Problem des maskulinen Gehens und Stehens mit seiner verhängnisvollen Komik schon einmal aus der Welt geschafft.

Blieb noch die Vermännlichung des Gesichts. Da entschieden wir uns für einen schief in die Stirn gezogenen, weichen Humphrey-Bogart-Hut und obendrein für eine Sonnenbrille, die die verräterischen Augen verdecken und den Blick kaschieren sollte. Um den Mund grundlegend zu verändern, schlug mir Brecht vor, immer eine Zigarette zwischen den Lippen zu halten. Diese Zigarette durfte weder in die Finger genommen noch angezündet oder gar geraucht werden. Sie sollte als Markenzeichen dieses Mannes einfach nur im Mundwinkel kleben und sich synchron beim Sprechen mitbewegen. Dadurch erfüllte sie auch noch die Funktion, meine Stimme nasal zu entstellen und meine Sprechweise völlig zu verändern. Die Mundwinkel bekamen automatisch einen verachtlich herabgebogenen Zug, und der ganze Text konnte durch einen verschmierten Tonfall ungeheuer arrogant und teilweise stakkatiert befehlend gebracht werden.

Dazu ergab das Sitzen äußerst ausdrucksvolle männliche Haltungsmöglichkeiten: Ich konnte die Beine weit von mir strecken, lässig übereinanderschlagen oder den rechten Fuß auf den linken Oberschenkel legen. Ich konnte mich hinfläzen oder angespannt halten, mit den Füßen wippen oder aufstampfen – kurz: lauter normale und niemals chargierte Möglichkeiten.

Am kleinen Finger sollte ich einen großen Brillanten tragen, der durch Anhauchen, Polieren und blitzendes Vorzeigen ebenfalls glaubhaft überlegene Spielmomente abgeben konnte. So sprach alles dafür, daß diesmal die totale Verwandlung in einer Rolle ohne den bequemen Griff in die Chargenkiste gelingen würde.

Aber da sich das geplante Gastspiel schlußendlich doch nicht realisieren ließ, habe ich dieses Rollenkonzept leider auch nie verkörpern können. Doch vielleicht können Sie es ja einmal verwenden – voilà, es wäre mir eine Freude.

Damals begann Brecht die Fabel der Turandot für mich zu bearbeiten. Er erachtete es für leichter, Rollen direkt für seine Schauspieler zu schreiben, da er sich beim Entwurf bereits vorstellen konnte, wie sie in dieser oder jener Szene aufträten und sie haltungsmäßig meistern würden. Natürlich war ich Feuer und Flamme für seine Idee und wurde um so bitterlicher enttäuscht, als er mir die erste Stückvorlage zum Lesen gab. Ich fand seine Neufassung der Fabel völlig an den Haaren herbeigezogen, und das endlose Gerede und Gehabe von Tuis hinten und Tuis vorne zum Einschlafen langweilig. Brecht reagierte säuerlich auf mein Lamento und meinte verdrießlich, er wisse dies alles selber, aber es sei ja erst ein Entwurf, der noch gründlich überarbeitet werden müsse. Die Weigel, die diesem Diskurs zwischen Dichter und Schauspielerin beiwohnte, verdrehte die Augen entsetzt gen Himmel und zischte mir empört etwas von »sträflicher Undankbarkeit« zu – was mich hinwiederum ungerührt ließ. Unbeirrt hielt ich die Original-*Turandot* mit ihren Rätselfallen für unendlich viel wirkungsvoller als Brechts Weißwäscherei.

Ich war damals ein so glücksgewohntes Geschöpf, daß mich der unvermeidliche Erfolg schon etwas langweilte. Eine Situation, die zwangsläufig dazu führte, daß ich meiner Herrlichkeit narzißtisch verfiel und den Verlockungen des Manierismus erlag. Unter diesem Aspekt begann ich die Proben zur Eva Puntila in der Wiederaufnahme des Stückes.

Die Rolle dieser Eva ist – in meinen Augen – die einzige Frauenfigur, die Brecht mißglückt ist: Diese Eva ist nirgends greifbar, hat keinerlei Schlüsselsatz für einen Kernpunkt, ist nur ein Konglomerat aus unendlich vielen Einzelteilen, ohne – und darin liegt die Crux – daß sie einen auch nur *einmal* erahnen ließe, weshalb sie sich so gibt. Es ist dies die einzige weibliche Rolle Brechts, die nur vom Typ her glaubhaft gemacht werden kann. Sie ist ein bißchen Lulu, ein bißchen Fräulein Julie, ein bißchen Rose Bernd, ein bißchen *Jugend* – kurzum: ein Abriß von Mae West bis Kristina Söderbaum.

Als ich Brecht auf die Problematik dieser Figur ansprach, bequemte er sich zögernd, das mögliche Mißlungensein der Rolle zuzugeben, fügte aber gleich einschränkend hinzu, daß ich einfach zu intelligent sei, um diese Art Frauen überhaupt erfassen zu können. So blieb ich mit meiner Eva und meiner hinderlichen Intelligenz im Regen stehen.

Aus heutiger Sicht ist es mir klar, daß sich die Sprunghaftigkeit dieser unausgeglichenen Eva mittels einer »Biographie« hätte aufschlüsseln lassen: Ihre Mutter wird beispielsweise derart totgeschwiegen, daß man versucht ist anzunehmen, diese Tochter sei aus des Vaters Rippe geschnitzt. Zusammen mit ihrem Aufenthalt in einer Klosterschule hätte man biographisch die Plattform für eine Grundhaltung zimmern können. Aber diese Möglichkeit kannte ich damals noch nicht, und da Brecht auch kein eindeutiger Grundgestus zu dieser Figur einfiel, »rettete« ich mich in die Künstlichkeit des Manierismus.

Da Eva eine komische Rolle ist, paßte dieser Stil nicht nur dem Regisseur, sondern auch dem Dichter Brecht durchaus ins sozialkritische Konzept. So hatte ich freie Bahn, eine Form ohne Inhalt, eine Wirkung ohne Ursache zu spielen – Meisterartist einer rein intellektuell überspitzten Akrobatik zu sein.

Eine unerschöpfliche Hilfsquelle für dieses L'art-pour-l'art-Spiel boten mir die Requisiten. Die stumme Sprache dieser kleinen Objekte ermöglichte es mir, aus der Luft gegriffene, nicht erklärbare und nirgends erklärte Stimmungswechsel zu versinnbildlichen.

So spielte zum Beispiel mein großer Strohhut in einer Duoszene mit Matti die eigentliche Hauptrolle. Einmal setzte ich ihn bei einer verführerischen Situation kokett auf und preßte dann plötzlich seinen breiten, biegsamen Rand an meine Wangen, um so den jähen Umschwung zur Unschuld vom Lande konkret darstellen zu können. Und als ich ihn vors Gesicht hielt, und nur über seinen Rand hinwegblinkerte, ließ sich Eva ohne weitere Erklärung in eine geheimnisvolle Haremsdame verwandeln. Unschlüssigkeit stellte ich her, indem ich den großen Hut am schwarzen Samtband träge hin und her schaukelte, und unerwartete Lüsternheit konnte trefflich vorgeführt werden, indem ich den Rand genüßlich durch meine Fingerspitzen rundgleiten ließ. Ich konnte den Hut biegen, schnellen, schwenken und wedeln, er beugte sich gehorsam jeder nur möglichen Form des Ausdrucks und illustrierte den Zuschauern die ganzen inneren Umschwünge, ohne daß sie den Griff in die Trickkiste merkten.

So hangelte ich mich genießerisch von Requisit zu Requisit. Eine überlange Zigarettenspitze ermöglichte mir das endlose Handspiel einer Dame von Welt. Ich vermochte sie mit der hohlen Hand und abgespreiztem Kleinfinger gefährlich gegen mich zu drehen, ich konnte überlegen an der Spitze suckeln oder kokett mit entblößten Zähnchen daran herumraspeln. Ich versuchte elegant, Ringe zu blubbern und infantil hinterherzuhüsteln. Als Nonplusultra erschienen mir die Rundgesten meiner Hand, wenn ich mit dem Zigarettenrauch Eino, den Vornamen des Attachés, wie ein Reklameflieger in die Luft schrieb; eine Kondensschrift, die natürlich von keinem der Zuschauer dechiffriert werden konnte, von Brecht aber mit großem Gelächter quittiert wurde. So überzuckerte ich diese Rolle derart, daß die Schwäche der Figur völlig vertuscht wurde.

Genau da lag dann auch der Hase im Pfeffer. Ich fühlte mich nach dieser Arbeit ungut und leer. Ich verspürte die lästige Beengung der manieristischen Sackgasse, und so ausgiebig ich auch diese intellektuelle Geschicklichkeitsnummer genossen hatte, stellte sich nach diesem Rausch doch sehr bald der Morgenkater ein. Nüchtern betrachtet war dieser Erfolg letztlich doch nur einer getragenen Tarnkappe zu verdanken.

Ich wollte wieder davon weg, und meine nächste Rolle, die der Eve in Kleists *Zerbrochenem Krug*, schien mir gerade zu diesem Zweck außerordentlich geeignet.

Die Regie dieses Lustspiels lag in den Händen der unvergeßlichen und in ihrer Art einmaligen Therese Giehse. Sie kam gerade aus Salzburg, wo sie in diesem Stück als Marthe Rull einen beispiellosen Triumph gefeiert hatte, und stand noch völlig unter dem Eindruck jener Aufführung. Meine Rolle war dort von einer erprobten jungen Heroine gespielt worden, die von kräftiger Statur war und über eine voll- und wohltönende Stimme verfügte. Weil diese Darstellung in den Augen der Giehse der Rolle voll und ganz Rechnung trug, wollte sie auch mit mir die Eve so anlegen. Natürlich waren meine Aussichten, es jener Kollegin vom Burgtheater – optische und akustische Antipodin – gleichzutun, mehr als gering. Und da die Aufführung mein erster Klassiker im Ensemble war, wußte ich auch keinerlei eigene Erfahrung einzubringen.

Die von mir so sehr verehrte Giehse reagierte auf mein hilfloses Bemühen zunächst erstaunt, dann ungeduldig und zuletzt verstimmt. Sie verstand überhaupt nicht, weshalb ich mit dem mitgebrachten, bewährten Muster dieser Rolle so gar nichts anfangen konnte. Aber genau diese fremde Vorlage war der Grund, weshalb ich zu keiner eigenständigen Haltung finden konnte, und so weinte ich mich als Eve schließlich nur noch durch die Rolle, in der vergeblichen Hoffnung, daß diese echte Gefühlsäußerung vielleicht als künstlerische Leistung gewertet werden würde – was natürlich nicht der Fall war.

An einem Samstag kam Brecht auf die Probe, und am Sonntagmorgen mußte ich auch schon mit dem Textbuch bei ihm antreten. Nach der aufmunternden Einleitung, ich sei bei weitem schlechter als eine Schauspielschülerin, griff er den ersten Satz der Rolle auf und begann, mit mir zu arbeiten.

Der erste Text der Eve lautet:

»Ruprecht! Liebster Ruprecht! Ich beschwöre dich.«

Ich hatte diese Zeile – ungeachtet der zweimaligen Unterbrechung durch den Angesprochenen – in demselben flehentlichen Gefühlston durchgezogen. Brecht ließ mich nun das erste »Ruprecht!« ganz verstohlen in drängendem Flüstern und auf das Ausrufezeichen hin abschließend sprechen. Danach trennte er die folgende Anrede »Liebster Ruprecht!« in zwei verschiedene Phasen, Kleists Nicht-Interpunktion völlig außer acht lassend.

Er schlug vor, dem Mädchen das kühne Wort »Liebster« ganz allein für sich, als ein zärtliches, verschämt eingestandenes Bekenntnis entschlüpfen zu lassen, und dann den Namen »Ruprecht«, wiederum alleinstehend, ganz knapp und gehetzt – um der wiederholten Aufforderung noch mehr Nachdruck zu verleihen – hinterherzusetzen.

Die großen Worte »Ich beschwöre dich.« wollte er überraschenderweise sachlich, als nüchternen Appell an die Vernunft gebracht haben, um ihnen durch die Handfestigkeit jeglichen Anflug von theatralischem Pathos zu nehmen. Auch die nächste Zeile: »Laß mich ein einz'ges Wort dir heimlich –« sollte weder bittend noch flehentlich, sondern trotz aller Unterdrücktheit im handfesten Ton der Selbstsicherheit geäußert werden.

Im folgenden Abschnitt nahm mir Brecht jede gefühlsbetonte, larmoyant klingende Färbung weg. »Du gehst zum Regimente jetzt«,
sollte als eine Feststellung für sich stehen, und das »o Ruprecht« hatte
ich dann trotzig dazuzusetzen.

»Wer weiß, wenn du erst die Muskete trägst, ob ich dich je im Leben
wiedersehe«, wurde ohne Kommata durchgezogen, und auch in
jenem unsentimentalen, eindringlich vernünftigen Ton gebracht, mit
dem man versucht, einen bockigen Uneinsichtigen zur Räson zu
bringen.

In der nächsten Zeile hingegen wurde die Interpunktion geradezu
überbewertet. »Krieg ist's« wurde nicht auf Komma, sondern auf
Ausrufezeichen gesprochen. Das »bedenke« wurde mit einem zweiten Ausrufezeichen hinterhergeschickt und dann das zweite »Krieg«
noch daraufgesetzt, um erst – quasi nach einer antwortheischenden
Pause – mit dem unwichtigeren Zusatz »in den du ziehst« den Satz
abzuschließen.

Den Doppelpunkt ließ Brecht fallen, die Frage: »Willst du mit
solchem Grolle von mir scheiden?« für sich allein stehen, und im
Tonfall nach unten enden – etwa im Sinne von »Das kann doch
einfach nicht möglich sein zwischen uns«.

Auf diese Weise knackte der Meister sorgfältig Satz für Satz; immer
darauf bedacht, die Jamben vom leeren Wohlklang ihrer Kunstform
zu befreien und dadurch ihren dramaturgischen Kern freizulegen. Er
hob rigoros diese gehobene deutsche Sprache, die mich von Anbeginn
der Proben durch ihre gewaltige Ausdruckskraft überwältigt, betört
und in ihrer rhythmischen Schönheit zu Melodik und aufgesetzter
Dramatik verführt hatte, vom stilistisch überhöhten Sockel herab. Er
übersetzte den Text für mich in eine sachlich und nüchtern zu
sprechende Form. Und die Zerstörung meines falsch verstandenen
Pathos schadete Kleist nicht – im Gegenteil: Das Sprachgefüge dieses
großen Klassikers öffnete sich widerstandslos.

So war meine Eve zwar keine Heroine mehr, aber sie stand in sich
bombenfest auf dem Boden eines ganz und gar unpathetischen Theaters. Natürlich blieb Brechts massives Eingreifen nicht nur auf meine
Rolle beschränkt; er übernahm die Proben und modernisierte Kleist
Schritt für Schritt, ohne daß auch nur eine einzige Textstelle oder gar
Zeit und Ort der Handlung verändert worden wären.

Brecht brachte zum Beispiel den bis dato immer sehr vornehm

erscheinenden Gerichtsrat Walter dazu, auf das Gehabe eines großen Herrn völlig zu verzichten. Er ließ ihn schlecht gelaunt und unwirsch auftreten, übermüdet und von Schmerzen geplagt. Derart von jeglicher Noblesse befreit, war man nicht einmal ganz sicher, ob er nun wirklich die ihm nachgesagte Redlichkeit selber sei. So wurde aus dieser Rolle, die oft einen schweren Stand neben dem facettenreichen Adam hat, eine vielschichtige, überaus moderne Justizfigur.

Auch den Auftritt der beiden feindlichen Parteien sah Brecht aus völlig eigener Sicht. Bei der Giehse sollten Ruprecht und Vater Tümpel ursprünglich schon auf der Zeugenbank sitzen, so daß die Marthe Rull beim Eintreten gleich laut schimpfend mit ihrem Text: »Ihr krugzertrümmerndes Gesindel, ihr!« die beiden anherrschen konnte.

Anders bei Brecht. Er ließ uns alle vier in verbissenem Schweigen zusammen auftreten und zorngeladen und stumm voneinander weggedreht hinsetzen. Nach einer langen Pause des Sich-Bezwingens sollte es Marthe Rull, vor unterdrückter, grimmiger Ungeduld hin und her rutschend, nicht mehr aushalten und – sich respektvoll in der Gerichtsstube beherrschend – geduckt und zischend ihre Anwürfe durch die knirschenden Zähne herauspressen.

Brecht wollte das ganze anfängliche Gekeif in kriecherischer Angst vor der Obrigkeit, aber untereinander um so intensiver und giftiger gefaucht haben – um die eingebleute Unterwürfigkeit vor einer (korrupten) Justiz aufzuzeigen. Diese gesellschaftskritische Interpretation macht rückblickend klar, daß Brechts *Zerbrochener Krug* 1952 die erste moderne Klassikeraufführung war. Dabei ließ er das Stück nicht anders spielen als es geschrieben war: nämlich kritisch.

Der Erfolg meiner Eve bescherte mir damals einen geradezu existentiellen Konflikt. Dadurch, daß Brecht an jenem Arbeitssonntag nicht ein einziges Wörtchen meiner wochenlang fleißig und verzweifelt einstudierten Textzeilen unbeanstandet akzeptiert hatte, wurde mir zum ersten Mal erschreckend bewußt, wie völlig abhängig ich von Brecht als Regisseur war – und wie groß mein schauspielerisches Unvermögen trotz all der eingeheimsten Lorbeeren immer noch sein mußte. Ich sah ein, daß ich diesen Ruhm nur einer Außenseiterposition in einem zwar goldenen, aber doch gefährlich engen Käfig zu verdanken hatte. Aufgrund dieser verzweifelnden Erkenntnis faßte ich den trotzigen Entschluß, mir um jeden Preis zu beweisen, daß ich

allein doch auch noch zu etwas fähig sei. Und weil es in unserem
Ensemble keine Wertminderung war – ja, im Gegenteil, zum guten
Ton gehörte –, auch kleine Rollen zu spielen, bat ich, im *Urfaust* die
Rolle des Lieschen übernehmen zu dürfen.

Natürlich lernte ich durch diese Arbeit in erster Linie, wieviel man
aus Fehlern profitieren kann, und wie der wurmende Ärger einer
Niederlage die Verbesserungsideen nur so sprießen läßt. Das Wissen
um die Gründe meines Zürcher Versagens in der Rolle – die Ängste,
die Unsicherheit und der daraus folgernde kampflose Verzicht auf
eine Gestaltung – nützte mir nun, diese Rolle um 180 Grad zu drehen.
Im Gegensatz zum ersten Mal erkannte ich, daß das Lieschen diese
Szene führen muß, da sie dramaturgisch die treibende Kraft darstellt,
während das Gretchen in diesem Moment nur den passiven, den
geschehenlassenden Part verkörpern kann. So wurde mir klar, daß die
Gewichtsverteilung zweier Rollen in einem so kurzen und wichtigen
Bild von Beginn an ganz eindeutig herauskristallisiert werden muß.

In der Zürcher Aufführung stand das Gretchen bereits in sich
versunken am Brunnen, als ich dazuzukommen hatte. Diese Aus-
gangsposition war für meinen Start der Szene entschieden ungünstig:
Sich mit einem Eimer in der Hand dem Brunnen zu nähern, dort ein
in sich gekehrtes Gretchen vorzufinden und sie aus dem Stand mit
einer zentral wichtigen Frage zu bombardieren, ist nicht einfach.
Wenn ich damals keuchend vor überbordendem Mitteilungsdrang
aus der Kulisse auf das träumende Gretchen losgestürzt wäre, hätte
meine Grundhaltung vom Vorhangaufgehen an gestimmt. Ja – wenn,
wäre, hätte.

Durch diesen falsch gespielten Anfang gewitzt, drehte ich in Berlin
den Beginn der Szene kurzerhand um: ich stand allein mit meinen
Eimern am Brunnen, spähte ungeduldig rechts und links in die
Kulissengassen nach Gesellschaft und winkte, als die Freundin endlich nahte, diese heftig mit der Hand zu mir. Kaum war das Gretchen
auf der Bühne sichtbar, prasselte ich auch schon mit meiner Frage, ob
sie nichts von Bärbelchen gehört habe, auf sie los. So war die
Überrumpelung des armen, sich scheu zum Brunnen schleichenden
Gretchens voll geglückt.

Aber trotz aller Lust an meiner nun folgenden Suada paßte ich
höllisch auf, diesmal die Szene nicht zu verhetzen. In Zürich war ja
mein Tempo nicht Ausdruck einer gestalteten künstlerischen Intensi-

tät gewesen, sondern hatte nur aus dem dringenden Wunsch bestanden, so schnell wie möglich dem Gesichtskreis des jähzornigen Regisseurs zu entfliehen.

In Berlin nahm ich mir nun genüßlich die Zeit, dem Gretchen langsam und wollüstig Horrormeldung auf Horrormeldung unterzujubeln, mich dabei in meiner Moral zu sonnen und an der Schlechtigkeit der anderen zu ergötzen. Nachdem ich den letzten Giftpfeil (»Ein flinker Jung hat anderwärts noch Luft genung«) elegant in Gretchens grämliches Gemüt abgeschossen hatte, ging ich höchstbefriedigt weg und zauberte mir noch auf die Schnelle einen falschen Abgang aus der Luft. Ich blieb im Weggehen überlegend stehen, drehte mich halb um und nickte dem Gretchen freundlich-maliziös über die Schulter die Schlußpointe zu: »Er ist auch fort.« Dann ging ich weiter, aber nur, um auf ihre bedauernde Äußerung: »Das ist nicht schön!« wie von der Tarantel gestochen noch einmal umzukehren und mit den vernichtenden Abschlußsätzen Gift und Galle spuckend auf sie loszufahren.

Doch selbst dieses von Goethe so glänzend abgerundete Rollenende genügte mir noch nicht. Ich erkühnte mich, die Szene um einen gar nicht geschriebenen Schluß zu bereichern.

So ging ich nach dem triumphierenden »Das Kränzel reißen die Buben ihr, und Häckerling streuen wir vor die Tür!« dem Bühnenhintergrund langsam entgegen und hielt plötzlich inne, so, als ob ich eine andere Freundin in der Ferne erspäht hätte. Spornstreichs eilte ich auf diese niemandem sichtbare Person zu, um auch ihr begierig meine anfängliche Frage zuzurufen: »Hast nichts von Bärbelchen gehört?« Erst dann verließ ich endgültig die Szene.

Durch diesen Trick konnte ich die beängstigend grausame Geschwindigkeit versinnbildlichen, mit der sich Gerüchte in einer Kleinstadt ausbreiten.

Für mein Lieschen benötigte ich nicht mehr und nicht weniger als vier Proben. Aber leider verdarb ich mir die Genugtuung über diesen eigenständigen Erfolg wieder, indem ich parallel dazu meine einzig mißlungene Arbeit im Berliner Ensemble ablieferte: die Manuela in Brechts *Die Gewehre der Frau Carrar*.

Dabei sind die Grundcharakterzüge dieser beiden Mädchengestalten gar nicht so unterschiedlich. Wenn sie auch aus verschiedenen Jahrhunderten stammen, und ihre Anliegen völlig voneinander abweichen, so besitzen sie doch beide Verstand, Selbstbewußtsein und

Ironie. Sie wissen, was sie wollen, und nehmen kein Blatt vor den Mund. Trotz dieser charakterlichen Ähnlichkeiten gelang mir Goethes Geschöpf samt seiner gehobenen klassischen Sprache mit der linken Hand, während Brechts junge Spanienkämpferin mit ihrer nüchternen, so viel leichter vorzubringenden Alltagssprache mir völlig danebengeriet. Dabei hätte ich doch die Haltung der einen ohne weiteres aus der Haltung der anderen übernehmen können. Unverständlicherweise lag mein erster Fehler bereits in der Art meines Auftritts.

Die Szene läuft so: Das Mädchen Manuela – Gegnerin General Francos im spanischen Bürgerkrieg 1936 – kommt zur Carrar, um sie zur Rede zu stellen, warum sie ihren Sohn Juan, Manuelas Freund, nicht an die Front lasse, und verläßt nach der beharrlichen Weigerung der Carrar mit einem verächtlichen Abschiedsgruß das Zimmer.

Nun steht und fällt eine solche Situation – wenn ein neuer Mitspieler mit einem völlig neuen Anliegen in eine bereits etablierte Spielszene hereinplatzt – immer mit der Art und Weise des Auftretens. Wenn man bedenkt, wie schwer es schon für einen Menschen im Alltag ist, einen bevölkerten Raum zu betreten und sich freistehend zu präsentieren, dann wird einem schreckhaft klar, wie pulsstockend diese Situation erst auf einer Bühne sein muß. Erinnern wir uns – privat – an die Vor-Hölle eines alleinigen Erscheinens auf einem Empfang: Man erdurstet das erste Glas in der Hand, erhungert selbst das feuchteste Sandwich, als Dame klappt man sinnlos lächelnd die Handtasche auf und zu, als Herr ruckt man schief verzogenen Gesichts am festgezurrten Krawattenknoten – kurz, jeder setzt alles in Bewegung, nur um »untertauchen« zu können. Man will dazugehören und nicht länger als Neuling angestarrt werden.

Nicht anders ist die Situation auf der Bühne: Egal, ob man einen kahlen Raum oder eine Dekoration betritt, man wird sich auf der ersten Probe immer wieder entsetzt der Leere um sich herum bewußt. Um das aufkommende Kältegefühl zu besiegen, muß man sich erstens mit Ruhe und Selbstsicherheit vollpumpen und sich zweitens sofort nach einem Bezugspunkt umsehen (gleich dem Gesprächspartner oder dem Champagnerglas im normalen Leben), der einem Halt gibt. Das oberste Gesetz, sich einen solchen Halt zu schaffen, heißt: sich Zeit lassen. Die größte Gefahrenquelle bei einem solchen Auftritt lauert nämlich in der Verkalkulierung des Tempos.

Und genau da lag auch der Grund meines damaligen Versagens. Hätte ich mir beim Hereinplatzen ins Zimmer der Carrar die Zeit genommen, eine Beziehung herzustellen – entweder zu einer Person oder zu einem Gegenstand –, ich hätte fraglos zu einer überzeugten und überzeugenden Grundhaltung, dem Fundament jeder Szene, gefunden. Weil ich aber die Dekorationstür aufriß und überlegungslos zwei Schritte ins Zimmer stürzte, blieb ich prompt in der gähnenden Leere zwischen Tür und Tisch hängen. Um diese absolute Beziehungslosigkeit zu überbrücken, ratterte ich aus dem Stand meine ersten drei Worte heraus: »Wo ist Juan?« Dabei hatte ich in meiner Hatz die Carrar kaum wahrgenommen.

Nach diesem Kamikaze-Anfang schoß ich verbissen und hilflos einen Satz nach dem anderen ab, und blieb dabei so stocksteif stehen, als befände ich mich mutterseelenallein im Raum. Dabei hätte ich ja einen Bezugspunkt gehabt: die Carrar. Gerade der Anblick dieser sich förmlich in ihre Flickarbeit am Netz verkriechenden Frau hätte mir jede Möglichkeit bieten müssen, die Szene zu gliedern, und meine Angriffe taktisch zu variieren. Ich hätte – nach überzeugenden Worten suchend – hin und her gehen, eventuell sogar einen Stuhl nehmen und niedersitzen, mich am Tisch festhalten oder auf die Platte schlagen können. Das Anspielen gegen eine stumme Wand bietet unzählige Möglichkeiten.

Da ich aber gegen die ohnehin knappe Zeit, die mir auf der Bühne zugeteilt war, auch noch Amok lief, hatte ich von Anbeginn meine Überlegenheit in der Situation vergeben und war nicht mehr in der Lage, die Szene zu führen.

Warum mir die Sicherheit fehlte, diese kurze, aber konzentrierte Szene zu bewältigen, ist mir nie klargeworden. Es kann natürlich daran gelegen haben, daß mir die politische Aussage jener Manuela fremd und kein persönliches Herzensanliegen war, und daß Brecht mir diese Rolle nur zugeteilt hatte, um statt des abgeleierten Agitprop-Tons eine neue, vielleicht interessantere Darstellung zu bekommen. Jedenfalls griff er nicht ein, und ich rutschte kritiklos durch sein sonst so strenges Raster. Ich fühlte mich trotzdem nicht wohl in meiner Haut. Instinktiv wurde mir klar, daß das so erfolgversprechende Lieschen wohl nur ein verbessertes Remake gewesen war, und daß ich mir mit dieser Manuela meine beängstigende Unselbständigkeit nur einmal mehr bewiesen hatte.

So entschloß ich mich, das Ensemble zu verlassen.

Es gab deswegen eine knallharte Auseinandersetzung mit Brecht, in der er mich ohne Punkt und Komma heftigst, knapp und präzise zusammenschrie.

Ich habe viele Brüller am Theater erlebt, aber kein einziger hätte einem Brechtschen Wutausbruch das Wasser reichen können. Er schrie wie auf einem Kasernenhof: Ich hätte keine Ahnung vom Theaterspielen, sei vollständig unfähig, auf eigenen Füßen zu stehen, und würde an jedem anderen Theater todsicher einen selbstmörderischen Schiffbruch erleiden. Ich könne überhaupt nur dann Anerkennung finden, wenn alles und jedes um mich herum akkurat auf mich zugeschnitten würde; wenn der ganze Rahmen nur dazu da wäre, mich nach oben zu hieven, kurz: nur in seinem Haus.

Ich bin sicher, daß er sich in seiner Wut nicht bewußt war, welch alttestamentarischen Fluch er damit über mich verhängte. Auch mir sollte die Tragweite dieser suggestiven Weissagung erst viel später aufgehen. Nein, ihm ging es einfach darum, sein Ensemble zusammenzuhalten – der verständliche Wunsch eines jeden Theaterleiters, zu dessen Erfüllung Rücksichtnahme und Zimperlichkeit nur hinderlich sind.

Und so erreichte er mit seinem Zornausbruch auch genau sein Ziel: Ich duckte mich, glaubte seinen Worten, blieb dem Hause treu, und er bearbeitete Farquhars *Werbeoffizier* für mich.

Niemals und nirgends haben dieses Stück und diese Rolle noch einmal einen Höhenflug wie bei uns erreicht. Genau besehen war das Farquharsche Werk kein gelungener Wurf, und auch die zeitliche Verlegung des Stücks durch Brechts Bearbeitung in *Pauken und Trompeten* konnte daran nichts ändern.

Der Triumph unserer Aufführung und meiner Rolle lag allein an dem berühmten »Rahmen«. Wir spielten zum ersten Mal Burleske im Commedia-dell'arte-Stil, und so wurde ich mit dieser Spielweise von Grund auf vertraut gemacht.

Dieser Stil gehört zum Schwierigsten in unserem Beruf, denn es genügt nicht, die verschiedenen Stationen einer Rolle nur fein säuberlich voneinander zu trennen. Man muß vielmehr danach – im Unterschied zu allen anderen Stilarten – das endgültige Zusammensetzen des Was, Wann, Warum und Wie so vornehmen, daß der Zuschauer

in der Darstellung die Schnittstellen des vorhergegangenen Aufdek-
kens, die Nahtstellen des wieder Aneinanderkittens genau erkennen
kann. Ja, er muß im Spiel sogar extra darauf aufmerksam gemacht
werden. Auf dieser überraschenden Offenbarung des darstellerischen Handwerks beruht die Faszination dieses Stils; deshalb erfordert sie in der Erarbeitung akribische Präzision.

So nahmen auch wir die Viktoria erst einmal klitzeklein auseinander.
Viktoria ist eine der üblichen Hosenrollen jener Zeit: Mädchen aus
gutem Hause verkleidet sich als Junge, um in der Nähe des geliebten
Mannes weilen zu können, und gerät durch ihre Verkleidung in die
kritischsten Situationen. Sie tritt erst als Squire, also als Landedelmann auf, läßt sich dann als Fähnrich anwerben, um mit ihrem
angebeteten Captain in den Krieg ziehen zu können.

Zunächst sahen wir die Rolle nur zwiegestaltig, hier Mädchen und
dort Mädchen als Junge. Um nun dem Stil der Burleske gerecht zu
werden, mußte jedes dieser beiden Geschöpfe noch einmal geteilt
werden. Einmal in die Verkörperung der männlichen oder der weiblichen Gestalt, und einmal in deren A-parts.

So waren aus Viktoria Balance vier Gestalten geworden: Viktoria und
ihre kommentierende Darstellerin und der Squire, respektive der
Fähnrich Wilful und dessen Schauspielerin. So präsentierte ich mich
zum Beispiel als Mädchen Viktoria meinem Vater als lammfrommes
Töchterchen, klärte aber mimisch, dicht neben ihm stehend, die
Zuschauer frontal und schauspielerisch völlig ungeniert über meine
wahren Gefühle auf. Als Landedelmann wiederum hörte ich einmal
den Frauengeschichten meines heimlich Geliebten scheinbar wohlge-
fällig zu, während ich nebenher frontal zu den Zuschauern meine
Wut über seine Amouren deutlich zum Ausdruck brachte.

Was die männliche Verkörperung Viktorias anging, gab Brecht mir
die Regieanweisung, so forsch wie nur möglich aufzutreten und recht
tüchtig Grimassen zu schneiden. Das sei das hauptsächlichste Merk-
mal des Geschlechtsunterschiedes, denn eine Frau befürchte immer,
durch mimische Verrenkungen ihrer Schönheit zu schaden.

Mit dem mimischen Ratschlag kam ich unter Zuhilfenahme eines
kunstvoll angeklebten Schnurrbartes kühn zurecht, aber die verlangte
forsche Haltung wollte mir zuerst überhaupt nicht gelingen. Irrtüm-
licherweise hatte man mir für die Proben aus dem Opernfundus die
weißseidene Pumphose eines abgesungenen Cherubin herüberge-

schickt. Es vergingen aber nur Tage, bis mir ein maßgeschneidertes Probenkostüm samt Jabot, Weste, Dreispitz und extra für mich geschusterten Stulpenstiefeln geliefert wurde.

So perfekt ausgestattet wurde mein Training gestartet. Es begann im Februar 1955 und endete im September.

Die Entwicklung dorthin war jedoch alles andere als kontinuierlich. Nach vier Monaten kam es zu einem totalen Einbruch und einem völligen Neubeginn. Den Anlaß dazu gab mein unterdessen in Farbe und Stoff endgültig fertiggestelltes Kostüm als junger Landedelmann, das ich Brecht zur Begutachtung vorführen sollte. Siegesbewußt betrat ich die Szene, denn ich war von Kopf bis Fuß in blendendes Weiß gewandet, mit Gold verbrämt, und sah dem Wagnerschen Schwanenritter täuschend ähnlich.

Mein Erscheinen bewirkte eine absolute Totenstille. Plötzlich war Brechts Stimme deutlich zu vernehmen, die heiser geschockt sagte: »Aber das ist ja ganz unmöglich, sie sieht ja aus wie der, na wie heißt der denn, der mit der Rose.«

Ich wußte: Stolzing versungen, Octavian ade – jeglicher Protest wäre sinnlos gewesen. Und so tobte ich meine gekränkte Eitelkeit erst einmal in meiner Garderobe aus.

Dabei war Brechts Einwand gegen mein Kostüm ebenso einleuchtend wie naheliegend – basierte er doch auf der logischen Frage, woher ein junges Mädchen im Handumdrehen ein Männerkostüm auftreiben sollte, das ihr wie angegossen saß. Um diesem Problem Abhilfe zu schaffen, erfand Brecht kurzerhand einen im Stück gar nicht vorkommenden größeren Bruder, aus dessen Kleiderschrank Viktoria sich bedienen konnte, und dessen Anzüge ihr natürlich hinten und vorne nicht paßten. So wurde nach monatelangen Proben ein völlig neues Kostüm für mich entworfen, und der schmucke »Prinz Karneval« verschwand samt und sonders in der Versenkung. Ich wurde in mächtige schwarze Filzpumphosen gesteckt und bekam einen zu langen und zu weiten Rock umgehängt. An meinen Füßen schnabelten ellenlange Schnallenschuhe, und meine dunkelblonden, straff zurückgekämmten Haare wurden nicht mehr unter einer weißen Rokokoperücke verborgen, sondern in einen schlichten Beutel gezwängt und mit einem breitrandigen schwarzen Filzhut bedeckt.

In der neuen Verkleidung war mir vom ersten Moment an klar, daß die in dem knapp anliegenden, eleganten Kostüm bis dato ausgeübte Haltung überlegener Männlichkeit jetzt nicht mehr stimmte. Trotz

meines Mißmutes mußte ich sehr bald einsehen, daß mir Brecht damit
die Möglichkeit gegeben hatte, die Rolle in sich noch einmal mehr zu
teilen – also zu versechsfachen.

Hatte ich vorher für den Squire und den Fähnrich dieselbe forsche
Haltung verwandt, da beide Kostüme, sowohl der weiße Anzug des
zivilen Herrchens als auch die rote Uniform des Soldaten maßgerecht
saßen, so mußte ich nun die Haltung des weiblichen Squire radikal
ändern. Durch den lästigen Kampf mit der zusammengewürfelten
Vermummung (Quelle unzähliger burlesker Situationen) hatte ich die
Gelegenheit, mich einerseits als das Mädchen zu präsentieren, das
ständig in die selbstgestellten Fallen der Männlichkeit stolpert, und
durfte andererseits noch die Doppelgesichtigkeit des Stils ausnützen,
indem ich mich als Darstellerin der männlichen Viktoria teils hilfesu-
chend, teils verständnisheischend an die Zuschauer wandte. So
waren mir auch in der Gestalt des Landedelmannes zwei verschiedene
Hälften gegönnt; was diesem Squire gründlich mißlang, das perfekte
Gehabe eines Weltmannes nämlich, das konnte dann dem Fähnrich
dank der schmucken Uniform nur zu leicht gelingen. Da trat ich
spielend mit der Selbstsicherheit eines draufgängerischen Schwere-
nöters auf und machte gleichzeitig die Zuschauer triumphierend auf
das trefflich männliche Geprotze aufmerksam.

Als Clou dieser Rollendreiheit wurde mir ein Lied geschrieben, das
ich kunst- und gefühlvoll in der mädchenhaften Haltung der Viktoria
vor dem Vorhang sang, dabei aber in dem grotesken brüderlichen
Anzug steckte. Dazu hatte ich mir die Soldatenuniform auf den
rechten Arm getürmt, umklammerte die hohen schwarzen Stulpen-
stiefel mit der linken und den unförmigen Degen mit der rechten
Hand, und durfte es mir natürlich überdies nicht versagen, auch noch
als Darstellerin meinem Publikum einverständlich zuzunicken. So
gelang das Lied zu einer perfekten, vierfachen Teilung der Rolle.
Nach sieben Monaten Proben in einem solchen Umfeld war die
Leistung natürlich nicht zu übertreffen – wie Brecht es mir vorausge-
sagt hatte.

Es war meine vorletzte Arbeit mit dem Meister, die letzte, die
Virginia im *Leben des Galilei*, blieb durch seinen Tod unvollendet.
Zu Beginn jener Proben stellte Brecht mir die Frage, ob ich in der
Figur jener Tochter eines Genies irgendein Mädchen oder speziell

diese Virginia spielen wolle. Ich antwortete, daß ich vorhabe, diese Virginia speziell zu spielen; geformt aus meinen eigenen Erfahrungen und Beobachtungen und zur abschreckenden Warnung für irgendwelche Töchter irgendwelcher genialer Väter. Worauf Brecht kurz hüstelnd lachen mußte. Das war für ihn die durchaus akzeptable Antwort seiner Schülerin.

Die Rolle dieser Virginia erschließt sich einer Schauspielerin nicht leicht. Der Dichter hat ihrem weit gespannten Entwicklungsbogen vom jungen Mädchen bis zur verbitterten Alten einen scheinbar nur skizzenhaft entworfenen Lebensraum zubemessen. Der enorme Aufstieg und Fall in ihrer charakterlichen Entwicklung kann also nur aus dem Anblick ihrer Person ermessen werden. Was lag da näher, als eine Orientierung an der stummen Körpersprache von Gemälden. Ich kopierte für Virginias Jungmädchenszenen durchgehend die leicht geneigte Kopfhaltung, den meist schräg verhangenen Blick und das züchtige Lächeln der Madonnen der alten Meister.

So wurde mir Meister von Moulins »Heilige Magdalena« Vorbild für die nächtliche Szene mit dem Vater, in der ich (anstelle von Magdalenas Porzellandose) ein Windlicht hielt. Die Madonna in der »Verkündigung« von Rogier van der Weyden lehrte mich, wie ich, aus dem Ballsaal rauschend, trotz faltenreichster Kleidung in schönster Demut vor dem Kardinalinquisitor in die Knie sinken konnte. Und die Meisterschaft meiner sanft gleitend ausgeführten Ohnmacht als bereits hochzeitlich gewandete und unvermutet verlassene Braut, beruhte auf nichts anderem als auf der genauen Nachahmung des Schwächeanfalls Mariens auf Hans Memlings »Verkündigung«. Ihre Stellung verriet mir durch die aus dem Stand nach links sacht einknickenden Knie, wie man sich ganz langsam und in vollendeter Schönheit fallen lassen kann. Für das inbrünstige Gebet während des von Virginia so sehr ersehnten väterlichen Widerrufes stand El Grecos flammende »Ausgießung des Heiligen Geistes« Pate. Für die Schlußszene der in der Religion erstarrten, den Vater bespitzelnden und ums Leben betrogenen alten Virginia durchforschte ich den Ingrimm, die Gier und die Bosheit der Gesichter Breughels und sogar Boschs.

Der Tod Brechts schnitt mitten durch diese Arbeit.

Erich Engel setzte dann die Probenarbeit fort, und es gelang ihm, alle angedeuteten Ansätze in Vollendung auszuführen. Die ganze versinnbildliche Entwicklung Virginias blieb unangetastet, nur für die Haltung des Schlußbildes wechselte ich den Maler. Die Modelle von Breughel und Bosch waren Engel durch ihre ungeschlachte Härte zu überspitzt (was für Brecht äußerst verlockend gewesen wäre), und so entschied ich mich für Giottos Erscheinung Christi »Noli me tangere«, eine in Gestik und Gesichtsausdruck jeglichem gefühlten Leid schon entrückte Gestalt.

Ich legte die Bitterkeit des innerlichen Abgestorbenseins allein in die abweisende Kälte einer harten klanglosen Stimme. Dadurch geriet diese Schlußszene viel menschlicher als zuvor und konnte sogar Verständnis für dieses Frauenschicksal wecken – ja, sie erlaubte mir die unerhört kühne Möglichkeit, den Bogen zum jungen Mädchen zurückzuschlagen, indem ich nach Andrea Sartis Abgang, übermannt von der Erinnerung an die Zeiten einer heiteren Jugend, mein Gesicht kurz und schmerzverzerrt in den Händen verbarg. Diese Geste einer unterdrückten Verzweiflung war auch der Ausdruck meiner eigenen Situation. Mit dieser Rolle war eine lange Epoche meines Lebens zu Ende.

Ich ging auf die Suche nach einem neuen Meister, aber keiner wollte mich haben. Das Erbe meiner Brechtschen Vergangenheit wog schwer. Alle angesprochenen Intendanten befürchteten, daß ein Versagen meinerseits ihnen angelastet werden könnte.

Ein einziger überwand seine Angst vor einer eventuellen Blamage, Dr. Hans Schüler, der Intendant des Nationaltheaters Mannheim. Er ließ mich als Cleopatra in George Bernard Shaws *Cäsar und Cleopatra* debütieren.

Die Probenzeit war für meine Begriffe überknapp – nur vier Wochen. Aber da wir morgens wie abends arbeiteten, und ich nachmittags in der Dekoration auf der Probebühne die Hausaufgaben bewältigen durfte, schaffte ich es gerade, das gewohnt flotte Tempo der anderen mitzuhalten. Friedrich Siems, der Regisseur, war altgedient und hatte genug Erfahrung, um sofort zu erkennen, was ich nicht konnte: nämlich die Cleopatra als das von allen gewünschte, geliebt-beliebte Katzenkind spielen. Doch er war handwerklich immer noch so neugierig, daß er sich amüsiert dafür interessierte, wie ich dieses Ding drehen würde.

Die jahrelang genossene Milch der kritischen Denkart nährte meine

Cleopatra prächtig. Ich gestaltete sie genüßlich zu einem unsympathischen Biest voll perverser Phantasie und war absolut überzeugt, durch diese, natürlich alles andere als entzückende Darstellung, dem Text und seinem Dichter voll und ganz gerecht zu werden. Regisseur und Intendant fanden meine Kreation außergewöhnlich originell. Presse und Zuschauer waren sich einig, lieber gar keine Cleopatra als eine solche zu sehen, hatten sie sich doch unter diesem niedlichen Zaubergeschöpf etwas ganz anderes vorgestellt. So hatte sich Brechts Weissagung schnell erfüllt. Natürlich war ich nicht gefällig, meine Cleopatra war alles andere als sympathisch, und mein Mißerfolg lag in der vorausgesagten Differenz zwischen meiner Spielweise und der eines Ensembles, das nicht zu mir paßte. Die anderen spielten das Lustspiel spaßig vom Blatt – ich deckte grausam die darin verborgene Kritik auf. So mußte ich unweigerlich als schwarzes Schaf unter weißen Lämmern auffallen, Befremdung erwecken und Mißfallen ernten.

Folgerichtig war mein Mannheimer Maß mit meinem Klärchen im *Egmont* endgültig übergelaufen, denn was dem irischen Spötter an Despektierlichmachung gerade noch zugestanden wurde, durfte dem unantastbaren Goethe nie und nimmer zugemutet werden.

Dabei war mein Klärchen noch weit entfernt von heutigen Schockgestalten. Ich trat weder als rotschopfige Partisanenbraut noch als ausgefranster Terroristenfreak auf. Mein schüchterner Versuch, die klassisch-schöne Prosa wie ein modernes Alltagsidiom zu sprechen und mein unauffälliges Aussehen – bar jeglichen hehren Glanzes – genügten völlig, um eine Anklage wegen Majestätsbeleidigung zu erheben.

So ließ ich mein Klärchen – in der Schlußszene, in der sie Brackenburg und die Nachricht über Egmonts Schicksal erwartet – bei einer Näharbeit sitzen, und Stich um Stich die Nadel mit dem Faden völlig unbeteiligt durch den Stoff ziehen, ohne dabei auch nur ein einziges Mal exakt auf die Arbeit niederzublicken. Auf diese Weise wollte ich zum Ausdruck bringen, daß ein Mensch, der das Schlimmste erwartet, sich irgendwie beschäftigen muß – ohne Sinn und ohne Zweck, nur um eine so qualvolle Wartezeit überhaupt lebend überstehen zu können.

Aber der gute Wille meiner Absicht genügte nicht, Presse und Publikum warfen einhellig der Direktion vor, daß dieses Klärchen jegliche Strahlung vermissen lasse, aller Reize bar sei und überdies sprachlich gehemmt.

Dieser Peitschenhieb saß. Ich bat den tapferen Intendanten um meine sofortige Entlassung. Schmerzlich sagte er beim Abschied, ich sei zwar der erklärte Liebling der Mannheimer Intellektuellen, da aber diese – zu seinem Leidwesen – nur fünf Prozent des Publikums ausmachten, müsse er mich wohl oder übel ziehen lassen.

Viel später erfuhr ich, daß ich bei den Mannheimer Kollegen im Ruf einer geradezu beispiellosen Arroganz stand – eine an und für sich nicht erwähnenswerte Sache, die ich hier aber anführe, weil sie auf einem in unserem Beruf besonders verbreiteten Irrtum beruht. Ich schämte mich nämlich damals meiner nie gekannten Mißerfolge derart, daß ich mich nicht unter die Kollegen traute und mich vollständig absonderte. Ich sprach nie jemanden an, aß in der Kantine allein am Tisch und grüßte nur knapp, da ich sowieso keine Antwort erwartete. Doch eine solche Zurückhaltung aus Unsicherheit und Hemmung wird meistens als Hochmut mißverstanden und bewirkt eine dementsprechende abweisende Reaktion. Dabei würde einem gerade in so einer Situation ein aufmunterndes Lächeln unendlich helfen.

Ich kehrte damals wie eine verlorene Tochter ins Berliner Ensemble zurück, und noch heute rührt mich die Erinnerung an die großmütige Fairneß, die der nach dem Westen Ausgezogenen – die dort das Fürchten nur zu gut gelernt hatte – von allen entgegengebracht wurde. Man tat, als wäre nichts gewesen. Ich spielte meine alten Rollen wieder und begann sofort unter Erich Engels Regie mit den Proben zur Polly in der *Dreigroschenoper*.

Die größte Schwierigkeit in dieser Rolle liegt in dem schier aussichtslosen Kampf gegen eine Legende; da bleibt einem nichts anderes übrig, als im Angriff die beste Verteidigung zu sehen. Man muß sich als Polly trauen, einem vergotteten Idol (von dem heute nur noch wenige Augenzeugen authentisch berichten können) beherzt den Fehdehandschuh hinzuknallen. Die gefährlichste Klippe besteht in den Liedern, denn durch den scheppernden Klang der damals noch unvollkommenen Technik ihrer Schallplattenaufnahmen üben diese Songs noch heute eine unbeschreibliche Faszination aus. Beim Anhören des blechern süßen Vibrierens jener Stimmen erliegt man unweigerlich der immensen Suggestivkraft einer Weltstadtnostalgie. Leicht verfällt man einem hypnotischen Nachahmungszwang – und genau da liegt der Haken. Wenn auch eine schauspielerische Leistung völlig ungeschützt ist und keinerlei Patentanrechte besitzt, erweist sie sich doch immer als einmaliges Produkt, und kann von keinem anderen Darsteller exakt so wiederholt werden.

Auch ich mußte bei den musikalischen Proben sehr bald feststellen, daß ich hilflos dem unwiderstehlichen Sog der Nachahmung anheimgefallen war. Mit den Sprechszenen der Rolle hingegen, wo mich keinerlei Mythos einengte, kam ich ohne Schwierigkeiten zurecht. So staffierte ich die Polly verstandesmäßig mit der eiskalten Geschäftstüchtigkeit ihres Vaters aus, und wo das Gefühl gefragt war, verlieh ich ihr die hirnlos-sentimentale Dummheit ihrer Mutter – eine Version, die dramaturgisch einwandfrei zu rechtfertigen war. Diese Gegensätzlichkeit Pollys brachte ich zum Beispiel dadurch zum Ausdruck, daß ich zur triefend gefühlvollen Abschiedsszene bei Mackie Messer im Gefängnis kühl überlegt bereits als zukünftige Witwe in eleganter Trauerkleidung erschien.

So kreierte ich in den gesprochenen Szenen mit Engel – dem Regisseur jener legendären Uraufführung 1928 in demselben Haus – eine ganz neue und individuelle Polly. Aber als nun meine Lieder zum ersten Mal in die Szenen eingebaut werden sollten, merkte er sofort, daß sie überhaupt nicht zu meiner Gestaltung der Figur paßten. Engel äußerte auf der Probe sein Mißfallen an meinem kopierten Gesang unverhohlen durch nervöses Kopfschütteln. Das verunsicherte mich sehr, denn gerade im ersten Lied, dem »Barbara-Song«, fühlte ich mich, was die Partitur anbelangte, bombensicher; ja sogar dem Vorbild, der Schallplatte, überlegen. Auch Hanns Eisler, der neben Engel auf der Probe saß und sonst nichts mehr liebte, als wenn ich eine Komposition völlig fehlerfrei sang, nörgelte mit seinem wienerisch gedehnten Idiom äußerst larmoyant an meinem Vortrag herum. Beide riefen mir permanent in vorwurfsvollem Ton zu: »Nicht singen, nicht singen!« – eine Anweisung, die angesichts eines flott drauflosspielenden Orchesters nicht leicht zu befolgen war.

Aber wieder und wieder mußte unser Dirigent im Hintergrund der Bühne den Stab heben, unermüdlich setzte ich auf die Sekunde genau ein und wurde über kurz oder lang wieder protestierend

abgewinkt. Da aber weder Engel noch Eisler Stellung bezogen, und
jeder höflich dem anderen den Vortritt ließ, worauf keiner sich
äußerte, mochte ich zusehen, wie ich mit diesem undefinierbaren
Pauschalurteil »So nicht! Anders!« auf der so traditionsreichen
Bühne zurechtkommen sollte.

Zu meiner Überraschung begann sich heimlich, still und leise in
meinem Bauch ein Gefühl zu regen, das mir auf Proben bislang fremd
geblieben war: Ich geriet in Wut. Und als der Dirigent resigniert zum
x-ten Mal den Einsatz gab, nahm ich meine beiden ständigen Nein-
Sager im Parkett frech ins Visier und knallte ihnen mein »Einst
glaubte ich, als ich noch unschuldig war, und das war ich einst grad so
wie du« trotzig vor den Latz.

Beide juchzten vor Begeisterung auf und wollten stürmisch unterbrechen, aber nun war ich nicht mehr zu bremsen und zog auf diese
aggressive Art die ganze Strophe durch und lachte ihnen dann
höhnisch die Refrainzeilen »Ja, da kann man . . .« silbenweise im
Stakkato ins Gesicht: »Ja-ha-ha-ha, da-ha-ha-ha, ka-ha-hann man sich
doch nicht nur hinlegen . . .«

Damit war das berühmt-berüchtigte Eis des 1928er Winters gebro-
chen. Die alte Brechtsche Faustregel, daß aus der einen richtigen
Haltung sich immer die nächste richtige Haltung ergibt, bewahrheitete sich auch hier bei allen Liedern. Auf dieser Probe wurde mir zum
ersten Mal bewußt, welch ungeheure Motorik in der Empfindung
»Wut« steckt – und zu welch positiven Ergebnissen sie einen beflü-
geln kann.

Tatsächlich war auch in der Presse zu lesen, daß nun die Lieder in
dieser neuen Form Schule machen dürften. Doch logischerweise
erfreute ich mich dieses Lobes nicht. – Statt dessen fraß ich nur mit
gieriger Bitternis die Aburteilung Friedrich Lufts in mich hinein, der
da bestwissend meinte, daß ich – zur Polly kaum geboren – die Rolle ja
nur zum Siege hätte führen können, da Engel mich so geleitet und
gestützt hätte.

Da war sie wieder, des Meisters emporgereckte Hand, die mir das
Menetekel meiner Abhängigkeit unerbittlich entgegenhielt. Nach
meinem Mannheimer Debakel saß dieser Kritikerpfeil nun doppelt
ätzend in meinem Fleisch. Mir schien es damals, als müßte ich für Zeit
und Ewigkeit dazu verdammt sein, bei allen meinen Leistungen von
vornherein »unselbständig, unselbständig!« zu rufen, so wie die

Leprakranken in grauer Vorzeit mit der Glocke in der Hand auf ihren
Makel aufmerksam machen mußten.
Das Genie frißt seine Schüler.

Aber Fortuna überlegte es sich anders. Das Theater am Kurfürstendamm bot mir die Lydia in Sternheims *Kassette* an, und es war mir nur
zu klar, daß diese Chance meine letzte Möglichkeit zur Selbstfindung
war, daß es diesmal um alles ging.
Und alles begann schief. Der Intendant führte nicht – wie vorgesehen
– Regie. Der unersetzbare Hauptdarsteller, Theo Lingen, war auf
Anhieb mit dem eingesprungenen Regisseur nicht einverstanden.
Einig waren sich die beiden Herren nur darin, daß ich eine Fehlbeset-
zung sei, keine entzückende Naive, sondern leider ein Brechtsches
Armleutekind. Und außerdem – diesen Vorwurf des Regisseurs hörte
ich damals zum ersten Mal – zu alt. Mit fliegender Nadel kürzte ich
daraufhin meinen Rock. Doch die Mühe lohnte sich nicht. Nach drei
Probentagen und einigem Hin und Her übernahm der Intendant
dann doch selbst die Regie.
Die Zeit war knapp, der Premierentermin stand fest, und die Uhr am
Kurfürstendamm konnte ihre Zeiger nicht so willkürlich bremsen wie
das bei ihrer Genossin am Schiffbauerdamm nun mal so Sitte war.
Überhaupt klafften Welten zwischen »Kurfürst« und »Schiffbauer«.
Ich pendelte hilflos hin und her und fand nirgends Halt. – Kam mir
das Probieren in Privatkleidung schon wie eine peinliche Verletzung
der Intimsphäre vor, so löste der Anblick eines gähnend leeren
Zuschauerraumes das üble Gefühl einer gezielt gelandeten Boxer-
faust in meiner Magengrube aus. Da wir in Mannheim beide Stücke
auf der engen, gemütlichen Probebühne probiert hatten, weiteten
sich meine an zahlreiches Probenpublikum gewöhnten Augen entsetzt, als sich vor ihnen haifischartig das leere Riesenmaul der Stuhlreihen freßgierig auftat. Ich brauchte Tage, um die schwarze Einöde
dieses Raumes zu verkraften, und Wochen, um mit der darin herr-
schenden Totenstille fertig zu werden. Grabesruhe wehte mich nun
von unten an – nichts mehr von permanentem Türenklappen und
Lichteinfall, verstummt die ganze vertraute Geräuschkulisse des
Raunens, Tuschelns und Papierknisterns. Alles weg, alles tot.
Und das Bewußtsein, daß diese Lydia sehr wohl die letzte Rolle für
mich als »abgenabelte« Schauspielerin bedeuten konnte, war auch

nicht gerade dazu angetan, mich heiter zu stimmen. Dieses Kennen-
lernen einer neuen Welt war für mich voller Hindernisse. Ich mußte
mit allem alleine fertig werden: dem hohlen Mausoleum vor mir, dem
topfebenen Bühnenboden unter mir, meinem Privatkleid an mir, der
belastenden Vergangenheit hinter mir, dem unvergeßlichen Lehrer
über mir und dem wilden Entschluß in mir, alles und jedes nur
Menschenmögliche zu tun, um es dieses Mal zu schaffen, allein und
ohne fremde Hilfe.
Ich hatte mich mit großer Sorgfalt auf die Rolle vorbereitet, hatte
emsig in Bildbänden von Klimt und Runge geschmökert und sah in
dieser Lydia eine gartenlaubige, sentimentale Marlitt-Gestalt. Ich
ließ sie in meiner Phantasie in leicht überdehnter Jugendstilhaltung
stehen und gehen, sich etwas künstlich-kunstvoll bewegen, und hatte
mir auch bereits eine gehoben schmachtende Stimmlage zugelegt.
Doch der Regisseur sah meinem Tun nur sehr kurz zu. Er eröffnete
mir klipp und klar, daß es ihn nicht interessierte, wie ich Lydia Krull
spielen wollte. Nein, er habe mich einzig und allein mit dieser Rolle
besetzt, weil ich Lydia Krull sei. Und so wolle er auch nichts mehr
und nichts weniger sehen, als nur mich selbst.
Mir war, als säße ich vor einer mir total unbekannten Eröffnung einer
Schachpartie, die ich mit keinem Gegenzug zu parieren wußte. Mein
schauspielerischer Instinkt sagte mir sofort, daß ich das, was er von
mir verlangte, gar nicht konnte. Niemals war das von mir gefordert
worden, niemand hatte mich das je gelehrt. Denn »man selber sein«
hieß doch wohl letztendlich, sich selber spielen, und in dieser Rolle
hatte ich noch nie debütiert. Meine Lorbeerkränze hatte ich doch
immer nur für meine Leistungen »als diese oder jene« entgegengenommen. Und hatte der Meister mich nicht zuletzt noch forschend
gefragt, ob ich ein junges Mädchen oder seine Virginia spiele?
Plötzlich sollte das alles nichts mehr gelten – da konnte ich ja nur
bitter lachen. In meinen exklusiv geschulten Augen hatte das von mir
jetzt Verlangte nicht das Geringste mehr mit Kunst zu tun. Nein, das
konnte ich nicht, und – schlimmer noch – das wollte ich auch gar nicht
können. Durch meine »alleinseligmachende« Lehrzeit bildete ich mir
altklug ein, das könne doch jeder, sich selber spielen, das sei doch ein
Kinder-Spiel. Dafür war ich doch nicht zum Theater gegangen.
So sperrte ich mich mit Händen und Füßen gegen die Regiekonzeption meines Intendanten und ließ seinen Jammerruf: »Wie um alles in

der Welt komme ich nur an Sie heran?« unbeantwortet und ungerührt verhallen.

Da er mich sicher begreifen wollte, aber nicht konnte, und ich ihn weder begreifen wollte noch konnte, schien eine Übereinkunft unmöglich. Unser Aneinander-Vorbeireden endete in einem unbeschreiblichen Krach, den der Regisseur mit dem Ruf »Fröhliche Weihnachten« beendete, denn es war just Heiliger Abend. Mein Partner Seidenschnur und ich blieben zurück. Wir schwiegen betreten, und ich wußte, daß nun für mich alles überall zu Ende sein würde.

Doch wie so oft in unserem Beruf geschah ein Wunder. Mein Partner Hans Putz fragte mich, warum ich es mir denn so entsetzlich schwermache? Wenn ich ihn in der Rolle genauso ansähe wie jetzt privat, dann sei diese Lydia schon gespielt und alle Probleme wären gelöst. Ich meinte ungläubig, daß das doch viel zuwenig sei, daß ich doch »gestalten«, »mehr machen« müsse. Er aber sagte nur: »Hier mußt du gar nicht mehr machen oder gestalten, hier mußt du nur dir selber vertrauen, das ist genug.«

Dies war für mich die schwerste Anweisung, die ich in meinem Handwerk je vernommen hatte – ließ sie sich doch mit keinerlei Technik erarbeiten.

In meinen Lehrjahren im Osten hatte mich der Meister handwerklich mit so vielem vertraut gemacht, aber ein Geheimnis hatte er mir vorenthalten, daß nämlich das eigene, individuelle Selbst das Allerwichtigste ist. Deshalb also stand ich ratlos vor jener Lydia Krull, in der meine Person als solche verlangt wurde.

In meiner Hilflosigkeit legte ich damals zum allerersten Mal mein Textbuch nachts unter das Kopfkissen. Ich hatte das niemals zuvor getan, denn ich hätte das bei Brecht bestimmt für Aberglauben gehalten und deshalb strikt abgelehnt. Ich erhoffte mir auch an jenem Weihnachtsabend nicht viel davon, aber der Trick funktionierte – mein Unterbewußtsein reagierte sofort. Ich wachte mitten in der Nacht auf, und der Satz meiner Rolle: »Hätte meine arme Mutter geahnt, wie alles kommen würde« schoß mir – und zwar genau in dem verlangten, eigenen Tonfall – wie ein alles erleuchtender Blitz durchs Hirn. Ich hatte den Kern der Rolle geknackt.

Das war mein erstes Schlüsselerlebnis mit einem Rollensatz. Später entstand daraus mein Begriff »Schlüsselsatz«. Da der Schlüsselsatz die große Hilfe zur Findung der Grundhaltung einer Figur ist, gelang es mir damals über Nacht, in diese Lydia ganz organisch hineinzuschlüpfen. Am nächsten Probentag spielte ich »mich selbst«, ohne krampfhaftes Gestaltungsbedürfnis.

Dieser Knoten konnte natürlich nur deshalb so problemlos aufgehen, weil die Figur dieser Lydia einschichtig ist, keine auszuklügelnden Drehpunkte aufweist und sich auch nach dem Bruch (die Enttäuschung nach der Hochzeitsreise) im Schlußbild nur passiv verhält. Eine relativ leicht zu spielende Rolle also.

Trotz dieser Einschränkung wußte ich, daß ich mit der Entdeckung des Schlüsselsatzes meinen ersten Schritt zur beruflichen Eigenständigkeit getan hatte. Auf einem neuen Weg, dem Weg zu mir selbst. Erst durch diese für mich so überraschend neue, westliche Regieanweisung des »Sich-selber-Spielens« wurde mir klar, daß die eigene Persönlichkeit – für deren Entwicklung man ganz allein verantwortlich ist, und zu deren Findung es kein erlernbares Schema gibt – den Kern jeglicher schauspielerischen Leistung darstellt. Die eigene Ausstrahlung, das, was man ist oder was man aus sich gemacht hat, bedeutet das A und O jeder Rollenarbeit. Und zwar lange bevor man die bewährten Register einer handwerklichen Technik zu ziehen beginnt.

Als ich der Weigel davon erzählte und meiner Verwunderung darüber Ausdruck gab, daß ja letzten Endes in der Praxis – theoretische Arbeit hin, theoretische Arbeit her – jeder Erfolg nur das Fazit der eigenen Persönlichkeit sei, sah sie mich lange an, spielte schweigend mit ihrer leeren Zigarettenspitze und sagte schließlich, unmerklich lächelnd: »Hast du es also endlich doch herausgefunden – ja, dann muß ich dich wohl gehen lassen.«

So begann ich meine Wanderjahre im Westen; aber Sie brauchen nun nicht zu befürchten, daß ich Ihnen weiterhin meine Rollen so kontinuierlich aufblättern werde wie bisher, denn von jenem Zeitpunkt an ließen sich die Rollen nicht mehr so fein säuberlich von meinem Privatleben trennen. In der westlichen Welt hatte ich keine schützende Gemeinschaft mehr, hinter der ich mich verstecken konnte, die mich stützte und schob und mir die letzte Verantwortung abnahm. Von nun an galt es, mich selber und meinen individuellen Selbstfindungsprozeß in den Beruf einzubringen und mitzuerleben, wie sich meine Entwicklung, meine Verfassung und mein Verhalten teils positiv, teils negativ in meinen Arbeiten niederschlugen. Und da ich hier keinesfalls Memoiren schreiben möchte, werde ich Ihnen jetzt nur noch von den Arbeitserfahrungen berichten, die Ihnen – auch ohne Aufdeckung persönlicher Hintergründe – möglicherweise noch ein paar kritische Denkanstöße für Ihre eigene Arbeit liefern können.

Meine Arbeit an der Rolle der Marthe Schwerdtlein etwa kann Ihnen zeigen, wie ich im Westen mit dem Brechtschen Gedankengut in einer klassischen Rolle fertig wurde. Die Schwerdtlein war für mich eine große Herausforderung, saßen mir doch zwei überragende Vorbilder im Nacken, Therese Giehse in Zürich und Carola Braunbock in Berlin.

Die Giehse hatte die Rolle ganz und gar auf eine komische Wirkung hin angelegt. Durch die unzähligen Varianten ihrer listig-kauzigen, wichtigtuerisch-dreisten, verzweifelt-schmachtenden oder kokett-deftigen Töne waren die Szenen in unwiederholbarer Vollendung ausgereizt. Ich konnte zum Beispiel ihren ins Falsett hinaufgezogenen Schluchzer »Oh, Pein«, die himmelwärts gerichtete Pause und das darauf mit Baßstimme gekonterte »Hätt' ich nur einen Totenschein« im Anfangsmonolog am Tisch gar nicht mehr aus dem Ohr bekommen. Es war einerseits eine berstend komödiantische, hinreißend effektgespickte Darstellung, andererseits aber auch eine Figur ohne den geringsten psychologischen Hintergrund.

Als Brecht nun den Anfangsmonolog in Berlin mit Carola Braunbock probierte, hatte die Giehse in den gut besuchten Zuschauerreihen der Probebühne just neben mir Platz genommen, um wie alle der Arbeit zuzusehen. Auch in der Berliner Aufführung saß die Marthe am Tisch und begann – genau wie in Zürich –, ihren Monolog »Gott verzeihs meinem lieben Mann, er hat an mir nicht wohlgetan!« in verschiedenen Tonvariationen vor sich hin ins leere Zimmer zu sprechen.

Brecht unterbrach sehr bald: Es sei doch völlig unsinnig anzunehmen, daß eine normale Frau tatenlos an ihrem Tisch säße, um sich selber eine solche Rede zu halten. Sie müsse sich unbedingt dabei mit irgend etwas beschäftigen. Bei diesem Einwand – der ja die übliche Darstellung von Monologen grundsätzlich in Frage stellte – spürte ich, wie die Giehse an meiner Seite zusammenzuckte und hörbar schnaufte.

Auf Brechts Geheiß wurde nun eine große irdene Schüssel auf die

Szene gebracht. Die Darstellerin der Marthe bekam die Anweisung, mit einer groben Holzkelle einen anscheinend zu dick geratenen Teig darin umzurühren. Die manuelle Kraftanstrengung machte es ihr nun unmöglich, die dichterischen Verse des Monologs künstlerisch farbig zu gestalten. Im Gegenteil – die gehobene Sprache klang plötzlich urmenschlich verbissen. Weil die Zuschauer nun nicht mehr genau wußten, ob diese Witwe wegen ihres verschwundenen Ehemannes oder wegen der Zähigkeit der Teigmasse so wütend keuchte und schimpfte, entstand eine Komik, die nicht im geringsten theatralisch wirkte.

Wir bogen uns alle vor Lachen und klatschten spontan. Allein die Giehse erhob sich abrupt mit steinernem Gesicht, stieß sich grob an meinen Knien vorbei und verließ grußlos den Probenraum. Zornig preßte sie zwischen den Zähnen hervor: »Sich beschäftigen müssen, so ein Blödsinn!«

Ich habe nie erfahren, ob das Miterleben jener Arbeitsfindung für sie ein ebenso klassisches Aha-Erlebnis war wie für mich. Ich begriff, daß die Abnormität einer Monologsituation nur dann alltäglich und glaubhaft darzustellen ist, wenn man sie unter Zuhilfenahme eines handfesten Bezugspunktes – in jenem Falle die Teigschüssel plus Kelle – von ihrem unnatürlichen Stil-Sockel herunterhievt.

Als ich nun selber die Rolle der Marthe Schwerdtlein in Angriff nahm, suchte ich krampfhaft nach einem neuen, anderen Bezugspunkt für den Monolog. Ich wollte meine Marthe ohne aufgesetzte Komik gestalten, und legte deshalb den Hauptakzent der Figur auf die in einer Kleinstadt tief kränkende Stellung einer nicht amtlich bestätigten Witwenschaft – und nicht, wie üblich, auf den Beruf der Kupplerin mit seiner lüsternen Geschäftigkeit. (Zumal ihr die »Kupplerin« nur von dem nicht glaubwürdigen Mephisto und dem rabiaten Valentin angehängt wird.) So sprach ich auch meinen Schlüsselsatz »Hätt' ich nur einen Totenschein« ganz ernst, in der traurigen Verzweiflung einer zur Einsamkeit verurteilten Frau. Das verlieh der Rolle eine durchaus tragische Dimension.

Aus diesem Grunde sollte auch der Bezugspunkt für den Monolog der Situation meiner Figur angemessen sein. So verwarf ich alle von außen herangetragenen Möglichkeiten wie Stricken, Nähen, Garnwickeln oder Silberputzen. Als ich den Text zum x-ten Mal nach einem Anhaltspunkt durchforstete, blieb ich an Mephistos Erwäh-

nung der Tageszeit hängen. Bei seinem ersten Besuch bemerkt er
nämlich:»Will nach Mittage wiederkommen.« Demnach müssen sich
also Marthes Monolog und die anschließende Gretchen-Szene in
Marthes Stube am späten Vormittag abspielen; dann, wenn Frauen
für sich Zeit haben: nach getaner Hausarbeit und vor den Essensvor-
bereitungen. Was könnte also eine vom Saubermachen ermüdete
Frau um diese Tageszeit tun, wenn sie am Tisch sitzt? Ich durchak-
kerte jede Zeile auf der Suche nach einer zum Text passenden
Beschäftigung und fand plötzlich die erlösende Antwort in dem Satz
»Möcht ihn auch tot im Wochenblättchen lesen« – ein vom Dichter
geradezu vorgeschriebener Zeitvertreib.

Also las ich als Marthe das Wochenblatt, und nun lag die Beziehung
zum Beginn des Monologs geradezu auf der Hand: Ich brauchte nur
die Zeitung zunächst einmal von vorne nach hinten rasch durchzu-
blättern, um auf diese Weise schnellstens zu den Todesanzeigen zu
kommen. Dort verhielt ich, flog die Kästchen durch, fand den Namen
Schwerdtlein wieder einmal nicht, hieb mit dem Handrücken enttäuscht auf das Blatt, und so ergab sich der Monolog daraus ganz wie
von selbst.

Da ich auf meine Brechtsche Umsetzung mächtig stolz war, erlaubte
ich mir den Spaß, beim Auftritt Gretchens Goethes Interpunktion ein
Schnippchen zu schlagen.

Der Originaltext lautet: Margarethe: »Frau Marthe!« – Marthe:
»Gretelchen, was soll's?« Und nun wagte ich es, die bei Goethe
durchgezogene Frage der Schwerdtlein in zwei voneinander unabhängige Gedanken zu unterteilen. Ich rief der Eintretenden freudig
überrascht »Gretelchen« (auf Ausrufezeichen gesprochen) entgegen,
pausierte, faltete – entschlossen zum Themawechsel – die Zeitung
zusammen und stopfte sie energisch in die Seitentasche meiner Jacke.
Mit dem achselzuckenden Kommentar »Was soll's« (wieder auf Ausrufezeichen gesprochen) schlug ich dann mit der Rechten drauf, und
wandte mich danach erst mit gespanntester Aufmerksamkeit dem
Gretchen zu. Dieser Interpunktionsscherz wäre mir sechzig Jahre
früher schwer angekreidet worden, aber 1980 bemerkte ihn niemand.
Nicht einmal als ein typisch Brechtsches Markenzeichen.

In Brechtscher Tradition wünschte ich mir auch, als Marthe die
Gartenszene in schwarzer Trauerkleidung zu spielen – endlich ist die
Schwerdtlein eine amtlich beglaubigte Witwe geworden. In ihrem

kleinbürgerlichen Milieu weiß sie nichts Dringlicheres zu tun, als sich sofort für die Nachbarschaft (und den fremden Besucher Mephisto) in tiefschwarze Kleidung zu stürzen, ansonsten sie in sträflichster Weise gegen die strenge Konvention einer miefigen Kleinstadt verstoßen hätte.

Leider geriet mir die Valentin-Szene auch nicht origineller als sie von Goethe geschrieben ist. Da unser Bühnenbild aus drei Podesten bestand, war ich sowohl von Valentin als auch von Gretchen sehr weit entfernt, und konnte dadurch kaum direkten Kontakt aufnehmen. Aber selbst wenn ich die Gelegenheit dazu gehabt hätte, wäre mir nichts Persönliches, nichts für diese Marthe Unverwechselbares eingefallen. Dieses Bild ist, was die Schwerdtlein betrifft, geradezu opernhaft konventionell gestaltet. Und da ich in der Domszene nicht zugegen war, konnte ich der Rolle auch keinen Schlußaplomb geben. (Ich hätte mich in diesem Falle nämlich nicht gescheut, die herrliche Brechtsche Idee des an Gretchen stolz Vorüberrauschens zu übernehmen, denn der Meister hielt erfolgverheißendes Klauen immer für legitim.)

Aber so mußte ich die Rolle eben versanden lassen, was mich um so mehr wurmte, da mir ihre ersten Szenen – trotz deren Knappheit – so viele Möglichkeiten zur Verkörperung eines psychologischen Hintergrundes geboten hatten.

Ganz anders lag die Situation bei der Figur der Alice in Dürrenmatts *Play Strindberg*, die ich 1969 in der Basler Uraufführung unter der Regie des Autors spielte. Abgesehen davon, daß Dürrenmatt als Regisseur viel großzügiger und konzessionsfreudiger war als Brecht, stellte auch die Alice eine ganz besondere Spezies Rolle dar.

Im Gegensatz zu ihrem Urbild, der großen tragischen Frauengestalt in Strindbergs *Totentanz*, ist Dürrenmatts Alice eine geniale Kunstfigur. Ein ausgekochter Extrakt, den der Bearbeiter des Originals zu einer grotesken Farce skelettierte. Erhalten blieb von der ursprünglichen Alice nur noch ein grinsendes Gerippe mit zerfetztem Text, dessen Aussage sich pausenlos als halsbrecherischer Balanceakt zwischen grausigen Scherzen und philosophischen Trivialitäten erweist. Bei soviel Geisterbahnkomik lag es nahe, an Brechts Techniken zu denken. Diesmal allerdings, um sein Anliegen – immer vom sozialen Hintergrund einer Figur her auszugehen – listig zu verkehren. So rückte ich der Rolle andersrum zu Leibe, setzte den Hebel beim Vordergründigen – der bloßen Wirkung – an, und täuschte damit einen psychologischen Ursprung vor. Die Faszination des überhöhten Brecht-Stils tat ein übriges, diesem hochkarätigen, intellektuellen Bluff einen ungeahnten Tiefgang zu verleihen. Wir pokerten mit dieser Alice so hoch, daß man die ganze Bearbeitung weit eher für einen verbesserten Brecht als für einen durch den Kakao gezogenen Strindberg halten konnte. Durch eine fast überspannte innere Intensität ließ ich die staunenden Zuschauer nicht eine Sekunde zum Nachdenken kommen und gab die teilweise gefährlich platten Aussprüche dieser Alice weit kälter, distanzierter und gläserner von mir, als jede Brechtsche Wahrheit vordem. Ich erreichte mit dieser Schärfe, daß sich die haarsträubendsten Banalitäten tatsächlich wie der Weisheit letzter Schluß anhörten.

Die zweite, ganz entscheidende Hilfe zu dieser Kunstfigur bot uns der altbewährte Griff in die Trickkiste der Requisitenspiele. Dürrenmatt erfaßte sofort, wie konkret ein textlich nicht beschriebener Seelenzustand sich allein durch die Art und Weise, wie eine Beschäftigung ausgeübt wird, ausdrücken läßt. So wühlten wir zur Ausstaffierung unserer mageren Alice mit beiden Händen in dieser Wundertüte des Theaters.

Natürlich bemühte ich mich dabei, die Requisiten nach Möglichkeit den schon im Strindbergschen *Totentanz* vorkommenden Utensilien zu entnehmen: So wurde zum Beispiel im Originalstück in der Aufzählung des Mobiliars ein Nähtisch erwähnt. Daraus ergab sich wie von selbst die Idee, während des bruchstückhaften Dialogs mit Edgar im ersten Bild eine Stickerei zur Hand zu nehmen. Durch die verbissene Art des Hantierens mit Nadel und grobem Garn, konnte meine wahre, ungeheuer gereizte – und ständig hinter meinem Pokerface verborgene – Gemütsverfassung offenkundig gemacht werden; obwohl der ganze Text nur aus unterkühlten Kommentaren und beiläufigen Konversationsfetzen bestand.

Im dritten Bild tauschten wir dann das bei Strindberg vorkommende Kartenspiel zu zweit gegen eine von mir allein zu legende Patience. Die Differenzierungen im Ausdruck des Kartenablegens (energisch, zögerlich, hastig, ärgerlich oder zufrieden) boten mir unzählige Möglichkeiten, während des scheinbar harmlosen Plänkelgesprächs mit Edgar die tatsächlichen gedanklichen Hintergründe aufzublättern.

In der siebten Runde versinnbildlichte ich meine völlige Gleichgültigkeit während des Herzanfalls von Edgar, indem ich meine ganze Konzentration dazu verwandte, auf der Tischplatte ein Kartenhaus zu errichten. Diese Pyramidenbauerei aus Reihen schräg gegeneinander gestellter Kartenpaare, auf denen jeweils mit äußerster Sorgfalt eine waagrechte Schicht verteilt wurde, um bis zur Spitze immer kürzere Häuschenfolgen aufeinanderzuschichten, war ein zusätzlicher Jongleurakt auf dem Drahtseil der Szene und erwies sich manchmal als eine selbst gestellte und nicht ganz unaufregende Falle.

Trotzdem war mein absurdes Verspielt-Tun neben dem keuchenden Edgar absolut im Sinne Strindbergs, genauso wie meine Wahl der Klavierstücke – Chopins »Valse triste« und Griegs »Lied der Solvejg« –, beides Piècen, die in die Zeit des Stückes paßten, und in ihrer kultivierten Sentimentalität dem Dürrenmattschen Leitmotiv des Stücks, *Plüsch mal Unendlichkeit*, voll Rechnung trugen.

So hangelten wir diese Alice mit List und Lust von Runde zu Runde, und die nach den umgedrehten Formeln Brechts berechnete Vorspiegelung eines menschlichen Wesens mit Tiefsinn gelang zu aller Wohlgefallen.

Spaßigerweise spiegelten die beiden Dichter auch in ihrer persönlichen Art die Kreation dieser Alice – Brecht war hintergründig, Dürrenmatt bravourös. Überall, wo Brecht Ursache ahnen ließ, quoll Dürrenmatt über vor Wirkung. Brecht war als Erscheinung asketisch, Dürrenmatt barock. Wo Brecht ein maßgeschneidertes, aber unauffällig graues Tuchmäntelchen trug, stapfte Dürrenmatt im brasilianischen Otterpelz daher; und wo Brecht zwar ein Sportcabriolet, aber ein gebrauchtes Vorkriegsmodell fuhr, steuerte Dürrenmatt bedächtig eine englische Luxuslimousine auf den Theaterhof. Während Brecht anläßlich seines *Galilei*-Projekts mit Niels Bohr, sicherlich emotionslos, dessen physikalische Experimente beobachtete, ließ Dürrenmatt hemmungslos unsere Probe ausfallen, um mit uns atemlos und aufgeregt vor dem Fernseher die Rückkehr der ersten Mondastronauten verfolgen zu können. Er brach in Freudenjubel aus, als endlich die farbigen Fallschirme in der Bläue des Himmels sichtbar wurden. Dieser Autor war noch immer ein fiebernder Bub, während jener Dichter sich nie einen jungenhaften Zug in seiner Arbeit gestattet hätte.

Schon das Lachen verriet die beiden. Brecht lachte dünn, scharf meckernd und stoßweise – ein verfremdetes Gelächter –, Dürrenmatts Lachen hingegen dröhnte tief und satt wie eine sonore Orgel. Aber gerade weil er sich herzlicher und offener gab, war er auch empfindlicher und angreifbarer. Brecht reagierte auf unsinnige schauspielerische Einwürfe nur kühl überlegen und sachlich abweisend, Dürrenmatt dagegen konnte tödlich beleidigt einschnappen. So kränkte ich ihn einmal zutiefst, als ich ihm sagte, daß unser Stück ab Runde fünf »geradezu beängstigend mager« würde. Eine solche Kritik einer eitlen Schauspielerin litt er nicht, er war schwer verletzt, und es gelang mir nur kraft der Raffinesse meiner darstellerischen Phantasie, zu Kreuze zu kriechen und den Grollenden wieder zu versöhnen. Wo Brechts Kräche hart, kurz und vorbei waren, brauchte Dürrenmatts Empfindsamkeit eine lange Versöhnungszeit. Ich glaube, im Gegensatz zu Brecht konnte er weder vergessen noch verzeihen. Trotzdem, oder gerade deswegen, war er soviel dionysischer als der karge Brecht. Man durfte ihn zum Beispiel sehr bald jovial duzen, eine bei Brecht – der selbst die Weigel auf den Proben hie und da noch siezte – geradezu absurde Vorstellung. Dürrenmatt war ungeheuer großzügig und lud alle und jeden generös zum Tafeln ein. Er hielt dabei fürstlich hof, ein bei Brecht undenkbarer Zustand.

Bei diesen Gastmalen liebte Dürrenmatt seine eigene Eloquenz über alles, und wenn man seine Phantasie auch nur antippte, geriet sie bald zur uferlosen Inspiration: Er wurde niemals müde, die ungeheuerlichsten und leider nie zu verwirklichenden Stückepläne zu schmieden. Brecht liebte zwar abenteuerliche Rollenideen auch, hätte sich aber nie die Blöße gegeben, sich derart im Abstrusen zu verirren.

So hätte es der Meister geradezu als grotesk empfunden, mit seinen Schauspielern ein Stück zu probieren, von dem vorläufig nur vier Seiten Text existierten. Dies aber war genau unsere Situation beim Probenbeginn von *Play Strindberg*, die uns einfach zwang, mit Dürrenmattschem Humor auf gut Glück zu probieren. Natürlich ließ diese geradezu dilettantische Ahnungslosigkeit, was die Schicksale unserer Rollen betraf, unser aller Phantasie in üppigster Form ins Kraut schießen – ja, ich muß es sagen – weit ausschweifender als bei den klar vorgezeichneten Rollen Brechts.

Nun aber zu zwei vernichtenden Niederlagen, die Ihnen zeigen sollen, daß auch die besten Theorien und die hilfreichsten Lehrsätze nichts nützen können, wenn das berühmt-berüchtigte menschliche Versagen eintritt. Hoffentlich bewahren Sie die Episoden davor, in einer ähnlichen Situation die gleichen Fehler zu begehen.

Meinen ersten großen Schiffbruch erlitt ich mit der Titelrolle in *Margarete in Aix* von Peter Hacks. Bezeichnenderweise hatte ich schon beim allerersten Lesen des Stücks nicht die geringste Beziehung zu der Figur. Meine Phantasie blieb stumm, und trotz inständigsten Forschens sprang mir auch nicht der magerste Schlüsselsatz ins Auge. Sogar der Sinn des ganzen Stücks blieb mir verborgen. Leider aber brachte meine Eitelkeit, die Titelrolle in einer Uraufführung zu kreieren, all diese warnenden Instinkte zum Schweigen. Nachdem diese Aufgabe fast unmittelbar auf die so erfreuliche Alice in *Play Strindberg* folgte (Sie ersehen daraus, daß Erfolge einen mitnichten reifer und weiser machen), gab ich mich der trügerischen Hoffnung hin, im Laufe der Proben schon eine Erleuchtung zu bekommen.

Im Zuge dieses bodenlosen Leichtsinns leistete ich mir auch zum ersten und einzigen Mal in meinem Berufsleben den Fehler, die Stückbesprechung zu versäumen, in der die Kostümentwürfe gezeigt wurden. Dabei wußte ich, daß ich diese ernste Charakterrolle in Hosen spielen sollte; für mich als kleine Person von vornherein ein Wagnis. Aber im Hochmut meiner Brechtschen Vergangenheit bildete ich mir ein, daß der Kostümbildner selbstverständlich – Stil hin, Stil her – meine Körpermaße berücksichtigen und den Hosenanzug wie weiland in Berlin fürsorglich danach ausrichten würde. So verließ ich mich blind auf die Erfahrung einer längst toten Vergangenheit, und kam überhaupt nicht auf die Idee, mich einmal in der Schneiderei nach meinem Kostüm zu erkundigen. Und genau dieser eine unterlassene Gang genügte, um meinen Untergang zu besiegeln.

Zwar hatte ich in einer anliegenden schwarzen Hose und Stiefeletten probiert – ein Kostüm, in dem eine kleingewachsene Schauspielerin es sehr wohl fertigbringen kann, eine ernste, anrührende Wirkung zu erzielen. Einfach dadurch, daß sie noch kleiner und unmännlicher, ja hilfloser darin erscheint. Aber nein, ich setzte beim krampfhaften Suchen nach einer Grundhaltung genau auf die gegenteilige Karte und bildete mir ein, diese Heldin durch eine überzogene Männlichkeit in den Griff zu bekommen.

Hätte ich einen einzigen Blick auf die Kostümskizze geworfen, wäre

mir die Unsinnigkeit meiner mir aufoktroyierten Grundhaltung bewußt geworden, denn auf der Figurine war Margarete justament als
überlebensgroße Abnormität gezeichnet. Der abschreckende Anblick
dieser Riesin hätte mir ohne Kommentar blitzartig klargemacht, daß
dieses Vorbild für mich das völlig falsche war. Ich hätte mich dieser
Gestalt genau vom Gegenpol her nähern müssen, sie äußerlich vielleicht sogar verkleinern sollen, um ihr allein durch die Überzeugungs-
kraft des Intellekts zu einer Größe zu verhelfen.

Aber ich gab diesem Gedankenblitz keine Gelegenheit zu zünden,
und so konfrontierte mich erst mein Spiegelbild bei der ersten
Kostümanprobe mit meinem großen Irrtum. Da erblickte ich mich
plötzlich in einem aufgeplusterten Astronautenanzug aus steifem
schwarzem Leder, der durch zahllose aufgesetzte Silberspangen noch
unförmiger wirkte, und überdies mit einer ebenfalls schwarz-leder-
nen Nofretetehaube gekrönt wurde.

Natürlich machte mir mein Konterfei aus der Abnormitätenschau
sofort klar, daß meine tapfere Kraftmeierei in diesem dinosaurischen
Panzer unweigerlich in die übelste Parodie abrutschen mußte. Aber
da halfen nun keine entsetzten Proteste oder verzweifelten Ausbrüche
mehr, ich stand vor einem festgesetzten Uraufführungstermin. Alles
schien zu spät.

Und da beging ich den schwersten und unverzeihlichsten Fehler:
Obwohl mein künstlerisches Gewissen gellend Alarm schlug und es bis
zum Premierenabend nie zu spät für Änderungen ist, ließ ich mich von
»begütigenden« Stimmen überreden und verzichtete artig darauf,
einen sofortigen Kostümtausch durchzutrotzen. Dabei hätte ich ja
dadurch auch zu einer anderen Haltung gefunden, aber nein, ich
spielte um des lieben Friedens willen das brave, gute Kind, das nicht
anecken will. Also trottete ich freiwillig zu meiner Schlachtbank und
lieferte mein Monster ab. Daß ich damals nur einen mitleidigen
Verriß und kein schallendes Gelächter erntete, hatte ich wohl einzig
der Disziplin des Publikums zu verdanken.

Da ich aber Jahre brauchte, um mich wegen dieses selbstmörderischen Verrats am eigenen Handwerk mit mir selber zu versöhnen,
kann ich Sie gar nicht dringend genug vor diesem Fehler warnen.
Benehmen Sie sich in einer solchen Situation niemals pflegeleicht,
sondern wehren Sie sich bis aufs Messer! In einem solchen Fall ist das
von mir für die Probenarbeit angemahnte soziale Verhalten fehl am

Platz, da dürfen Sie niemanden aus Rücksichtnahme schonen, da müssen Sie »Feuer« schreien, denn hier geht es tatsächlich um Ihre eigene Haut, die Sie zu Markte tragen müssen. Hier kann es um Ihr Sein oder Nichtsein als Schauspieler gehen – also seien Sie mutig und springen Sie über die Schatten der Schüchternheit und der Anpassung. Und sollten Sie es beim ersten Mal noch nicht über sich bringen (Mut ist ja nicht nur eine Charakterfrage, sondern hängt auch mit der Höhe des Brotkorbs zusammen), dann wappnen Sie sich wenigstens beim zweiten Mal.

Machen Sie es keinesfalls wie ich, die ich nach einigen Jahren – ungeachtet meiner bitteren Erfahrung – gleich noch einmal in einer Tragödie von Hacks aufs Schafott ging, und zwar als Paulina in *Senecas Tod*. Welcher Teufel mich damals geritten haben muß, sei der Verdrängung anheimgestellt, denn die unheildrohenden Voraussetzungen waren beinahe synchron. Auch in diesem Falle stellte mir meine Eitelkeit ein Bein, denn der Regisseur wollte mich partout für die Rolle haben. Das ganze Stück sagte mir wiederum nichts, und auch dort fand ich nicht den allermagersten Schlüsselsatz. Trotzdem brachte die ehrgeizige Einbildung, aus dieser Paulina schon »irgend etwas« machen zu können, alle meine Theaterinstinkte zum Verstummen.

Natürlich schwamm ich von der ersten Probe an, denn diesmal fand ich zu gar keiner Grundhaltung. Nicht einmal zu einer falschen, wie weiland bei der *Margarete in Aix*. Und weil ich die Figur nirgends greifen konnte, versuchte ich auf gut Glück, das Rezept der Alice anzuwenden, den Weg von außen nach innen zu gehen, und einfach durch möglichst viele Varianten dieser Gestalt eine Form zu verleihen.

So setzte ich eine ganze Skala demütiger, törichter, überlegener, elegischer, zorniger oder infantiler Töne ein. Täglich probierte ich eine andere Zusammenstellung aus, in der irrigen Annahme, durch eine möglichst große Vielfalt zu einer möglichst dichten Einheit zu gelangen. Dadurch brachte ich es aber nur fertig, dieses Geschöpf völlig zu überpfropfen, denn Seneca beschreibt sie so: »Ein unverirrtes Mädchen, das das Rechte lebt, weil es nach meinem Rat lebt.«

Doch ein so anspruchsloser, ausdrucksarmer Grundcharakter war meiner Eitelkeit zu wenig. Ich zerbröselte mich und die Figur und fühlte dabei den Bühnenboden unter mir von Probe zu Probe glitschiger, dünner und unbegehbarer werden.

Hätte ich doch gegenständlich gedacht, und mich des alten Meisters Rat erinnert, daß der richtige Gang die stimmige Grundhaltung mit sich bringt, und daß man dazu nach passenden Schuhen suchen muß! Ein verhuschtes, energisches, unbeholfenes oder gestelztes Gehen – gezielt eingesetzt – hätte sich ohne weiteres als Schlüssel zur Menschwerdung dieses Geschöpfs erweisen können. Aber ich hatte dieses alte Rezept so völlig vergessen, daß ich mir nicht einmal Gedanken darüber gemacht hatte, ob ich diese Paulina in flachen, leichtfüßigen Ballerinaschuhchen oder mit vornehmen Stöckelabsätzen spielen sollte.

Als Boy Gobert dann die Hauptprobe besuchte, konnte er mir als erfahrener Schauspieler-Intendant auf Anhieb den Grund meines Versagens nennen: Er sagte, daß es völlig falsch sei, dieser Figur mit psychologischen Feinheiten beikommen zu wollen, diese Paulina sei eine Charge, und als solche müsse sie konsequent in einer einzigen Farbe durchgezogen werden. Ob ich dieses »unverirrte« Geschöpf nun als Dummerchen mit dem Finger im Mund, als schüchtern aufbegehrende Altkluge, als ständig charmant Schmollende oder als stets demütig Besserwisserische darstelle, sei völlig gleichgültig. Entscheidend sei dabei nur, daß die ganze Melodie in einem einzigen Bogenstrich untergebracht werde. Goberts treffender Einwand – Durchblick eines Außenstehenden – leuchtete mir völlig ein, doch ich hatte die Figur bereits dermaßen zerstückelt, daß ich keinen Überblick mehr hatte und unfähig war, zum Nullpunkt zurückzukehren.

Erschwerend kam hinzu, daß ich durch meine elitäre Vergangenheit keinerlei Erfahrung mit Chargenrollen hatte. Eine Darstellung ohne Schattierungen hatte ich nie gelernt. So konnte es nicht ausbleiben, daß ich zum zweiten Mal mit Peter Hacks durchfiel. Allerdings mit dem Unterschied, daß ich diesmal mein erstes, wohlverdientes Buhkonzert entgegennehmen mußte.

Natürlich hätte ich mir dieses ganze Drama ersparen können, wenn ich die Rolle einfach frühzeitig genug zurückgegeben hätte. Aber ein freiwilliger Verzicht – gleichzusetzen mit dem Eingeständnis des eigenen Unvermögens – fällt immer schwer. Trotzdem ist die Scham über eine tapfer eingestandene Unzulänglichkeit nicht so schmerzhaft wie die Reue über die eigene Uneinsichtigkeit.

So erinnere ich mich zum Beispiel genau, daß ich mein freiwilliges Ausscheiden aus Shakespeares *Othello* (als Emilia) zwar lange Zeit nicht verwunden habe, daß es sich aber bei weitem nicht zu einer solchen Krise auswuchs wie die Folgen meiner künstlerischen Verantwortungslosigkeit bei Peter Hacks. Mein Kummer über die nicht bewältigte Emilia war damals nicht ganz so selbstzerstörerisch, weil ich dort nicht Opfer meines blinden Ehrgeizes wurde, sondern »nur« Opfer der Launen des Regisseurs.

Ich hoffe für Sie, meine lieben jungen Kolleginnen und Kollegen, daß es sie heute nicht mehr gibt – jene Spielleiter, die ihre regieliche Macht dazu mißbrauchen, um ihre teils menschlichen, teils künstlerischen Minderwertigkeitskomplexe an den hilflosen und willfährigen Schauspielern abzureagieren. Mögen jene Regisseure in Frieden ruhen, denn sie hatten sicher unglückselige Schicksale, verstanden sich und die Welt nicht mehr und waren im Grunde zu bedauern. Aber wenn man ihnen gerade als Zielscheibe dienen mußte, hatte man für solch philanthropische Überlegungen weder Zeit noch Nerven.

Obwohl mir jeder Wunsch jenes Regisseurs Befehl war, gelangte ich nie in die Schar seiner Günstlinge – im Gegenteil, je geduldiger, je akkurater ich seinen ständig wechselnden Ideen Folge leistete, desto weniger entsprach meine Darstellung seinen Wünschen. Zu allem Überfluß klagte er oft schmerzlich, daß ausgerechnet ich ihm sein regieliches Vorbild – Brecht – derartig verderbe. Seine permanenten Sticheleien zermürbten meine Kräfte derart systematisch, daß auch nicht die geringste schöpferische Wut in mir erwachte. Wozu hätte ich meinen Lehrmeister ins Feld führen sollen, wo doch eine meiner Proben zum Beispiel nur dazu diente, wieder und wieder eine Tür zu öffnen und mich beim Eintreten entweder um die rechte oder die linke Schulter zu drehen? Da mußte doch der Brechtsche Rat, einen Auftritt immer aus der Haltung heraus zu gestalten, zur reinen Blasphemie werden.

Als mir dann in der Szene, in der Desdemona auf Zypern wohlbehalten landet und von allen jubelnd empfangen werden sollte, mein Lachen ständig mißriet und endlich ganz in der angstverschnürten Kehle steckenblieb, wußte ich, daß mir nichts anderes mehr blieb, als das Handtuch zu werfen.

Diese Entlassung in eigener Regie konnte damals – von der Vertragssituation her gesehen – natürlich nur deshalb so mühelos über die

Bühne gehen, weil ich als Gast engagiert war. Die Rollenverweige-
rung eines festangestellten Ensemblemitglieds läßt sich nicht ganz so
problemlos bewerkstelligen.

Ich kenne diese Situation nur zu genau: Da sieht man sich schon in
äußerst unliebsame Diskussionen mit dem Intendanten verwickelt,
befürchtet finanzielle Vorhaltungen und sorgt sich um künftige
Unannehmlichkeiten bei Besetzungsfragen. All diese Umstände ließen auch mich hie und da in einem festen Vertrag vor einem mutigen
Schritt zurückschrecken – aber glauben Sie mir, ich mußte meine
Entschlußlosigkeit immer bereuen. Jene Rollenarbeiten gerieten weder auffallend gut, noch auffallend schlecht. Der Vorgang lief stets
nach dem gleichen Muster ab: Meist kannte und schätzte ich den
Regisseur und war mit seiner Konzeption des Stücks durchaus einverstanden; einzig mit seiner Interpretation meiner Rolle konnte ich
nichts anfangen.

Ein Beispiel mag für alle gelten: Es handelte sich um Offenbachs
Orpheus in der Unterwelt, und ich sollte die Öffentliche Meinung darin
spielen.

Als erstes fiel mir auf, daß diese Rolle – im Gegensatz zu allen anderen
– keine menschliche Figur, sondern eine Allegorie darstellt. Ich
überlegte mir, wie man dem Publikum so eine abstrakte Idee verdeut-
lichen könnte, und was für eine allgemeinverständliche Grundhaltung man ihr zu diesem Zweck geben müßte. Da das Stück unter
Göttern spielt, besuchte ich eingebungshalber das »Antike Museum«. Dort kam ich auch prompt auf den Gedanken, mich – zur
Erklärung der Rolle – beim Stückbeginn erst einmal als Statue mit
dem Namensschild »Öffentliche Meinung« auf die Bühne zu stellen.
So konnten sich die Zuschauer doch etwas Gegenständliches unter
dieser platonischen Idee vorstellen. Um dieses Symbol nun mit
Leben zu füllen, malte ich mir aus, wie die frei dastehende Öffentliche Meinung von einer Schar aufgebrachter Reporter gebunden und
geknebelt werden könnte. Und genau diese Vergewaltigung hätte
nun der marmornen Gestalt den Anlaß gegeben, lebendig zu werden,
alle Fesseln zu sprengen und sich in das Stück einzumischen; immer
mit dem Vorsatz, sich nicht noch einmal den Mund verbieten zu
lassen.

Auf diese Weise hätte man den Zuschauern die kommentierende

Funktion der Rolle klargemacht, und ihre teils empörten, teils warnenden, teils resignierten Auftritte hätten nicht wie Fremdkörper im Spiel gewirkt.

Aber ich kam mit meinem Vorschlag nicht durch, denn der Regisseur sah die Personifizierung der Rolle genau umgekehrt. Er wollte mich mit vielen Zeitungen in der Hand auftreten lassen, und dadurch »die Presse« als »die öffentliche Meinung« präsentieren. Er sah diese zeitungsbewaffnete Gestalt als Suffragette, stets emanzenhaft aggressiv und zornentbrannt, und wollte absolut nichts von meinen koboldhaften Puck-Auftritten, mal von da, mal von dort, hören. So stand Idee gegen Idee, aber da er mit seiner Auffassung in einer früheren Inszenierung vollsten Beifall gefunden hatte, vertraute ich seiner Erfahrung, zog meinen Vorschlag zurück, und tat alles, um mich seinem Konzept zu unterwerfen. Es nutzte aber nichts – jene Arbeit wurde nie ein Stück von mir.

Ich könnte mir nun vorstellen, daß Sie sich allmählich fragen, ob denn meine Theorien wirklich so nützlich seien, wenn sie sich doch in meiner Praxis keinesfalls immer bewährt hätten. Aber da kann ich Sie mit gutem Gewissen beruhigen. Die Theorien sind gut und bleiben gut. Sie versagten nur dann, wenn ich selber in meiner Praxis versagte. Und unter »Praxis« verstehe ich diesmal nicht nur das rein Handwerkliche, sondern auch die Voraussetzungen dazu: Der momentane seelische und körperliche Zustand und die augenblickliche Phase der charakterlichen Entwicklung – kurz, die persönliche Verfassung, in der man eine Rollenarbeit in Angriff nimmt.

Sobald meine Konzentration – aus welchen Gründen auch immer – vom Arbeitsvorgang abgelenkt wurde, reagierte ich mit Unsicherheit und traf todsicher die falsche Entscheidung. Doch deshalb können die Theorien nicht für das Scheitern der Praxis verantwortlich gemacht werden. Der Meister irrt noch lange nicht, wenn sich die Schüler verirren.

Heute weiß ich natürlich, daß meine damaligen Fehler auch daher rührten, daß ich noch viel zuwenig zeitlichen Abstand zu meinen Lehrjahren hatte. Für eine objektive, kritische Beurteilung braucht man einfach Distanz.

Ich will damit weder meine Patzer verharmlosen, noch mein so oft unverständliches Verhalten beschönigen, aber anhand eines Rollenbeispiels kann ich Ihnen am ehesten plausibel machen, welch unschlagbaren Vorteil einem die zeitliche Distanz bietet.

1966 wurde mir die Rolle des Lieschen Puderbach in Else Lasker-Schülers Schauspiel *Die Wupper* anvertraut. Ich war damals 37 Jahre alt und sollte in dieser Figur ein 13jähriges Mädchen verkörpern, zählte also zwei Dutzend Jahre zuviel. Aber dieses fortgeschrittene Alter bescherte mir genau den Abstand, den ich brauchte, um die Figur dieser frühreifen Minderjährigen bis zum letzten Winkel ausloten zu können.

Jahre zuvor, in Knuths Unterrichtsstunden, hatten mich diese pubertären Charaktere nicht interessiert, weil ich diesem Alter ja gerade erst entwachsen war. Ich konnte somit noch gar nicht über die Reife verfügen, um die maßlosen Kräfte und gefährlichen Schwächen dieses Lebensabschnitts richtig beurteilen oder sogar schauspielerisch umsetzen zu können. Aber nun lag diese Phase so weit zurück, daß ich sie wie durch ein umgedrehtes Fernglas geradezu überscharf in ihrer Ganzheit überblicken konnte. Ich brauchte meine eigene Vorlage nur haargenau kopieren.

Der große zeitliche Abstand entband mich einerseits jeglicher psychischer oder physischer Hemmung, und ermöglichte mir andererseits, gefährlich große Gefühle wie Weltschmerz oder Liebessehnsucht samt all ihren Brüchen auch im leidenschaftlichsten Ausdruck immer noch ertragbar zu dosieren. Haltungsmäßig entnahm ich der enormen Distanz die Kenntnis der bewußt eingesetzten verspielten Körperlichkeit jener Altersstufe. Durch kaum merkliches Überdehnen meiner Gesten und Stellungen konnte ich jenen Hauch von Manierismus vermitteln, den ein erwachendes Mädchen so gerne zur Schau trägt, wenn es sich beobachtet wähnt. Jetzt erst, mehr als zwanzig Jahre nach meinem eigenen Heranwachsen, konnte ich die zahllosen Brüche der ersten Himmelhoch-jauchzend-zu-Tode-betrübt-Gefühle zu einem harmonischen Bild zusammenfügen.

Glücklicherweise stimmten meine Erinnerungen und deren Umsetzung mit den Intentionen des Regisseurs, des genialen Hans Bauer, überein. Auch er wußte um die innere Zerrissenheit dieser Lebensstufe und sah meine Rolle als eine »Orchidee im Sumpf«, als eine »Ratte mit einer Rose im Maul« – zwei so präzise Bilder, die es mir auf Anhieb ermöglichten, diese Gegensätze im Spiel auszudrücken.

Hans Bauers größtes schauspielerisches Anliegen war es, in jedem

Auftritt die ganze Atmosphäre einer Figur samt allen Widersprüchlichkeiten zu vermitteln. Um dieses komplexe Ansinnen zu erfüllen, konnte die Distanz zu einer Rolle gar nicht groß genug sein.

So zeigten wir schon im allerersten Auftritt den ganzen Bogen dieser Mädchengestalt: Ich kam engumschlungen mit meinem Bruder August vom Hintergrund der Bühne eine sanfte Schräge hinab. Scherenschnittartig hoben wir uns gegen den rosa-grauen Abendhimmel ab, so, als kehrten wir aus einem verträumten Nachmittag im Walde zurück. Unser Schlendern war träge, nicht unsinnlich, aber völlig gedankenverloren. Sachte schaukelte ich am rechten Zeigefinger spielerisch ein Beereneimerchen hin und her. Ein Bild wie aus einem Grimmschen Märchen. Ich zerstörte es jäh, indem ich mit einem schrillen Schrei auf den Großvater Pius zustürzte, vor ihm in die Hocke ging, behende wie ein Frosch auf und nieder hüpfte und mich dann bewußt altklug mit gestelzt gesprochenem Text wichtig tat. So brachen wir den poetischen Zauber schon zu Beginn. Schritt für Schritt ließen wir mein Lieschen fortan auf Messers Schneide zwischen Entzücken und Entsetzen schlafwandeln.

Das einmalige Geschenk des zeitlichen Abstands ermöglichte es mir, in jener Gestalt Brechts distanzierte Klarheit und Berthold Viertels unmittelbare Emotion zu verschmelzen. So filterte ich die Lehre des einen durch meine Erfahrung mit der Praxis des anderen, und konnte gleichzeitig Lieschen sein und Lieschen spielen.

In meinen Augen ist jene Rolle mein einzig wirklich erwähnenswerter Erfolg. Leider beruhte er nur auf dem Paradoxon, daß ich endlich soviel menschliche Reife besaß, um eine menschliche Unreife darstellen zu können. Um so schwerer tat ich mich mit einer Rolle, deren Lebenserfahrung ich nicht hatte.

So quälte ich mich mit der Rolle der Elsbeth Treu in Sternheims *Kassette* herum, einer Figur, deren charakterlicher Grundzug – ihr Vermögen zu benutzen, um ihre Erben lustvoll nach ihrer Pfeife tanzen zu lassen – mir persönlich vollständig fremd war, und dessen Ursprung auch aus der Fabel des Stücks nirgendwo hervorging. Ich durchforstete den ganzen Text vergeblich nach einem erlösenden Schlüsselsatz, auch der bewährte Trick mit dem Kopfkissen brachte keinen Erfolg.

Zum ersten Mal entschloß ich mich – mehr aus Neugier, denn aus

Überzeugung –, es einmal mit der Methode des Biographienschreibens zu versuchen. Ich hatte wenig vorgegebene Fakten: das ererbte Vermögen, den Zivilstand »ledig«, die Altersangabe von 61 Jahren, die drei auftretenden Familienmitglieder (Schwager, Nichte, Großnichte) und die im Text erwähnte tote Nichte Sidonie. Unschlüssig setzte ich den Stift an und versuchte, als Fräulein Treu am 50. Geburtstag meinen Lebenslauf zu schreiben. Was ich erst nicht für möglich gehalten hatte, funktionierte wie durch Zauberhand: Ganz von selber siedelte sich das Geburtshaus am Spittelmarkt in Berlin an, Elsbeths Vater entpuppte sich als Apotheker und ihre Mutter verstarb bei der Geburt der jüngeren Schwester Helmchen. Die Großmutter väterlicherseits war eine Geschäftswitwe, mußte aus Wilmersdorf an den Spittelmarkt ziehen, um die Kinder zu betreuen, und brachte durch den Verkauf ihrer Grundstücke im expandierenden Berlin einen enormen Reichtum in die Familie. Trotzdem lebten die vier mehr als sparsam, und die Erziehung der beiden Schwestern beschränkte sich darauf, das hübsche Helmchen auf eine baldige Heirat vorzubereiten und der rechnerisch begabten Elsbeth die Buchführung der Apotheke beizubringen.

Elsbeth war von Natur aus gutmütig und neigte überhaupt nicht dazu, eine neidische alte Jungfer zu werden. Der erste große Schlag in ihrem Leben war der Tod ihres Vaters, da die Großmutter die Apotheke sofort verkaufte und damit Elsbeths größten Wunsch, dort zu arbeiten und das Geschäft einmal zu übernehmen, zunichte machte. Bei der Liquidation der Restbestände fiel Elsbeth ein Opiat in die Hände. Dieses Geheimnis verriet ihrer Phantasie zum ersten Mal, welch ungeheurer Reiz darin liegen kann, Macht über andere zu besitzen. Das zweite Ereignis, das ihr dieses Gefühl bescherte, war die große Erbschaft, die ihr und ihrer Schwester nach dem Tod der Großmutter zufiel. Es war Vorweihnachtszeit, und zum ersten Mal in ihrem Leben wagte es Elsbeth, die teuren Geschäfte im Zentrum Berlins zu betreten, um kostbare Geschenke einzukaufen. Sie erlag dabei dem Rausch, von den Verkäufern und Ladenbesitzern wie eine Fürstin behandelt zu werden. Merkwürdigerweise kaufte sie gar nichts für sich selber, der Drang, die anderen zu bescheren – speziell ihre so hübsche Schwester und deren Mann –, war ihr das Allerwichtigste. Sie ahnte nicht, daß sie dadurch nur ihr unausgelebtes Bedürfnis nach Liebe und Zuneigung kompensieren wollte. Beim großen

Weihnachtsfestessen, das sie für ihre Familie, den jungen Hausarzt Dr. Stössl und den eben akkreditierten Notar Dettmichel im Gasthaus spendierte, brach ich den Lebenslauf jäh ab, nachdem ich zu meiner größten Verwunderung vier Quarthefte vollphantasiert hatte. An jener Stelle waren mir alle Gründe, die aus dem spröden Mädchen eine rachsüchtige alte Jungfer machten, so klar, daß ich die Figur zum Leben erwecken konnte.

Ich begriff, daß diese Methode – wenn auch mit verstandesmäßig nicht erklärbaren Mitteln – im Endeffekt nichts anderes bewirkte, als einer Rolle sowohl einen sozialen als auch einen psychologischen Hintergrund zu verleihen. Ein Resultat also, das Brechts Vorlage nicht unbedingt widersprach. Allerdings vermutete ich, daß Brecht niemals auf den Gedanken gekommen wäre, nach menschlichen Gründen ihrer kapitalistischen Geldgier zu forschen. Er hätte, aufgrund seiner sozialkritisch ausgerichteten Theateranschauung, diese Tante Elsbeth einfach zu einer äußerst wirkungsvollen Karikatur gemacht und eventuell sogar mit Buckel, Krächzstimme und Krückstock versehen. Aber eine solch simple Darstellung jener Elsbeth Treu erschien mir zu eingleisig. Viel interessanter fand ich es, ihre Bosheit aus einer verdrängten Trauer (keine berufliche Tätigkeit) und ihre Rachegedanken aus einer nichtverwundenen Demütigung (als nie begehrtes Mädchen) entstehen zu lassen – eine Aufdeckung der charakterlichen Widersprüche also.

Jahre später, als ich in einem sowjetischen Stück über Tschernobyl (*Der Sarkophag* von Wladimir Gubarew) eine Chirurgin darzustellen hatte, griff ich das Mittel des Biographienschreibens noch einmal auf. Zwar hatte ich dort den Schlüsselsatz des Rollencharakters gefunden, kam aber dafür mit dem ersten Auftritt der Figur einfach nicht klar. Die Ärztin kommt nämlich direkt nach dem Rückflug aus dem Katastrophengebiet auf die Bühne. So stand ich vor dem Problem, was wohl der Anblick eines Infernos in einer abgebrühten Chirurgin auslösen könnte, und wie dieser Zustand wortlos darzustellen ginge. Ich wollte den innersten Kern ihres Charakters gleich bei diesem ersten Auftritt freilegen, und da mir der Text dazu keinerlei Unterstützung bot, versuchte ich eine Vergangenheit für diese Figur zu rekonstruieren, um wenigstens eine Haltung zu finden. Ich dachte mir aus, daß sie während des Rückflugs – nach dem

beendeten Einsatz in Tschernobyl – Notizzettel mit teils wissen-
schaftlichen, teils persönlichen Anklagen vollgeschrieben und sich
selbst, ihren Beruf und ihre Karriere auf diese Weise zutiefst in Frage
gestellt haben könnte. So ließ ich sie selbstquälerisch die Ideale ihrer
Studentenzeit Revue passieren, und erfand eine unerfüllte Leidenschaft zu einem jungen Dichter, dessen gegensätzliche Denkweise sie
damals verwirrt und fasziniert hatte. Dadurch verhalf ich der Figur zu
vielen, im Berufsleben unterdrückten Emotionen, die vor ihrem
ersten Auftritt wieder in ihr aufbrechen sollten. In dieser Situation
entsann ich mich Hans Bauers Ratschlag, beim ersten Erscheinen
einer Figur immer die gesamte Situation, in der sie sich befindet,
mitzudenken. Dieser Gedanke ließ sich hier gut mit dem Biogra-
phienschreiben des Workshops verknüpfen.

Da es sich bei der Ärztin um eine Russin handelte, lag es nahe, sich all
der Gedanken und Gefühle zu erinnern, die mir Hans Bauer anläßlich
des ersten Auftritts als Sonja in Tschechows *Onkel Wanja* ans Rollen-
herz gelegt hatte: So sollten mich dort beim ersten Erscheinen
Hoffnung und Furcht, Sehnsucht und Demut gleichzeitig bewegen;
die ganze Tiefgründigkeit einer russischen Seele sollte ich schon beim
ersten Anblick ausstrahlen.

Aus dieser Reminiszenz heraus stattete ich meine Chirurgin mit einer
russisch-gefühlvollen Vergangenheit à la Tschechow aus. Nicht nur,
um ihr – wie im Workshop – zu einer charakterlichen Vorgeschichte
zu verhelfen, sondern hauptsächlich, um die Haltung des Auftritts
aus der unmittelbar davorliegenden, schockartigen Konfrontation
von sentimentalen Erinnerungen und dem Atom-Horror der Gegenwart entstehen zu lassen.

So wollte ich sie – scheinbar gefaßt – mit einem Becher Kaffee und
einem Sandwich in der Hand die Szene betreten lassen, und nur
durch die geistesabwesende Art des Essens andeuten, welch seelischen Aufruhr sie krampfhaft zu unterdrücken versuchte. Leider
durfte ich mir dieses Requisitenspiel, mit dem ich trefflich das
zurückgepreßte Gefühl ausdrücken wollte, wegen der zu bedenken-
den Hygiene in einer total abgeschirmten Krankenstation nicht gestatten. Statt dessen hielt ich nur ein Glas Wasser in der Hand, an
dem ich geistesabwesend nippte. Ein Auftritt, der haltungsmäßig
natürlich bei weitem nicht jenen seelischen Widerspruch ausdrücken
konnte, der mir am Herzen lag.

Dafür brachte ich es in jener Rolle unter Zuhilfenahme des V-Effekts fertig, den menschlich zwar anrührenden, aber literarisch doch sehr dürftigen Text auf eine inhaltlich äußerst interessante Stufe emporzuhieven. Die episch distanzierende Vortragsweise mit ihrer eisern durchgezogenen inneren Intensität zwang die Zuschauer einfach, sich viel mehr mit dem hochaktuellen Problem des Stücks auseinanderzusetzen, als auf die dramaturgischen und sprachlichen Ungeschicklichkeiten der Rollen zu achten. Dadurch ließen sich einerseits gefährlich pathetische Textstellen unmerklich entschärfen, andererseits wurden beängstigend dünne Aussagen sachte aufgewertet.

So geriet zum Beispiel die mehr als banale Schilderung der Zündung der ersten sowjetischen Atombombe aufgrund der leidenschaftslosen, aber äußerst konzentrierten Art des Erzählens, plötzlich zu einer ungeheuer spannenden Story; in jeder Vorstellung herrschte dabei atemlose Stille. Durch die kühle Distanz des Episierens umschifften sogar die sicher gutgemeinten, aber viel zu vaterländisch-sentimentalen Äußerungen der Chirurgin die gefährlichen Klippen einer falschen Komik. Der innerlich straff gespannte Gedankenfaden bewahrte die peinlichen Agitprop-Sentenzen davor, in ihrer tödlichen Langeweile zu versanden.

Anhand dieser Rolle wiederentdeckte ich endlich das Geheimnis, daß sich eine schwach geschriebene Rolle durch richtiges Episieren um Klassen aufwerten läßt. Wenn man den Mut hat, seinem dünnen Text mit geballtester Aufmerksamkeit zuzuhören, gelingt es einem spielend, auch den magersten Textstellen noch jene Spannung zu verleihen, die den Zuschauer in die höchste Alarmbereitschaft versetzt.

Ebenso erinnerte ich mich sowohl bei dieser Chirurgin als auch bei der *Hebamme* von Rolf Hochhuth – merkwürdigerweise beides Rollen aus der medizinischen Welt – endlich wieder an das unfehlbare Rezept aus der Trickkiste des Meisters: durch das richtige Schuhwerk zur richtigen Haltung zu finden. Ich ging nämlich in beiden Rollen – von der ersten Probe an – in bequemen und höchst uneleganten Tretern mit breitem Blockabsatz. Dadurch eignete ich mir ganz automatisch einen schwereren und stellungsbewußteren Gang an, der mir jene Spur Selbstgefälligkeit verlieh, die Frauen in einer führenden Position meistens ausstrahlen. Das solide geschnürte Schuhwerk verhalf mir sowohl im weißen Ärztemantel als auch in der schwarzen Diakonissentracht zu einer mir fremden, überzeugend selbstbewußten Haltung. Darüber hinaus bescherten mir diese Schuhe überraschenderweise eine gewisse Plattfüßigkeit, die vielen Menschen anhaftet, die ihren Beruf vorwiegend im Stehen ausüben müssen. Sie sehen an diesen Beispielen, daß ich mich immer wieder – auch nach Zeiten des Vergessens oder Mißachtens – bequemte, die scheinbar abgetretenen Schuhe meiner Lehrzeit aus ihrem verstaubten Winkel hervorzuholen, um stets erstaunt festzustellen, daß sie eben doch am besten paßten.

Jetzt möchte ich Ihnen noch von einer letzten Aufgabe berichten, die mir aufgrund der Diskrepanz zwischen meinen damals noch unverdauten Theorien und der individuell zu bewältigenden Praxis ganz besondere Schwierigkeiten bereitete. Es handelte sich um *Die Kaktusblüte* von Barillet und Grédy – eine der besten Rollen der Boulevardliteratur, die einer Schauspielerin eine ganze Palette an Farben bietet. Sie kann als Sprechstundenhilfe sachlich kühl sein, als vorgetäuschte unglückliche Ehefrau echt anrührend und als scheinbare Geliebte eines jungen Mannes geradezu frivol. Die ganzen Verwechslungssituationen ergeben ein Füllhorn komödiantischer Möglichkeiten.
In meinen Augen liefen die Proben damals zur vollsten Zufriedenheit ab. Ich fiel deshalb aus allen Wolken, als mich der Schauspieldirektor anläßlich eines kontrollierenden Probenbesuches fragte, ob mir eigentlich bewußt sei, daß ich etwas völlig anderes spiele als alle meine Kollegen und anscheinend nicht die geringste Ahnung habe, wie man mit einer komischen Rolle umzugehen hätte. Ich war sprachlos, denn ich sah beim besten Willen keinen Unterschied zwischen mir und den anderen. Unfähig, mit dieser lakonischen Kritik etwas anzufangen, gestand ich meine völlige Ratlosigkeit freimütig und achselzuckend ein. Doch ich hatte das große Glück, daß jener Schauspieldirektor durchaus fähig war, seinen Verriß logisch zu begründen, statt mich nur im Vorübergehen abzukanzeln. Er klärte mich darüber auf, daß man bei mir immer sehen könne, was ich dächte, bevor ich es textlich ausspräche, oder noch krasser ausgedrückt, ich spielte wie eine jener, mit großen Sprechblasen gezeichneten Comicstrip-Figuren.
Diese Beschreibung war so anschaulich, daß mir auf der Stelle klarwurde, daß ich nicht nur mein altes Erfolgsrezept der Commedia dell'arte wieder ausgegraben hatte (wo ich dem Publikum erlauben

durfte – und mußte –, mir beim Herstellen der komischen Effekte in die Karten zu sehen), sondern daß ich es mir überdies nicht hatte verkneifen können, diese harmlose einschichtige Situationskomödie kritisch kommentierend zu spielen. Meine distanzierte Spielweise mußte in einem Boulevardstück – dessen Tradition an das simple Kasperletheater anknüpft – völlig deplaziert wirken. Ich hatte mit Gewalt den Finger auf die vorgegebene Komik gelegt, statt diese einfach in ehrlicher Selbstverständlichkeit entstehen zu lassen.

Es galt dort, kritiklos in die Rolle einzusteigen, und weder die Aussagen der Figur zu beurteilen, noch ihre Gefühle zu beanstanden; in diesem Stück mußte der Text im Moment des Sprechens geboren und somit ganz direkt als ernsthaftes, persönliches Anliegen gebracht werden.

In jener Rolle mußte der graue Meister samt und sonders links liegengelassen werden. Da aber Brecht sowieso niemals daran gedacht hätte, ein Boulevardstück zu inszenieren, konnte mir sein etwaiges Genörgel an meiner Arbeit postum gestohlen bleiben.

Die Umsetzung vom »Sprechblasentext« zur gekonnten Boulevard-Konversation gelang mir damals dank dem psychologisch gewieften Regisseur in einer einzigen Stunde. Er ließ mich nämlich einen großen Ausbruch so oft wiederholen, bis ich auf hundertachtzig war und gar nicht mehr zum Überlegen kam, was ich nun wie darstellen wollte. Ich spielte einfach drauflos, wie es sich aus den Situationen ergab. Dabei entdeckte ich, daß sich aus einem ersten echten Gefühl automatisch das nächste echte Gefühl ergibt – nach demselben Gesetz wie bei der Entwicklung von Haltungen. Eine so gewaltsame Stil-Umkehrung in einer Figur kann natürlich nur dann auf Anhieb gelingen, wenn man bereits völlig über der Rolle steht.

Damals ging mir auf, daß man von Brecht wirklich immer etwas lernen kann – und sei es auch nur die Erkenntnis, daß man hie und da – nach reiflicher Überlegung – besser ohne ihn auskommt. Aber ich war ein sträflicher Spätzünder, und bis ich fähig war, diese revolutionäre Entdeckung in meine Arbeit einzubringen, geriet ich noch etliche Male ins Stolpern.

Aus der Rückschau auf meine Fehler entstand das Buch. Sie ersehen daraus, daß den Lehrjahren bei einem genialen Meister mühselige Wanderjahre folgen können. Mögen Sie durch die Theorien aus meiner Praxis zu neuen, eigenen Ideen in Ihrer Rollenarbeit finden und Ihre Ziele etwas weniger umständlich erreichen als ich. Dazu wünsche ich Ihnen, meine lieben jungen Kolleginnen und Kollegen, viel Glück. Und vergessen Sie nie, auch wenn Sie manchmal daran zweifeln, daß unser Beruf trotz allem der schönste sein kann.

Epilog

Lieber Benjamin,
unsere Aufführungsserie ist zu Ende, und damit ist auch unsere enge Beziehung von Bühnen-Mutter zu Bühnen-Sohn für immer gelöst. Da sich unsere Wege wahrscheinlich nicht noch einmal kreuzen werden, möchte ich Dir nachträglich in diesem Brief erklären, warum ich mich am Schluß der letzten Vorstellung mit dem von mir hinzugefügten Textwörtchen »Danke« von Dir verabschiedet habe.

Meine Anerkennung war damals für Dich eine echte Überraschung, denn ich habe mich Dir gegenüber nie besonders herzlich gezeigt. Aber Du konntest ja nicht wissen, daß ich just vor unserem Probenbeginn den zweiten Teil dieses Buches beendet hatte, und in Dir nicht nur einen Bühnen-Sohn, sondern in erster Linie einen meiner zukünftigen kritischen jungen Leser sah.

Du warst für mich ein Stellvertreter Deiner Generation, und Deine Rollenarbeit, die ich vom ersten Probentag an unablässig beobachtete, wurde mir zum harten Prüfstein für die Tauglichkeit meiner niedergeschriebenen Ratschläge.

Ich war wie erlöst, als ich feststellen konnte, daß Du nach einer eventuellen Lektüre meines Buches in keinerlei Verwirrung oder Zwiespalt geraten wärest – während unseres ganzen Arbeitsprozesses wurde nichts gesagt oder verlangt, das im Widerspruch zu meinen »Anregungen« gestanden hätte.

Im Gegenteil, Du hättest alle meine Hinweise lückenlos gebrauchen können: Die zu findende Grundhaltung; das Auf-Punkt-Sprechen des Textes; das – die innere Verfassung ausdrückende – Requisitenspiel; das Herauskitzeln der richtigen Betonung; das Episieren von Gefühlsausbrüchen; ja, sogar Dein darstellerisches Lachen, das einfach nicht zu Deiner Rolle paßte, hättest Du nach meiner Methode korrigieren können. (Verkörpertest Du doch einen zwar widerspenstigen, aber unverdorbenen Jungen, dem ein offenes, herzliches Lachen wohl angestanden hätte, und den Du – aus welchen Gründen auch immer – mit einer unsympathischen und ordinären Lache versehen hast.) Was dies alles anbelangte, hätte ich mit dem Resultat meiner schriftstellerischen Arbeit ganz zufrieden sein können – wenn

mir nicht Dein persönliches Verhalten täglich Sorgen, Zweifel und
Ängste bereitet hätte!

Du ließest mich nämlich von der ersten Probe an deutlich spüren, daß
Dir an irgendwelchen »Anregungen« nicht das allergeringste gelegen
sei und sperrtest Dich von Beginn der Arbeit an gegen alles von außen
Herangetragene. Du vermutetest hinter jedem noch so diplomatisch
geäußerten Einwand eines Kollegen – Deine Rolle betreffend – nichts
anderes als einen gezielten Angriff auf Deine unverwechselbare
künstlerische Individualität. Einen Versuch, Deine schauspielerische
Einmaligkeit zu demontieren.

Du konntest – oder wolltest – partout nicht einsehen, daß niemand
Dich einer Dressur unterwerfen wollte, und daß Meinungsäußerungen von Mitarbeitern nichts anderes sind, als eine Handreichung – ein
faires Angebot zu einem Erfahrungsaustausch zwischen Generatio-
nen und Geschlechtern. Es gibt so viele überraschende darstellerische
Ausdrucksmöglichkeiten, die einem jüngeren Kollegen aufgrund seiner mangelnden Lebenserfahrung einfach nicht von allein in den Sinn
kommen können.

Aber statt glücklich zu sein über Deine Jugend – ein Geschenk, das
Du uns allen voraus hattest –, wurmte Dich die eigene Unerfahren-
heit so sehr, daß Du vor zähneknirschend unterdrückter Aggression
gegen uns und vor Wut über Dich und Deine Ohnmacht beinahe
geplatzt wärest.

Deine unbeugsame Halsstarrigkeit brachte mich damals oft in Versuchung, mein fast fertiges Buch wegen totaler Sinn- und Zwecklosig-
keit zu verbrennen. – Was nützten wohl meine Ratschläge, wenn Du
und Deine Generation sich weigerten, dafür ihre kopfhörergeschütz-
ten Lauscher zu entblößen?!

Aber dann siegte mein Optimismus und ich sah den Silberstreifen
einer Kommunikation zwischen uns am Horizont: Ausgerechnet Du,
dessen niedliche Stupsnase ich in vielen Probensituationen am liebsten in meinem Buch plattgedrückt hätte, brachtest mich mit Deinem
Probentrotz darauf, daß ich ja eines der größten Wunder dieses
wundersamen Berufes glatt vergessen hatte zu erwähnen: Die hei-
lende Möglichkeit der Selbst-Erlösung; die Chance, etwas Quälendes
wegspielen zu können! Als Schauspieler haben wir die einzigartige
Gelegenheit, unsere persönlichen Schwierigkeiten in die Darstellung
der Nöte eines anderen einzubringen – und uns so davon zu befreien.

Darin sind wir einsame Glückskinder, denn auf diese Weise gelingt es uns sogar, unsere miesesten Charakterzüge in besonders beklatschte Höhepunkte unserer Rollen zu verwandeln. Statt feiger Verdrängung also hochdotierter Exhibitionismus.

Das ist eine Gnade dieser Profession. Mögen auch die Ursachen unserer privaten Probleme oft ganz andere sein als jene, die die Konflikte in unseren Rollenfiguren hervorrufen, so läßt sich doch immer irgendwo im Unterbewußten ein gemeinsames Element aufspüren.

So hättest auch Du, lieber Benjamin, Deinen ganz persönlichen Zwiespalt (»Einer gegen alle«) nahtlos in den Charakter Deiner Rolle einbringen können!

Du spieltest doch einen jungen Mann, der mit sich und seiner Umwelt nicht zurande kommt, weil er die übergroßen Erwartungen seines selber erfolglosen Vaters weder erfüllen kann noch will. Da hättest Du Deine ganze angestaute Wut gegen jegliche Bevormundung in eine äußerst erfolgversprechende Grundhaltung Deiner Rolle verwandeln können. Was denkst Du, wie Dir die geballte Intensität Deiner Widerborstigkeit da geholfen hätte: Schauspielerisch durch den stets wirkungsvollen Effekt gut dosiert eingesetzter Spannungsentladungen, und privat im Loswerden Deiner verkrampften und unnötigen Selbstverteidigungshaltung. Durch dieses Ventil hättest Du Deinen Eigensinn in einen Riesenerfolg ummünzen können!

Aber leider hattest Du diesen Stein der Weisen noch nicht gefunden, und so suchtest Du trotzig Dein Heil im einfachsten und äußerlichsten: in der Lautstärke. Folglich brülltest Du als »junger Widerspenstiger« so oft es nur ging wie ein Stier. Versteh mich nicht falsch – Du warst nicht schlecht in der Rolle, dazu ist Dein Talent viel zu groß. Aber du hättest um Klassen besser sein können, wärest Du nur ein wenig zugänglicher gewesen! Dein »Prinz-rühr-mich-nicht-an«-Gehabe machte mich damals stumm und ebenfalls bockig; ich ließ Dich schmoren – und dafür möchte ich mich heute in aller Form bei Dir entschuldigen.

Ich war nicht fair. Wir alle sind immer nur Lernende, und gerade Du hattest mich das mehr als deutlich gelehrt. Woher nahm ich damals eigentlich die arrogante Sicherheit, mir einzureden, Du seiest völlig unzugänglich? Vielleicht wäre da sehr wohl ein Hintertürchen offen gewesen, durch das man Dich hätte erreichen können, und das ich aufgrund meiner Wut auf Dich einfach nicht sehen wollte.

Verzeih mir, es soll nie wieder passieren. Denn wenn man sich nicht einmal mehr in diesem Beruf der Kind-Gebliebenen mit Liebe, Verständnis und Vertrauen begegnet, wo denn dann sonst noch?

Und damit Gott befohlen – mögest Du verschont bleiben von Resignation, Wurstigkeit und Verbitterung; von Selbstmitleid, Angeberei und Lebenslüge – alles Begleiter derer, die allzu früh ermüdet sind und ihre hohen Ziele heimlich, still und leise zurückgesteckt haben, statt ihrem Talent Zeit zum Reifen zu geben.

Vergiß nie, daß Du mit diesem Beruf alt werden darfst, und daß ein Leben ziemlich lang sein kann. Du kannst sehr wohl in einem Schauspiel, in dem Du in der Rolle des Sohnes glücklos warst, später in der Rolle des Vaters – ja, des Großvaters – Triumphe feiern.

Vertraue der Zeit und vertraue Deinem Genius. Hüte Dich vor dem Alkohol, er ist ein fadenscheiniger Tröster und das eingeflößte Selbstbewußtsein ist beim nüchternen Aufwachen wieder dahin. Laß die Finger vom Kiffen, die Wirkung beweist Dir nur, daß Deine Phantasie für den Beruf anscheinend nicht ausreicht. Ich weiß, diese abgedroschenen Warnungen tönen spießig, aber eine große Begabung kann und muß ohne tödliche Helfer mit den Ängsten fertig werden.

Meinen Segen hast Du, Benjamin. Ich glaube an Dich und an Deine Zukunft in diesem Beruf!

Höre nie auf die Stimmen, die das Theater schon kurz vor dem Tode wähnen, die unkten schon, als ich meine ersten Schritte auf der Bühne tat. Aber solange es noch Kinder gibt, die spielen können, werden sich unweigerlich immer einige von ihnen zu Schauspielern mausern, die spielen müssen.

Und spielen, spielen wollen wir doch alle, oder?

In Liebe

Deine Kollegin Regine

Raum für Notizen